汉字取象
及其古诗文意象研究

张玉梅 著

西南交通大学出版社
·成都·

图书在版编目（CIP）数据

汉字取象及其古诗文意象研究 / 张玉梅著. —成都：西南交通大学出版社，2022.12（2024.1 重印）
ISBN 978-7-5643-9074-7

Ⅰ. ①汉… Ⅱ. ①张… Ⅲ. ①汉字 – 研究②古典诗歌 – 诗歌理论 – 中国 Ⅳ. ①H12②I207.22

中国版本图书馆 CIP 数据核字（2022）第 250662 号

Hanzi Quxiang ji Qi Gushiwen Yixiang Yanjiu
汉字取象及其古诗文意象研究
张玉梅　著

责 任 编 辑	吴　迪
封 面 设 计	原谋书装
出 版 发 行	西南交通大学出版社 （四川省成都市金牛区二环路北一段 111 号 　西南交通大学创新大厦 21 楼）
营销部电话	028-87600564　028-87600533
邮 政 编 码	610031
网　　　址	http://www.xnjdcbs.com
印　　　刷	四川玖艺呈现印刷有限公司
成 品 尺 寸	170 mm × 240 mm
印　　　张	21.5
字　　　数	330 千
版　　　次	2022 年 12 月第 1 版
印　　　次	2024 年 1 月第 2 次
书　　　号	ISBN 978-7-5643-9074-7
定　　　价	80.00 元

图书如有印装质量问题　本社负责退换
版权所有　盗版必究　举报电话：028-87600562

序一

张玉梅教授的著作《汉字取象及其古诗文意象研究》即将出版，嘱我作序。恭敬不如从命，姑且写上几句读后感。

西方普通文字学某种理论认为：人类文字的发展程度从低到高，经历了表形、表意、表音三个阶段。关于这种理论的局限，学界已有公允的分析和评价，本人不再置喙。然而，由这种理论启发，我们可以选择这样一个角度来观察人类文字之林：有哪种文字的发展过程，覆盖了这样三个阶段。如果说有，唯一有可能被认定的只有汉字了。早期象形的汉字在后期的发展演变中，究竟是表意还是表音，是学界争论不休，至今难以达成共识的问题。其实导致这种分歧的原因，无非是一个简单的事实：汉字的发展趋向并非只有表意或只有表音，而是为了发展的需要，当表意则表意，当表音则表音。从这个角度说，汉字的发展，是唯一覆盖所有文字发展阶段的一种演变奇迹。

立足于这样一个视角，我们可以清晰地看到汉字的又一种得天独厚：数以千万计的汉字字符，都可以兼有不同发展阶段的特定面貌，而最令我们感到自豪的则是，许许多多的当今通用字，都可以追溯其初始表形阶段的象形体态，如此而形成汉字学研究中历久不衰的一个热点：汉字取象。

汉字取象，作为数千年前的历史文字形态，为什么还值得我们今天去加以关注？一般"文字学"课程，"古代汉语"乃至"现代汉语"课程，都会说及帮助识字教学这个理由。但就管见所及，似乎需要补充的内容还有很多。比如说，一个特定的古文字原形会揭示一种早已消失的历史现象，因而具有无可替代的历史研究价值。比如甲骨文"为"，从"象"从"又（手）"构形：，结合甲骨卜辞多有"获象"的记载，可知，甲骨文时代中原地区多象，生态、气候环境类似于今日南亚地区，与今日中原生态环境大不一样。再比如，有的古文字，则可以成为人类造型艺术探索史上的一块丰碑。甲骨文"闻"：，造字者用本不生长于同一平面的听觉器官耳朵和发声器官嘴巴夸张地平铺于踞坐人上的方式来表达"听闻"的本义，使用的完全就是"立体主义"绘画语言，令人们看到毕加索名画《亚维农的少女》的艺术手法甲骨文造字者早就用过。

以上所说，聚焦于古文字取象的"突破"性的认识价值，也就是最容易被今人注重的方面。然而，这种"突破"总是少数，汉字取象更普遍的认识价值在于，它是唯一一种具象地显现上古中国大地上的人们生活全景的一种特殊"文献"。说到反映古代生活文化，大家一定会想到考古发掘所得文物，但是，考古发现有赖于地不爱宝的幸运来眷顾，犹如偶尔落地的陨石，不足以代表漫天星斗的丰富多彩。与之相较，汉字的取象，则无疑丰富很多：文字系统，对应的是人们的语言的词汇系统，词汇系统对应的是人们对世界的所有认识。从这个角度说，一个断代字符集的取象系统，就是这个断代人们世界观的图解。也就是说，林林总总的当今难以通过其他途径窥见的古人生活状态，我们可以通过汉字的取象来观察。试举一例。

疫情数月，不能理发，镜中的"头势"日渐奇特，于是想起古文字中相关字形，择其若干，略呈其详。

其一，髦。《诗经》有"髧彼两髦"的句子，其中的"髦"即指束发前的少年秀发在前额下垂的一种发式。这个"髦"字，亦见于甲骨文：

这个字像人长发下垂状，或许因为其形体很美吧，过去曾被人们释为"美"。当然，释"美"是错误的，因为甲骨文中真正的"美"字上部都从"羊"作，与此不同。

甲骨文中的"髦"，是当时一个重要方国"危方"首领的私名。这个首领为什么叫"髦"？是不是与他有一头秀美发式有关？虽然我们尚无证据定论，但可能性是存在的。

"髦"的这个表意初文在古文字中也可以充当偏旁，如金文"敄"字：

此字一般被隶定为"敄"，以往也多被认为从"矛"声，也有学者认为："字本象以手持棍打击戴羊角帽的人，会欺侮之意。"其实都是不对的。的左半，下从"人"，上像人披发之形，与 󰀀 󰀁 的差别，只是下部的侧视的人形"人"换成正视的人形"大"，"人""大"两个偏旁在古文字中属于同类，经常可以替换，所以䂂的左半亦当即"髳"之本字。令人遗憾的是，这个象形的"髳"也未能传承下来，整字被从"髟""毛"声的形声字所替代。作为偏旁，因读音和构形都有几分相似，后来就被"矛"替换了。战国中山王鼎"敄"作"󰀂"，左旁的上部已与"矛"无异，算是演化的一个转折点。此后，汉字构形系统中也再无单纯表意的"髳"了。

其二，髟。"髟"作为一个汉字部首，所辖字都与人头发胡须相关，比如繁体"鬚""髮"二字，皆以"髟"为义符。而"髟"字本身，则是个会意字，从"长"从"彡"。"彡"作为表义偏旁，多表美饰之义，故《说文》训释"髟"字曰"长发猋猋"，也就是长发飘飘的意思。而甲骨文有独体的"髟"字：

󰀃 󰀄 󰀅 󰀆 󰀇 󰀈 󰀉 󰀊

像人长发飘然状。该字在甲骨文中是风的名称，《甲骨文合集》14294："南方曰因风曰髟。"说的是南方风叫作"髟"。这个名称与先秦佚名诗"飘风自南"的"飘风"可以对读。就读音而论，"髟""飘"音近；从构形上看，甲骨文"髟"正是风吹长发飘飘的形象。古代所谓"飘风"是指持续时间较短暂但风力甚大的风。这正是夏季南风的特点，而甲骨文的字形，正是从人的视角生动描摹了这种无形的空气运动自然现象，而头发在这种表达中发挥了关键作用。这也从侧面表现殷商人对秀发的审美嗜尚。

甲骨文中这个单纯表意的"髟"也是可以充当偏旁的，如"󰀋"，从"髟"从"帚"：󰀌 󰀍，然而这个表意的"髟"也没有在汉字系统中传承多久。甲骨文以外，在殷商金文中用作族名，作󰀎（父乙莫觚），西周金文作󰀏（史墙盘），最终出现于战国楚简：󰀐（《郭店楚墓竹简》之《成之闻之》22简）。此后就完全被从"长"从"彡"的"髟"所替代了。

其三，总。《诗经·甫田》："婉兮娈兮，总角丱兮。"所谓"总角"，就是古代未成年的少年把头发扎成髻的一种发式。而这种发式，最近也在早期古文字构形中被发现，而发现的过程颇为曲折。西周金文中，有个位于

"司"前表示"掌管"类意义的"𤔲"字，原形作 等。因其左旁与甲骨文中原被释为"睫"的形近，故"𤔲"过去多被释为"兼"字，表示"兼管"。然而新出土材料中"𤔲"被发现了一个新字形"",这个字的右旁加注了一个声符"悤",这就表明"𤔲"的读音当与"悤"近，而"𤔲"当读为"总","𤔲司"即"总司",义为统领管理。随着这新释读的成立，"总角"之"总"的表意初文也被发现了，那就是"𤔲"的左旁，即甲骨文原来所谓"睫"以及几个殷商金文族名字形：

然而在后来的汉字构形演变中，这个表意的"总"旁被常见表意偏旁"纟"所取代，演变为新的形声字"总"，此种字形已见于战国楚简： （上博九《举治王天下·文王访之于尚父举治》），至此表意初文在这个字的演变序列中消失。

以上古人发式的汉字取象呈现，当然只是我们在汉字取象的广袤森林中摘取一页，由此可以一叶知秋，说明汉字取象认识价值的普遍性。然而，以上字例呈现的信息中还有非常值得重视的一点，那就是汉字的取象，并非都是唾手可得的。汉字是迄今还活着的人类最古老文字，几千年过去了，汉字青春长葆的原因无疑是它越来越成熟了，不断优化着其记录汉语的功能，构形单位以简易替繁复便是"优化"的基本手段，而原始取象作为繁复的构形成分，不能成为被淘汰的对象。以上诸字的表意初文，都是作为一个字符单位在后世的汉字构形系统中消逝了。这说明，汉字的进步发展，也是有代价的，在进步之中，也包含着失落，有多少美好、生动、真实的历史图景也在"优化"中消失。以上发式表意字的逝去，冰山一角而已。因此，如何把这种非物质文化遗产保留下来，发扬光大，服务于今日中国的文化建设，也应是当下汉字研究的一个重要课题吧。

由此来看，《汉字取象及其古诗文意象研究》的出版，是一件非常有意义的事情。浩如烟海的汉字取象中，蕴含着极为丰富的这样那样的中国故事，将这些故事加以理论的组织并进行生动的讲述，对于今天的世界和现代人类文明来说，无疑是一种贡献。

汉字取象的讲述，不能不涉及古文字的知识系统。然而当今时代，古文字被定义为"冷门绝学"，需要"强基计划"来加以特殊扶持。这也意味着，汉字取象的解读和讲述，并非易事。个人觉得，造成这一局面的最大原因，是古文字研究的成果，特别是最新研究成果目前具有社会传播和普及的障碍。试举一例。

古文字课讲到殷商金文，避不开所谓"司母戊"这个世界上最大最重的出土青铜鼎，每至于此，往往有学生提问：究竟是"司母戊"还是"后母戊"？因为这在古文字专业内已经不是一个问题了，所以我总是把问题抛回："你怎么看？"回答通常是"现在好像多说'后母戊'"。上网查一查，同学所言不虚，有网络图片为证：

客观来说，"司母戊"还是"后母戊"，网上呈现的还是两种声音。大概由于"后母戊"算是新说吧，因此更容易得到人们信从。

这个成为争议焦点的字原形作司，它究竟是"司"还是"后"？应该追究一下相关学者们是怎么论证的。不妨看看两种观点的代表性论说。

释"后"者主要理由是卜辞中司的形义与传世文献的相关记载可以对应：卜辞中司的身份与《礼记·曲礼》所言"天子之妃曰后"是吻合的，《曲礼》曰"天子有后，有夫人，有世妇……"，是说后地位在所有王配中最高，卜辞所见司地位尊于一般王配，与此相符。从文字形体上看，也与《说文》所言"司……从反司"相合。因此，将卜辞中作人称用的司隶定为"后"，读作王后之"后"，被认定为是较为合宜的。

释"司"者的主要依据则是甲骨文、金文文字系统内部"司"及相关字符的形音义相互关系：在甲骨文中，商代王或其他贵族配偶中，其尊者可称"司"（又简写作"㠯"），以及从"司"或"㠯"得声的"姛（𡛥）""姛

（𣌾）"。但这一女性称谓之字又可以用"㸚(𢆶)"与"侖"的组合"𠌯(𠌯)"，或者以"㠯（即"以"字）""㸚(𢆶)"组合的"𠂤(𠂤)"等字来表达。也就是其中表示读音的"司"或其初文"𠂤"，又可以替换为"㸚"或"㠯"。而从古音来看，"㸚""㠯"只与"司"音近，因此在古文字中，"㸚""㠯"与"司"作为表音偏旁多可相互替换，而它们的读音与"后"的读音差得很远。因此"𠂤母戊"中的"𠂤"不可能是"后"字，而只能是"司"。

限于篇幅，我们无法全面呈现论者之说，但是其主要论证依据上文已经给出，由此观者不难判断其可信程度如何。毫无疑问，同时代同类型文献的内部依据，相较隔代异类文献的外部依据，无疑是更可令人信服的。这也是大多数学者认同释"司"的原因所在。所以目前最新的殷商文字工具书，如《新甲骨文编》《新金文编》都采用释"司"的意见。

但是，令人疑惑的是，为什么已经得到解决的释读问题，在很多人的眼中依然未解。更让人百思难解的是，其实按照上文释"司"的解读["司（𠂤)"与"姒（𡢃)"同字]，所谓"司母戊"，根本就不是三个字，而是"姒戊"两字，这就跟殷商金文中多见的"祖戊""父戊""子戊"是相同的辞例：前一个字是青铜祭器所祭祀者的身份名，后一个字是被祭者的庙号。至于所谓"司母戊"中的"姒"的偏旁排列方式，对比"鼌姒觚"中的"姒"，便可发现它只是一般的上下结构。至于"戊"嵌入"姒"的左下角，对比"妇好铭"的"帚（妇）"字嵌入"好（女旁对称复形）"字上部中间，也会发现这就是殷商金文的构形特点。

　　祖戊　　　　父戊　　　　子戊　　　　姒戊　　　鼌姒觚的"姒"　　妇好

然而，"姒戊"这一更加精准的释读似乎更不为人所普遍知晓，所以目前人们指称这个最大最出名的青铜器，一般不是"司母戊"就是"后母戊"，"姒戊"之称却极为罕见。一个在中国最出名的青铜器，居然连称名都搞不定，古文字学被戴上"冷门绝学"的帽子，也确实事出有因了。由此现象，我们不能不反思一下古文字研究成果普及中存在的问题。

平心而论，当下并不乏汉字知识乃至古文字知识的普及读物，但是恕我直言，其中存在的问题是大量的，知识的过时甚至错误都不鲜见。而其原因，主要是没有真正做到所谓"专业的人做专业的事"。关于这一点，明眼人都清楚，不必赘言。那么，为什么没有金刚钻偏要揽瓷器活儿？诸多因素使然，我们就不去刨根问底了，只是希望相关作者乃至出版者不要为了一点现实利益而抛弃了对母语文字应有的敬畏之心。而在另外一面，为什么在古文字普及这个知识传播领域中不能实现以良币驱除劣币的状况？古文字界的不作为难辞其咎。为什么古文字学者不太乐意去做专业普及的工作？也是诸多因素使然，我们同样不打算深入追究到底有哪些因素消弭了学者们专业普及的热情，只是想提醒一句：让社会大众了解古文字研究最新成果，终究是古文字专业从业者的社会责任，无可推托。

从这个角度来看，《汉字取象及其古诗文意象研究》的出版，也有着重要的意义。张玉梅教授作为文字学专业博士出身的内行，在这部著作的撰写中，在古文字释字方面花费了尤多的心血，精益求精，充分吸收了古文字考释研究的最新成果，对于古文字这一"冷门绝学"的社会普及来说，将作出实际的贡献。

另外值得一说的是，这部著作力图创辟新的视角来进行"汉字取象"的研究，试图"将汉字字象与古诗意象、诗词意境等相联系而沟通起来"，这无疑是一种重要的学术创新，我也期待这种创新努力在学界引起反响。

刘志基

2022 年 8 月 23 日

序二

汉字既是中华民族文明的根脉，又是中华民族文化的结晶，称得上是中华优秀传统文化的表征。它承载着数千年中华民族的思想文化，记录着炎黄子孙成长奋斗的历史，凝聚着华夏民族的精神智慧，传承着夏禹、殷汤、周文等圣贤的基因，生生不息，绵绵不绝，穿过几千年波澜壮阔的历史长河，至今仍光彩夺目，熠熠生辉。汉字乃"前人所以垂后，后人所以识古"的重要桥梁和通道，试想如果没有汉字，我们对古代将懵然无知而万古如长夜。汉字具有超时空性和超语符性，这使得汉字可以跨越时空，成为信息交流传布的便捷工具，从而百代如在目前，南北似处同地。汉字还衍生出各种表现形式和造型手段，更造就了书法艺术，丰富了人们的精神追求和艺术生活。所以说到汉字的重要性，无论如何高估都不为过。

一部汉字的发展演变史，就是中华民族文明文化的发展演变史。如何深入发掘汉字中蕴藏的古人的造字理据和体现出的思想观念和精神智慧，是历代学人孜孜以求的学术目标。值此百年未有之大变局，中华民族亟需在本民族的传统文化中持续地汲取营养，获得启迪，从而进一步增强民族归属感和自豪感，增强文明自信和文化自信。要把汉字中蕴藏的古人的造字理据和体现出的思想观念和精神智慧，以通俗易懂并丰富多彩的形式向社会传递，向大众传播，并作为"中国文化走出去"策略的重要形式和载体，传递到世界各地，让世界进一步了解中国，了解中国的优秀传统文化。

在这样的时代和历史背景下，张玉梅教授的《汉字取象及其古诗文意象研究》一书闪亮登场了。

《汉字取象及其古诗文意象研究》一书，先是在第一章中对高频字取象视角下的"中华文化自信"进行了论述，这一部分富有时代意义，紧扣当前形势，高屋建瓴，视野宏阔。接下来是选取六百多个现代汉语的高频字，按象形字、指事字、会意字、形声字的分类，对其取象，即古人的造字理据及演变规律进行了分析和阐释。这一部分分析细密，彰显了作者深厚的文字学素养。阐释中征引的各类古文字字形,都能做到准确无误。偶有采用学界新说,也能做到把握适度。从第六章开始,先是谈汉字的"字象"与汉语修辞的关系,接着阐发"字象"与"诗象"的融合,即进入文字学与文学交叉整合的畛域。这一部分独出机杼,最具作者的精思妙想,很多地方极富启示意义和示范作用。这样以汉字取象为枢纽,以诗文为观照,为传统古诗文鉴赏开辟了一个全新的视角,值得古诗文研究和讲授的学者及教师学习和借鉴。接下来作者以《文心雕龙》《文心雕龙札记》《文选》《诗品笺》《世说新语补》等典籍为具体案例,更深入细密地实践了"字象"与"诗象"相融合的研究方法。书的最后附录了《现代汉语高频字取象溯源整理》,是全书各部分征引古文字情况的总库。

总体看来,这是一部面向国家重大需求,配合国家文化发展战略,立足于传承弘扬中华优秀传统文化,在发掘汉字蕴藏的历史思想和文化价值上有理论,有内容,有新见的著作,对于汉字研究和汉字教学以及古诗文欣赏,都具备相当的参考价值,相信出版后一定会引起学术界的关注。

张玉梅教授师从许嘉璐先生,多年来从事文字学与训诂学的研究,著述颇丰,在学界很有影响。此番《汉字取象及其古诗文意象研究》一书的出版,标志着她的学术之路登上了新台阶,同时作为她学术前路上的路标,也预示着她在研究的道路上会越走越远。

是为序。

刘　钊

于 2022 年 10 月党的二十大召开之日

前言

习近平总书记《在哲学社会科学工作座谈会上的讲话》中有一问："中国特色哲学社会科学应该具有什么特点呢？"此问颇引人深思。答案为：第一，体现继承性、民族性。第二，体现原创性、时代性。第三，体现系统性、专业性。本书主题"汉字取象及其古诗文意象研究"倒是颇为契合习总书记的讲话，因为，首先，追溯到甲骨文、金文的古文字取象是最具特色的中国古代优秀文化之一，对其进行历时而跟进时代的研究无疑体现了继承性、民族性、时代性。其次，书稿上部以传统六书理论统贯材料，逐字分析归类，系统性明显；书稿下部立足于上部的字例分析带入一部部古籍文本中，做理论与实践的勾连，每章都得出既独立又有机联系的结论，也体现出全书内在的系统性、专业性。再次，书稿的原创性则在于，汉字取象研究属于古代汉语研究，古诗文意象属于古代文学研究，书稿研究把二者融会贯通，做了跨学科的探索。书稿很多内容均在专业核心期刊正式发表过，也得到了同行专家的肯定。

当前，世界关系变得从未有过的复杂，挑战与机遇并存。挖掘并呈现文字为载体的优秀中华传统文化，使之在新时代焕发出既古老深沉又富有时代魅力的生机，是本书的努力方向之一。具体而言，关于汉字取象问题的国内外研究近况，本书主题所在、意义价值，以及大致内容，略陈于下：

（一）国内外研究近况

"取象"一词散落而频繁地存在于传统文献经典中，领域涉及易学、医学、文字学、训诂学等。现当代，在古代文学、美学、心理学、文化学及文化语言学等领域也均有对它的零散研究。在文字学领域，1999—2004年，李圃集中发表系列论文，讨论包括汉字取象问题的文字学理论问题。如《汉字分析的理论与方法》（1999）、《字素理论及其在汉字分析中的应用》（2000），创立了三维系统理论和字素分析法。该理论所说的造字过程包括取象造字的发生阶段和借成字向语素回归的表示阶段。又如《字素理论与汉字分析问题》(2001)、《汉字学三维系统与汉字文化学》(2001)、《加强汉字学理论建设,迎接本世纪汉字信息处理的突破性变革》(2001)、《汉字学元点理论及其相关问题——兼谈汉字认知的若干误区》等论文,首次提出"汉字学元点理论",认为:以汉语单音节语素为出发点的造字取象、成字造义的"物化"过程与以单音节语素为归着点的"物化回归"过程,包括在这个全过程中人脑的"中介思维"规律及其"迁移认知"原则。李圃主编的大型工具书《古文字诂林》(全12册,1999—2004)和李圃、郑明主编的《古文字释要》(2010)以《说文解字》全部字头为纲目,搜罗8大类古文字考释资料,均大量涉及汉字造字阶段的取象问题。然而,可惜的是这两部书均无对所收汉字取象及释义考辨的结论性按语。

除此而外,本领域还可查见一些论文,包括硕士论文,或者少量的著述,针对汉字取象及其相关问题研究,如:李义海《甲级汉字生成表词理据与成字字素分析举例》(2017)、《叜嫂瘦搜溲馊诸字取象表义及成字字素探析——以李玲璞先生汉字学"元点理论"为视点》(2017)、《"燮"取象表义及字素流变探析——以李玲璞先生"元点理论"为视点》(2017)等论文从汉字元点理论分析少量的汉字取象问题;冯乐乐《留学生形近字偏误的情况调查和原因分析》(2013)、李广焱《汉字的取象特征与对外汉语教学》(2013)等论文从对外汉语教学视角讨论汉字取象问题;李振锋《深于取象:甲骨文字的意义生成及其文学意蕴》(2011)谈甲骨文取象与文学之间的关系;侯霞《甲骨文与玛雅文象形字取象方式比较》(2010)对比研究甲骨文象形字和玛雅文的取象;苏影《论象形字的取象与构形》(2010)谈象形字取象;王楠《论甲骨文多视图取象的运用》(2006)选取一些甲骨文讨论取象问题;游顺钊《甲金文"朕"字构形的历史取象》(2001)、卢凤鹏《〈说文〉"美"的语义取象考释》(2005)二文各考察某个单字的取象;胡彭华、姚兰《从汉字构形取象谈"美"的原始文化内涵》(2006)从汉字取象角度切入美学和文化学的问题;张玉梅《王筠汉字取象贯通古今考》(2009)梳理清代王筠的取象材料;臧克和《古汉字结构的取象类型原始移情考略》(1999)讨论古汉字的移情原则及其相关问题;臧克和《汉和两种语言文字中的"闪电"取象异同考》(1997)将汉、和民族对比研究,考察

"闪电取象"。至于专著，对"汉字取象"进行由古及今、专门而系统的研究者屈指可数，如申小龙《汉语与中国文化》（2005）有一小节涉及汉字的观物取象问题；李玲璞、臧克和、刘志基《古汉字与中国文化源》（1997）关注古汉字的取象问题；张玉梅《王筠汉字学思想述论》有一章论述清代王筠的汉字取象情况；臧克和《汉字取象论》（1995）从汉字作为"视觉意象"的角度，探讨汉字类取象和汉民族思维方式的关系；唐闻君《异质同构：汉字与中国艺术本原》（2020）、陈洪娟《汉字演化史论汉字创造对文艺创作心物论的影响》（2021）二文讨论汉字思维与中国艺术之间的关系。

总之，考察学界研究现状，虽然汉字构形类的研究不少，但尚无基于语料库的、系统的、贯通古今的汉字取象研究。

（二）书稿论题思考及意义

在理论方面，希望为汉语汉字本体教学提供理论参考与字例支持。古代汉语教学、现代汉语教学目前均有较为成熟的教学思路与教材，可以说对学生的教育与启迪意义重大；不过，关于汉语汉字取象问题——六书构形之前的取象造字问题——教材目前基本尚未涉及。本书的研究希望引起同行的共同关注与探讨，希望对相关问题的思考有所裨益。应用价值方面，在全民语言文化素养提高方面、在对外汉语教学领域，给"汉字构形的取象理据""汉字难学"的教学阵地提供多一些的解决办法。已有学者对"汉字难学"提出过驳论，不过实际教学中，拼音文字26个字母即可遍写全部单词，确实对照出汉字较为不易书写的事实，那么简单地说汉字不难显然不具有充分的说服力。而从汉字取象角度给哪怕一部分汉字以系统的展示、授学生以富有取象理据的高频字取象全貌，至少可以使汉语教学多一条路径。当然，目前已有学者和教材尝试过类似的方法，本书希望在前人基础上做有益的尝试和推进。在理论与实践结合层面，本书尝试将汉字取象与古诗文意象、意境做融合沟通，希望这种尝试能于汉字、汉语层面打开传统诗文鉴赏的另一个视角。

（三）书稿的三个维度及主要内容

本书将汉字取象研究置于古今贯通、跨学科交叉、沟通中外的研究框架下。首先，汉字取象研究是与传统六书理论紧密相连的汉字学本体研究，书稿充分利用近年最新的、丰富的古文字出土语料,对汉字取象进行由古及今的纵向梳理,并注意把握古今汉字取象的变迁和差异性;其次,将汉字字象与古诗意象、诗词意境等相联系而沟通起来,将原本属于古代文学、古代汉语的两个学科的内容做了交叉研究,另辟蹊径,以为特色;最后,以具有代表性的海外善本汉籍为材料依据,探讨历史上的汉语汉字国际传播的情况和特色。在贯通古今、跨学科交叉、沟通中外这三个维度之下,本书的主要内容有:第一章总论高频字视角下的"中华文化自信"问题。第二章至第五章探讨六百多个现代汉语高频字视角下的汉字古今取象及其流变规律。第六章至第十章讨论汉字取象与古诗文意象之间的关系。第十一章从海外善本汉籍《世说新语补》《世说笺本》角度讨论汉字异体字取象问题。最后是附录,逐条梳理六百多个现代汉语高频字的取象演变。

凡　例

一、关于本书前五章讨论的"现代汉语高频字",取自国家语言文字工作委员会发布的《中国语言生活状况报告》(2005)[①]的"表1 报纸、广播电视、网络用字总表"的前606字,它们的累加频率为80%。本书依次讨论其中的象形字、指事字、会意字、形声字自甲骨文、金文以来的取象方法、六书形式,以及它们呈现的总体规律和面貌。所有字的考察思路为:通过追溯到甲骨文、金文等古文字阶段的取象和六书,再看它们今天的取象和六书,以及字形、字义产生了怎样的变化,从而总结出发展演变的规律,得出相关结论和考辨意义。六书中的假借字包含在前四书的讨论中,六书中的转注字不涉及。

二、用来考察造字取象的7类取象法概念。

(1) 物形取象法:指汉字的字形取象于事物形体的方法。

(2) 意形取象法:与外界事物的实体状态相比,很多概念、思想、意念是主观的、抽象的。对于这样的非实体性事物,取象则表现为主观意形性,即将抽象概念转化为意念中的形象字形。

(3) 借代取象法:或者以这个事物的特征代替这个事物,或者以这个事物的局部代替其整体,或者选取相关实体事物的特征来代替抽象事物等,从而为记录该事物之语素取象造字。

(4) 取象比象法:类似于修辞中的比喻,指选取具有相似特征的事物喻指该事物。

(5) 顺递取象法:指取象的两个偏旁需要按照一定的方法顺递连读,或读为状动短语,或读为主谓短语,从而领会成字字义。

(6) 并峙取象法:指取象的两个偏旁在组成成字,构成字义时有同样

[①] 国家语言资源监测与研究中心编《中国语言生活状况报告》下编,北京:商务印书馆,2006年,第33-51页。

重要的作用，需要将它们并列起来领会字义，此为并峙为意。

（7）义类取象法：从广义上说，包含了上述6种取象方法。汉民族的思维特点就是从给事物归"类"出发，使用物形法、意形法、借代法、比象法、顺递法、并峙法无不是将事物首先归类，然后取象于同类事物特征，或者取象于不同类事物的相似特征、相关特征，或者取象于发生关联的几类事物而成的；从狭义来说，取象的义类法主要指向形声字：用来取象成字的偏旁只能指向所记之词的义类范畴，而不可能穷尽词义全部和准确的内涵。①

三、本书第六章至第十章为汉字取象思维及其在古诗文具体语句、篇章中的关联性解读与分析，尤其联系古典文论代表性著述《文心雕龙》《文心雕龙札记》，以及联系经典选本《昭明文选》等做汉字取象及古诗文意象关联方面理论与实践相结合的讨论。第十一章为同一母题下海外汉籍相关问题的考察。

四、附录将前五章集中讨论的"现代汉语高频字"所有的字对（繁简字对或古今字对）的取象考辨全部列出，以资查证使用。其中有个别不在此六百多的高频字范围内也收入并做了梳理，因为它们和高频字关系密切，比如"第"是高频字，"弟"不是，但是"弟"我们也分析了。这样的字还有禾、虎等。其中，关于古文字字形及考释意见，本书主要引用《古文字释要》以及最新的古文字考释论著和论文。读者如对相关考释内容感兴趣，可详参文末所附相关参考文献。关于字形分析时的物形、意形、顺递、并峙、比象、借代、义类、借形等取象法，它们之间有时不是非此即彼的关系，有的字可能有二属的情况，分析时酌情指出其一或其二。

---

① 详细定义及陈述见张玉梅《王筠汉字学思想述论》，上海：上海交通大学出版社，2009年，第56-133页。

目录

上 部

第一章　高频字取象视角下的"中华文化自信"

002　一、汉字运用现状与中华文化自信

004　二、汉字意音性质主流不变及其复杂性的思考

006　三、汉字取象溯源角度下"中华文化自信"解读的四个层次

012　四、余论及希望

第二章　象形字取象：主流从简与繁化表意

015　一、初文取象从简，古今字形变化不大

016　二、假借字取象从简，表本义的后起字繁化

018　三、简化字保留取象神韵，或回归古朴取象

019　四、假借字取象从简，字形稳定

021　五、隶变字取象弱化，但仍可辨析

022　六、简化字字形纯粹符号化

023　七、结论及价值

第三章　指事字取象：绝对主流具有稳定性

025　一、稳定的物形法取象

027　二、稳定的意形法取象

028　三、稳定的借形法取象

029	四、简化字回归古文字简体或也遵循古法取象
030	五、虽无定论，但一说为物形取象或意形取象
031	六、历时的隶变等演化，造成取象模糊
032	七、结论及价值

第四章　会意字取象：复杂而具有稳定性

036	一、取象和字形均保持稳定的会意字
038	二、取象稳定的会意兼形声字
039	三、简化字回归取象简易的古文字
041	四、取象虽变，但在古法之内，易于辨识
042	五、取象保留一半，形义仍可辨析
044	六、字形简化或讹变，但有规律可循
046	七、字形讹变、简化，取象未详或模糊
047	八、结论及价值

第五章　形声字取象：声旁主流标音并具复杂性

049	一、声旁字形稳定，标音
056	二、声旁字形变化，标音
059	三、声旁字形变化，失去标音作用
065	四、声旁字形不变，失去标音作用
066	五、结论及思考

下 部

第六章	论字象与修辞
069	一、审美视角的取象造字修辞
073	二、创作视角的取象用字修辞
077	三、中庸思想决定的取象双形及字象修辞
081	四、结论

第七章	字象与诗象的融合：本义或引申义
083	一、字象与诗象吻合，诗中用本义
093	二、字象与诗象吻合，既用本义也用引申义
099	三、字象与诗象吻合，诗中用引申义
102	四、诗中用引申义，诗象升华回归字象本源
104	五、结论及思考

第八章	《文心》视角下的字象与诗象
105	一、文字 言语 文章 象
108	二、《文心》之"象"
111	三、天象 字象 诗象
115	四、比象 字象 诗象
118	五、结论及思考

第九章 《文心雕龙》与《昭明文选》关系视角下的字象与诗象

- 120 一、《文选》骚体诗选篇是《文心》理论的落实
- 124 二、《文选》与《文心》文字文学观一致
- 127 三、字象与诗象融合视角下的古诗意象
- 131 四、结论及价值

第十章 字象与诗象融合视角下的《招隐士》之骚诗风貌

- 132 一、《招隐士》用字符合《文心》审美观
- 136 二、字象与诗象融合视角下《招隐士》的骚诗之貌
- 140 三、"不失其贞""不坠其实"之《招隐士》
- 142 四、结论

第十一章 《世说新语补》视角下的异体字及其取象

- 143 一、《世说新语补》和《世说笺本》用字之同异
- 146 二、朝鲜活字本《世说新语补》多用异体字
- 149 三、《世说新语补》异体字与汉字取象及理据
- 156 四、结论与价值
- 159 五、《世说新语补》异体字整理表

附　录　现代汉语高频字取象溯源整理　183

参考文献　312

后　记　320

上部

第一章 高频字取象视角下的"中华文化自信"

从传统六书象形字、指事字、会意字、形声字角度，对六百多个现代汉语高频字的取象①源流进行梳理，首先可以夯实每个高频字的取象本源、字形演变、字音情况等，从而构成高频主流汉字面貌研究的基石；在此基础上，高频字所代表的主流汉字取象问题，其宏观的规律和特征无疑具有文化层面的启示和意义，值得我们深入挖掘。本章即拟从"中华文化自信"的角度，试做汉字取象及相关问题的利弊分析。

一、汉字运用现状与中华文化自信

自，甲骨文里取象于人的鼻子，字形为 𦣻，是象形字，本义鼻子，引申为代词自己。信，从人从言，是会意字，所谓人言为信。何谓自信？自己有的，人也信的，才叫自信。不仅自己相信，还得人家也相信，才能达到真正的自信。所以若要谈"中华文化自信"，首先要问问这句话的主语"中华文化"我们究竟有没有？如果我们本身没有，还很"自信"，那叫作盲目自信，也叫夜郎自大。如果说我们没有文化，作为一个中国人，大概非常

---

① 取象，指《说文解字》所继承的《易传》以来的观物取象，指通过文字形体取用蕴涵着事物内在特性的外部形象，这种取用不是简单的实物描摹，而是抽取事物特征的诉诸符号的系统的记录。

伤自尊，会引起群情激愤。群情激愤是没有任何意义的，它甚至代表我们可能没有基本的承认事实的勇气。有或者没有文化，不妨用事实说话，看看街头巷尾，看看现实生活中我们起码的语言表达。以下是有实物拍照的几则街头标语①：

"加速金融扶贪，开展双基共建。"把"扶贫"写成"扶贪"，意思错得吓人。

"科学致贫，精准扶贫，有效脱贫。""致贫"显然应该是"治贫"，用字与表意截然相反。

"坚持以人为本，执政为名。"把"为民"写成"为名"，执政目的偏离到了沽名钓誉。

"禁止做人，后果自负。"把"坐人"写成"做人"，令人啼笑皆非。

"上坟烧纸注意失火，谁防火，谁坐牢。""防火"与"放火"，南辕北辙。

"加强党的领导，惊心组织，保障村党组织换届选举工作圆满完成。""惊心"当为"精心"，意思错得属实惊心。

一定会有人说：小题大做，这不过是个别现象，几个标语牌的错别字，街头小来小去的错误而已，不能说明我们没文化！对，可以同意这种说法。那么主流媒体人民网刊载的 2016 年 11 月 23 日《人民日报》曲解"福"为"衣"加"一口田"的问题呢？②当然，一定也会有人说：主流媒体偶然的一次失误，不代表我们整体没文化，而且拆解"福"字的本意是好的，意在引导大家努力追求丰衣足食的生活态度，总不能大讲鬼神祭祀。好似这个说法也可以接受。不过，作为官方主流媒体，以违反文字学常识的思路拆解汉字，似乎仍于理难安，若换一个思路把汉字文化讲得更到位，岂不是更好？"福"字，本形从示从畐，古文字"示"皆与祭祀有关，古文字"畐"为酒坛之形，福的本义指以酒祭祀，祈求降福于人。③古人的祈福文

---

① 语料来自《太初有字》，微信公众号《乡里伢在荆州》2017 年 5 月 20 日的内街拍图片。
② 详见第二章"象形字取象：主流从简与繁化表意"的"结论及价值"阐述。
③ 可参见金祥恒《金文大字典》，见于李圃《古文字诂林》，上海：上海教育出版社，1999—2004，第 1 册第 105 页。

化与鬼神有关，原因是当时的生产力不发达，人们对天道四时充满敬畏。今天，生产力飞速发展，地球资源被过度开发，我们不仅丰衣足食了，甚至有了更高、更全面的精神需求，有了物质极大丰富而精神食粮缺失、物质与精神不匹配的矛盾。从这个意义上说，古人敬畏天地鬼神的文化不仅没有过时，反而需要我们继承其精神内核，在今天重提"敬畏"二字。不是敬畏鬼神，而是敬畏自然规律，敬畏我们赖以生存的自然环境。不妨从这个层次上讲"福"文化：我们已经丰衣足食了，就不要奢侈浪费了；我们已经衣食饱足了，应饮水思源，记得感恩大自然的赐予，还青山绿水于天地，节能环保过春节；不要等欲望膨胀，资源耗尽，"鬼神"愤怒，与地球一同毁灭……可见，拆字以讲文化，以文化引导社会生活，这个思路本不错。但是，如果拆字的基础错了，起点错了，一方面误导习字，歪曲文化，一方面也极大地浪费了文化遗产，拉低了文化层次。

现在回到开头的问题：生活中和主流媒体的小问题，都可谓瑕不掩瑜。毫无疑问，中华民族不仅有文化，而且有很厚重的传统文化；我们不仅有很厚重的传统文化，而且还有传承至今的鲜活的文化；我们不仅有传承至今的鲜活的文化，而且这种文化还是世界古老文明中唯一至今没有断流的文化——以汉字汉语记录承载的文化。我们的问题可能不是全民族都没文化，而是普通民众方面存在文化程度的参差不齐，是上层建筑层面对传统文化普及工作重视不够充分，从而导致传统文化的现实转化不到位。

二、汉字意音性质主流不变及其复杂性的思考

衡量一个民族文明的重要标志之一是文字，而有文字记载的四大文明古国中，其他文明古国的原创文字后来都湮灭了，今天已经不再使用了，唯有中国的汉字，以较为成熟的殷商甲骨文为源头的汉字一直演变、发展，沿用至今。"长生不老"地作为衡量文明的标尺的汉字，一方面值得我们骄傲，可资支撑中华民族的自信；另一方面也提醒我们，要做更多深入的思考，不可盲目自信。

本书上部前五章主要分析讨论六百多个现代汉语高频字，其取象溯源的情况可以架起汉字古今演变的桥梁，可资对现实问题做进一步思考。道理在于："现代汉语高频字"是今天被最高频率地使用着的，因而具有最广

泛的实用性和代表性。"取象溯源"沟通了殷商甲骨文以来古文字与现代汉字的源流关系，使我们可以讨论汉字文化传统在今天的现实转化问题。

综合书稿四个章节的象形字、指事字、会意字、形声字，以及涉及的假借字的取象演变情况，现代汉语高频字所呈现的汉字取象演变规律为：第一，象形字字形表意且取象从简。高频象形字中绝大部分的象形字取象不算繁，字形较为简易。后起字看似有繁化倾向，但其实是增加表意偏旁所致。也即，象形字及其后起字的主流是以形表意，并取象从简。只有少部分字纯粹符号化了。符号化也是汉字演变的规律之一，但不是主流。第二，指事字字形表意且稳定简单。现代汉语高频指事字总体的字形也是以形表意的，古今呈现稳定性，而且这种稳定性的代表字形都比较简单，字形并不繁复，占到指事字总数的九成以上。取象模糊的只有极少的字，显然不是主流。第三，会意字合体表意，主流发展具有稳定性。现代汉语高频会意字（包括一些会意兼形声字）主流呈现古今稳定不变，还有很多沿用至今的是较为简单的古文字字形，有少数会意字的取象和字形模糊或未详。第四，因假借而有的后起会意字也具有稳定性。第五，形声字形旁表意、声旁主流标音并具复杂性。现代汉语高频形声字中，大部分形声字无论声旁稳定不变，还是声旁字形有变化，都还有标音作用，不过其中也有种种复杂性，这种复杂性往往使人无所适从。少部分形声字或者字形没变但声旁音与字音相差很远，或者连声旁字形也变化了，完全失去了标音作用。也就是说，虽然占到总数七成的形声字有各种情况的标音作用，但是形声字总体的准确标音率非常低，所以靠声旁识别形声字，作用还是很有限的。综合以上五点，从六百多个现代汉语高频字取象溯源的角度，我们总结出自殷商甲骨文以来的汉字演变规律为：汉字总体，从古到今，意音性质主流不变，声旁标音主流未变，但同时也具有种种复杂性。

以上规律和结论，看似简单明了，但是在现实生活中，应对汉字的表意性质主流和形声字声旁标音的种种复杂性，却是一个难以解决的难题，尤其在汉语汉字的国际传播中，在对外汉语汉字教学的一线，这个难题至今是没有突破的瓶颈。汉字难写、难认、难掌握，所以对外汉语的汉字教学以前多采用"认写同步"模式，结果是教学效果不佳。因此又有了"认写分流""多认少写""先认后写"的教学原则，这样的原则虽然符合汉字认知规律，但究竟怎样"多认"，如何"少写"，仍然难以操作。尽管有学者十年前就提出过关系对外汉字教学全局的几个问题，并提出了建议：要进一步提高对汉字教学重要性的认识，汉字教学要形、音、义兼顾，对外汉语教学要将识字量作为追求的重要目标，识字教学的推展要坚持以偏旁为纲，加强汉字教学要标本兼治。① 尽管近年来汉字教学在对外汉语教学中的独特地位得到了一些认可，对外汉字教学也得到了长足发展，并形成了字族文识字法、部件识字法、字理识字法、集中识字法、注音识字法等，但在汉字本体研究与应用教学方面的成果仍然很少，不足以支撑突破汉字教学的瓶颈。

对外汉语教学中汉字教学的瓶颈与很多因素有关，而根源性的原因还是在于汉字本体的研究问题。对于母语为拼音文字的留学生来说，汉字的表意性并非其习得的优点，反而是难以理解的障碍；形声字复杂的标音性更是加深了习得的难度。

三、汉字取象溯源角度下"中华文化自信"解读的四个层次

以下拟从语言学角度，具体语料以现代汉语高频字、《文心雕龙》的文字观、简化字改革、"孝"文化等传统文化、世界文字进化论的讨论、汉字拉丁化运动，以及是否设立中国语言学一级学科的讨论等，分四个层次尝试解读"中华文化自信"的内涵。

第一，文化自信首先要清楚自己有什么样的文化。

笔者个人的浅见，如果从汉字作为中华文化的重要部分出发，可以从正反两方面来理解和阐发它们：其一，要历史而客观地肯定汉字及其书写和承载的优秀中华文化。其二，也要对自己的文化做全面而客观的梳理和认识，不仅积极的优秀文化要清楚，消极和糟粕的一面更要清楚。

关于其一，现代汉语高频字的古今发展情况告诉我们：甲骨文以来，汉字主流的意音性质没有改变，它鲜活而没有断流地记录着汉语，承载了悠久厚重的中华文明。其二，除了主流取象表意、汉字意音文字性质不变，我们也不能无视和忽略主流之外的支流，不能忽视汉字总体形、音、义关

---

① 李大遂《关系对外汉字教学全局的几个问题》，《暨南大学华文学院学报》，2008年第2期，第2-7页。

系复杂的面貌。这种复杂的面貌是导致汉字难学、用起来容易出错的重要原因之一（包括中国人和留学生）。本章开头部分所列标语牌上的错别字，就属于这种情况。这些错别字都属于形声字范畴："扶贫"与"扶贪"是声旁形近而误，贫（pín）从分（fēn）声，贪（tān）从今（jīn）声，声旁"分"和"今"不准确标音是致误的原因之一（贫同时也是会意字，从分从贝，贝是古人的货币单位，代指财物，所谓财分而贫。不懂会意字构形，是致误的另一个原因。另外，仅仅是书写马虎、不认真而致误，也是有可能的）。"防火"与"放火"，防、放音调不同，音近之误。防、放二字均以"方"为声旁，但声调均不同，所以这种同音之误也跟两个字声旁不能准确标音有关。

　　汉字难学难记，是一个历史问题，历史上要废除汉字的拉丁化运动主要就是针对这一问题的。汉字拉丁化运动，作为观照汉字文化消极一面的历史不应该被忘记。汉字难学难记，也是一个现实问题，在对外汉语教学一线，在中国人通识性使用和认知层面，汉字的识字教学和取象正确解读始终是个难点。历史及现状都时刻提醒我们：文化自信不是头脑发热的盲目自信，汉字也并非什么"世界上最优秀"的文字。客观而言，它是颇具民族特色的，同时也优点、缺点并存的一种文字。

　　第二，文化自信指向的是传承中华"优秀"传统文化。

　　"中华优秀传统文化"如果具体到"汉字文化"，它的"优秀"和"传统"是什么？这并不是个简单的问题。我们今天对汉字文化的传承无疑当拨开云雾觅真经，真正提炼出厚重传统文化中最有先进性的东西。我国文脉悠长，从历史上说，汉字之繁与简的变化一直都有，书写者有意复古和有意繁化的情况也屡有出现，所以著名文论家刘勰的《文心雕龙·练字》这样记录：

　　　　是以前汉小学，率多玮字，非独制异，乃共晓难也。暨乎后汉，小学转疏，复文隐训，臧否大半。及魏代缀藻，则字有常检，追观汉作，翻成阻奥。故陈思称："扬马之作，趣幽旨深，读者非师传不能析其辞，非博学不能综其理。"岂直才悬，抑亦字隐。自晋来用字，率从简易，时并习易，人谁取难？今一字诡异，则群句震惊；三人弗识，则将成字妖矣。[①]

[①]〔南朝梁〕刘勰《文心雕龙》，上海：上海古籍出版社，2010年，第79页。

在这里刘勰对喜用异体、翻用古字、尚奇取难的做法持批评态度，他所提倡的是：用字当从简易，使人易习；应当摒弃诡异、字妖的趋向。溯及中国文字的统一，秦始皇书同文政策不仅有肇始伟功，也是使繁多的六国文字得以简化的大功举措，而上述刘勰关于"简易"、从"时"、"习易"，即简易、便利、从俗、易学习的观点是符合汉字发展演变规律的，也是进步和可取的。

另外，从上文所研究的汉字取象考察，不难发现，简化字改革有意识地继承了上述精神，继承了优秀的汉字文化传统。1950 年，中央人民政府教育部推出选定简体字的四条原则，其中的前三条均与便利原则有关，第一条："整理选定已经通行的简体字，必要时根据已有简体字的简化规律加以适当补充。"这里的"通行的简体字""已有的简体字"显然都考虑到了书写者和学习者的方便。第二条："所选定、补充的简体字，以楷体为主，间或采取行书、草书，但必须注意容易书写和便于印刷。"选用楷体为主即顺应时代的方便，"间或采取行书、草书"又格外强调容易书写和便于印刷。第三条："简体字的选定和补充，以最常见的汉字为限，不必为每一个繁难的汉字制作简体。"这里"最常见的汉字"限定的是数量，防止增加不必要的简化字。1950 年的《常用简体字登记表》以"述而不作"为选字精神无疑是明智的。1955 年，全国文字改革会议确定汉字简化的八字方针"约定俗成、稳步前进"，"约定俗成"是最符合语言文字演变规律的、于书写者也是最便利的。无论 1956 年的简化字总表，还是 1986 年重新发布的总表，都可以看到便利从简精神的贯彻，如"干"字，字形可以直溯古陶文"干"。"带"字，基本回归了秦简字形"带"（比简化字多两画）。还有的字，虽然与古文字不尽相同，但是颇得取象神韵，笔画也较简单，如"门—門（甲骨文）""马—馬（甲骨文）""龙—龍（甲骨文）""长—長（金文）""网—網（甲骨文）"。以上字例，也是一直活跃在当下的现代汉语高频字。

从文字扩展到教育思想，有的优秀传统文化，穿越千年，历久弥新，比如孔子的"有教无类"思想至今闪烁着先进性的光芒。古巴比伦的楔形字、古埃及的圣书字为何后来湮灭了？原因之一即：它们在当时被奉为贵族文字、神权文字，不仅不能冒犯和更改，而且只能掌握在僧侣、贵族等特权阶级手中,所以一旦社会动荡,政局不稳,则不复传播,自取灭亡。①我国先秦时期的文字使用和教育理念,虽然与它们也有类似的历程,但是到了东周时期,孔子提出了"有教无类",教育面向不同类别、不同等级,面向所有人的理念,使得汉字承继有人,使得中华文化生生不息。再进一层,透过文字符号的形式表层,我们更应该努力抓住它所记录的优秀文化的精神内核。再联想到现实,我们应该把"有教无类"发扬为:普及全民义务教育并努力提升全民教育质量,在全民层面建立最广泛的中华民族的文化自信。

第三,文化自信是创造性转化和创新性发展。

十九大报告对文化自信,对优秀传统文化的挖掘和继承,有着极为恰当和精辟的用语,这就是"创造性转化"和"创新性发展"。个人愚见,对它全面的理解应该包括:要避免简单机械照搬甚至碎片化照搬传统文化,避免对优秀传统文化的误读和曲解,要抓住优秀传统文化的精神核心,加以创造性转化和创新性发展。

首先,避免简单机械照搬的汉字文化,避免对优秀传统文化的误读和曲解。前文提到的生活中历史名人古迹标牌上书写"某某故裹"的错误,貌似回复繁体字以呈现"古意",实则犯了简单机械的错误。前面提到的《人民日报》拆解"福"字的情况,也属于对传统汉字文化的一知半解的搬用,导致实际的误读和曲解,应当着力避免。

又如,今天的我们不会再膜拜二十四孝,尤其"埋儿奉母"这样的事大概不会发生了。但是近年社会上时有出现的几百人甚至几千人集体下跪以复古"孝道",却令人啼笑皆非。这样的做法绝非传承优秀传统文化,因为它没有抓住"孝道"的实质和整体,而是碎片化照搬了僵化的形式,结果更像一出闹剧。那么什么是孝道的实质呢?从字源上看,"孝"字的古文字字形为𦫵,与"考"形近、声近、义近,从"子"搀扶发长"老者"而会意,表示敬义。从传统思想上看,除我们熟知的"孝者,顺也"的通常之孝以外,除《孝经》"谨身节用,以养父母"之孝外,《荀子·子道》的分层次的逻辑阐述,更是传统孝道的提炼和精华:"入孝出弟,人之小行也。

---

① 周有光《世界文字发展史》,上海:上海世纪出版集团、上海教育出版社,2003年,第216页。

上顺下笃，人之中行也。从道不从君，从义不从父，人之大行也。若夫志以礼安，言以类使，则儒道毕矣，虽尧舜不能加毫末于是矣。"相比于"入孝出悌"的第一层、"上顺下笃"的第二层，"从道""从义"而不盲目"从君""从父"，才是孝道的大行。一个人如果从荀子所论的三个层次孝敬父母，于父母于国家，都是有所担当的了，何必非要当众表演下跪示人呢？莫非我们只有穿回长袍马褂和所谓的汉服，才叫继承优秀传统文化吗？当然，这里不是反对特定场合的古典着装等活动，而是希望由当众集体下跪的现象发出另一个角度的思考：继承优秀传统文化，创造性转化和创新性发展优秀传统文化，要注重深层精神而非表面作秀，完成这个课题任重而道远……

其次，要抓住优秀传统文化的精神核心，从而创造性转化和创新性发展。我们厚重的五千年文明之所以能绵延不绝，核心是什么？是什么内在的力量使它得以生生不息？个人愚见：坚守自我并与时俱进，或曰与时俱进的包容性和整体的稳定性。仍以汉字为例，在世界文字学史上，有所谓进化论的理论，即把世界文字总体的历史概括为"原始文字时期—古典文字时期—字母文字时期"三个由低到高的发展阶段。汉字与楔形字、圣书字这三大古典文字属于第二个发展阶段，汉字的未来是由现在的古典文字发展到字母文字，周有光先生所持即这种观点。[①]这里无意展开这种文字进化论对错与否的讨论，只想指出一个事实：对比同被归入古典文字阶段的古巴比伦文字和古埃及文字，联系中华民族和汉字文化的发展历程，历史告诉我们：是汉字文化的坚守精神，是在坚守中不断调整自我、与时俱进、吐故纳新的精神绵延了我们的文化，坚守、包容、与时俱进的中华民族的复兴和重放异彩绝不是一个简单的进化论所能预测的。最简单的一个对历史的假设：如果被彻底征服成为拉丁字母民族的殖民地，或者被并入他国，汉字大概早就灭亡了，不需要等到几千年乃至上万年的进化了。现实是：仍然使用"繁难"汉字的中国，越来越发达，发展越来越快，汉字并没有拖我们的后腿。如此下去，实在看不出她必将"进化"为字母文字的趋势。汉字文化和中华民族文化与

---

① 周有光《几个文字学问题》，《群言》，2010年第4期，第43页。

时俱进的例子实在太多了，前面所叙从简弃繁、择优从便等均属此类，此不赘举。

创造性转化和创新性发展的文化自信，实在是个宏大的课题，以上仅可算抛砖引玉的一点感想，大篇与宏论，姑且留待方家。

第四，文化自信需要有国家方略和对它的实施。

调查显示，目前学界语言文字类学术研究需要更大力度的支持。因为现状是：从事文字、音韵、训诂等类与文化根底建设直接相关的传统小学研究的人数少，学科发展缓慢，导致对传统优秀文化的整理、研究都非常不充分。①上海的语言学研究在全国具有先进性、典型性和代表性，改革开放以来上海语言学发展整体的缓慢和偏弱的状况也是全国语言学发展的一个缩影。在这一点上，虽然2017年两会期间代表们提出了两三套不同的方案，在是否设立中国语言学一级学科方面各家存在分歧，但是不谋而合的一个提案实质是：我们应该提升语言学各学科的地位，提起对语言学学科的重视，以促进以汉语语言学研究为主的中国语言学研究的建设和发展。正如李宇明、陆俭明、刘丹青、游汝杰、杨亦鸣等学者的共识：调整语言文学学科结构，提升语言科学的地位，事关中华民族的文化自信，事关"一带一路"与汉语国际教育的国家发展战略，对于一流大学与一流学科的建设、学科交叉与交流、创新人才培养以及经济社会的发展都具有极其深远的影响。②

这里姑且再次重申建设和发展语言学研究的战略需求：第一，新时代中国特色社会主义思想和基本方略的需求。这是习近平总书记十九大报告的第三部分内容，其中具体说到："推动中华优秀传统文化创造性转化、创新性发展……"十九大报告的第七部分说："中国特色社会主义文化，源自于中华民族五千多年文明历史所孕育的中华优秀传统文化……""深入挖掘中华优秀传统文化蕴含的思想观念、人文精神、道德规范……"十九大报告结尾说："站立在九百六十多万平方公里的广袤土地上，吸吮着五千多年中华民族漫长奋斗积累的文化养分……"总书记反复提到的关键词"中华

---

① 张玉梅《稳健而发展缓慢的训诂学——以上海训诂学三十年发展为视角》，《社会科学家》，2017年第2期。
② 《复兴语言学》，汉语堂微信公众号，2017年3月14日。

优秀传统文化"的内涵很丰富,但是毫无疑问,记录和承载"中华优秀传统文化"的主要是记录汉语的汉字,深入挖掘它,吸吮它的养分,推动它的创造性转化、创新性发展,这些首先都需要对古代汉语及其所记录的古典文献的掌握和了解。工欲善其事必先利其器,如果连汉语语言学这个基本工具都没有好好掌握,遑论其余!第二,国际形势客观需求。联合国教科文组织(ISCED)的"国际教育标准分类"、美国费城科学信息研究所(ISI)编制的 SSCI 和 H&ACI,以及经济合作与发展组织(OECD)制订的《弗拉斯卡蒂手册》《美国国会图书馆分类法》等四种比较权威的学科分类体系中,语言学均与文学并列,是独立学科。同时,在此背景下,通观世界各大研究机构和较好的大学,在它们的语言学学科研究单位中,往往没有中国语言学(汉语语言学)研究的阵地,汉语语言学研究常常被下设在 CHINESE STUDIES(中国学、汉学)研究的大框架下,作为下位的小科目进行研究,研究力量和成果都较为薄弱。应该说,这和国内没有充分重视汉语语言学研究不无关系。我们自己都没有足够重视和充分研究,国际上又怎么可能给予平等的、与其他世界语言学一样重要的地位和位置呢?第三,中国特色语言文化的需求。众所周知,汉字学是中国本土特色的学问和学科,是适应汉语特点而有的,也是应方块"象形文字"客观之需而有的。包括汉字学在内的传统小学(文字学、音韵学、训诂学)是承载没有断流的中华文明的最重要的一块学科阵地。而目前的现状是:在高校和科研机构中从事汉字文化研究的学者、课题,总体均呈人数少、课题不多、阵地较小的局限,与我们整个社会的大范围的文化需求极不匹配……所以,中国的汉语语言学,尤其包括汉字学(古文字学亦在其中)在内的中国特色的汉语语言学,呼唤基于世界语言学平等的、至少不低于其他民族语言学学科的支持和关注,由此它才有可能得到充分的发展,才能满足当前文化建设的需求,才能真正加入到复兴和重建先进而崭新的中华文化自信的行列中。

四、余论及希望

2020 年 1 月 13 日,《教育部关于在部分高校开展基础学科招生改革试点工作的意见》印发,部分高校积极响应,开展基础学科招生改革试点。

新冠疫情尚未结束,上海交通大学文科处也适时推出对本书所申请的"人文社会科学成果文库资助计划"的出版资助。如果说教育部的举措令人鼓舞和振奋,那么我校文科处的工作部署则是实实在在的资金支持,加之本书研究主题亦在教育部强基计划学科——古文字学科之内,衷心希望此书也能为学校与国家的文科发展进步略尽绵薄之力。

第二章 象形字取象：主流从简与繁化表意

本章及后面三章所涉及的 7 种取象法是物形法、意形法、借代法、比象法、顺递法、并峙法、义类法。物形法，指汉字的字形据其古义取象于事物形体的方法。比如，"日"取象于圆日之形，"月"取象于缺月之形。意形法，指与外界事物的实体状态相比，很多概念、思想、意念是主观的、抽象的，对于这样的非实体性事物，取象则表现出主观意形性，即将抽象概念转化为意念中的形象字形。比如"上""下"等非可视之物，在人的意念中可以被主观想象为"大物覆小物、以大物载小物"，从而以长短不同的笔画进行表示。借代法指或以这个事物的特征代替其事物，或以这个事物的局部代替其整体，或者选取相关实体事物的特征来代替抽象事物等，从而为记录该事物之语素取象造字。比象法类似于修辞中的比喻，指选取具有相似特征的事物喻指该事物。顺递法指取象的两个偏旁需要按照一定的方法顺递连读，读作状动或主谓短语，从而领会成字的字义。取象的两个偏旁在组成成字，构成字义时有同样重要的作用，需要将它们并列起来领会字义。义类法指取象成字的偏旁只能指向所记之词的义类范畴，而不可能穷尽词义全部的和准确的内涵。除了这七种取象方法，六书中的假借大致对应的是借形法，即假借已有字形作为同音字或者音近字的取象方法，比如天干中的"甲"、地支中的"子"等均是假借了已有字形。

第二章 象形字取象：主流从简与繁化表意

这里所说的象形字就是传统六书中的象形字，和它对应的取象法为物形法。当某个象形字被假借了，此时也会出现取象中的借形法的概念。"物形法"概念基于汉字"取象"造字阶段，"象形字"是传统六书构形法中的概念，二者的区别可以用"高"字为例简单说明："高"这个字在传统六书框架下，一直是有争议性的字，有人说它是象形字，因为它像台观高之形；有人说它是指事字，因为它表示台观之高的抽象概念，似乎各有道理。但如果从"取象"造字解析，则绝无争议：因为它"取象"于台观之高，台观是物体，所以它属于"取象"的"物形法"。因为论证焦点不在于六书辨析，所以可以忽略"高"类字的六书归属争议，而直接将这类字归入物形法中的象形字讨论。

本章主要考辨现代汉语高频字中 94 个象形字的造字取象及其演变规律。以下行文中，字头领起时，引用《说文解字》(简称《说文》)、甲骨文、金文等古文字字形，并引证《古文字释要》①(简称《释要》)及学界新出的考释成果，进行分析且直接在后面标注页码，形式为 p××。每个字例先列结论性词条，行文格式为：字头 古文字 古文字或繁体字的六书/简化字六书 ——古文字或繁体字的取象/简化字取象。之后，再做较为详细的解析。本章通用此体例，不再一一说明。

一、初文取象从简，古今字形变化不大

一般来说，人们认为象形字字形较为复杂，因为是取象于或者说描画于实物而造字的。其实不然，我们发现，现代汉语高频字中的象形字，主流恰恰是从简的，字形不可谓繁复。它们以物形法取象，古今基本没有发生变化。这样的字总计 41 例：

行 ⾏ 象形/象形 ——物形/物形 许慎："⾏：人之步趋也。从彳，从亍。"(《说文》卷二)《释要》p217：⾏(甲骨文)⾏(金文)⾏(古陶文)，行的本义为人所行走的道路，字形取象为四通的道路。如《诗经·囿风·七月》："遵彼微行。""微行"意为"小路"。引申义有行走等。行为象形字，物形法取象。

---
① 李圃、郑明《古文字释要》，上海：上海教育出版社，2010 年。

回 ⟲ 象形/象形 —— 物形/物形　许慎:"回,转也。从囗,中象回转形。户恢切。⟲,古文。"(《说文》卷六)《释要》p614: ⟲(金文)⟲(陶文)⟲⟲(货币)⟲(秦简)。许说可从。回之古文字取象于回旋的水涡,即漩涡之象形。故为象形字,物形法取象。

几 几 象形/象形 —— 物形/物形　许慎:"几,踞几也。象形。周礼五几:玉几、雕几、彤几、鬃几、素几。凡几之属皆从几。居履切。"(《说文》卷十四)几为象形字,取象于实物之几。物形法。这个字一直沿用到今天。

京 亰 象形/象形 —— 物形/物形　许慎:"亰,人所为绝高丘也。从高省,丨象高形。凡京之属皆从京。举卿切。"(《说文》卷五)《释要》p538: 亰亰(甲骨文)亰(金文)亰 亰(陶文)亰(货币)。许说有误,京不必从高省。徐中舒、郭沫若等人之说可从:京字上端 亠 取象于深穴上出有土阶及小屋顶覆盖之形,下端冂取象于绝高的穴居,中有立柱。所以京为象形字,本义为绝高的穴居。王者所居高大,因此京有高义、大义,也有王者所居之都义、先王所居之宗庙义。京的字形古今变化不大,只是隶楷过程中,下端字形与小字趋同了。既为象形字,则为物形法取象。

因 囚 象形/象形 —— 物形/物形　许慎:"囚,就也。从口大。徐锴曰:《左传》曰:植有礼,因重固。能大者,众围就之。于真切。"(《说文》卷六)《释要》p617: 囚(甲骨文)囚(金文)囚(陶文)因(玺印),林义光、杨树达:"因"像茵褥之形、簟席之形。后引申为就义等。则为物形法取象,象形字。

其余字(水、目、户、川、果、火、禾、虎、口、米、人、日、山、石、手、首、向、象、月、子、足、力、合、交、率、易、高、局、而、求、工、王、文、示、主、自)之解析,详见附录。

二、假借字取象从简,表本义的后起字繁化

造字之初,本字为物形法取象的象形字,很快就被假借了,成为借形法取象的假借字。既有假借,就又有了表本义的后起字,这些多为加旁形声字,义类法取象。这些字代表了汉字发展繁化的一面(这些后起字多不是现代汉语高频字),比如以下15例17字(后起字有1例2字者):

不 朮(柎) 象形或假借/象形或假借 —— 物形/借形　许慎:"朮,鸟

第二章 象形字取象：主流从简与繁化表意

飞上翔不下来也。从一，一犹天也。象形。凡不之属皆从不。方久切。"（《说文》卷十二）《释要》p1084：⍨ ⍨ ⍨（甲骨文）⍨（金文）⍨ ⍨（陶文）⍨ ⍨（秦简）。许说有误。郭沫若："分析而言之，其 ⍨ 若 ⍨ 象子房，⍨ 象萼，⍨ 象花蕊之雄雌。以不为柎说始于郑玄。"郭说可从。不字取象于花之子房，还带有余蕊。是柎（花萼）的本字。柎非高频字。房熟则盛大，所以引申为丕。用为否定词，"不"为假借字，是现代汉语高频字。甲骨文中不常常假借为丕显之丕、否等字。

来 ⍨（麦）象形/假借——物形/借形 许慎："周所受瑞麦来麰。一来二缝。象芒束之形。天所来也。故为行来之来。诗曰：诒我来麰。"（《说文》卷五）来字取象于麦子的侧面之形，有根，有干，有麦芒。《释要》p544：⍨ ⍨（甲骨文）⍨ ⍨ ⍨（金文）⍨（秦简），来为象形字，物形法取象：取象于麦子之形，首穗之大，左右为四片叶子，下像根，是麦的本字。后来假借为往来之来。

午 ⍨（杵/矢）象形/假借——物形/借形 许慎："午，啎也。五月，阴气午逆阳。冒地而出。此与矢同意。凡午之属皆从午。疑古切。"（《说文》卷十四）《释要》p1364：⍨ ⍨ ⍨（甲骨文）⍨ ⍨ ⍨ ⍨（金文）⍨ 午（陶文），诸家说法不一，有说古文字为杵之象形者，有说为矢镞之象形者，假借为干支用字和中午之午。午本为象形字，物形法取象。后为假借字，借形法取象。

其 ⍨（箕）象形/假借——物形/借形 许慎："箕，簸也。从竹，⍨，象形，下其丌也。⍨，古文箕省。⍨，亦古文箕。⍨，亦古文箕。⍨，籀文箕。⍨，籀文箕。"（《说文》卷五）《释要》p471：⍨（甲骨文）⍨（金文）⍨（秦简）。其本为象形字，物形法取象，取象于竖立的簸箕形，是箕的初文。箕为其的加旁后起字。"其"假借为语气词和代词。

其余 11 例 13 字（己、且/祖/俎、曾、弟、必、它、于、用、由、包、又）之解析，详见附录。

上述文字的初文虽然是物形法取象，但字形普遍简单。倒是后起字因增加了新的偏旁，是以义类法取象的，所以字形较初文都更繁化了。由此可见，后起字字形繁化，也是汉字演变的规律之一。

三、简化字保留取象神韵，或回归古朴取象

这里包括两种情况：一种为简化字仍保留了取象神韵，一种为简化字回归了古文字原初的取象。前者 11 例，后者 4 例。有些以物形法取象的象形字，经过了人为简化成为今天的简体字，但其原初的取象仍清晰可见，或者简化颇得取象神韵，计有 11 例：

门 𦥑 象形/象形 —— 物形/物形　许慎："门，闻也。从二户象形。"（《说文》卷十二）《释要》p1091：𦥑 𦥑（甲骨文）𦥑 𦥑（金文），门取象于两扇对开的门，为象形字，物形法取象。

马 𢒉 象形/象形 —— 物形/物形　许慎："𢒉，怒也，武也，象马头髦尾四足之形。𢒉，古文。𢒉，籀文马，与𢒉同，有髦。"（《说文》卷十）《释要》p911①：𢒉 𢒉（甲骨文）𢒉 𢒉（金文），马是象形字，取象于马头、身体、尾巴和四蹄之形，物形法取象。简化字只保留了取象的大概。

龙 𠄌 象形/象形 —— 物形/物形　许慎："𠄌，鳞虫之长，能幽能明，能细能巨，能短能长。春分而登天，秋分而潜渊。从肉，飞之形。童省声。凡龙之属皆从龙。臣铉等曰：象夗转飞动之皃。力钟切。"（《说文》卷十一）《谱系》p1206-1207：𠄌（合集二七二反）𠄌（龙母尊）𠄌（邵鐘）𠄌（玺汇）𠄌（云梦）。龙，象爬虫类动物卷体、张口、头上有辛状物之形。张口或演变为肉形，为小篆所承袭。金文或从巳形作 𠄌、𠄌，或省作 𠄌。在偏旁中龙或省作音形。此说可从，龙为物形法取象，象形字。楷书字龙的取象颇有古文字神韵。

其余 8 字（干、长、员、带、亚、业、单、两）之解析，详见附录。

现代汉语有些常用字，字形颇为简单，有人以为从繁体简化而来。殊不知，这个字形其实正是最古朴的固有的古文字，比如以下 4 例：

电 𢎘 象形/象形 —— 物形/物形　许慎："𩃎，阴阳激耀也。从雨，从申。堂练切。𩃎，古文电。"（《说文》卷十一）《释要》p1063：𩃎（金文）。金文这个字形是在 𢎘 上加雨旁而成的。𢎘 是电的初文，取象于闪电之形，是象形字。物形法取象。電为形声字，形旁为雨，义类法取象。简化字电回归了电的初文，是象形字，物形法取象。从古文字到繁体字，再到简化

---

① 李圃《古文字诂林》，上海：上海教育出版社，1999—2004，第 8 册，第 450 页。

字，经过了简—繁—简的过程。

个 亽 象形/象形 ——物形/物形 许慎："箇，竹枚也。从竹，固声。古贺切。箇或作个，半竹也。"（《说文》卷五）《释要》p465：箇（古四）。《说文》小篆与《古四》①字形一致，所收或体个取象于半竹形，表一个两个，物形法，象形字。简化字回归了甲骨文字形，象形字，物形法取象。

网 网 象形/象形 ——物形/物形 许慎："网，庖牺所结绳以渔。从冂，下象网交文。凡网之属皆从网。今经典变隶作网。文纺切。罔，网或从亡。罔，网或从糸。网，古文网。网，籀文网。"（《说文》卷七）《释要》p741：网 网 网 网（甲骨文）网（金文）网（货币），网取象于渔网，象形字，物形法。網为加旁形声字，义类法。

广 廣 形声/象形 ——义类/物形 许慎："廣，殿之大屋也。从广，黄声。古晃切。""广，因广为屋，象对剌高屋之形。凡广之属皆从广，读若俨然之俨。鱼俭切。"（《说文》卷九）《释要》p884：廣（金文）廣（陶文）廣（秦简），许说不谬。廣为形声字，形旁从广，义类法取象。简化字直接去掉了繁体字的声旁，保留形旁广成为独体字。独体字广在古文字阶段是象形字，取象于屋宇之形。简化字仍之，广为独体象形字，物形法取象。

四、假借字取象从简，字形稳定

高频字中还有一类字，它们原本是物形法取象的字，字形也较为简易。后来字形被假借了，又有借形法取象的假借字。这类字的字形也很稳定，比如以下5例：

巴 象形或假借/象形或假借 ——物形/借形 许慎："巴，虫也。或曰食象蛇。象形。凡巴之属皆从巴。徐错曰：一所吞也。指事。伯加切。"《山海经·海内南经》："巴蛇食象，三岁而出其骨。"注云"说者云，长千寻"，则巴为蛇，可食象，当为许慎解字所本。如此，则巴为象形字，物形取象法。（《说文》卷十四）《释要》p1343： （甲骨文） （玺印）。巴字乃一个跪姿的人形，非蛇之象。巴之词义，《书·牧誓疏》载：

---

① 〔宋〕夏竦撰《古文四声韵》的简称，本书均按《古文字释要》体例用简称。

"巴在蜀之东偏。"《玉篇》曰巴为国名。亦有巴族之说，则巴字概为假借字。借形法。也即，巴可两解：一解为取象于蛇的象形字，词义是巴蛇；一解为取象于人的假借字，词义为古国名、族名。

黄 🈷 象形/假借——物形/借形 许慎："🈷，地之色也。从田，从炗，炗亦声。炗，古文光。凡黄之属皆从黄。乎光切。🈷，古文黄。"（《说文》卷十三）《释要》p1264：🈷 🈷（甲骨文） 🈷 🈷（金文），许说有误，唐兰之说可从：黄为象形字，取象于人形。其人仰面向天，腹部膨大，是《礼记·檀弓下》"吾欲暴尪而奚若"的尪字的本字。黄尪音近。尪，人之残疾，突胸凸肚，身子显得特别粗短，🈷字正是其形象。后来假借为黄色之黄，借形取象，本义不用，假借义为黄色之黄。

能 🈷 象形/假借——借形/物形 许慎："🈷，熊属，足似鹿，从肉，㠯声。能兽坚中，故称贤能，而强壮，称能杰也。凡能之属皆从能。"（《说文》卷十）《释要》p941：🈷 🈷（金文） 能（秦简），于省吾之说可从："能是个独体象形字，而用'㠯'为声符。"后来字形讹变，加之隶化楷化，能的取象模糊了。假借为能够的能，则为借形法取象。

我 🈷 象形/假借——物形/借形 许慎："🈷，施身自谓也。或说我，顷顿也。从戈，从手。手，或说古垂字。一曰古杀字。"（《说文》卷十二）《释要》p1174：🈷（甲骨文） 🈷（金文），商承祚：叶玉森谓我之本字为兵，是也。谓其兵似足形则未当。王国维、罗振玉等人均认为是兵器。则我为取象于兵器的象形字，后假借为第一人称代词。

西 🈷 假借/模糊——借代/模糊 许慎："🈷，鸟在巢上。象形。日在🈷方而鸟栖，故因以为东🈷之🈷。"（《说文》卷十二）《段注》："鸟在巢上者，此篆之本义。""古本无东西之西，寄托于鸟在巢上之西字为之。"《释要》p1087：🈷 🈷（甲骨文）🈷 🈷（金文），王国维、罗振玉等人之说可从：古文字🈷、🈷取象于鸟在巢上形。巢字篆文作🈷，从🈷，乃🈷传写之讹，正是巢形。所以西之古文字取象于鸟巢，是象形字，本义为鸟巢。又以日落西方时的典型物象表西方之义，这是借形取象法，为假借字。

这类字还有南，详见附录。

五、隶变字取象弱化，但仍可辨析

象形字的字形来源于取象实物，因而具有图画性，这是"象形"得来的原因。不过汉字发展中的隶变、楷化将有曲折的笔致变为横平竖直的笔画，于是今天看到的象形字，取象毕竟是被弱化了。比如以下 5 例：

心 ❦ 象形/象形 ——物形/物形 许慎："心：人心，土藏。在身之中。象形。博士说以为火藏。"（《说文》卷十）《释要》p977：❦ ❦ ❦（金文）。王筠认为心字很早就用物形法创造出来的说法是可取的,虽然他说心字"外兼象包络"之说法乃据小篆解形有误。考于今日之出土资料，甲骨文中就已经有心字了。据于省吾先生曰：心字正，象人心脏的轮廓形。甲骨文中既有简省的写法，也有倒作的字形。金文中，见于商器祖乙爵，也见于父己爵。

考 ❦ 象形/象形 ——物形/物形 许慎："❦，老也。从老省，丂声。苦浩切。"（《说文》卷八）《释要》p810：❦（甲骨文）❦（金文）。商承祚曰："象老者倚杖之形，作❦者，疑亦老字。"其说可从，甲骨文的考为象形字，金文又给老人头上增加了头发，字义不变。隶变后，繁简体的字形，取象变得不明显。

老 ❦ 象形/象形 ——物形/物形 许慎："❦，考也。七十曰老。从人毛匕，言须发变白也。凡老之属皆从老。卢皓切。"（《说文》卷八）《释要》p808：❦ ❦ ❦ ❦（甲骨文）❦（金文）❦（秦简），许慎据讹变的小篆字形解字有误，商承祚之说可从：老字象老者倚杖之形。象形字，物形法取象。

车 ❦ 象形/象形 ——物形/物形 许慎："车，舆轮之总名。夏后时奚仲所造。象形。"（《说文》卷十四）《释要》p1303：❦ ❦ ❦（甲骨文）❦ ❦ ❦（金文）。车本为象形字，物形法取象。简化字使取象模糊了。古文字的车字乃俯视车之形而取象造字。又，严格地说，俯视车之形，只有师同鼎的❦这样的古文字最写实，两只车轮因从上方俯视而只能看成两条直线。但是大多数古文字字形没有这样写实，而是把车轮放倒平摊之形安放在车厢两侧。造字之法，毕竟不同于绘画之法。我们和造字的古人想法一致，觉得这样的字符处理比较容易让人想到车的形状。

儿 [字形] 象形/象形 ——物形/物形　许慎："[字形]，孺子也。从儿。象小儿头囟未合。汝移切。"（《说文》卷八）《释要》p822：[字形] [字形]（甲骨文）[字形]（金文）[字形]（秦简）。吴其昌："卜辞中'兒'字，触处皆是，悉是所贞祭之先公之名。"甲骨文的儿字为象形字，取象于婴儿头囟未合的样子，是物形取象法。简化字使得取象弱化了。

这类字还有克、民、女、升，详见附录。

六、简化字字形纯粹符号化

除了上述主流，汉字发展还有支流。有的字在简化字改革中，原初的取象已经不可分辨，字形纯粹符号化了。比如以下3例（字头斜杠后的为繁体字）：

万/萬 [字形] 象形/假借 ——物形/借形　许慎："[字形]，毒虫也。从厹，象形。无贩切。"（《说文》卷十四）《释要》p1332：[字形]（甲骨文）[字形]（金文），罗振玉：卜辞及古金文中[字形][字形]等形均象蝎，不从厹。商承祚：假蝎为千万字，意上古穴居多蝎，触目皆是，故用为极大数目字。万本取象于蝎子，象形字，物形法。假借为千万的万，借形法取象。简化字万，符号化了。

东/東 [字形] 象形或假借/假借 ——物形或借形/借形　许慎："東，动也。从木。官溥说，从日在木中。凡东之属皆从东。得红切。"（《说文》卷六）《释要》p599：[字形] [字形]（甲骨文）[字形]（玺印）。许说有误。丁山等人之说可从：东为橐之本字，是装满了东西的两端束口的囊之形。假借为东西方之东。则东本为象形字，囊属，物形法取象。又为假借字，表方向之东，借形法取象。简化字东，符号化了。

无/無 [字形] 象形/假借 ——物形/借形　许慎："無，亡也。从亡橆声。武扶切。"（《说文》卷十二）又："橆，丰也。从林[字形]。或说规模字，从大[字形]，数之积也。林者木之多也，[字形]与庶同意。商书曰：庶草繁无。"（《说文》卷六）《释要》p600：[字形] [字形]（甲骨文）[字形] [字形]（金文），無像人双手执物而舞之形，金文字形承之而有变化。無既假为有无字，乃另造从舛無声之舞字表示本义。無本为舞之本字，假借为有无之无。简化字无，符号化了。

七、结论及价值

总结上文的逐字考察可以得出结论：有些象形字从造字之初，取象即从简，字形并不复杂，比如：第一部分的行、回等字。有的假借字原本为象形字，取象从简，只是表本义的后起字繁化，比如第二部分的不、来。有的简化字，保留了取象神韵，比如第三部分的干、带等字。有的简化字，其实是回归了古文字原初的取象，比如第三部分的电、个等字。有些象形字被借形取象，成为假借字，但是所借初文并不繁复，比如第四部分的巴、黄等字。有的字，经过隶变，取象虽然弱化了，但仍然可以辨析，比如第五部分的心、考等字。另外，古文字的考释很多目前尚未定论，比如"告"字，（甲骨文）（金文），一说：告为斧形，刑牲之具，刑牲以祭曰告。另外，古文字的考释很多目前尚未定论，比如"告"字，（甲骨文）（金文），一说：告为斧形，刑牲之具，刑牲以祭曰告。这是象形字，借代取象法。今天的简化字承《说文》小篆字形，从牛从口，会意字，顺递法取象。又如"气"字，一说：许慎和王筠据讹变的小篆字形彡解释气，取象于气之重迭和流动而造字。这是物形法，象形字。一说：甲骨文气形彡，为干涸之意，用为云气是假借字，借形法取象。再如"会"字，（甲骨文）（金文）。一说：取象于器盖相合之形，所以为合之义。象形字，物形法取象。另一说：取象于有盖之器，字形中器、盖分于上下，中间是细切之肉。所以会本为形声兼象形字，物形法取象。以上告、气、会3个字，虽然考释说法不一，不过总体看其字形，要么造字之初取象就简易，如告、气；要么简化后字形简易，并保留了取象之初的神韵，如会字。所以，这样的字也和前面的88个字是一致的。于是取象从简字总计91个。

如此，本章考辨的94个象形字中，除了万、东、无这3个简化字，它们的字形纯粹符号化了，是绝对的少数；另外91个象形字从古至今一直执着于取象从简，为绝对主流；其中不（柎）、己（纪）等17个象形字的后起字多为形声字，字形是繁化的，繁化的原因是累加了用来突出字义的形旁。

汉字与拼音文字不同，它不以简单字母记录汉语，它要"取象"，"取象"虽然是提取事物之特征，并非描画事物全体和细节，但总体终究还是比字母"繁复"了些,但这是汉民族形象思维的外在表现;同时,文字符号毕竟只是用来记录语言的工具,书写简便、快捷、实用是它基本的实用功能,于是这"简便"与"繁复"便产生了矛盾。如何解决这个矛盾呢?取象从简。字形从简是象形字演变的主流,繁与简之间不变的是"取象",它让字形既简单又能表意。后起字的增繁现象是同样的道理,一旦字形原初的"取象"不明了了,那么就不惜再"取象"一次,增加一个可以表意的偏旁。

结论:从现代汉语高频象形字演变的轨迹看,无论象形字形主流从简,还是后起字字形增繁,不变的是汉民族要在字形上"取象"的思维,"取象"思维是汉字从古至今延续的主流文化现象。

辨析象形字的造字取象和六书演变情况,可以避免现实生活中对汉字文化及传统文化的曲解。当今不少影响很大的主流媒体,犯不懂六书和取象的错误,也因此闹出颇不应该的笑话。比如人民网刊载的 2016 年 11 月 23 日《人民日报》所拆解的"福"字文化:"衣"加"一口田",有衣穿有饭吃就是福。作为官方主流媒体,犯这样的错误实属不该。这个错误,看似对形声字"福"的解析错误,其实根源在象形字的解析错误。甲骨文金文中,福字的字形为:畐、福,前者为初文,后者为加旁后起字。畐的造字取象为用来盛酒祭祀的酒坛形,是个象形字。后起字增加用来祭祀的祭台,取象于实物的祭台,即楷书字的示,成为福,并延用至今。古人以酒象征丰足,所以敬酒于神表示报答,或者以酒祭祀求神赐福。酒坛的字形在演变中变成了一口田的字形。可见,"福"绝不是有衣服穿、有田地种、能吃饱饭的幸福。当今社会,从政府到媒体,都力倡弘扬传统文化,传统的汉字文化当然也应在其中。那么让古文字所承载的汉字文化走出少数学者的书斋,让更多的人知道、了解、正确解析传统文化,而非误会甚至曲解传统文化,这就是本书辨析象形字取象演变的现实价值之一。

第三章 指事字取象：绝对主流具有稳定性

本章主要讨论近 50 个高频指事字。所说的指事字就是传统六书中的指事字，和它对应的取象法多为物形法和意形法，当某个指事字被假借了，此时也会出现取象中的借形法。此外，还有个别字涉及借代法、义类法、顺递法、并峙法等取象法。以下标题一至六均为总结、分析出来的情况和规律，字形及取象的分析方法、分析格式与上一章相同。

一、稳定的物形法取象

以物形法取象，古今没有发生变化，这样的字总计 20 例：

引 弓 指事/指事 ——物形/物形　许慎："引，开弓也。从弓、丨。臣铉等曰：象引弓之形。余忍切。"（《说文》卷十二）《释要》p1186：弓 弓（金文）弓（秦简），杨树达：弓为基字，丨指弓之被引，为所事。杨说可从，引取象于弓箭，物形法。加一丨指引弓之事，所以引为指事字。

天 夫 指事/指事 ——物形/物形　许慎："天，颠也。至高无上。从一大。"（《说文》卷一）《释要》p3：夫 夫（甲骨文）夫 夫（金文）天（古陶文），商承祚：此字自许君而降，皆谓为会意，实指事也。……金文作●，甲骨文作口者，刀笔易空难实，其为浑然之天则同。天在人上，故绘人形，后作一注或两画、一画以指其处。祇求表见其意，故不拘于一形。指事字与会意别者，以所指之表识无定形，似会意而实非也。天即颠，即人头。从大从一。一指其事。商说可从。天为指事字，物形法取象。字形无别，今用引申义。

中 ⚍ 指事/指事 —— 物形/物形 许慎："中，内也。从口、丨，上下通。⚍，古文中，⚍籀文中。"（《说文》卷一）《释要》p54：⚍ ⚍ 中（甲骨文）⚍ ⚍（金文编），罗振玉曰："凡中正字皆从○从⚍，伯仲字皆作 φ 无旗形。" 其说可从。甲金文中 φ 字为伯仲之仲的初文，如金文中"仲父"一词颇为常见。而⚍字为中央字。李圃先生曰⚍字取象于古代的测天仪，实物当作垂直长杆形，饰以飘带以观风向，架以方框以观日影①。其说可从。中央之中字，乃人类侧观测天仪之状而得，故其飘带随风左展或右展。指事字，物形法取象。

立（位）⚍ 指事（形声）/指事 —— 物形（义类）/指事 许慎："位，列中庭之左右谓之位。从人立。"（《说文》卷八）《释要》p767：⚍（甲骨文）⚍（金文），王筠："小宗伯注故书位作立。郑司农云，立读为位。古者立位同字。古文春秋经，公即位为公即立。然则许君所目为重文者，据当时仍合为一也。所不目为重文者，据当时分为二也。古盖无位字，故用立。及已有位字，即不复用立字。使人睹名知义，不须推求也。今人舍专字而用古人通用之字，以是为博，直命为惑焉可也。"王说与我们今天的词类活用很接近，其实这种语言现象就是一词多义。立既有动词站立义，也有名词所立之处所义。后来为这个多义词分词造字，加形旁成为位，专指名词处所义。立为初文，既有站立之义项，也有所占位置之义项，物形法取象，指事字。位是加旁后起字，形声字，义类法取象。（现代汉语的高频字是位，不是立。）

甘 ⚍ 指事/指事 —— 物形/物形 许慎："甘，美也。从口含一。一，道也。"（《说文》卷五）《释要》p480：⚍ ⚍（甲骨文）⚍（古陶文）⚍ ⚍（货币）。马叙伦曰："俞樾曰：'许说此兹甚迂。甘之本义当为含。一即所含之物也。美也者苷字义。'章炳麟曰：'道即覃之借，长味也。犹襌服作导服矣。'伦按：甘为含之初文。论衡是应。雨霁而阴翳者谓之甘雨。

---

① 也可详参《古文字诂林》（后文注释一律简称《诂林》）第1册第332页。

盖雨难止而未放晴，空气中犹含大量水分足以润物，故谓之甘雨。此甘之本义存于方语者也。从口，一象所含之物。"无论甘的本义是含，还是美，其造字取象都是一样的，即取象于人的正面张开的口造字，口中一横表示含或味美。指事字，物形法取象。卜辞借用为地名。

其余15字（元、本、大、片、十、士、品、入、平、外、未、只、至、了、方）之解析，详见附录。

二、稳定的意形法取象

以意形法或借代法取象，古今没有发生变化，这样的字总计10例：

一 ⼀ 指事/指事 —— 意形/意形　许慎："一，惟初太始，道立于一，造分天地，化成万物。"（《说文》卷一）《释要》p1：⼀（甲骨文）⼀（金文），于省吾："以一为首之一二三三积画数字。《说文》：'惟初太始，道立于一，造分天地，化成万物。'王筠《说文句读》引《周易》之'易有太极'，'天下之动贞夫一'，'太极生两仪'，'干道变化，坤作成物'等语，以为注释。又《说文释例》：'此即卦画之单，乃一画开天之意。'此外，自来说文学家，多引用《周易》《易纬》《老子》等书之说以附会《说文》。其实，《说文》所释之一字，具有神秘性，并非造字本义。六书次序以指事象形为首，但原始指事字一与二三三积划之出现，自当先于象形，以其简便易为也。此类积画字，本无任何神秘性之可言。《淮南子·本经》：'昔者仓颉作书，天雨粟，鬼夜哭。'此乃荒诞之神话，不值一驳。实则原始人类社会，由于生产与生活之需要，由于语言与知识之日渐进展，因而才创造出一与二三三之积画字。以代结绳而备记忆。虽然几个积画字极其简单，但又极其重要。因为它是我国文字之创始，后来才逐渐发达到文字纪事以代表语言。于是既突破空间与时间之限制，同时亦促进人类文化之发展。"一为指事字，意形法取象。

上 ⼆ 指事/指事 —— 意形/意形　许慎："上，高也。此古文上。指事也。"（《说文》卷一）《释要》p5：⼆（甲骨文）⼆（金文）上（古币文）上（秦简）。上以两个笔画下大上小之构形，表示位置之上，为指事字，意形法取象。

小 ⼋ 指事/指事 —— 意形/意形　许慎："物之微也。从八丨。见而分之。"(《说文》卷二）许慎："不多也。从小丿声。书沼切。"(《说文》卷二）《释要》p101：徐仲舒："象散落细微之点。自来古文字学家皆以从三点之 ⺌ 为小，以从四点之 ⺌ 为少，甲文中二字构形实同，应为一字。"小与少古同字。详见前文"少"字条。

今 △ 指事/指事 —— 借代/借代 许慎："今，是时也。从亼，从 ㄱ。ㄱ，古文及。居音切。"(《说文》卷五）《释要》p524：△ △ △（甲骨文）△ △（金文）△（陶文），徐中舒之说可从："象木铎形，△象铃体，一象木舌。商周时代用木铎发号施令，发令之时即为今，引申而为实时、是时之义。取象于发令之时的木铎而表示今天，指事字，是以工具而代指其事的借代法取象。

其余6字（二、三、已、下、少、再）之解析，详见附录。

三、稳定的借形法取象

初文为指事字，或为物形法取象，或为意形法取象，后来被以借形法取象成为假借字。虽然初文和假借字成了两个字，分担了两套词义系统，但是古今字形和词义均有稳定性，这样的字总计7例：

才 ⺌ 指事或假借/指事 —— 物形或借形/物形 许慎："才，艸木之初也。从丨。上贯一，将生枝叶。凡才之属皆从才。徐锴曰：'上一，初生岐枝也。下一，地也。'"(《说文》卷六）可见《说文》之才为指事字。《释要》p602：⺌ ⺌ ⺌（甲骨文）⺌ ⺌ ⺌（金文）⺌（古陶文）⺌（秦简），许慎的解形不符合古文字原貌。高鸿缙之说可从："才为才始之本字。从种子下才生根，上才生芽之形。而以一表地之通象。故才为指事字。副词。商周借为介系词在此在彼之在。周形仍为 ⺌，周始加土旁为意符（言种子之芽才出土，根才入土也）作 ⺌，隶变作在。楷书作在。本义仍为才始。副词。……秦汉借才为才能、人才之才。而在只用为介系词，乃沿周人之习，以同音通假之故。"才的古文字当取象于"种子在地下刚才生根，出 ⺌ 地上刚才生芽"之形，本义为才始。是指事字，物形法取象。秦汉以来借为人才之才，是假借字，为借形法取象。

非 ⺌ 指事或假借/假借 —— 借代或借形/借形 许慎："非，违也。从飞下翅，取其相背。凡非之属皆从非。甫微切。"(《说文》卷十一）《释要》p1082：⾮（金文）⾮（货币）⾮（石刻），林义光："鸟翅于相背义不显……象张两翅。周伯琦以为与飞同字，当从之。"周伯琦和林义光之说可从，非即飞，取象鸟翅而代指飞翔，为六书中的指事字，借代法取象。甲骨文艸中此字用为地名或否定词，是假借字，借形法取象。

每 象形/假借 ——物形/借形 许慎："每，盛上出也。从屮，母声。臣铉等案，左传：原田每每。今别作莓，非是。武罪切。"（《说文》卷一）《释要》p60：（甲骨文）（金文），王献唐之说可从：每美二字，古音均隶之部，声读相同，乃美恶之美指事字。……女饰作每，男饰作美……每美实一字之异体。古文字从人者，亦每从女，从女者又每从母，例证不可枚举也。所以每为合体象形字，美丽是其本义。后引申为草盛义，如《左传·僖公二十三年》"原田每每"。或假借为每一次的每。

五 指事/假借 ——意形/借形 许慎："五，五行也。从二，阴阳在天地间交午也。"（《说文》卷十四）《释要》p1328：（甲骨文）（金文），诸家说法不一。林义光、杨树达：午为交午之午本字，象交午之形，不必阴阳。假借为数字五。若从此说，则五为指事字，意形法取象。数字五为假借字，借形法取象。

共 指事/假借 ——物形/借形 许慎："共，同也。从廿卄。凡共之属皆从共。渠用切。，古文共。"（《说文》卷三）《释要》p286：（甲骨文）（金文），共的古文字字形为双手恭敬地捧物之形。吴大澂之说可从：共为恭之本字，共同义是后起义。所以共从卄，不从廿，许说有误。则古文字共为指事字，物形法取象，以双手恭敬地举物，表示恭敬之义。隶楷之后，上下笔画贯通融合，共的取象变得有些模糊了。由恭敬而借形取象为共同的共，这是假借字。

其余 2 字（州、周）之解析，详见附录。

四、简化字回归古文字简体或也遵循古法取象

简化字直接取用古文字的简单字形，这个古文字的简单字形本身是意形法取象的指事字；或者简化字以意形法或借代法取象，遵循古法，这样的字计有 2 例：

办 形声/指事 ——义类/物形 徐铉："办，致力也。从力辡声。"

（《说文》卷十三新附）繁体办字形旁从力，以表示办事之意，为义类法。简化字办仍从力，左右各加一个点以指事，为指事字。力本为农具象形，加两个点指其事，所以是物形法。所以，简化字办是按照古法的物形法取象的，六书为指事字。

半 ⌀ 会意或形声/指事 ——顺递或义类/意形　许慎："⌀，物中分也。从八，从牛。牛为物大，可以分也。凡半之属皆从半。博幔切。"（《说文》卷二）《释要》p111：许慎解形与金文一致：⌀（金文）。朱骏声曰："此实即判之本字。"马叙伦同之，并认为半从牛声。若从八从牛，以分牛而表示中分之意，则半为顺递法取象。若从八牛声，则取形旁八之分意，为义类法取象。简化字半已经看不出从八从牛，但是又显然以一竖中分而左右仍对称之形表半之意，因此为符号化的指事字，意形法取象。

五、虽无定论，但一说为物形取象或意形取象

古文字的考释研究是学界的持续性工作，目前仍然有些字是没有定论的，存在诸家说法不一的情况。这里所考察的现代汉语高频字也存在这种情况，不过这类字的考释之一，也是以物形法取象或者以意形法取象的指事字，表现出取象法的稳定性。这样的字计有4例：

白 ⌀ 指事或假借/假借 ——物形或借形/借形　许慎："⌀，西方色也。阴用事，物色白。从入合二。二，阴数。凡白之属皆从白。旁陌切。⌀，古文白。"（《说文》卷七）《释要》p1111：白字非从入合二：⌀ ⌀（甲骨文）⌀ ⌀（金文）⌀（楚简），许慎解字形有误。商承祚："殆象天将晓日欲出。"郭沫若："余谓此实拇指之象形。"若从商说，则白为指事字，以物形法取象。取象于天将晓日欲出，字形为锐顶之日，以指光色之白。若从郭说，则白取象于拇指，乃拇之本字，为物形法。假借为白色之白。白在金文中用为伯仲之伯为假借。今天的白字，只用为白色之白，所以是指事字。总的说来，白字的考释，目前存在不同的说法。

成 ⌀ ⌀ 形声或指事/形声或指事 ——义类或物形/义类或物形　许慎："⌀，就也。从戊，丁声。氏征切。⌀，古文成从午。徐锴曰：戊，中宫。成于中也。"（《说文》卷十四）《释要》p1342：⌀ ⌀（甲骨文）⌀（金文）。许慎说形有误。古文字成有从戌从丁的，用为成汤之成字。从戌丁声，

则成为形声字。古文字也有从戌从 𠂉 的，𠂉 为指事性符号。取高鸿缙之说，则成从戌，戌为兵器；以 𠂉 指事其休止干戈之义。斧钺休止，表罢兵言和。则成为指事字，物形法取象。也即，成的考释意见可两说或多说。

生 ⅄ 指事或会意/会意 ——物形或顺递/顺递 许慎："⅄，进也，象草木生出土上。"（《说文》卷六）《释要》p608：⅄ ⅄（甲骨文）⅄ ⅄（金文） ⅄（古陶），高鸿缙：字原象草生地上。地有山川陵谷，概以一表之者，表其通象也。生取象于草生于地上，物形法取象，指事字。金文有从生于土上者，为会意字，顺递法取象。即，生字有不同的字形，所以有不同取象和六书。

四 三 ⊕ 指事/假借 ——意形/借形 许慎："四，阴数也，象四分之形。凡四之属皆从四。息利切。𠃢古文四。三籀文四。"（《说文》卷十四）《释要》p1325：三（甲骨文） ⊕（金文），林义光：三为积画成字的数字四，指事字，意形法取象。《说文》古文𠃢为假借字。马叙伦认为𠃢为洟泗字，象鼻中有泗，假借为数字四。即，四字的考释，可两说。

六、历时的隶变等演化，造成取象模糊

从殷商时期的甲骨文、金文发展到今天的简化字，汉字的发展经历了漫长的演变过程。其中隶变使汉字书写形式发生重大转折，形成了我们今天的横平竖直的方块字的格局。隶变使一些字的取象变得模糊了，这样的字，比较典型的计有 3 例：

并 𠀤 形声或会意兼指事/模糊 ——并峙/模糊 许慎："𠀤，相从也。从从，开声。一曰从持二为并。府盈切。"（《说文》卷八）《释要》p789：𠀤 𠀤（甲骨文）𠀤（金文）𠀤（陶文）。许说有误。李孝定认为甲骨文并"象二人相并之形"。于省吾："甲骨文并字作 𠀤、𠀤 或 𠀤。并字的造字本义，系于从字的下部附加一个或两个横划，作为二人相连的指事字的标志，以别于从，而仍因从字以为声（东耕通谐）。"李说、于说可从，则并为会意兼指事字，以一横画或两横画将二人相连，表达并义。并峙法取象。但隶变之后的楷体简化字看不出从二人之象了。

音 𠚖 指事/不明 ——物形/不明 许慎："音，声也。生于心有节于外谓之音。宫商角征羽，声也。丝竹金石匏土革木，音也。从言含一。"（《说

文》卷三)《释要》p277：🔱 🔱 🔱（金文），林义光：本义当为言之声。从言。一以示音在言中。顺递法取象，指事字。但隶变之后的楷体简化字看不出取象了。

之 𡳿 指事/假借 ——借代/借形《说文》："出也。象艸过中，枝茎益大，有所之。一者，地也。"《释要》p603：𡳿（甲骨文）𡳿（金文），孙诒让："凡云之者亦甚多，其谊当为适。"罗振玉："卜辞从止，从一。人之所之也。尔雅释诂：之，往也。当为之之初谊。"李圃《甲骨文文字学》p232："为人足趾形，是'趾'的初文。一是个字缀，指地面之起讫点，表示人足于地面起讫点有所往义。尔雅释诂：之，往也。当为其初义。殷商甲骨文是已借记代词或名词。"李说可从。之本为止，即脚趾的象形，往的意思，以脚趾代表去往的意思，这是借代法取象。指事字。甲骨文已假借为代词或名词，借形法取象，假借字。

七、结论及价值

通过以上逐字分析，46个指事字的取象规律呈现出来。我们发现这些字的取象发展具有相当的稳定性，即从甲骨文、金文时代直到今天，它们的取象法和六书形式，古今字形和字义总体保持绝对主流的稳定性。即，上文的标题一至五：从稳定的物形法取象；稳定的意形法取象；稳定的借形法取象；简化字回归古文字简体或遵循古法取象；虽无定论，但一说为物形或意形取象的指事字等五方面呈现了这种稳定性。而且这种稳定性的代表字形都比较简单，字形并不繁复，比如：引、元、本、大、片、十、士、天、品、平、入、外、未、只、至、中、立、方、甘、三、上、少、下、小、已、一、今、再、才、非、每、五、共、州、周、半、白、成、生、四等；个别笔画比较繁复的字形，比如辦，在现代汉语简化字阶段也回归了简单的古文字字形办。本章所考察的现代汉语高频字中的指事字总计46字，取象稳定性的比例为43：46，可见这种稳定性是绝对的主流。

另外，总体来说，汉字发展史上的隶变和楷化也使汉字字形普遍从图画型的笔致转变为横平竖直的笔画，这样的转变在有些字的字形上尤其明显，比如上文标题六中所举的例字并、音、之，在它们的字形上我们很难看到原初的取象了。这种变化虽然不是主流，但也是演变的规律之一。所以我们说，现代汉语高频指事字也存在取象变模糊的现象，从而部分地削弱了取象主流的稳定性。

所以可以得出结论：指事字取象主流具有绝对的稳定性。

这里所做的指事字取象的整理研究，其理论价值和现实价值为：现代汉语高频字，主要使用于报纸、广播、电视、网络等，它们的实用性非常强，它们的取象和六书、字形和字义具有绝对稳定性的特点，传递给我们一个信息：传统的汉字结构的六书理论，以及由它向前推求的汉字取象造字理论，不仅"可用于"，而且仍然"非常适用于"当今的汉语识字教学，不论是汉语国际传播的汉字教学，还是本国母语者的识字教学、文化传承。

运用汉字取象和六书理论于汉字教学的意义之一：减少留学生的习得偏误。比如从北京语言大学 HSK 动态作文语料库①中提取的汉字书写错误，除了少量因主观上书写潦草或书写简省而造成的错别字，更多的错别字看似因笔画出头、笔画不到位、缺一个笔画、多一个笔画、或笔画小异等而致误，挖掘深层原因则是不明取象和六书而致误，比如（格式为：正字—误字：原因略解②），天—夫：不明"天"上一短横为人之头的取象或指事；本—夲：不明"本"字从"木"取象，从而未将中间一竖的笔画写足；本—木：不明二字关系，"本"取象于"木"，并加了指事性符号；至—至：不明上半字形为倒"矢"之形，右边的一点不可缺失；上—止：不明"上"与"止"不只左边一竖的区别，实际上是方位之"上"和脚趾之"止"取象的大异；引—引：不明右半的一竖是引弓的指事符号。这类偏误字还有③：大—太、丈、火、人；今—令；士—土；天—夫、无；平—乎、干、来；入—人、八；少—小；外—处；未—末；下—不、卞、个；办—分；之—六；白—百、自；生—先；并—亚；等等。还有一些看似同音字致误，但学习者若知道独体字的取象和六书，或者知道初文和后起字之间的关系，以及各自的取象和六书特点，其实也可以减少偏误，比如：二—而、儿；甘—干；士—师、事、史、仕；今—近；片—偏、遍；元—原、园、员；一—立、意、以、乙；再—在；只—直、支、止、之、识；至—致、置、

---

① 北京语言大学 HSK 动态作文语料库：http://hsk.blcu.edu.cn/Login。
② 详细原因请参看附录的逐字分析。
③ 此及后面的每组例字，破折号前面的都是前文解析过的字头，所以不再一一重解。

只、之、到、自；中—重、申、种、空、仲；州—洲；生—身、深、声；才—材；平—评；成—城、诚、盛、称等。还有一些偏误字主要来自日韩等汉字文化圈的汉语学习者，它们出错的原因是将汉语简化字写成了繁体字，比如：贰、拾、周、辦等。无论上述哪类错别字，若能在教学中融入六书和取象理论，有针对性地讲解这些高频指事字及相关的形近字、同音字、后起字等，无疑会对学习者大有帮助。

  运用汉字取象和六书理论于汉字教学的意义之二：哪怕是面对本国学习者，运用六书理论和取象理论，都能起到传承包括汉字文化在内的中华传统文化的作用。因为我们目前的中小学教育里，传统六书和汉字取象理论指导下的汉字教学是欠缺的。经过调查我们发现，虽然2016版人教社小学语文课本在这方面有着很好的尝试，但是很可惜内容含量非常小。比如，该教材中有用图片和甲骨文配合汉字学习的编写，集中在小学一年级或三年级的课本中，一共有口、儿、目、羊、鸟、兔、日、月、水、火、山、石等十余个字。少比没有好，它让孩子们知道汉字是有着取象于实物的特征，因而虽然数量少，但是播下了汉字文化的种子。不过，少也有另一个副作用，就是对于那些未学过的字，人们容易轻信错误的或者曲解的——望文生义的取象解释。

第四章 会意字取象：复杂而具有稳定性

本章主要讨论现代汉语高频字中会意字的情况。所有字的考察思路为：通过追溯到甲骨文、金文等古文字阶段的取象和六书，看它们今天的取象和六书，以及字形、字义产生了怎样的变化，从而总结出发展演变的规律，得出相关结论，考辨意义。这里所说的会意字就是传统六书中的会意字，和它对应的取象法一般为顺递法，有时候是并峙法。当会意字演变为形声字时，形旁表意，取象法转为义类法。也有的会意字使用了比象法或借代法。当假借发生时，取象之法为借形法。也出现了意形法。义类取象法从广义上说，包含了另外的几种取象方法。人们的思维特点通常是从给事物归"类"出发，使用物形法、意形法、借代法、比象法、顺递法、并峙法无不是将事物首先归类，然后取象于同类事物特征，或者取象于不同类事物的相似特征、相关特征，或者取象于发生关联的几类事物而成的；从狭义来说，取象的义类法指向这样一些合体字的创造：用来取象成字的偏旁只能指向所记之词的义类范畴而不可能穷尽词义全部的和准确的内涵。

本章考察的高频会意字171个，当中，有151个字的稳定性较好或者规律性较好，或者最少保留了一半取象，易于辨识理解字义，其取象从古到今都还能辨识，占到总数的近九成，可见具有较好的稳定性是高频会意字发展的主流。这里所说的稳定性指该会意字从甲骨文、金文时代,到《说文》小篆,以及楷书繁体字,再到简化字的历史进程中,其取象、六书、字形等,虽有各种不同的情况,但总体变化不大,均较为稳定。另外,这里所说的稳定不变,指的是笔意而不是取象之形,因为隶变后,汉字的笔致不随取象之物屈伸了,而只保留了神似之形,需凭古文字讲形义之关联。下面分别辨析这171个会意字的具体情况。

一、取象和字形均保持稳定的会意字

在高频会意字中有一多半字,从古文字阶段直到当今的简体字,其取象、六书、字形均保持稳定,成为保持会意字稳定发展的绝对主流。比如"社"字,许慎:"社,地主也。从示土。春秋传曰:共工之子句龙为社神。周礼:二十五家为社,各树其土所宜之木。常者切。社,古文社。"(《说文》卷一)《释要》p27:社(金文)社(楚简)。戴家祥考证:土社本一字,既是土地之义,也是社神之义,社为后起字,在土上加表义偏旁,分担了社神的义项。所以社为会意字,义类法取象。又比如"百"字,许慎:"百,十十也。从一白。数。十百为一贯。相章也。博陌切。百,古文百从自。"(《说文》卷四)《释要》p368:百字非从一白:百百。于省吾:"百字的造字本义,系白字中部附加一个折角的曲划,作为指事字的标志,以别于白,而仍因白字以为声。"若从此说,则百字为形声兼指事字。百的取象和字形,自古至今,稳定不变。又如:

出 会意/会意 ——顺递/顺递 许慎:"出,进也。象艸木益滋,上出达也。凡出之属皆从出。尺律切。"(《说文》卷六)《释要》p605:(甲骨文)(金文)。《说文》解形有误,是物形法。古文字出从止从凵,表示足自凵出,会意。取象法为顺递法。简化字大致还能看到从止之形。

季 会意/会意 ——顺递/顺递 许慎:"季,少称也。从子,从稚省,稚亦声。居悸切。"(《说文》卷十四)《释要》p1354:(甲骨文)(金文)(陶文)。许说有误,季字非从稚省。林义光之说可从:稚为会意字,从子禾取象,表示幼禾,是稚的古字。引申为伯仲叔季的季。

里 会意/会意 ——并峙/并峙 许慎:"里,居也。从田,从土。凡

里之属皆从里。良止切。"(《说文》卷十三)《释要》p1258：🔲 🔲（金文），詹鄞鑫之说可从："里"作为路程单位，来源于表示土地面积的"里"；面积单位的"里"又来源于乡里的"里"。"里"字的造字结构是从田从土，其本义据《说文》为"居也"，即氏族所居之地。……"里"为自然村，引申指土地面积。有田有土的地方就是所居之地，所以里为会意字，并峙法取象。

守 🔲 会意/会意——比象/比象 许慎："🔲，守官也。从宀，从寸。寺府之事者。从寸，寸，法度也。书九切。"(《说文》卷七)《释要》p710：🔲 🔲（金文）🔲（陶文）🔲（秦简），戴家祥：守从寸，借用寸口在人体之要于国家治理。守，为政要害之所。金文守有从寸，也有从又。通常均作人名、官名。此说可从，会意字，比象法取象。

这类字总计68字，其余定、金、知、科、路、如、表、安、保、反、分、好、直、看、内、光、则、名、支、原、设、加、配、系、道、北、比、别、步、采、此、从、得、件、卡、款、利、料、林、美、明、然、斯、突、希、相、信、改、规、视、各、制、男、取、商、需、段、连、委、或、建、做等之解析详见附录。

其他保持取象、六书、字形稳定不变的情况：表，从毛从衣，顺递法；安，从女在宀下有所籍之下，顺递法；保，从人负子，顺递法；反，从又（手）从厂，顺递法；分，从八从刀，顺递法；好，从女、从子，顺递法；直，从十、目，顺递法；看，从手下目，顺递法；内，从人入门内，顺递法；光，从火在儿（人）上，顺递法；则，从鼎从刀，或从刀分贝，顺递法；名，从夕（月）从口（窗），顺递法；支，从又（手）持🔲（将字形中间的手去掉，即竹），顺递法；原，从厂下有泉，顺递法；设，从言从殳（使人也），顺递法；加，从力从口，表示并用力和言语增加，并峙法；段，从厂从殳，表以手持锤，于厂中捶石，顺递法；配，从酉（酒）从己（跪坐的人形），表置酒相对成礼婚配，顺递法；系，从丿从糸，表以手持丝，顺递法；道，从辵从首，顺递法……①。

---

① 其他会意字，如人言为信的信等，因为其取象已经为人熟知，并因篇幅有限，不再一一解析。

二、取象稳定的会意兼形声字

本章考察的是高频会意字，但有的会意字不是单纯的会意字，它属于"六书相兼"中的会意兼形声字。按照传统六书说的既有概念，有的会意字必然与形声相兼，会意兼形声也是会意字的一种。①本节辨析的会意兼形声字，从古文字阶段到简体字，其取象、六书、字形等也具有较好的稳定性。比如"许"字，许慎："䚻，听也。从言，午声。虚吕切。"（《说文》卷三）《释要》p249：䚻（金文）䚻（陶文）許（秦简），杨树达：许从午声，午即杵之象形字。字从言从午，谓舂者送杵之声也。……舂者手持物而口有声，故许字从言从午。口有言而身应之，故许之引申义为听。杨说可从，《说文》解"午"声也不错，所以许为会意兼形声字，顺递法取象。言字旁的古今演变过程为：𠚖—言—讠，午的古今字形变化不大，所以许的演变，古今取象和六书不变，字形变化不大。又如"持"字，许慎："𢬲，握也。从手，寺声。直之切。"（《说文》卷十二）《释要》p1109：𢆉（金文）𤔔（玺印）。高田忠周："愚谓寺即持本字。"高田忠周所解古文字形与金文字形一致，从手表意，从止表声，为形声字，义类法取象。玺印文从手寺声，与《说文》同。则持为会意兼形声字，其形旁从手，义类法取象；声旁寺本就是持之意，表意兼表声。又如：

意 𢡄 会意兼形声/会意兼形声 —— 顺递/顺递 许慎："𢡄，志也。从心察言而知意也。从心，从音。于记切。"（《说文》卷十）考察于古文字，《释要》p978：𢡄（秦简），杨树达：意根于心而发于言，故从心从音，心先而音后也。

友 𠬪 会意兼形声/会意兼形声 —— 并峙/并峙 许慎："同志为友。从二又，相交友也。"（《说文》卷三）考察于古文字，《释要》p313：𠬪 𠬪 𠬪（甲骨文）𠬪 𠬪（秦简），林义光：𠬪像携手形，𠬪像携手相交形。友为会意字，并峙法取象。

去 𠫓 会意兼形声/假借 —— 顺递兼义类/借形 许慎："𠫓，人相违也。从大，凵声。"（《说文》卷五）《释要》p506：𠫓（甲骨文）𠫓（金文）。《谱

---

① 关于会意与形声相兼和所谓的六书相兼，这个"相兼"原本就是许慎《说文》以来"六书说"的一个误区，由对汉语、汉字基本概念的认识不明导致的。详论可参张玉梅《王筠形声兼会意述论》，《古汉语研究》2010年第1期。

系》p1385：甲骨文去从大从口，会张大其口之意，口亦声，乃呿之初文。甲骨文有用为来去之去者。则去本为会意兼形声字，顺递法兼义类法取象，字形古今变化不大。

给 ᠍ 会意兼形声/会意兼形声 ——顺递/顺递 许慎："᠍，相足也。从糸，合声。居立切。"（《说文》卷十三）朱骏声："此字当训相续也。"《释要》p1201：合字，⍍（甲骨文） ⍍（金文），象器盖相合之形。给字，᠍（秦简） ᠍（玺印）᠍（汗简） ᠍（古四），丝之相合，即相续也，引申为足、供、与、及义。所以《说文》以来的合体字为会意兼形声字，顺递法取象。繁简字六书和取象无别。

这类会意兼形声的高频会意字总计14字，其余家、低、功、整、息、化、晚、通等之解析详见附录。

三、简化字回归取象简易的古文字

和繁体字相比，有的简体字看似被简化了不少，但其实这个简体字恰恰是回归了古文字的简易字形。比如"队"字，许慎："᠍，从高队也。从阜，㒸（suì）声。徒对切。"（《说文》卷十四）许慎所解小篆字形就是繁体字队的来源。《释要》p1317：᠍ ᠍（甲骨文）᠍（陶文）。我们发现，小篆᠍从㒸的字形是讹变后的。甲骨文队从阜从倒子或从倒人，表示从高处坠下。队的本义为坠，是坠的初文。因此甲骨文᠍为会意字，顺递法取象。陶文和小篆从阜㒸声，为形声字，义类法。简化字回复到从人从阜，会意字。顺递法取象。所以"队"的字形演变规律为：᠍ ᠍（甲骨文）—᠍（陶文）—᠍（《说文》小篆）—隊（繁体字）—队（简化字）。甲骨文᠍中的偏旁阜，就是简化字的偏旁阝，这是简化规律。᠍中的倒人形，简体字用偏旁人，所以"队"的取象和字形，回归了古文字的简易写法。又如："法"字，许慎："᠍，刑也。平之如水，从水。廌，所以触不直者，去之。从去。方乏切。᠍，今文省。᠍，古文。"（《说文》卷十）《释要》p923：᠍（金文）᠍（陶文）᠍ ᠍（玺印），商承祚："盖灋法二字一属周初，一属晚周，汉时亦通用之。"灋，廌兽触去不直者，以达到平之如水的法律公正，这是会意字，顺递取象法，同时也是比象法。法，从水，保留比象法。同时，若理解为是灋的字形的简省，则依然为顺递取象兼比象法。又如：

复 形声/会意 —— 义类/顺递　许慎："䪞，行故道也。从夊，畐省声。房六切。"(《说文》卷五)《释要》p206：（甲骨文）（金文）。复的甲骨文字形从夊从，象穴居之两侧有台阶上出之形，夊在的台阶上，表示往返出入之意。会意字，顺递取象法。金文有累加形旁彳的字形，即为繁体的复，形声字，义类法取象。简化字回归了甲骨文的取象，顺递法取象，会意字。繁简字笔划均从甲金文字因隶变而有所讹变。

后 形声/会意 —— 顺递/顺递　许慎："後，迟也。从彳幺夊。後也。古文後从辵。"(《说文》卷二)《诂林》p501-502：（金文）徐中舒："象绳结之形。文字肇兴以前，古人以结绳纪祖孙世系之先后。"高田忠州："後字本义谓行而迟在人后也。"戴家祥："幺後古音虽非同部，而声均属匣母。後由幺得声可以成立。《国语·周语》：'其君必无後。'注：'後，後嗣也。'……金文'後人'等语，均作此用。"高、戴之说可从，後为形声字，前后义。许慎："后，继体君也。象人之形。施令以告四方，故厂之。从一口，发号者，君后也。凡后之属皆从后。胡口切。(《说文》卷九) 后为继体君之义，从人从一口会意，顺递取象法。後的简化字采用了君后之后的字形，使前後、君后合用一字。后本非简化字，乃《说文》小篆楷化字形。

集 会意/会意 —— 顺递/顺递　许慎："，群鸟在木上也。从雥，从木。秦入切。，雥或省。"(《说文》卷四)考察于古文字，《释要》p390：（甲骨文）（金文）（秦简）。集字由字素隹或三个隹与字素木合体而成，本义为群鸟聚集于木上。会意字，顺递取象。古文字阶段的集既有简单的字形，从一只隹在木上；也有繁复的字形，从三只隹在木上。可见集字就是古文字的隶楷字形，无所谓繁简。或曰繁简相同，就是古文字的隶楷字。

类 形声兼会意/会意 —— 比象/顺递　许慎："，种类相似，唯犬为甚。从犬，頪声。力遂切。"(《说文》卷十) 頪，从页（人头）从米，表示米之相似令人难以辨别，会意字。读为累，类似、难分别的意思。《释要》p937：（秦简）（玺印），頪为声旁，兼表意。所以类为形声兼会意字。由犬之种类相似难辨而表示类似之意，是比象法取象。简化字从米从大（正面人形），会意字，回归了頪的取象，顺递法取象。

这类字总计9字，其余正、声、众等之解析详见附录。

四、取象虽变，但在古法之内，易于辨识

考察有的高频会意字，从甲骨文、金文到当前的简体字，它们虽然经过了取象、六书、字形的变化，但是其实落叶归根，最后的简体字仍然是在古法取象之内的。即简体字并没有跳出7大类取象法，也没有跳出六书，它们往往是在该字既有的取象和六书框架下作调整。比如"報"字，许慎："当罪人也。从㚔从 ▨。▨，服罪也。"（《说文》卷十）考察于古文字，《释要》p970：▨（金文）▨（秦简），许说不误。林义光："▨，治也。"报的本形本义为断狱，判决罪人。《韩非子·五蠹》："楚之有直躬，其父窃羊而谒之吏，令尹曰：'杀之。'以为直于君曲于父，报而罪之。"㚔，一种类似手铐的刑具。古文字报取象于狱讼关联紧密的刑具，表示以▨断狱、判决罪人，为顺递法兼借代法取象的会意字。报的引申义有报答、酬谢等，这也是简化字报在现代汉语中的常用义项。简化字的报从手从▨，表示以手操作而报，因此也是顺递法兼借代法取象。又如："寶"字，许慎："▨，珍也。从宀，从王，从贝，缶声。博皓切。▨，古文宝省贝。"（《说文》卷七）《释要》p709：▨ ▨（甲骨文）▨ ▨（金文）。许说合于金文，可从。则寶为形声字。玉、贝均为宝贵的典型的物什，用以表示宝之意，此为借代取象法。罗振玉："▨，贝与玉在宀内，寶之谊已明。古金文及篆文增缶。此省。"如罗振玉所言，甲骨文的寶字不从缶声，因而为会意字。玉或贝在室中，表宝贝义，为顺递法取象。简化字从宀从玉，为会意字。顺递法取象。也即，简体的宝字，取象于屋内有玉，是顺递取象法的会意字。这和甲骨文宝字取象于屋内有玉有贝，同是顺递法取象的会意字，六书不变。可见宝的字形，虽然有金文变为从缶的形声兼会意字，取象曾经发生变化；虽然将甲骨文两个形旁简化掉一个，取象法还是在既有框架之内的顺递法。又如：

过 ▨ 形声/会意——义类/顺递　许慎："过，度也。从辵，呙声。"（《说文》卷二）《释要》p182：▨ ▨（金文）▨（秦简），许说可从。过为形声字，义类法取象。简化字改从寸，成为会意字。寸为长度单位，从辵从寸表示走过了一定的限度，为顺递法取象。

解 ▨ 会意/会意——顺递/顺递　许慎："▨，判也。从刀判牛角。一

曰解廌，兽也。佳买切。又户卖切。"(《说文》卷四)《释要》p455：❀（甲骨文）❀（金文）解（秦简）。解的字形，秦简中已经由双手持牛角而变为从刀从牛从角的过程。若从许慎之说，则解为会意字，顺递法取象。

时 旹 形声/会意——义类/顺递 许慎："时，四时也。从日，寺声。旹，古文时，从之日。"(《说文》卷七)《释要》p649：旹（甲骨文）ㄓ（金文）旹（古陶文）旹（秦简），甲骨文、金文从日之声。古陶文、睡虎地秦简文、汉印文均从日，寺声。马叙伦等人均认为时之古文从日，之声。所以，时为形声字，义类法取象。简化字从日从寸，寸阴寸金，会意字，顺递法取象。

双 雙 会意/会意——顺递/并峙 许慎："雙，佳二枚也。从雔，又持之。所江切。"(《说文》卷四)《释要》p390：雙（陶文），双为会意字，顺递法取象。简化字从二又会意，并峙法取象。

其他字也是经过了取象的改变，但也是在旧有的框架之内变化，仍然是可以辨识的。如：导（導），取象由从寸道声的形声字变为从寸从巳的会意字；动（動），取象由从力重声的形声字变为从云从力的会意字；讯（訊），取象由从口变为从言；游（遊），取象由从子执旗变为从水表意；与（與），取象由二人四手交与变为从两手勾牙；战（戰），由从戈从单，单亦声，变为从戈从占，占亦声；太（𡗜），由从大从二变为从大加一点；态（態），由从心从能变为从心太声；量（𨤏），由从日重声变为从日从一从里；德（𢛳），从彳从直的会意字变为增加心旁的形声字。

这类字总计 23 个，其余标、对、划、话、间、灾、导、动、讯、游、与、战、太、态、量、德、走等之辨析详见附录。

五、取象保留一半，形义仍可辨析

有些会意字在发展演变中，取象有所丢失，但至少还有一半保留在字形中，比如"处"字，许慎："𠂊，止也。得几而止。从几，从夂。昌与切。處，處或从虍声。"(《说文》卷十四)《谱系》p1294：處（井人钟）處（南疆钲）處（鄂君车节）。古文字處从人（下加足趾形）从几会意，凭几而止之意，虍声。形声字，义类法取象。古文字字形或省几旁，或省趾形，或省人形等。《说文》小篆当为省形之讹变字，可解为止于几，顺递法，会意字。简体字的处字也有两个偏旁：夂和卜，夂由 ⿱ 变来，卜为人之讹变。又如"奥"字，许慎："㘝，宛也。室之西南隅。从宀，釆声。臣铉等曰。釆非声。未详。乌到切。"（《说文》卷七）《释要》p704：㘝（玺印）㘝（古四）。奥的古文字与许慎所据小篆无别。林义光与徐铉意见一致，认为许慎解字有误，奥当为会意字："釆非声。奥，深也。从㝱（审）从𠬞。𠬞，探索之象。"林义光之说可从，奥为深意，以𠬞为形旁，双手进入而探索、审察，顺递而读表深奥义。奥的字形，下半的大字，是从𠬞演变而来的，与甲骨文而来的大小的大字不同。不过这种不同，只看简体字是看不出来的，我们必须回溯到古文字。又如：

断 𣃘 会意/会意——顺递/顺递 许慎："𣃪，截也。从斤，从𢇍。𢇍，古文绝。徒玩切。"（《说文》卷十四）《新甲》p1002：𣂦（花东173）𣂦（合18450）。《谱系》p2715：𣃘（云梦）。甲骨文断字不从斤，云梦竹简字形同《说文》小篆。依《说文》之说，断从斤从𢇍，为会意字，顺递法取象。简化字断以𠤎取代𢇍，然仍从斤，仍为顺递法取象。

开 𨷸 会意/会意——顺递/借代 许慎："開，张也。从门，从开。苦哀切。𨷸，古文。"（《说文》卷十二）《释要》p1093：𨵿（秦简）𨷸（汗简）。许慎解字有误，《汗简》收字与《说文》古文可从。林义光：𨷸象两手启门形。杨树达：关为以木横持门户。开从𠬞者，以两手取去门关，故为开也。开为会意字，从门，从𠬞（廾），即双手开启门关。𨷸后来讹变为開，从而有了隶楷字开。可见古文字𨷸为会意字，顺递法取象。繁体字開为形声字，从开从门，开也为声旁；顺递法取象，也是义类法取象。简化字开省略了形旁门，只保留了开。这个开，溯其原始，即𠬞。所以，这是用开门的双手形代指开门这个动作，借代法取象，会意字。

联 𦕼 会意/会意——顺递/义类 许慎："𦕼，连也。从耳。耳连于颊也。从丝，丝连不绝也。力延切。"（《说文》卷十一）《释要》p1099：𦕼（玺印），林义光之说可从：凡器物如鼎爵盘壶之属多有耳，欲连缀之则以绳贯其耳，所以联字从丝从耳。即联为会意字，顺递法取象。简化字均将丝旁省改为关，也可以顺递法会意：关乎耳朵，与耳朵关联的联缀。

争 𤔲 会意/会意——顺递/顺递 许慎："𤔲，引也。从𠬪丿。臣铉等曰：丿音曳。𠬪，二手也。而曳之，争之道也。侧茎切。"（《说文》卷四）

《释要》p415：🔾 🔾（甲骨文），争为会意字，取象于两手从相对的两个方向争一个东西。顺递取象法。

身 🔾 会意/模糊 ——顺递/模糊　许慎："身，躬也。象人之身。从人厂声。"（《说文》卷八）《释要》p795：🔾（甲骨文）🔾（金文）🔾（秦简），身本取象于怀孕的妇女的身体，子在人体内，是会意字，顺递法。李圃："🔾，身。古身即后世之孕字。""🔾为大腹之人形，中有🔾（子）会妊娠之意。后世身泛指人之躯体，又另造孕字为妊娠之专字。🔾字一释为孕。究其实，身孕同源，身孕连语，均由古字分化而来。"其说可从。简化字取象模糊了。

这类字总计29个，其余区、司、显、实、图、见、观、购、师、先、益、言、何、国、罗、监、将、教、仅、学、质、最等之辨析详见附录。

其他保留了一半取象的会意字，大略的情形为：见，由从目从人的会意字，变为目字简省笔画，从人不变；观，由从见雚声的形声字变为从又从见的会意字；购，由从贝从冓、冓亦声的会意兼形声字变为从贝勾声的形声字；师，由从帀从𠂤、以四围皆𠂤表众多的会意字，变为仍从帀的会意字；先，由从人从止、表示前往之意的会意字变为从儿（与从人表义是一类的）的会意字；益，由从水从皿的会意字，变为仍从皿的简化字（所从的水字变形了）；言，由从辛（或辛）从口的会意字，变为仍从口的会意字；何，由从人从戈，变为从人可声的形声字；国，由从囗或声的形声字，变为从囗从玉的会意字；罗，由从网从隹的会意字，变为仍从网的会意字（从夕取象不明）；监，由取象于一人立于皿侧，变为仍从皿的字（上半部分字形取象不明）；将，由取象于手（寸）从几案上持肉祭祀，变为仍从寸取象的字和几案的字；教，由从子奉爻（兼声）、长者持支督令效习，变为仍从子从支的字；仅，由从人堇声的形声字，变为仍从人的字；学，由从臼从爻，或由下从子者，变为下从子的字。

六、字形简化或讹变，但有规律可循

大致说来，汉字偏旁的讹变或简化有两种情况，一类为不偏离取象原形原意的变化，比如 🔾—人、🔾—贝、🔾—刂 等的简化。又如偏旁 🔾（"取"字所从），变为又（"叔"所从）或 ナ（"布"字所从），或者与另一个偏旁融合在一起，事（🔣）、秉（🔣）、兼（🔣）属此；取象于凡的字，讹变后成为同、风、凤等字的半包围结构；偏旁🔣变为廾，或者成为与字形其他部分融合的一部分，具字属此。这样的字形变化，其实还在造字时的取象之内。还有一类则偏离了取象原形原意，比如偏旁🔣（肉），变为夕（"将"字所从）或月（"有"字所从）。这样的字形变化虽然偏离了造字取象，不过也有规律可循，像育、有二字就是同类讹变。

无论是否偏离造字时的取象，以下详细辨析布、事、同、具、育、有这类高频会意字：

布 🔣 形声/会意 —— 义类/义类　许慎："🔣，枲织也。从巾，父声。博故切。"（《说文》卷七）《释要》p752：🔣 🔣（金文）🔣 🔣 🔣（秦简）。许说可从。布为形声字，义类法取象。楷书布字与秦简文🔣同，声旁已讹变为𠂇，成为另一个形旁，原来的形旁从巾取象不变。仍为义类法。

事 🔣 会意/会意 —— 顺递/顺递　许慎："🔣，职也。从史，之省声。鉏史切。🔣，古文事。"（《说文》卷三）《释要》p315：🔣 🔣（甲骨文）🔣（金文），杨升南：事是手举旌旗，象征旗在移动中，表示征战时举旗以导众。本义为戎事。杨说可从，事为会意字，顺递法取象。

同 🔣 会意兼形声/模糊 —— 顺递/模糊　许慎："🔣，合会也。从冃，从口。臣铉等曰：同，爵名也。周书曰：太保受同。哜，故从口，史籀亦从口。李阳冰云：从口非是。徒红切。"（《说文》卷七）《释要》p736：🔣 🔣 🔣（甲骨文）🔣（金文）🔣（秦简），刘心源：……惟会稽石刻，人乐同则之，同作🔣。知小篆改从冃，许氏据以为说，究非古也。盖同从凡会意，凡亦声。与风凤等字一类矣。若从此说，则同为会意兼形声字，从凡口会意，凡亦声。本义为聚合众人之力。顺递法取象。简化字取象模糊了。

具 🔣 会意/会意 —— 顺递/模糊　许慎："🔣，共置也。从廾，从贝省。古以贝为货。其遇切。"（《说文》卷三）《释要》p285：🔣（甲骨文）🔣 🔣（金文）。许说解形误，具之古文字或从贝或从鼎，非从贝省。陈梦家之说可取："具字从鼎，郭沫若所释以为古从鼎作之字后多误为贝，字象两手举鼎之形，举具古音亦相近，一具之具必是单位词，则无可疑。……殷卣有锡贝一具者，贝一具或即一区十枚。"具取象于以双手举鼎，是数量词单位。顺递法取象，会意字。楷化的繁简字取象模糊了。

育 会意/会意 ——顺递/顺递　许慎："育,养子使作善也。从㐬,肉声。虞书曰:教育子。徐锴曰:㐬,不顺子也。不顺子亦教之,况顺者乎？余六切。毓,育或从每。"(《说文》卷十四)考察于古文字,《释要》p1358:（甲骨文）（金文）（陶文),王国维:育从女从倒子,或从母从倒子,象产子形,并有产子时有水液。育为会意字,顺递法取象。

有 会意兼形声/会意兼形声 ——义类/义类　许慎:"有,不宜有也。春秋传曰:日月有食之。从月,又声。"(《说文》卷七)《释要》p671:（甲骨文）（金文),罗振玉:"古金文有字亦多作又。与卜辞同。"《增订殷虚书契考释卷中》林义光:有非不宜有之义。有,持有也。从又持肉。不从月。林说可从:有字不从月,而从肉。先有（又）字,后加肉而成"有"字。金文中"又""有"常通用。会意兼形声字,顺递法取象。将从肉讹变为从月,取象模糊了。

这类字还有以、重,详见附录。

七、字形讹变、简化，取象未详或模糊

有的高频会意字,虽然取象和六书变化不大,但是在历时演变中,字形讹变或者字形简化,使得取象几乎不可辨识。比如"及"字,许慎:"及,逮也。从又,从人。徐锴曰:及前人也。巨立切。乁,古文及。秦刻石及如此。弓,亦古文及。𢓧,亦古文及。"(《说文》卷三)《释要》p309:（甲骨文）（金文）。及的本义为逮。以又、人合体会意,表示以手捉人。顺递法取象。后来字形讹变,字素人与又合形,原初的取象模糊了。又如"年"字,许慎:"谷熟也。从禾,千声。春秋传曰:大有年。"(《说文》卷七)《释要》p688:（甲骨文）（金文),叶玉森之说可从:契文季字并不从千。疑从人戴禾。初民首部力强。禾稼既刈,则捆为大束,以首戴之归。仍许书谷熟为年之意。迄今番苗民族,及西方未开化诸岛国,犹沿古代戴物之习。所以,年为会意字,顺递法取象。简化字从禾与从人均无法辨识了。又如:

多 会意/会意 ——并峙/模糊　许慎:"多,重也。从重夕。夕者,相绎也,故为多。重夕为多,重日为叠。凡多之属皆从多。得何切。

古文多。"(《说文》卷七)《释要》p674：⿱吕吕 ⿱吕吕 ⿰刀刀（甲骨文）辰（玺印）⿰刀刀（石刻）。《说文》有误，多从二肉会意，非从重夕。并峙取象法。简化字多从二夕，原有取象模糊了。

些 些 会意/会意 —— 未详/未详　徐铉："些，语辞也。见楚辞。从此，从二。其义未详。"(《说文》卷二新附)《释要》p174：无解。些字从《说文》至今，皆从此从二，取象之义未详。

买 买 会意/不明 —— 顺递/未详　许慎："買，市也。从网贝。孟子曰：登垄断而网市利。莫蟹切。"(《说文》卷六)《释要》p627：买 买 买（甲骨文）买 买（金文），许说可从。贝古用作货币，所以网从网贝，表示用网捞得宝贝而有收获，有利益。引申为买卖之义。简化字取象和六书均未详。

农 农 会意/未详 —— 顺递/未详　许慎："農，耕也。从晨，囟声。徐锴曰：当从凶乃得声。奴冬切。農籀文农从林。莀古文农。蕽亦古文农。"（《说文》卷三）考察于古文字，《释要》p289：农 农（甲骨文）农 农（金文），农字甲骨文从林从辰，金文又加上从田，或者加上从田从止，均为会意字，表示人于辰时到植物间、田间劳作。简化字使取象不明。

卫 衞 会意/未详 —— 顺递/未详　许慎："衞，宿卫也。从行匝，从行。行，列卫也。于岁切。"（《说文》卷二）《释要》p218：衛（金文），诸家说法分歧，金文取象四止围守中心处所，会保卫之意。衞为顺递法取象的会意字，简化字卫取象和六书未详。

这类字总计 20 个，其余乐、色、失、协、义、台、公、也、前、世、为、乍、是等详见附录。

八、结论及价值

总结上文对现代汉语高频字中 171 个会意字的考察，可以得出会意字取象主流稳定性的结论：一大半的取象、六书、字形稳定不变，包括会意兼形声字，即前文的标题一、标题二，这类情况总计 82 个字。还有很多字，或简体字回归古文字，或在既有的框架内改变取象法，或保留取象的一半，或字形讹变但有规律可循等，即前文的标题三、标题四、标题五、标题六，这类情况总计 69 个字。除上述主流以外，还有少数字的取象和字形模糊或未详，即前文的标题七，这类情况总计 20 个字。由此我们可以得出结论：高频会意字取象的稳定性是绝对主流，占到总量近百分之九十；讹变和简化后无法辨识取象，不能从六书结构查看字义的情况很少，差不多百分之十。

现实价值：关于会意字，蒋善国《汉字学》："会意字在表达词义方面的局限性是由它本身所决定的。会意字的表意是造字人的主观见解所规定的，是从一个概念的许多特征中选择某一种作对象，基本上是片面的、缺少全面性。"① 这是对会意字本身构形与词义关系的探讨。那么本章呢？会意字本身造字时取象于什么？这样的取象是否合理？这种取象是否很好地传递了词义？这些问题并不在本章考虑之内。本章意在讨论现代汉语高频字中会意字的古今变化，尤其是从取象、六书、字形角度探讨会意字的历时发展状况，从而梳理出其规律，给这类汉字文化把脉，管窥汉民族的取象思维，希望有益于相关的学术研究和汉字的认知教学。

具体的实用价值，限于篇幅，本章不做展开讨论了，这里仅简单啰唆一条：对包括会意字在内的高频汉字的取象考辨，可以提醒我们：作为汉字的创造者和书写者，我们一方面要有汉字文化的意识，并积极弘扬汉字文化，另一方面我们更要正本清源，严肃和认真对待汉字文化，尤其不要误读甚至误导汉字文化。比如生活中，我们有时会看到在某个新修历史景点大门上悬挂着"某某故裏"的新写牌匾，乍一看，它使用了繁体字，颇为古雅，表明写牌匾者和挂牌匾者很有文化传承意识。殊不知这"故裏"的"裏"字恰恰写错了。如前文所分析的，"里"字在表达街坊邻里的词义时，古今有着几乎完全不变的取象和六书，就是由田和土组合表意，字形简易，它根本就没有被写成过"裏"。写成"裏"的繁体字，取象于里和衣，里是声旁，衣是形旁，形旁表达衣服有里有面，并引申为里外之里的词义。——弘扬传统文化，尤其弘扬传统的汉字文化，至少需要从一个个高频字的源头认读起来。

---

① 蒋善国《汉字学》，上海：上海教育出版社，1987 年，第 119 页。

第五章 形声字取象：声旁主流标音并具复杂性

本章讨论形声字。现代汉语高频形声字中有 296 个形声字，是六书中较象形字、指事字、会意字数量最多的一类。形声字的形旁或曰意旁可以表示该字的词意范畴，所以为义类法取象。高频形声字的声旁则有较为复杂的情况，以下分类解析。

一、声旁字形稳定，标音

经过穷尽式梳理，近三百个高频形声字中，声旁字形稳定，并且能较好地为该字标音的字，总计 161 个。它们分属于这样几种情况：① 声旁准确标音。② 只有声调不同的标音。③ 简化字保留了原字的声旁。④ 双声叠韵类的标音。⑤ 音近类的标音。以下分别做辨析：

1. 声旁准确标音

所谓声旁准确标音，即自古文字到现代汉语简化字，声旁字音与该字字音完全一样。比如：

城 许慎："堿，以盛民也。从土，从成，成亦声。氏征切。䥫，籀文城从䩰。"(《说文》卷十三)《释要》p1251: 戌（金文）。《说文》之说可从。城为形声字，意符从土，为义类法取象，古今不变。

程 许慎："㨾，品也。十发为程，十程为分，十分为寸。从禾，呈声。直贞切。"（《说文》卷七）《释要》p691：程（秦简）程（玺印）。段注谓"十发"当为"一发"之误，许慎之说可从。程为计量单位，一根头发直径的长度为一程。程是形声字，从禾呈声，义类法取象，古今不变。

这类声旁古今字形不变，且所取象的声旁能准确标音的形声字，总计43个字（格式：形声字/古文字—声旁。不列古文字者则表示无古文字，或者《说文》未收其字）：

但/但—旦；　　第—弟；　　幅/幅—畐；　　服/服—𠬝；
和/和—禾；　　降/降—夅；　　界/畍—介；　　境/境—竟；
理/理—里；　　落/落—洛；　　供/供—共；　　汽/汽—气；
清/—青；　　　球/球—玉；　　深/深—罙；　　指/指—旨；
试/試—式；　　味/味—未；　　物/物—勿；　　像/像—象；
消/消—肖；　　型/型—刑；　　照/照—召；　　政/政—正；
值/值—直；　　油/油—由；　　源/源—原；　　越/越—戉；
流/流—㐬；　　财—才；　　　级/级—及；　　评—平；
证/証—正；　　营/营—荧；　　致/致—至。

以上35组为非多音字。

控/控—空 kòng/kōng；　　　任/任—壬 rèn/rén；
增/增—曾 céng/zēng；　　　站—占 zhàn/zhān；
什/什 shén/shí—十 shí；　　销/销—肖 xiāo/xiào。

以上6组字，声旁或形声字有多音的情况，但其中一个字音是完全一样的。

2. 只有声调不同的标音

只有声调不同的标音指该形声字与其声旁的声母、韵母都相同，只有声调不同。比如：

案 许慎："案，几属。从木，安声。乌旰切。"（《说文》卷六）《释要》p584：案（秦简）案（玺印），许说可从，案为形声字。关于案的形制，许慎据汉时变形变制的通用之器而训，其说有误，商承祚之说可从："案与几，注释家皆以类属，其实非是。据两器形制，分别甚大。案，长方有周阑，而体平扁，为承食之具。几，高足体狭，为凭倚之器。两者形与用风马牛不相及也。"案字以制器所用材质为形旁取象，故为借代法。所以：案/🔲 àn—安 ān。

病　许慎："🔲，疾加也。从疒，丙声。皮命切。"（《说文》卷七）《释要》p726：🔲🔲（秦简）🔲🔲（玺印）🔲（古四）。许说合于秦简文字，可从。形声字病以丙为声旁，疒为形旁，义类法取象。所以：病/🔲bìng—丙 bǐng。

到　许慎："🔲，至也。从至，刀声。都悼切。"（《说文》卷十二）《释要》p1086：🔲（金文）🔲（陶文）🔲（秦简）。古文字到皆从人，不从刀。人与刀形近，后讹写为从刀，并以之为声旁。如从人至，则为会意字，顺递法取象。若从至刀声，则为形声字。所以：到/🔲dào—刀 dāo。

这类只有声调不同的声旁可以标音的字，总计 32 个（格式：形声字/古文字及拼音—声旁及拼音。不列古文字者则表示无古文字，或者《说文》未收其字）：

把/🔲bǎ—巴 bā；　　　　达/🔲dá—大 dà；
防/🔲fáng—方 fāng；　　房/🔲fāng—方 fāng；
放/🔲fàng—方 fāng；　　份/🔲fèn—分 fēn；
府/🔲fǔ—付 fù；　　　　格/🔲gé—各 gè；
根/🔲gēn—艮 gèn；　　　管/🔲guǎn—官 guān；
孩/🔲hài—亥 hài；　　　候/🔲hòu—侯 hóu；
花 huā—化 huà；　　　　近/🔲jìn—斤 jīn；
景/🔲jǐng—京 jīng；　　警/🔲jǐng—敬 jìng；
究/🔲jiū—九 jiǔ；　　　期/🔲qī—其 qí；
情/🔲qíng—青 qīng；　　神/🔲shén—申 shēn；
想/🔲xiǎng—相 xiāng；　住 zhù—主 zhǔ；
注/🔲zhù—主 zhǔ；　　　望/🔲wàng—王 wáng；
村/邨/🔲cūn—屯 tún/寸 cùn；　记/記/🔲jì—己 jǐ；
较/較/🔲jiào—交 jiāo；　预/預/🔲yù—予 yǔ；
置/🔲zhì—止 zhǐ/直 zhí。

3. 简化字保留声旁为其字

简化字保留声旁为其字指：该形声字在历时演变中，保留了声旁代替其字。这类字总计 5 例（格式：简化字/繁体字，许慎之说，古文字，六书，取象，结论）：

亲/親 许慎："㮻，至也。从见，亲声。七人切。"（《说文》卷八）《释要》p829：⬚ ⬚（金文）⬚（秦简）⬚（石刻），亲为形声字，义类法取象。简化字保留声旁亲为其字。

术/術 许慎："術，邑中道也。从行，术声。食聿切。"（《说文》卷二）《释要》p217：⬚（秦简）⬚（玺印），术为形声字，义类法取象。简化字保留声旁为其字，虽然六书和取象不明了，但字音保持了稳定性。

医/醫 许慎："醫，治病工也。殹，恶姿也。医之性然，得酒而使。从酉。王育说。一曰。殹，病声。酒所以治病也。周礼有医酒。古者巫彭初作医。"（《说文》卷十四）王筠《说文句读》："从酉，殹声。不须委曲说以会意也。"《释要》p1371：⬚（秦简）⬚（玺印）。王筠之说可从，简化字"医"保留了醫的声旁的一部分"医"，与本身表盛放弓矢器的"医"合用一形。

产/產 许慎："產，生也。从生，彦省声。所简切。"（《说文》卷六）《释要》p609：⬚（金文）⬚（盟书）⬚（秦简）。《说文》小篆之产与古文字之产一脉相承。简化字产只保留了声符，取象不明了。

还有一个比较特殊的字，它的简化字不是保留全部声旁，而是保留了一半的声旁，并且用另一个偏旁字替换了原来的形旁，作为它的声旁。这就是"历"字：简化字历是繁体字曆和歷的合流字。

历/曆歷 许慎："歷，过也。从止，厤声。"《释要》p167：⬚ ⬚（甲骨文）⬚（金文），叶玉森之说可从：⬚之异体作⬚，表示足迹在禾边林下。即知有人过，这是歷的本义。歷为形声字，义类法取象。徐铉："曆，历象也。从日，厤声。《史记》通用歷。"《释要》p660：⬚（楚简），徐铉之说可从。曆法字为推算日月星辰运行及季节时令的方法，是形声字，义类法取象。简化字将曆歷合并为历，从厂力声，既保留了声符的功能，又累加了声旁力。

4. 双声叠韵类的标音

双声叠韵类的标音指三种情况：第一种，该形声字的字音与其声旁音，既是双声也是叠韵。这样的字极少，只有 1 例：浪/㴾làng—良 liáng。

第二种，该形声字的字音与其声旁音是双声的关系，比如：

策 许慎："筞，马箠也。从竹，朿声。楚革切。"(《说文》卷五)《说文》据小篆解字，也是现代汉字的来源。若取此说，则策为形声字，本以为竹制的马鞭，义类法取象。简化字与繁体字无别。《释要》p467：荚（金文）𥳑（楚简）。金文策字从竹，于豪亮认为其从竹从析，为筹策之策，取象法为义类法。于氏之解，也可备一说。所以：策/筞cè—朿 cì。

存 许慎："𠨛，恤问也。从子，才声。徂尊切。"(《说文》卷十四)《释要》p1355：𠨛（陶文）𠨛（玺印）。存之古文直至小篆均从子，才声，形声字。《月令》："养幼少，存诸孤。"存字形旁为子，表恤问之义，义类取象法。所以：存 cún/𠨛—才 cái。这类双声标音字还有（格式：字头及拼音/古文字—声旁及拼音）：

打 dǎ/𠂉—丁 dīng； 即 jí/𠨑—卪 jié；
𢫦拉 lā/𢫦—立 lì； 破 pò/𥓔—皮 pí；
演 yǎn/𠂉—寅 yín； 英 yīng/𦯗—央 yāng；
昨 zuó/昳—乍 zhà； 作 zuō/zuò/𠂇—乍 zhà；
费 fèi/𦳊—弗 fú； 结 jié/結—吉 jí；
风 fēng/凡 fán。

总计 13 字。

第三种，该形声字的字音与其声旁是叠韵的关系，比如：

可 许慎："可，肯(kěn)也。从口丂，丂亦声。"(《说文》卷五)《释要》p486：𠀃（甲骨文）可（金文）。戴家祥之说可从：疑可为歌的初文，从口丂声，表示唱歌。引申为可以等义。则可为形声兼会意字。借代法取象：以唱歌之口代指唱歌或歌声。繁简体同。所以：可/可kě—丂 hē。

使 许慎："使，伶也。从人，吏声。疏士切。"(《说文》卷八)《释要》p775：𠭖𠭖（甲骨文）𠭖𠭖（金文），徐中舒：使从又持中，中为捕兽器具。古以捕猎生产为事，故从又持干即会作事之意。史、事、吏、使初为一字，后世渐分化，意义各有所专。此说可从，史为使之初文，为会意字。使为形声字，义类法取象。所以：使/shǐ—吏 lì。

形 许慎："形，象形也。从彡，开声。户经切。"（《说文》卷九）《释要》p852：彤（古四）。徐灏注笺："象形者，画成其物也，故从彡，彡者，饰画文也。引申为形容之称。"桂馥义证："开声者，当为井声。"①桂馥之说可从，形为形声字，声旁为井，《说文》小篆讹变，不可取。简体字回归了古文字，声旁井与形叠韵。

这类叠韵标音字还有（格式：字头及拼音/多音—声旁及拼音/多音）：

阿 ē/ā—可 kě/kè；　　　　地 de/dì—也 yě；
影 yǐng—景 jǐng；　　　　快 kuài/—夬 guài；
救 jiù/—求 qiú；　　　　常 cháng/—尚 shàng；
超 chāo/—召 zhāo；　　　除 chú/—余 yú；
店 diàn/—占 zhān；　　　感 gǎn/—咸 xián；
港 gǎng/—巷 xiàng；　　 股 gǔ/—殳 shū；
航 háng/—亢 kàng；　　　很 hěn/—艮 gèn；
银 yín/銀/—艮 gèn；　　　基 jī/—其 qí；
接 jiē/—妾 qiè；　　　　就 jiù/—尤 yóu；
精 jīng/—青 qīng；　　　均 jūn/—匀 yún；
客 kè/—各 gè；　　　　　空 kōng/—工 gōng；
起 qǐ/—己 jǐ；　　　　　群 qún/—君 jūn；
融 róng/—虫 chóng；　　　势 shì/—执 zhí；
收 shōu/—丩 jiū；　　　　速 sù/—束 shù；
推 tuī/—隹 zhuī；　　　　完 wán/—元 yuán；
现 xiàn—见 jiàn；　　　　校 xiào/—交 jiāo；
效 xiào/—交 jiāo；　　　 新 xīn/—亲 qīn；
院 yuàn/—完 wán；　　　　造 zào/—告 gào；
震 zhèn/—辰 chén；　　　 志 zhì/—士 shì；
终 zhōng/—冬 dōng；　　　该/該/—gāi—亥 hài；
号 háo/—丂 kǎo；　　　　 参 cān/参/—㐱 zhěn；

---

① 〔清〕桂馥《说文解字义证》，北京：中华书局，1987年，第770页。

技 jì/挊—支 zhī； 　　李 lǐ/朿—子 zǐ；
企 qǐ/企—止 zhǐ； 　　式 shì/式—弋 yì；
提 tí/提—是 shì； 　　题 tí/題—是 shì；
满 mǎn/滿—两 liǎng； 　星 xīng/曐—生 shēng；
性 xìng/性—生 shēng； 　点 diǎn/點—占 zhān；
发 fā/髮/发—友 bá； 　　红 hóng/紅/紅—工 gōng；
统 tǒng/統/統—充 chōng；维 wéi/維/維—隹 zhuī；
计 jì/計/計—十 shí； 　　资 zī/資/資—次 cì；
党 dǎng/黨/黨—尚 shàng。

总计 62 字。

5. 音近类的标音

音近类的标音指，该形声字与声旁虽然不是同音字，不是双声叠韵字，但是从听觉上看，它们的字音比较接近。这类字有牌、被、次、部，总计 4 字：

牌 《说文》无牌字。《广雅·释器》："簽牌，户籍也。"又，指揭示或作标志用的板。形声字，卑声，从片表义，义类法取象。牌与卑音近：牌 pái—卑 bēi。

被 许慎："被，寝衣。长一身有半。从衣，皮声。平义切。"（《说文》卷八）《释要》p804：被（楚简）被（秦简）被（玺印）。许说可从。被字本义为寝衣，故形旁从衣，为义类法取象。现代汉语中，被字保留有寝衣义项，仍为义类法。被与皮音近：被 bèi—皮 pí。

次 许慎："次，不前不精也。从欠，二声。七四切。次，古文次。"（《说文》卷八）《释要》p836：次次（甲骨文）次（金文）次（秦简）。许慎之说不可取。林义光之说可从：次的本义当为第二，冠亚之亚。从二，吹省声。次吹双声旁转。义类法取象。楷书字使二变得与两点水相同了。次与欠音近：次 cì—欠 qiàn。

部 许慎："天水狄部。从邑，音声。蒲口切。"（《说文》卷六）《释要》p633：部（秦简）部部（玺印）。许说可从。部字形旁从邑表所聚居之部族，为义类取象法。繁简无别，今仍为形声字。义类取象法。部与音音近：

部 bù—音 pǒu。

小结：上面所梳理现代汉语高频字中声旁字形稳定，并且能较好地为该字标音的字，总计 160 个。声旁字形稳定的字，还有一种情况：

强 许慎："⿰弓口，蚚也。从虫，弘声。徐锴曰：弘与强声不相近。秦刻石文从口，疑从籀文省。巨良切。疆，籀文强从蚰从彊。"（《说文》卷十三）《释要》p1223：强（秦简）强强（玺印）强（汗简），《尔雅》：强，虫名。又曰：强，米中小虫之类。则强为形声字，取象于虫旁，义类法取象。《战国策》："兵革之强""天下强国无过齐者"均用为盛、大等义，又假借为强大之强，借形法取象。则强的声旁有二说，一为籀文强从蚰，彊省声，声旁字形稳定，标音。一为从秦简字强以来，字形稳定未变，从虫，弘声，声旁字形稳定，然标音不相近。

二、声旁字形变化，标音

经过穷尽式梳理，在近三百个高频形声字中，声旁字形有所变化，但是仍能起标示字音作用的字，总计 45 个。它们分属于三种情况：① 声旁简化类标音。② 声旁替换类标音。③ 声旁省形类标音。以下分别做辨析：

1. 声旁简化类标音

所谓声旁简化类标音，即该形声字的标音功能不变，只是声旁字形简化了。这里的声旁标音，又分为三种情形：准确的同音字标音；声调不同的标音；双声叠韵类的标音。

第一种，声旁简化，准确的同音字标音。总计 5 字。比如，

楼 许慎："樓，重屋也。从木，娄声。洛侯切。"（《说文》卷六）《释要》p578：樓（秦简）樓（玺印），楼为形声字，义类法取象。樓与楼是形声字繁体简体的关系，婁与娄，都读为 lóu，是其声旁的繁体和简体。同理，另外 4 个（格式：繁体 简体/古文字—繁体声旁 简体声旁 读音）：

論论/論—侖仑，都读为 lún（论是多音字，常用音为 lùn）；

們们—門门，都读为 mén（们作为人称代词词尾，常常读为轻声 men）；

經经/經—坙圣，都读为 jīng；

議议/議—義义，都读为 yì。

第二种，声旁简化，只有声调不同的标音。总计 4 字：

裝 许慎："裝，裹也。从衣，壯声。侧羊切。"（《说文》卷八）《释要》无考释。裝装均为形声字，义类法取象。裝与装是形声字繁体简体的关系，其字音为 zhuang 的第一声；其声旁为壯和壮，字音为 zhuang 的第四声。

另外 3 字：

传 zhuàn/傳/🔲—專专 zhuān，形声字四声，声旁一声。并，传是多音字，另一音为 chuán。

转 zhuǎn/轉/🔲—專专 zhuān，形声字是三声，声旁是一声。

漲涨 zhǎng/zhàng—張张 zhāng，形声字三声或四声，声旁一声。

第三种，声旁简化，双声叠韵类的标音。总计 14 字，比如：

问 许慎："問，讯也。从口，門声。亡运切。"（《说文》卷二）《释要》p130：🔲（甲骨文）🔲（金文）🔲（秦简）。问为形声字，問和问是繁体和简体的关系，声旁繁简体为門和门，问门叠韵。

选 xuǎn/選/🔲—先 xiān/巽，形声字与声旁双声。其余 12 字均为叠韵（格式：简体及读音/繁体/古文字—声旁及读音/繁体声旁）：

创 chuàng/創—仓 cāng/倉；

场 cháng 或 chǎng/場/🔲—昜 yáng/易；

军 jūn/軍/🔲—车 chē/車；

钱 qián/錢/🔲—戋 jiān/戔；

线 xiàn/線或綫/🔲或🔲—戋 jiān/戔；

检 jiǎn/檢/🔲—佥 qiān/僉；

验 yàn/驗/🔲—佥 qiān/僉；

张 zhāng 張/🔲—长 cháng/長；

闻 wén/聞/🔲—门 mén/門；

觉 jué/覺/🔲—学 xué/學；

继 jì/繼/🔲—䌥 jì；

险 xiǎn/險/🔲—佥 qiān/僉。

2. 声旁替换类标音

所谓声旁替换类标音，即该形声字字形演变后，标音功能不变，不过是通过替换声旁字而体现的。通过替换声旁实现的标音，又分为 4 种情形：声旁替换以简易的同音字；声旁替换为只有声调不同的简化字；声旁替换以简易的双声字；声旁替换以简易的叠韵字。以下分别进行辨析：

第一种，声旁替换以简易的同音字。总计 4 字，其中 2 字的声旁是多音字（格式：简体/繁体 许慎之说 古文字 六书及取象分析）：

极/極 许慎："㮏，栋也。从木，亟声。渠力切。"（《说文》卷六）徐楷曰：極，屋脊之栋也。《释要》p576：㮏（玺印）㮏（石刻）。極的本义是屋脊上的栋。形声字，形旁从木，义类法取象。简化字极是用笔画简单的同音字"及"替换了笔画繁复的声旁字"亟"。

机/機 许慎："機，主发谓之机。从木，幾声。居衣切。"（《说文》卷六）许慎："机，木也。从木，几声。居履切。"（《说文》卷六）在《说文》中，機、机本为两字。機的本义是弓弩上的发射机关；机本义为一种树，即桤木。機简化时就使用了机字。即简化过程中，機机二字合为机字。

构/構 许慎："構，盖也。从木，冓声。杜林以为椽桷字。古后切。"（《说文》卷六）《释要》p576：冓（甲骨文）冓（金文），冓象两鱼相遇，会遭遇之意。构，木相连结，则为架、盖、立之意。繁体字为形声字，义类法取象。简化字以勾替代声旁冓，取象遂不明。所以：構构 gòu—冓 gòu 勾 gòu/gōu。

职/職 许慎："職，记微也。从耳，戠声。之弋切。"（《说文》卷十二）《释要》p1100：戠（金文）職（秦简），马叙伦：记微也当作记也微也。后人并之耳。微又为徽讹。或借为徽。庄子天运：徽之以人。释文：徽，本亦作微。记也，乃识字义。徽也乃帜字义。本书无帜。古书借识为帜。若官职字当作帜也。古今皆以职字为之，或以为耳官主听，故职有主义。马说可从，职从耳，义类法取象，形声字。所以：職（职）/戠 zhí—戠（只）zhī/zhǐ。

第二种，声旁替换为只有声调不同的简化字。总计 6 字（格式：简体/繁体 许慎之说 古文字 六书及取象分析）：

亿/億 许慎："億，安也。从人，意声。于力切。"（《说文》卷八）億由意派生而来，从人从意，意亦声，为会意兼形声字。人而满意，顺递法取象兼义类法取象。简化字从人乙声，义类法取象。億的声旁意 yì，亿的声旁乙 yǐ。

优/優 许慎："[優]，饶也。从人，憂声。一曰倡也。于求切。"（《说文》卷八）《释要》p774：[優]（石刻），優为形声字，义类法取象。優优 yōu，优的声旁尤 yóu。

认/認 rèn，由認演变而来，声旁人 rén。

种/種 zhǒng/zhòng/chóng，姓氏用字，由種演变而来，声旁中 zhōng/zhòng。

剧/劇 jù，由劇演变而来，声旁居 jū。

据/據 jù，据由據演变而来，声旁居 jū。

第三种，声旁替换以简易的双声字。总计 6 字（格式：简体/繁体或古文字 拼音—声旁及读音）：护/護 hù—声旁户 hù；价/價 jià—声旁介 jiè；却、却/卻 què—声旁去 qù；省/[省] shěng—声旁少 shǎo/shào；进/進 jìn—声旁井 jǐng；响/響 xiǎng—声旁向 xiàng。

第四种，声旁替换以简易的叠韵字。总计 4 字（格式：简体/繁体或古文字 拼音—声旁及读音）：让/讓 ràng—声旁上 shàng 或 shǎng；运/運 yùn—声旁云 yún；济/濟 jǐ 或 jì—声旁齐 qí；积/積 jī—声旁只 zhī 或 zhǐ。

3．声旁省形类标音

所谓省形类标音，即该形声字的标音功能不变，只是声旁字形有省简。比如样、奖 2 字：样/樣 yàng—羊/羕 yáng；奖/獎 jiǎng—[爿]将。

三、声旁字形变化，失去标音作用

经过穷尽式梳理，在近三百个高频形声字中，声旁字形变化，失去标音作用，总计 59 个。它们分属于三种情况：① 声旁省形类变化，失去标音字形。② 声旁简化、讹变、替换，失去标音作用。③ 声旁形变，标音不显。以下分别做辨析。

1．声旁省形及有变

所谓声旁省形及有变指从古文字阶段到现在的简化字：第一种，声旁省形及有变，失去标音字形。第二种，声旁省写了一部分。第三种，声旁省形，形旁也有变化。第四种，声旁省形并成为其字。以下分别进行辨析：

第一种，声旁省写了一部分，并有小变。总计 8 字。比如：

条/條 tiáo 许慎："⿰木攸，小枝也。从木，攸（yōu）声。徒辽切。"（《说文》卷六）《释要》p572：⿰木攸（玺印），于省吾：🌿象木形，上象其枝条。此当象木条形，即条之古文也。孳演已久。加攸为声符，遂成条字。盖由象形文演变为形声字，乃文字递衍常例。简化字保留从木，并小变为夂，义类法取象。声旁保留一半，使得取象不明。

又比如：

获/獲 huò 许慎："獲，猎所获也。从犬，蒦声。胡伯切。"（《说文》卷十）《释要》p935：🔶（甲骨文）🔶（金文）。获字初文从又从隹，以手持隹会获得义，会意字，顺递法取象。獲为后起形声字。獲形旁从犬，以狩猎时用犬而表猎获义，借代法取象。简化字获，将声旁蒦的隹省写了，将声旁顶端笔画改写为草字头，并重复取象犬旁为犭和犬。

其他这类字举、列、没、展、总、备的简况（格式：拼音 古文字/繁体字—声旁、形旁—简化字）：jǔ 舉/舉—與、手—举；liè 㓚/列—歺、刀—列；mò或méi 没/没—𠬸、水—没；zhǎn 展/展—襄、尸—展；zǒng 總/總—悤、糸—总；bèi 備/備—𤰇、人—备。

第二种，声旁省写了一部分。总计6字。

售 徐铉："售，卖，去手也。从口，雔省声。"（《说文》卷二新附）《释要》p148：戴家祥：诗曰：贾用不售。按：售本无卖义。疑售、雔古本一字。……《正韵》：雔，售也。金文从言之字多可改从口，售即雔无疑。……雔之初义当为相对谈洽，买卖双方须言语达成交易，引申出卖出的意思。戴说可从，售为形声字，形旁从口，义类法取象；声旁为雔省形。不过，只看字形，单个的隹，无标音作用。

随 许慎："䢸，从也。从辵，𤮯省声。旬为切。"（《说文》卷二）《释要》p181：䢸（秦简），随为形声字，义类法取象。从䢸到随，省掉了字形中的土。再比如：pán 盘，简化字将古文字𡳾的声旁般省掉一半，即省掉殳，成为盘。负、度、务字也可算此类型，详见附录。

第三种，声旁省形，形旁也变化。总计5字。

节 许慎："節，竹约也。从竹，即声。子结切。"（《说文》卷五）《释要》p458：節（金文）節（秦简）。节的本义为竹节。竹节如缠束之状，引申义有约束、节制等。节为形声字，从竹取象，义类法取象。简体字将竹字头替换为草字头，竹、草均为植物，取象法不变。声旁保留了即的一部分，仍为声旁。

应 许慎："䧹，当也。从心，雁声。于陵切。"（《说文》卷十）《谱系》p329：䧹（日甲三四背），形声字，义类法。简化字保留繁体字声旁的一部分，并将形旁变形保留。

票 许慎："熛，火飞也。从火𤐫，与熛同意。方昭切。"（《说文》卷十）《释要》p950：䙴 票（秦简）熛 票（玺印），《说文》有误，票字从火要声，本义为飞腾的火光，引申义疾速。形声字，义类法。简化字省掉一半声旁，形旁讹变。

当 许慎："當，田相值也。从田，尚声。都郎切。"（《说文》卷十二）《释要》p1262：當 當（金文） 當（陶文）。陶文与《说文》小篆同，许说可从。当为形声字。形旁为田，义类法取象。简化字声旁不变，取党字头省形，并变化了形旁。

准 许慎："準，平也。从水，隼声。之允切。"（《说文》卷十一）《释要》p1039：準（玺印），准和准均为形声字，义类法取象。简化字保留一半的声旁字形，并改原字形旁三点水为两点水。

第四种，声旁省形并成为其字。

击 许慎："擊，攴也。从手，毄声。古歷切。"（《说文》卷十一）《释要》p1128：擊（玺印）。击为形声字，义类法取象。简化字截取繁体字声旁字形的一部分，成为记号字，取象则不明。

2. 声旁简化，今音远

所谓声旁简化、讹变、替换，今音远。分三种情况：第一种，声旁简化，今音看不出标音作用。第二种，形声字整体简化为记号字。第三种，形声字简化成了会意字。以下分别进行辨析：

第一种，声旁简化，看不出声旁有标音作用。比如：

领 许慎："領，项也。从页，令声。良郢切。"（《说文》卷九）《释要》p841：領（秦简），领为形声字，义类法取象。声旁简化，并与字音很远：lǐng 领/頁—页 yè。

陈 许慎："陳，宛丘。舜后妫满之所封。从阜，从木，申声。臣铉等曰，陈者，大昊之虚，画八卦之所，木德之始，故从木。直珍切。㻫，古文陈。"（《说文》卷十四）《释要》p1321：㪅 陳 陳（金文）陳（陶文）陳 陳（秦简）。许慎解为从阜，从木，申声，有误。张政烺之说可从，金文凡陈国之陈作敶，地名之陈作陸，绝不混用。敶、陸为陈之累加意符字，所累加意符为攴、土。后世姓氏与地名混用，均写作陈。张说可从，陈的声旁为東，简化为东，并与字音较远：陳 chén/陳—东 dōng/東。

这类字还有称、你、热、伤、权、刘、这、团、还、环、边、难、续、市、早、往等，总计18字。

称 chēng/稱—尔 ěr/禹； 你 nǐ/儞—尔 ěr/禹；

热 rè/熱—执 zhí/埶； 伤 shāng/傷—匆（非成字）/𥏌；

权 quán/權—又 yòu/雚； 刘 liú/鎦—文 wén/留；

这 zhè/這—文 wén/言； 团 tuán/團—才 cái/專；

还 huán, hái/還—不 bù/睘； 环 huán/環—不 bù/睘；

边 biān/邊—力 lì/臱； 难 nán/難—又 yòu/堇；

续 xù/續—卖 mài/賣； 市 shì/宀—（非成字）/止；

早 zǎo/枣/棗—十 shí； 往 wǎng/徃—丶（非成字）/止。

第二种，形声字整体简化为记号字或独体字。这类字总计兰、书、头、专、关、么、更7个。

兰 许慎："蘭，香艸也。从艸，闌声。落干切。"（《说文》卷一）《释要》p65：蘭 蘭（玺印），兰为形声字，本义为兰草，义类法取象。蘭整体简化为兰，成为记号字，看不出取象和声旁了。

书 许慎："書，箸也。从聿，者声。商鱼切。"（《说文》卷三）《释要》p318：書（金文）書（秦简），萧璋：古之书写为契刻，所谓书于方策即以刀笔刺画于简策方版之上……《说文》训箸，与刺刻义尚相因。书为形声字，义类法取象。简化字成了记号字。

头 许慎："頭，首也。从頁，豆声。度侯切。"（《说文》卷九）考察于古文字，《释要》p840：頭（金文）頭（秦简），则頭为形声字，义类法取象。简化字成了记号字。

专 许慎："叀，六寸簿也。从寸，叀声。一曰专，纺专。职缘切。"（《说文》卷三）《释要》p328：叀 叀（甲骨文），李孝定：叀即专之古文象形，契文即象纺锤之形。从又，所以运之。叀钧声义并近，其物古已有之，故制字象之也。李说可从。叀为形声字，义类法取象，是叀的后起字。简化字专成为了记号字。

关 许慎："關，以木横持门户也。从门，䇂声。古还切。"（《说文》卷十二）朱骏声："竖木为闭，横木为關。"《释要》p1096：▯ ▯ ▯（金文）▯ ▯ ▯ ▯（陶文）▯（货币）▯（秦简）▯（玺印），许说可从，關为形声字，义类法取象。简化字省去门形，取象遂不明。

么跟前面五字不同，它是将声旁全部省略，只保留形旁为其字。

么 徐铉："麼，细也。从幺yāo，麻声。亡果切。"（《说文》卷四新附）么本为形声字，意思是细小，义类法取象。后假借为疑问代词的么。简化字省掉了声旁，以形旁么为其字。

第三种，形声字简化成了会意字。这类字总计体、岁、研 3 个。

体 许慎："體，总十二属也。从骨，豊声。他礼切。"（《说文》卷四）《释要》p424：▯（金文），戴家祥：《广韵》，"體，俗作軆"，从骨从身义近，故可交换。體字原意盖取之于身，故金文从身。體为形声字，义类法取象。简化字体从人从本，变为会意字。

岁 许慎："歲，木星也。越历二十八宿，宣徧阴阳。十二月一次。从步，戌声。律歷书名五星为五步。相锐切。"（《说文》卷二）《释要》p171：▯ ▯ ▯（甲骨文）▯ ▯（金文），林义光：古作▯，从二止，戌声。歲声之字，如哕翙等，皆与戌双声。……借为岁。毛公鼎用鉞用征，复借歲为鉞。岁鉞同音。即越之初文。二止象逾越形。或作▯，从走从辵，月声。林说可从，歲取象于二止在戌之上下，表示逾越之义，戌为声符，所以歲本形声字，义类法取象。假借为歲星之岁。简化字从夕从山，成为新会意字，取象不明。

研 《说文》小篆▯从石，幵（jiān）声。简体字改为从石从开，成了新会意字。

3. 声旁形变

所谓声旁形变指，从古文字到简体字，声旁不是很有规律的简化和省形，这类字总计 11 字。又可分两种，形变较大和形变较小。第一种，形变较大的 9 个。比如：

赛 收于《说文》卷六新附字中，小篆字形 ▨，声旁由 ▨ 变为 ▨（非成字）。

爱 秦简字 ▨，从夂，悉声。字形演变中声旁形旁混合又分离，最终成了简体字爱，形旁为友，声旁为 ▨。▨ 非成字。

那 许慎："▨，西夷国。从邑，冉声。安定有朝▨县。诺何切。"（《说文》卷六）声旁由冉变为 ▨，非成字。

者 许慎："▨，别事词也。从白，▨ 声。▨，古文旅字。之也切。"（《说文》卷四）《释要》p367：▨（金文）▨（陶文）。高田忠周：▨ 实黍字异文……黍旅音通，故或用黍为旅。许氏未详此理，直以 ▨ 为旅字。无论从黍得声，还是从旅得声，者均为形声字，声旁部分在简体字中变为 ▨。▨ 非成字。

其他变、真、要、责、着 5 字：

变 古文字为 ▨，声旁变为 ▨。▨ 非成字。

真 金文字形 ▨，从贝，匕（珍）声。小篆变为 ▨。简体字声旁形旁杂糅，看不出声旁了。

要 金文字形 ▨，秦简字形 ▨，取象于女约两手于腰，卤声。简体字声旁成了 ▨。▨ 非成字。

责 甲骨文字形为 ▨，从贝，朿声，是债的本字。简体字责中，声旁成了 ▨。▨ 非成字。

着 zhe 由繁体字著简化而来，《说文》无着字。《康熙字典》：著，明也。著从艸者声，声旁与其字为双声。但简体字着从目，声旁由者变为 ▨，非成字。

第二种，形变较小的，总计 2 字。

青 许慎："▨，东方色也。木生火，从生、丹。丹青之信言必然。仓经切。"（《说文》卷五）王筠："青下云东方色也。木生火，从生丹。许君以丹青二物迥异遂以青字为会意，顾不言本物而言其所生。且以木青火丹之色而加诸丹青之石，甚迂曲也。丹下云巴越之赤石。而青下不云石而云东方色，豫为道地也。……然则古人染物，取诸草木，故石黄石绿之类，以两字为名。知古人不用，故未尝命之名也。然则石为古人所用以染者，惟丹青二物，故曰学之染人甚于丹青也。青字从丹，以其皆为石也，不论其色之异。生则声也。如今之瓷器青花，所用以画之物，名曰朱，亦此理矣。"《释要》p510：🗚🗚（金文）青（秦简），王筠之说可从。青从丹从生，生兼表声，是会意兼形声字。从丹，表示其为颜色。从生，表示如初生草木的绿色。简体字青，声旁由生小变为 ⺈。⺈非字。又比如：在，许慎："𠂇，存也。从土，才声。"（《说文》卷十三）考察于古文字，《谱系》p237：𠂇（大盂鼎）𠂇（中山王方壶）左（云梦）。周金文在字从才，从士，战国文字士或讹作土。《说文》小篆据讹变字形而从土，沿用至今。

四、声旁字形不变，失去标音作用

在汉字的历时演变中，有时候，尽管形声字的声旁没有发生字形变化，但是却不起标音作用了，因为该声旁字的古今音差异很大。在高频形声字中，这样的字总计31个。比如，她（tā）的声旁是也（yě），《说文》未收她字。《玉篇》曰：她同姐，古文亦作𧚩。《玉篇》曰：姐，兹也切。《说文》云蜀人呼母曰姐。又祥预切，姐，孃也。即，她本义为姐。形声字，从女也声。义类法取象。现代汉语的"她"是20世纪以来用以区别男性"他"和动物"它"的代词，是古文𧚩假借字。又比如，𥫗/等（děng）的声旁是寺（sì），许慎："䇇，齐简也。从竹，从寺。寺，官曹之等平也。多肯切。"（《说文》卷五）《释要》p459：𥫗 𥫗（秦简）𥫗（玺印）。孙常叙和林义光之说可从。等的本义是：比照标准样子作出同样的东西。即许慎所说的齐简，使新简与旧简整齐等同。寺之韵与等之蒸韵双声对转，故等从竹寺声，是形声字。义类法取象。简化字仍之。

其余29字（格式为：形声字 拼音—声旁 拼音）：

代 dài—弋 yì；　　　　　　都 dōu 或 dū—者 zhě；
跌 diē—失 shī；　　　　　　的 de/旳—勺 sháo；
海 hǎi/𣴴—每 měi；　　　　　活 guō 或 huó/𣴞—舌 shé；
江 jiāng/𣲘—工 gōng；　　　　居 jū/凥—古 gǔ；
排 pái/𢶏—非 fēi；　　　　　确 què/確—角 jiǎo；
施 shī/𢻳—也 yě；　　　　　始 shǐ/𡚮—台 tái；
数 shǔ 或 hù/數—娄 lóu；　　　所 suǒ/𢨋—户 hù；

特 tè/愑—寺 sì； 投 tóu/投—殳 shū；
限 xiàn/㫐—艮 gèn（或 gěn）； 治 zhì/冾—台 tái；
助 zhù/助—且 qiě（或 jū）； 项 xiàng/項—頁—工 gōng；
调 diào（或 tiáo）/調—周 zhōu；
说 shuō/説—兑 duì（或 ruì 或 yuè）；
约 yuē/約—勺 sháo； 组 zǔ/組—且 qiě（或 jū）；
全 quán/全—工 gōng； 决 jué/決—夬 guài；
况 kuàng/況—兄 xiōng； 容 róng—谷 gǔ。
他 tā—也 yě。

五、结论及思考

总结前文，现代汉语高频字中 296 个形声字的情况为：大部分形声字无论声旁稳定不变，还是声旁字形有变化，但都还有标音作用，总计 206 字。其中也有种种复杂性：声旁字形稳定，并且能较好地为该字标音的字，总计 161 个。它们分属于这样几种情况：声旁准确标音；简化字保留了原字的声旁。只有声调不同的标音；双声叠韵类的标音；音近；声旁字形有所变化，但是仍能起标示字音作用的字，总计 45 个。它们分属于三种情况：声旁简化类标音；声旁替换类标音；声旁省形类标音。有少部分形声字，总计 90 个，或者字形没变但声旁音与字音很远，或者连声旁字形也变化了，完全失去了标音作用。

结论：高频形声字声旁标音并具有复杂性是主流，占比 70%多，可以帮助识别和记忆。但也有近 30%的形声字失去了标音作用，所以也给识字记忆带来困扰。

下部

第六章 论字象与修辞

"修辞"一词出自《易经》"修辞立其诚",是今天修辞学之修辞的最早语源。南朝刘勰《文心雕龙》(简称《文心》)中"修辞"一词凡五见:"建言修辞,鲜克宗经"(《宗经》);"修辞立诚,在于无愧"(《祝盟》);"立诚在肃,修辞必甘"(《祝盟》);"及乎春秋大夫,则修辞聘会""国侨以修辞捍郑"(《才略》)。《文心》以"修辞"一词称说或不以该词称说,但实为讲论修辞的篇章、文句可谓触目皆是,该书被誉为我国第一部修辞学理论著作。现代意义上的训诂学学科奠基者之一黄侃(季刚先生)精研《文心》并著有《〈文心雕龙〉札记》(简称《札记》),该书亦多涉及文字修辞。陈望道先生所著的中国第一部系统的现代修辞学著作《修辞学发凡》(1932)(简称《发凡》)中,对"修辞"有全面细致的分析和概念界定①:

图 6.1 为陈望道先生对"修辞"之狭义与广义概念、所在文辞与语辞两个层面之间关系的直观呈现,狭义的修辞指修饰文辞或语辞,广义的修辞也包括调整和适用文辞或语辞。文辞在文字层面,语辞在语言层面。此外,望道先生还讨论了与《文心·情采》篇"联辞结采,将欲明理"相涉的修辞的三种境界。通观《发凡》全书,其中多有引用《文心》或有与之

---

① 陈望道《修辞学发凡》,上海:上海教育出版社,1997 年,第 1 页。

相关的表述，亦可见望道先生对这部书修辞问题的关注。

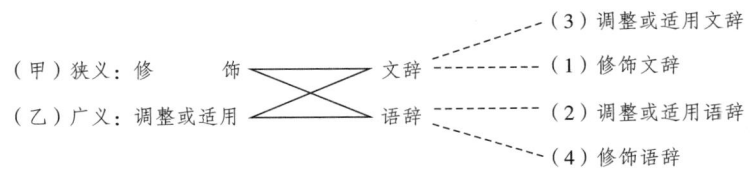

图 6.1　修辞与文辞、语辞关系

本章以《文心》修辞论为基础理论，以《札记》相关训释为主要参照，采用望道先生《发凡》包括文辞、语辞在内的广义修辞观，结合图 6.2、图 6.3 所示"字象与诗象融合"的认识①，主要讨论审美视角的取象造字修辞、创作视角的取象用字修辞、中庸思想决定的取象双形修辞等三方面的问题。

图 6.2　事物、汉语、汉字之间的关系　　图 6.3　事物之象与诗象、字象之间的关系

一、审美视角的取象造字修辞

日月叠璧，以垂丽天之象，山川焕绮，以铺理地之形，此盖道之文也。（《文心·原道》p3）……故立文之道，其理有三：一曰形文，五色是也；二曰声文，五音是也；三曰情文，五性是也。五色杂而成黼黻，五音比而成韶夏，五性发而为辞章，神理之数也。（《文心·情采》p193）

《周易音义》曰：文言，文饰卦下之言也。《正义》引庄氏曰：文谓文饰，以乾坤德大，故皆文饰以为文言。案此二说与彦和意正同。（《札记·原道》p7）

刘勰之"文"是个内涵丰富的概念，包括了诉诸视、听、情等方面的

---

① 张玉梅、申雨喆《字象与诗象的融合》，《人大复印资料》（中国古代、近代文学研究）第 7 期，第 10 页，原载于《内蒙古师范大学学报》（哲学社会科学版）第 1 期。

内容，天象、地形皆为"道之文"，文章之文属于"情文"一类。刘勰此说乃文以载道说的文论发端，揭示了文源于道的本质。季刚先生释"乾坤两位，独制文言"中之"文"为"文饰"。其所言"文饰"与刘勰之"情文"同理，皆属天人合一之道。"文"之有天文、形文、声文、情文、文饰，将天地、万物、人情融通而论，这是一种朴素的造字修辞观。刘勰的时代，当然不知道甲骨文为何物，但他却触及了汉字造字时的审美取象问题。季刚先生《札记》中也曾说欲求"文"之工，必先求"字"之不妄，即推求字词含义以准确表情达意，缀文成篇。《文心》和《札记》所论之"文"，皆属"消极修辞"之畴。

那么，若从字源角度看，文字、文章、修辞之间关系究竟如何呢？我们可以从取象造字角度，具体到"书""文""章"等进行考察。书，段玉裁《说文解字注》中以声训法释为"箸"，即"著"。书就是著写，是著写于竹帛的字。圣贤之"书"辞即文字。文，甲金文字形为 ✦、✦，取象于人身上有纹饰，文的本义本形就是纹饰、纹身，"文"是"纹"之初文。《庄子·逍遥游》"越人断发文身"用的就是文的本形本义，后来引申为文字、文章、文学等。章，金文字形 ✦，一说释读为会意字，从辛凿玉璧，表示雕凿玉璧之花纹。先秦文献中，章的众多义项中也有花纹义，《周礼·考工记》注曰"赤与白谓之章"，即红与白相间的花纹叫"章"。其他义项还有昭明、乐章、文章、图章等。所以，所谓的"书辞""文章"，除了写作而成"文"这个意思，该词的构词字素"文"和"章"，均有花纹、纹饰之义，所以《文心·情采》"总称文章，非采而何"的意思是，总的名称叫"文""章"，这不是文采又是什么呢？先民自然而然的取象造字，表现出调整或适用文字符号以记录汉语的民族文化心理，这种做法属望道先生"修辞和语辞使用三境界"之"记述的境界"。

其实刘勰"镂心鸟迹""织辞鱼网"等说的就是造字之初的取象问题。《说文》序中已有庖牺氏观天、地、鸟、兽之文始作易八卦之说，刘勰与其他人一样，赞同这种文字创造说，认为汉字是经由仰观天象、俯察地形、观察鸟兽之纹迹之后取象而成的。"斯乃言语之体貌，而文章之宅宇也"（《文心·练字》p226），"文"和"章"在造字时就有纹饰和花纹义，有纹饰涵义的文字是文章的宅宇。"夫水性虚而沦漪结，木体实而花萼振，文附质也。虎豹无文，则鞟同犬羊；犀兕有皮，而色资丹漆，质待文也。"（《文心·情采》p193）这句话是说，就像有水才形成涟漪，有木才开出花朵，涟漪和花朵就是文章的文采，它们依附于文章之"质"。虎豹要是没了花纹，与犬羊何异？犀兕正因为有皮而无文，所以要给它们涂上丹漆，所以文章之"质"也需要"文"。刘勰所言"文"之于"质"的重要性，也即是说文字依托于取象修辞而成，文章借助于文采修辞而成，"文"字和"文"采之修辞对于内容表达具有重要的作用，见图6.4。

图 6.4 文、章之象—取象成字—著书成辞—文章文采—质为文核

如图 6.4 所示，从天地万物本有之象，到取象造"字"，著"书"成辞，"文""章"二字的构形和本义都是有文采的，"文章"怎么能没有文采呢？在以"质"（文章内容）为核心下，水成涟漪，层层发散，那就是"文"，或曰"文采"，即文章形式方面的东西。《文心·情采》论文与质应相宜、形式与内容均重要，正所谓"言以文远"，作品的内容须凭借其"文"字和"文"采修辞而远播，从而扩大社会功能。

综合而看，不同于字母文字的汉字，在造字取象时已具有修辞性，使用汉字而成的文章具有融合字象与文意的客观效果，这样的修辞性属于《发凡》论及的客观记述的第一境界。

不过，"文"虽重要，但是情况其实很复杂。季刚先生从汉字创造之初论曰："然自六书肇造，孳为九千，转注假借之例既立，而众字之形、声、义训往往互相牵缀，故用字者因之无定。"（《札记·练字》p165）**季刚先生所言造字之复杂性确实存在，在此试从六书角度，讨论审美视角的取象造字修辞。**前文所分析的"文"即为六书中的**象形字**，这类字的字象色彩最为突出，尤其在甲骨文、金文阶段。比如"山"为 ⛰⛰之形，放在"若有人兮⛰之阿，被薜荔兮带女萝"中与曼妙美丽的山鬼形象呼应；

"目"为◀之形，放在"春风动春心，流◀瞩山林"中，人之顾盼生姿与山林奇彩相呼应等。**同理，六书之指事字、会意字皆能以取象表意，达成与诗文呼应的意象和意境。**（更多字例可参张玉梅、申雨喆《字象与诗象的融合》）看着字形生动的诗文，品着字象延伸之意境，读者可达于审美的另一种境界。

再看六书之形声字。"是以诗人感物，联类不穷。流连万象之际，沉吟视听之区。写气图貌，既随物以宛转；属采附声，亦与心而徘徊。"（《文心·物色》p264）观"写气图貌"，察"属采附声"，刘勰似颇得汉字取象之妙，所择诗文之例往往可呈"取象成字—取象表词—诗词意象"之状貌。"故灼灼状桃花之鲜，依依尽杨柳之貌，杲杲为出日之容，瀌瀌拟雨雪之状，喈喈逐黄鸟之声，喓喓学草虫之韵。"（《文心·物色》p264）这里的六个叠音词"灼灼""依依""杲杲""瀌瀌""喈喈""喓喓"，属于《发凡》中的"叠字"辞格。除了叠字辞格的词语修辞效果，我们还可以从组成这些词的字素角度，察看其造字取象方面的修辞效果。六个叠词的字素基本以意旁诉诸形象，以声旁诉诸声象："灼灼"之"灼"形旁取象为"火"，表达像火一样的鲜艳之色；"依依"之"依"形旁取象"人"和着于身上之"衣"（衣亦表声），表达二人不舍之情；"杲杲"之"杲"形旁取象于"日"表达日出之容；"瀌瀌"之"瀌"形旁取象为水，表达下雪之貌；"喈喈"之"喈"、"喓喓"之"喓"形旁取象皆为"口"，表黄鸟和草虫以口鸣叫之象。这六个字的形旁取象均较好地传递了词意的"形象"，从而与叠音词的"声象"效果一起，形成既诉诸听觉，也诉诸视觉的诗歌整体意象和意境。配合着字象联想，读者感官之审美可谓别开境界。**叠字辞格与形声字字象修辞，显然已经不是消极修辞了，它们属于有意而为之的积极修辞，已进入《发凡》论及的表现的第二境界。**

不过，季刚先生所言造字阶段之复杂状况，尤其在于六书中的**假借字**[①]**增加了问题的复杂性**。此即以岑参《优钵罗花歌序》中的假借字"才"字试做阐释：诗的序言中，岑参将优钵罗花比喻为未会明主而摈于林薮的"怀才之士"。"才"字，古文字字形为✚，取象于草木才出生之形，即《说文》

[①] 转注字在六书理论中，自许慎以来直至今日，均无定义上的确切公论，季刚先生亦未专门界定过，故此不予讨论。

所说的"草木之初"。该字后来假借为人才之"才",字义比较抽象。《优钵罗花歌》借着写花而喻人,无意之中将草木初生之"才"的字象与假借字怀才不遇之"才"的诗歌喻象——美丽而僻在遐迩的优钵罗花,做了植物意象的完美对接。类似《优钵罗花歌》这样,"草木初生之原初植物字象——诗歌比兴的雪莲花植物意象——假借字所代表的诗歌人物形象"显然是叠加了造字取象和意象鉴赏两重内容,属于字象与诗象间接融合的较少见的字例。这种较少见的情况也正如望道先生所论,当是"语辞"自然"适应"的结果,"并非有意罗列所谓看席钉坐的钉铆,来作'虚浮'的'装饰'"(《发凡》p11),当属诗歌作者无意而巧合的消极修辞。而更多的假借字,尤其那些字形与字义没有关联、只是音同音近而成的假借字更多,它们不大可能形成字象与诗文意境关联的效果,相反却容易加大词义和语句理解的难度,因而我们不必一味夸大字象在文章修辞方面的作用。

要之,汉字在取象造字之时已具有修辞性,汉字的六书构形总体具有字象与字义关联的消极修辞特征;具体行文使用时,作者有意利用汉字六书构形特点用字用词,即由消极修辞转化为积极修辞。无论消极修辞还是积极修辞,以字象修辞视角咀嚼汉语文章,均可别开一种审美境界。当然,体现造字之时已有的文字修辞尤其在于古文字阶段,因为那时候汉字的象形性更加突出,而后来经过篆、隶、楷等字形演化,甚至当代繁体字简化的字象,其字象修辞性整体有所弱化。另外,当我们用字象修辞的眼光审视汉字诗文时,其效果也更具有读者个性化的意味,因为需要欣赏者自身具备文字学知识储备。同时,汉字六书构形情况复杂,要防止离"质"而求"文"的倾向,字象本身之修辞性、字象之于文章的修辞效果不宜被一味夸大。

二、创作视角的取象用字修辞

文之思也,其神远矣……故思理为妙,神与物游……是以陶钧文思……然后使元解之宰,寻声律而定墨;独照之匠,窥意象而运斤……暨乎篇成,半折心始(《文心·神思》p173)

此言思心之用,不限于身观,或感物而造端,或凭心而构象,无

有幽深远近,皆思理之所行也。(《札记·神思》p80)

　　创作的艺术想象,在于神与物游,物我交接。季刚先生之论,包括感物造端和凭心构象,"构象"一词道出了人在创作想象时主观能动的一面。而"语辞"的形成"大约都须经过三个阶段:搜集材料;剪裁配置;写说发表"。(《发凡》p8)从"物象"到"构象",刘勰与季刚先生之所论,在"语辞"形成的前两个阶段。所构之象即"意象",作者循着声律、驱遣辞采、布局谋篇,做语言方面的进一步加工,最终即修辞而成文,这就到了"语辞"形成的阶段——"写说发表"阶段。不过,正如陆机之患"文不逮意",语辞之成,尽管开始时有成倍的充足的气势,属文成篇的结果却往往是"半折心始",也即季刚先生所云"仅乃得半耳"。

　　如图 6.5 所示,艺术想象与物象、构象之间的关系是动态的,既有创作最开始时作者满溢的想象,也有诉诸语言文字后仅达一半的情形,各种主客观因素使得作者先前希冀形成的意象$_{(1)}$,最终在经历字词锤炼后成为了意象$_{(2)}$。这也正如望道先生所说,"配置定妥和语辞之间往往还有一个对于语辞力加调整、力求适用的过程;或者是随笔冲口一恍就过的,或是添注涂改穷日累月的"(《发凡》p7),即所谓的"修辞"。创作过程中的意象在成文中逐渐打磨、修辞,并最终定型为"语辞"篇章。

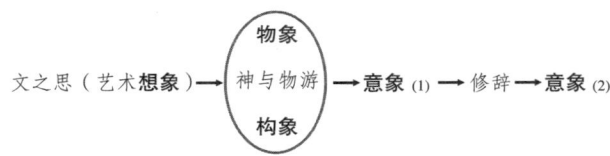

图 6.5　艺术想象—神与物游(物象、构象)—进行修辞—意象完成

　　图 6.6 演绎了《文心·神思》篇创作过程的两个层面。在展开艺术想象之前,是第一个层面的准备阶段。艺术创作一要虚静,即涤清身体和心念,专心而不旁顾;二要在想象和修辞方面做好准备,通过学习、储备宝藏这就是所谓"积学以储宝""驯致以怿辞",《文心·隐秀》篇亦云当"先求学识""次练体裁"等,而后逐渐进入第二个层面,即前面分析的艺术想象的创作阶段。季刚先生作为理论与实践兼精的大家,所论"练术之功,资于平素""必先之以博观,继之以勤习"(《札记·总术》p182),即为虚

静储宝的第一层面；所论"每自属文，亦能自喻得失""始自用思，终于定稿"（《札记·总术》183），即为神用象通的第二层面。

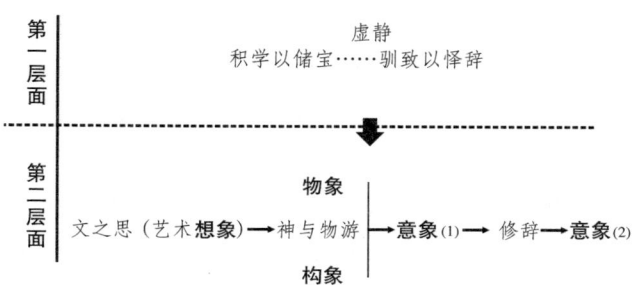

图 6.6 从虚静储宝到神用象通的创作两个层面

一旦开始创作，无论在第一层面创作准备阶段，还是在第二层面构思写作阶段，**取象用字以修辞成文的问题都很重要，且颇具复杂性和难度**。诚如季刚先生所论，取象用字以修辞成文，涉及词义的扩大或缩小，词义随语境而变化；且汉字总量比较庞大，有雅、俗、常、奇、古字、今字，等等。有的字原本义界也不清晰。因此创作准备阶段，不仅文辞方面的储备很重要，而且注意"依义弃奇"也非常重要，因为所有可用于取象用字方面的储备，均应以服务于"题旨和情境"为追求，应当坚持"消极修辞"的效果。《发凡》所言之"明确、通顺、平匀、稳密"在此同样适用，**取象用字之修辞亦当反对将消极修辞变为过度修辞或曰不当修辞**。

季刚先生还从汉字形、音、义方面分析行文用字复杂性的原因，提到"缘形不定""体有古今""随情而用"等情况。我们可以就季刚先生提到的词语，**具体讨论字象修辞问题**。比如"仁义""仁谊"与"威儀（威仪）""威義（威义）"两组词汇，人们常常喜欢用"仁义"和"威儀"。从字象角度看，甲骨文"義"字形为，从"羊"头在兵器"我"上会意，表达威严之义，这是"義"之本形本义，修辞效果重在武器威严。《说文》释"谊"，从人从宜会意，人所宜为谊，修辞效果重在人伦合宜。所以从俗择用"仁义"还是从本择用"仁谊"，字象不同，修辞效果也自不同。《说文》释"儀"为度也，从"人"表意，从"義"表声兼表意，修辞重心累加了人伦语义。所以从俗择用"威儀"，还是从本择用"威義"，虽有语源上的一致，但似乎"威仪"之"仪"因累加了表意形旁，人伦字象之修辞更加突出了。又如"孝弟"之"弟"为本字，其古文字为🐚，取象于绳索束戈之形，势如螺旋，表次第之义，颇具实体物象之修辞效果。"孝悌"之"悌"为加表意偏旁"忄"的后起字，字象修辞转向了人伦语义。崇古者会选择本字而使用"孝弟"，但后起字"悌"的人伦字象修辞更加明显，也代表了汉字演变的趋势，所以大多数人会使用"孝悌"。出于个人崇古等原因，以上异形同音词、同义词的择用，使得"文辞"修辞由"消极修辞"转为"积极修辞"。

季刚先生之论"缘义而不定"，其所言同训即同义词，"初、哉、首、基"为《尔雅》释"元"字的一组同义词。以**字象修辞角度而看**：这一组字，因为择字不同，则字形不同；字形字象之不同，最终导致修辞效果之不同。比如"元"的古文字字字形为🧍，取象于项上人头之形，本义为人头，《左传·僖公三十三年》"狄人归其元，面如生"中之"元"即用本字本义，于修辞有见字如人头之视觉效果。"首"字古文字字形为🗿，取象于动物之头，本义亦为头，也有头发之意，《诗·卫风·伯兮》"自伯之东，首如飞蓬"用的就是头发义。同为人头，"首"的字象修辞显然与用"元"有视觉效果的差异。"基"字为形声字，形旁土表明该字本义为建筑物之根基，见字即可感知土木修辞效果。"初"字，从刀从衣，本义裁衣之始也，字象修辞用意显豁。"哉"字，从口，断句语气词，故亦为开始之义，字形可见从口而表语气之修辞。元、初、哉、首、基这五字均有开始义，为同义词，但是有意选用不同的字，放到具体的语境中，修辞取象和修辞效果自有差别。这些字形不同的同义词的选择使用显然属于"积极修辞"类。

要之，在写作构思过程中，经"神与物游"，达"神与象通"，外界的"**物象**"需要经过人的"**构象**"而成"**意象**"，其中"象"的不断演化，也必然有"**字象**"参与其中，**则取象用字亦为颇重要的一环，在创作过程和创作成品中达成其修辞效果**。关于汉字形、音、义之于修辞的作用，望道先生认为字音的、字形的形式，"把语辞运用的可能性发扬张大了，往往可以造成超脱寻常文字、寻常文法以至寻常逻辑的新形式，而使语辞呈现出一种动人的魅力"（《发凡》p4）。而他所举的五言诗作为"表现的境界"的典型代表，每句诗行五个字的诗体格式构思，无疑是对汉字数量的修辞性取舍；如果我们再把诗句中单个的汉字取象元素自然融入，其整体的修辞效果又自不同了。

三、中庸思想决定的取象双形及字象修辞

造化**赋形**，**支体必双**；神理为用，事不孤立……序《乾》四德，则句句相衔；龙虎类感，则字字相俪……至于诗人偶章，大夫联辞，**奇偶**适变，不劳经营。(《文心·丽辞》p209)

文之有**骈俪**，因于自然，不以一时一人之言而遂废。然**奇偶**之用，变化无穷，**文质**之宜，所施各别。(《札记·丽辞》p141)

"丽辞"即"偶辞"，《文心·丽辞》篇讨论的是文句的对偶和文章的骈体问题。姑从"**丽**"之字象说起，将骈偶问题再次向前推至取象造字阶段。"丽"字的甲骨文为 𢑥，金文字形有 𢑥、𢑥，《说文》古文字形为 𢑥。对它的考释有两种，一说：金文字形取象于头上有两只美丽的角的鹿，本义为成双成对。这个本义后来由伉俪的"俪"表示了。《周礼·夏官·校人》用本义："丽马一圉，八丽一师。"郑玄注："丽，耦也。"另一说：金文本为两只长颈鹿并行，后省写一鹿，保留两只鹿头，表示两鹿结伴而行。该字的古今及繁简演变为：丽—麗—丽。麗为形声字，其上半之丽为声旁。今天的简化字"丽"是回归古文字形了。此二说一个取象于两只鹿角表示成双成对，一个以两只长颈鹿的并行表示耦和双，均表示偶和双。

如图 6.7 所示，"取象成字"之后"记录文辞"，人之主观活动可以将双形之物象形成偶辞之辞象。所谓"造化赋形，支体必双"即"**造化双形**"，这是外物所成"物象"的情况。所谓"心生文辞……自然成对"，这是创作者"我"经过"神与物游"而成的结果，即"**心生偶辞**"。"丽辞"之"丽"作为文字符号系统中的一员，它既取象于自然物象而成字，也用以记录心生偶辞之后的语言文辞。"神用象通"，世界之**物象**、语言之**辞象**，借助于文字之**字象**的记录，三者相通，这是一个很自然的过程。

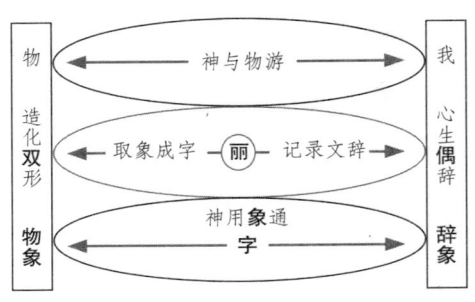

图 6.7 物象辞象与圆照观象

以下贯通刘勰造化双形与物象辞象相通之说，举例讨论汉字取象双形之修辞，并辨析中庸思想之于字象修辞整体的作用。关于取象双形之修辞。若从字象与诗象融合的维度察看，其于古诗的修辞效果不言而喻。我们可以《关雎》之"逑"字为例："关关雎鸠，在河之洲。窈窕淑女，君子好逑。"《毛诗正义》："逑，音求。毛云匹也。本亦作仇，音同。郑云怨偶曰仇。"《关雎》之"逑"是匹配的意思，名词意思可以翻译为伴侣、伴偶。这首诗的用字，古书也有作"仇"的，"逑""仇"二字义同，音同，形异。此诗用"求"音字，是为了跟前文之"洲"字押韵。若加以字象溯源，可将此二字与"雠"字再联系起来：雠的金文字形为 𣎆，小篆字形为 雠，二鸟相对或比肩相伴的字形形象而生动，这是以鸟形取象而成的会意字。诗中"仇"之为伴偶，当然是男女二人而非小鸟，"仇"作为形声字的形旁取象为人。相比之下，"逑"字在这里最不具有字形取象与诗歌意象关联之美，因为它的形旁"辶"楷化自"辵"，古文字字形表示行走之义，跟"偶"义基本没有关联。《关雎》开篇用以起兴的是鸟，诗作表达的是男女伴偶的爱情，或者如毛传所说是后妃之德，联系汉字取象的演变"𣎆—雠—雠—仇—逑"，尤其联想到最早的二鸟相向相伴的字形，所起兴的事物恰好与诗歌主题事物可以比类，从字形到字象，再到辞象，到诗歌意象，字象与诗象达到了修辞上的近乎完美的协调与匹配。"对偶所以成立，在形式方面实是普通美学上的所谓对称。"(《发凡》p202) 从"𣎆"至"逑"之字象与诗象的协调匹配，实际上通达了人的对称审美的愉悦感受。

当然，这一组同音同义而异形之字（同源词）的存在，并不意味着使用"求"音字的诗作都能达到《关雎》的审美效果，当"仇"为仇人意时，虽然也有相对相偶之义，但这个引申义与对偶成双的悦目欢喜意象毕竟还是有点远。另外，《关雎》以鸠鸟起兴的诗句"关关雎鸠"和"窈窕淑女"也与《文心·丽辞》开篇所欣赏的"自然成对""率然对尔"更为接近，与皋陶曰之"罪疑惟轻，功疑惟重"属于同一大类，**均为望道先生所论的"语辞"类"调整或适用"修辞**，并非后来骈文所刻意追求的上下文严整的对仗辞格，上下文对仗辞格属"积极修辞"。

在刘勰的时代，对于文句和文章之骈俪问题，有两种相对立的观点，一说骈文为下格，一说非骈体不得名文，此二者各拘一隅。季刚先生认为均非闳通之论，而刘勰之论正可以平息两家之纷难。季刚先生之论是矣：产生于先秦时期的骈偶有着天然属性、自然成因。就具体形式而言，上下对句不必语法和韵律等完全对应。行文中究竟用偶还是用奇，也是自然形成的，不必故意经营。汉之杨雄、司马相如、张衡、蔡邕等人推重骈偶文采，发展至魏晋而成"契机""浮假"之文，实乃走向巧饰无功之极端。恰当的奇偶交错使用，不偏向于某一方，才能达成整体的协调。《发凡》亦主张自然成对，反对刻意对偶的镂锈。

中庸思想之于字象修辞整体。刘勰多有反对辞采过甚而主张修辞有度的论述："繁采寡情，味之必厌。"（《文心·情采》p194）"辞如川流，溢则泛滥。"（《文心·熔裁》p198）"夸过其理，则名实两乖。"（《文心·夸饰》p218）季刚先生亦持同类观点："繁者，多征事类，意在铺张；浮者，缘文生情，不关实义；晦者，篡易故训，文理迂回。此虽笃好文采者不能为讳。"（《札记·情采》p99）"如夫浮词炫博，虚响取神，隶事于失伦之所，窜句于无用之地，雕镂数语，而于篇义无关，修饰一字，而于句义罔益，虽劳苦之情，或倍蓰于恒俗，其于附会，该无与焉。"（《札记·附会》p181）这样的中庸思想确实切中了修辞的实质：繁饰过度而寡情少意，只会令人生厌；辞藻满溢，势必形成泛滥的结果；修辞夸大，会使名实不符；只有附着在真性情上的合度的文采，才能吸引读者，使人产生共鸣。

《文心》和《札记》在以中庸思想看待修辞问题上一致，均既讲究文采修辞，又坚持不宜过度。如图 6.8 所示，如果情理是经，则文辞为纬，经文立言，纬之所附。若如图 6.9 所示，文辞先行，过度夸张，则情理不存，文辞焉附？故此，**对于字象修辞整体而言，亦当坚持"为情而造文"**，反对"为文而造情",因为后者显然根基不稳,浮夸而不实,丢失了根本。

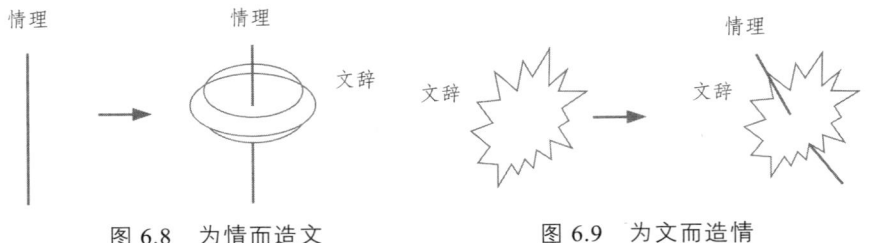

图 6.8　为情而造文　　　　图 6.9　为文而造情

从造化双形的物象到心生偶辞的辞象,是写作者"神用象通"的主观心理活动丰富了作品内涵。对于这种主观心理活动,需要谨防"望文生义""望文生象"。比如诗句:"晴窗薰野马,寒木下孤猨"(宋·胡仲弓《倚楼》)中的"野马"不应照字面解为野马。查于旧注,"野马"见于《庄子·逍遥游》:"野马也,尘埃也,生物之以息相吹也。"成玄英疏郭象注解为阳气发动,遥望"犹如奔马",这就有望文生义之嫌了。"野马"之所以为"游气",实因"马"与"塺"在上古音中声纽相同而假借。回到诗句实际语境,"晴窗薰野马,寒木下孤猨"是一个巧妙运用借对的对仗联,从字面看是动物对,野马对孤猨;但实为一虚一实的借对。此联诗句可以译为:游气(或尘埃)在晴窗外升腾,孤猨从寒木上下来。何以知之呢?由前一句诗中的"薰"之义项推之:火烟上出为薰,譬如"燎薰炉兮炳明烛"(谢惠连《雪赋》)亦然。在晴好的日照下,从窗子看出去,只见游气(或尘埃)升腾,这样的自然景象描写是符合实际的。而不可能按照字面意思理解成熏烤野马。

要之,《文心》和《札记》均以中庸思想对待修辞与内容之关系,可谓平和而不偏执。"使文不灭质,博不溺心,正采耀乎朱蓝,间色屏于红紫,乃可谓雕琢其章,彬彬君子矣。"(《文心·情采》p194)"称情立言,因理舒藻,亦庶几彬彬君子。孰谓中庸不可能哉?"(《札记·情采》p99)不论本节讨论的双形偶辞问题,还是前文所论"取象造字之修辞""取象用字之修辞",均应从中庸思想出发,追求达于文质彬彬的修辞效果。望道先生对《文心》文质彬彬之观点亦深以为然,并引《文心·情采》与王若虚《滹南遗老集·新唐书辨》进一步说明"文附质"与"质附文"的质文相待的情况。(《发凡》4-5)正所谓"华巧并不算是修辞的唯一标的","文"外还有所谓"质",也即在积极的修辞手法之外,更要有消极的修辞手法。

四、结论及价值

《文心》是中国文学批评史上一部丰碑式巨著,也是我国第一部修辞学著述,影响深远直至今天。季刚先生《札记》则开启了龙学研究的先河,是第一部对《文心》作系统而卓有见地研究的朴学论著。综合研读《文心》和《札记》所论,深入考察字象之于文章修辞,经由"物象—字象—辞象—文章意象"的过程,经过"神与物游"和"神与象通"的主客观融合加工,字象修辞既存在于文字创制之初,亦存在于缀文成篇之中;它既关乎诗文审美,也关乎诗文创作;中庸思想所决定的文质彬彬的字象修辞是可取的。就像望道先生说的那样,"修辞原是达意传情的手段""修辞不过是调整语辞使达意传情能够适切的一种努力"。(《发凡》p3)取象造字之修辞既是先民"文辞"心理的智慧结晶,也是文本读者"文辞"心理的二次重构;取象用字之修辞既是诉诸视觉的"文辞"修饰,更应是诉诸听觉的"语辞"的调整和适用。审美体验是读者视角的,创作构思是作者视角的,而中庸思想则是贯穿审美和创作的不离不弃的轴心,无论读者还是作者,都应该保有一颗"文""质"相附的不偏不倚的初心。

承而言之,《发凡》亦重视诉之视觉的文字修辞,甚至论及包括提行、空格、空行、书体、墨色等行文方面的修辞效果。学界也有对《发凡》"辞趣"之说做"辞的形貌""形趣"等角度论述者。本章所讨论的"字象"概念,主要不在汉字的行文格式方面,而是在文字学肌理方面,上探汉字取象造字文化,析以汉字构形六书理论,并以例阐述包括异体字、同义词等用字用词方面的修辞现象。由此,文章从文字学的意义出发,通过考察汉语"字象"这个颇具民族特色的文化元素与"广义修辞"概念的通融关系,解释了"取象造字"与"取象用字"之修辞现象的文化动因与生成机制。文章兼论文学赏析与创作,亦丰富和扩展了鉴赏与写作的审美维度。

第七章 字象与诗象的融合：本义或引申义

方块汉字有着自殷商甲骨文以来取象而成字的造字机理，并由此而成象形、指事、会意等六书构形，也由此而来至今可观可感的"字象"。"意象"一词是中国古代文论的一个重要概念，在汉语古典诗歌寓情于景、以景托情、情景交融的艺术技巧中，形成独具美感的自然意象、社会意象。本章拟在将汉语汉字取象与古典诗歌意象做交流与沟通研究，挖掘字象与诗象融合的诸种情况，发现字象与诗象融合之美，并从古代文论典籍《文心雕龙》的语言文字观出发，开辟汉字与诗歌关联性的新视域。

汉民族的取象思维是全面渗透于汉语表达、汉字表达、诗歌表达中的，往往是取象于事物而成汉语语符，取象于事物而成汉字字符，取象于事物而成诗歌之诗象。结合汉语汉字本有的记录与被记录关系，下面将事物、汉语、汉字、事物取象、字象（汉字取象）诗象（诗歌意象）之间的关系，列为直观的两个图示：

图 7.1 为事物、汉语、汉字之间的关系：汉语记录事物，这种记录是由民族心理而取象表达的。汉字是记录汉语的符号系统，同时汉字创造时也直接由民族心理取象造字。所以，从汉语和汉字系统中都能反观到事物的取象。

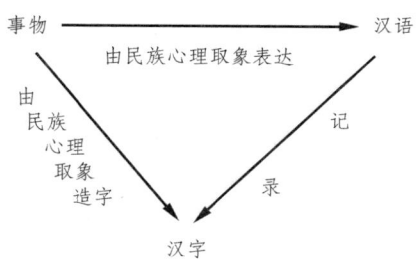

图 7.1　事物、汉语、汉字之间的关系

图 7.2 为事物之象、诗象、字象之间的关系：诗歌的意境和意象借助于诗歌的语言表达出来，即成为所谓的诗象；诗象来自于事物之象，并高于事物之象；字象是汉字取象于事物而成的，同时它也与诗象互相呼应和补充，相映成趣。

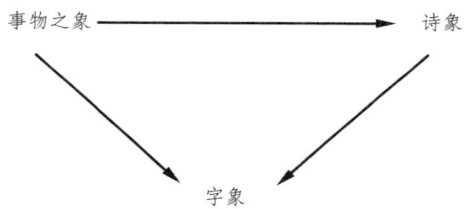

图 7.2　事物之象与诗象、字象之间的关系

汉字字象的形成大致可以概括出 7 类方法：物形法、意形法、借代法、比象法、顺递法、并峙法、义类法。① 字象与诗象关联后，相映成趣，字象丰富和加深诗象，这些是其主流。关于这一点，以下分类解析，第一类为字象与诗象吻合，句中用本义。第二类为字象与诗象吻合，既用本义也用引申义。第三类为字象与诗象吻合，诗中用引申义。第四类，虽用引申义，但诗象升华回归字象本源层面。

一、字象与诗象吻合，诗中用本义

诗中用字之本义的情况，有的是字象与诗象直接吻合，以物形取象法、意形取象法居多，也有顺递取象法或借代取象法；也有诗象与字象间接吻合的情况。

---

① 7 类取象法定义详见本书"凡例"部分。

1. 诗象与字象直接吻合，物形取象法居多

女 古文字为：👤（甲骨文）；👤（甲骨文），取象于跪坐的双手交叉于胸前的女子形象。金文中常常简写为 中。到了秦简中已经写成 女。《说文》小篆写为 woman。《诗经·关雎》："关关雎鸠，在河之洲。窈窕淑女，君子好逑。"《诗经·出其东门》："出其东门，有女如云。虽则如云，匪我思存。"《诗经·静女》："静女其姝，俟我于城隅。爱而不见，搔首踟蹰。"诗歌中"女"字常用本义。联想到其字形，那么"窈窕淑女""有女如云""静女其姝"等女性形象就都活跃起来了。她们由字象中跪坐的、双手交叉向前的样子，衍生出各种美好的、曼妙的姿态，令人赞叹和欣赏。

鸟 古文字为：👤、👤（甲骨文）；👤、👤（金文）；👤（秦简）。《说文》："长尾禽总名也。象形。"曹丕《善哉行》："离鸟夕宿，在彼中洲。延颈鼓翼，悲鸣相求。"郭茂倩《乐府诗集·子夜四时·歌春歌》其一："春风动春心，流目瞩山林。山林多奇采，阳鸟吐清音。"刘希夷《代悲白头翁》："宛转蛾眉能几时？须臾白发乱如丝。但看旧来歌舞地，惟有黄昏鸟雀悲。"诗歌中"鸟"常用本义，字象与诗象吻合而生动。

舟 舟即小船，象形字。👤、👤、👤（甲骨文）；👤、👤、👤（金文）；👤（古陶文）👤（楚简）。苏轼《前赤壁赋》："驾一叶之扁舟，举匏樽以相属。寄蜉蝣于天地，渺沧海之一粟。"张若虚《春江花月夜》："谁家今夜扁舟子，何处相思明月楼。"王维《山居秋暝》："竹喧归浣女，莲动下渔舟。"杜甫《旅夜抒怀》："细草微风岸，危樯独夜舟。星垂平野阔，月涌大江流。"以上诗句若将"舟"之字象联想起来解读，诗象无不顿时生动起来，诗象和字象是不仅吻合，而且相映成趣。

星 👤——物形取象法，👤、曐——义类取象法。最早，星是象形字，甲骨文里写作"👤"，或"👤"。在这个字的基础上，甲骨文里也有形声字的星"👤"，它由"👤"和"👤"组成，"👤"即"生"，是声旁。金文中，有星字为👤。后来，这个字形进一步简化，秦简中就有"星"了，与今天的字形差不多了。《诗经·大雅·云汉》："瞻卬昊天，有嘒其星。"《诗经·东门之杨》："东门之杨，其叶牂牂。昏以为期，明星煌煌。"以上诗句用"星"的本义，字象与诗象吻合，给人星空璀璨的联想。

云 云——物形取象法，雲——义类取象法。《说文》："雲，山川气也。

从雨。云象云回转形。"在古文字中，最早的云的字形就是云的象形，如 、 、 （甲骨文）。后来人们又给这个字形加了一个雨字头，如： （古陶文）； （货币文）； （秦简文），即繁体的雲。《山鬼》："表独立兮山之上，云容容兮而在下。"江淹《别赋》："是以行子肠断，百感凄恻。风萧萧而异响，云漫漫而奇色。"《乐府诗集·天马》："志俶傥，精权奇，籋浮云，晻上驰。"以上诗句均用"云"的本义。字象与诗象互为呼应，云朵本身飘摇、漫卷、浮荡等形态在诗中与其他景物描写配合成像，共同构成美妙的意象。

鱼 鱼的古文字可谓形态各异，妙趣横生： 、 （甲骨文）； 、 、 、 、 （金文）； 、 、 （古陶文）。《乐府诗集·江南曲》："鱼戏莲叶间，鱼戏莲叶东，鱼戏莲叶西，鱼戏莲叶南，鱼戏莲叶北。"杜甫《水槛遣心》："细雨鱼儿出，微风燕子斜。"张志和《渔歌子》："西塞山前白鹭飞，桃花流水鳜鱼肥。"白居易《病假中庞少尹携鱼酒相过》："劳动故人庞阁老，提鱼携酒远相寻。"辛弃疾《临江仙》："别浦鲤鱼何日到，锦书封恨重重。"白居易《题李次云窗竹》："不用裁为鸣凤管，不须截作钓鱼竿。"以上诗句均用"鱼"的本义，字象与诗象吻合，丰富的鱼儿静态与动姿，在鱼儿戏莲中，在细雨出水中，全都活灵活现；另外，鳜鱼肥、武昌鱼是将诗意与人的味觉做了关联，形成生活化的情趣；鲤鱼的具像是与鲤鱼传书关联的，它具有了象征意味；钓鱼的具象除了垂钓本身，也使人联想起姜太公钓鱼的典故，从而与人才、出仕等社会责任的大主题关联起来。可见"鱼"之字象在诗象和文化内蕴方面的丰富性。

雨 雨是一个象形字： 、 、 （甲骨文）； 、 （金文）； （古陶文）； （先秦货币文）； （睡虎地秦简文）。辛弃疾《西江月》："七八个星天外，两三点雨山前。"韩愈《早春呈水部张十八员外》："天街小雨润如酥，草色遥看近却无。"孟浩然《春晓》："夜来风雨声，花落知多少。"张志和《渔歌子》："青箬笠，绿蓑衣，斜风细雨不须归。"文天祥《过伶仃洋》："山河破碎风飘絮，身世浮沉雨打萍。"郑文宝《柳枝词》："亭亭画舸系春潭，直到行人酒半酣。不管烟波与风雨，载将离恨过江南。"以上诗句，均用"雨"之本义，但是雨象各自不同："两三点雨山前""天街小雨润如酥"写小雨的星星点点和灵动；"夜来风雨声""斜风细雨不须归"写雨与风裹挟而来，并打落一地落花，人也穿着箬笠和蓑衣的景象；"身世浮沉雨打萍""不管烟波与风雨"将雨与浮萍关联,将雨与烟波关联,进而与世事沧桑关联,从而升华为更深刻的诗象和意境。

门 门的古文字很形象,就是一个有两扇门板对开的大门的形象:𨳇、𨳇(甲骨文);門、𨳇(金文);門、門(古陶文);門、門(睡虎地秦简)。《乐府诗集·读曲歌》其三十:"白门前,乌帽白帽来。白帽郎是侬,良不知乌帽郎是谁?"江淹《古离别》:"远与君别者,乃至雁门关。黄云蔽千里,游子何时还。"《乐府诗集·企喻歌辞》其四:"男儿可怜虫,出门怀死忧。尸丧狭谷中,白骨无人收。"卢照邻《长安古意》:"生憎帐额绣孤鸾,好取门帘帖双燕。"最讨厌帐前的横幅绣的是孤鸾(鸾:传说中的一种神鸟,双飞时善鸣能舞,孤鸾不鸣不舞),喜欢取用贴着双燕的门帘。以上诗句均用"门"之本义,字象与诗象吻合,字形充满古意的"门",无论诗中是"白门""雁门""出门",还是"门帘",都给人双扇门板的联想,诗意透过字象而更加具有意境。

山 山是一个象形字:𠂉、𠂉(甲骨文);𠂉、𠂉、山、山(金文);山(包山楚简文);山(汉印文);山(石刻篆文)。《说文》:"山,宣也。宣气散生万物。有石而高。象形。"屈原《山鬼》:"若有人兮山之阿,被薜荔兮带女萝。"宋玉《风赋》:"缘泰山之阿,舞于松柏之下。"陆游《余年四十六入峡忽复二十三年感怀赋长句》:"宋玉宅边新酒美,巫山庙下暮猿哀。"以上诗句均用"山"之本义,字象与诗象吻合。

车 车的古字形古朴而可爱,多取象于有车厢、两轮的车形:𨏦、𨏦(甲骨文);𨏦、𨏦、𨏦、𨏦、车(金文)。《说文》:"车,舆轮之总名。夏后时奚仲所造。象形。"傅云《车遥遥》:"车遥遥兮马洋洋,追思君兮不可忘。"卢照邻《长安古意》:"长安大道连狭斜,青牛白马七香车。"陆游《长歌行》:"兴来买尽市桥酒,大车磊落堆长瓶。"此二诗均用"车"字本义,诗象与字象吻合。

瓜 古文字为:𤓰、𤓰(甲骨文),取象于已摘下之匏瓠类"瓜"[①],《说文》小篆写作𤓰。《诗经·木瓜》:"投我以木瓜,报之以琼琚。匪报也,永以为好也!"郭茂倩《乐府诗集·子夜四时歌·夏歌》其九:"暑盛静无风,

---

[①] 陈剑《释"瓜"》//复旦大学出土文献与古文字研究中心编《出土文献与古文字研究》第九辑,上海:上海古籍出版社,2020年,第92页。

夏云薄暮起。携手密叶下，浮瓜沉朱李。"王维《老将行》："路傍时卖故侯瓜，门前学种先生柳。"无论《诗经·木瓜》中往来赠送的"木瓜"，还是《子夜四时歌》中的"浮瓜"，以及《老将行》中用典时所说的"故侯瓜"，都用的是"瓜"的本义。这里诗象和字象吻合。

州 古文字为：🌀（甲骨文）；🌀（金文）。取象于水中有小块陆地。后来字形演变为：🌀（货币文）；🌀（秦简文），这就是楷书字"州"。再后来人们从"州"字上看不出造字古形古意了，就又加了三点水旁成为"洲"。《诗经·关雎》："关关雎鸠，在河之洲。窈窕淑女，君子好逑。"杜牧《遣怀》："十年一觉扬州梦，赢得青楼薄幸名。"以上诗句中，无论用"州"还是"洲"，以及像诗歌名称中出现的"送杜少府之任蜀州"之类，如前面所说，从字源上看是一样的。均能令人想起形象而富有画面的水中陆地，从而将诗象丰富起来。

中 中的古文字有两种：🌀、🌀、中（甲骨文）；🌀、🌀、中（金文）；中、中（睡虎地秦简文）。金文中中字为伯仲之仲的初文，如金文中"仲父"一词颇为常见。李圃先生曰：🌀字取象于古代的测天仪，实物当作垂直长杆形，饰以飘带以观风向，架以方框以观日影。其说可从。中央之中字，乃人类侧观测天仪之状而得，故其飘带随风左展或右展。《乐府诗集·古歌》："离家日趋远，衣带日趋缓。心思不能言，肠中车轮转。"《乐府诗集·饮马长城窟行》："客从远方来，遗我双鲤鱼。呼儿烹鲤鱼，中有尺素书。"以上诗句用的是中间的"中"字本义。字象与诗象吻合。

夫 《说文》："夫，丈夫也。从大，一以象簪也。周制以八寸为尺，十尺为丈，人长八尺故曰丈夫。"古文字为：🌀、🌀（甲骨文）；🌀、🌀（金文）；夫（古陶文）；夫（睡虎地秦简文）。孙海波曰："与大通用。夫甲即大甲。"李孝定也赞同这种看法。多假借为句首发语词、句末语气词。贾谊《吊屈原赋》："使骐骥可得系而羁兮，岂云异夫犬羊？般纷纷其离此尤兮，亦夫子之故也。"假使千里马可以被拘系而受羁绊，怎能说它与狗、羊有异？乱纷纷地盘桓这里而遭受罪责啊，也是先生自己的过错。鲍照《拟行路难》："对案不能食，拔剑击柱长叹息。丈夫生世会几时，安能蹀躞垂羽翼？"——诗中"夫子"和"丈夫"之"夫"用的是成年男子的本义，诗象与字象吻合。

耳 耳是一个象形字，它取象于人耳之形。古文字为：🐚、🐚、🐚、🐚等。古文中有时假借为句末语气词。苏轼《赤壁赋》："惟江上之清风，与山间之明月，耳得之而为声，目遇之而成色。取之无禁，用之不竭。是造物者之无尽藏也，而吾与子之所共适。"曹丕《善哉行》："有美一人，婉如清扬。妍姿巧笑，和媚心肠。知音识曲，善为乐方。哀弦微妙，清气含芳。流郑激楚，度宫中商。感心动耳，绮丽难忘。"韩愈《听颖师弹琴》："昵昵儿女语，恩怨相尔汝。划然变轩昂，勇士赴敌场。浮云柳絮无根蒂，天地阔远随飞扬。喧啾百鸟群，忽见孤凤凰。跻攀分寸不可上，失势一落千丈强。嗟余有两耳，未省听丝篁。"三首诗中皆用"耳"的本义，诗象与字象吻合。

高 （徐中舒）古文字为：🐚、🐚、🐚（甲骨文）；🐚、🐚（金文）；🐚（古币文）；🐚（睡虎地秦简文）。取象于高地穴居之形。🐚为高地，🐚为穴居之室，🐚为上覆遮盖物以供出入。《说文》："高，崇也。象台观高之形。从冂。口与仓舍同意。"曹操《却东西门行》："冉冉老将至，何时反故乡？神龙藏深泉，猛兽步高冈。狐死归首丘，故乡安可忘！"张华《壮士篇》："乘我大宛马，抚我繁弱弓。长剑横九野，高冠拂玄穹。慷慨成素霓，啸咤起清风。"刘邦《鸿鹄歌》："鸿鹄高飞，一举千里。羽翮已就，横绝四海。"——诗象与字象吻合，用字之本义。

鬼 鬼本不存在，但是人们根据人的特点加以想象，创造了鬼的形象和鬼字：🐚、🐚（甲骨文）；🐚（金文）；🐚（睡虎地秦简文）。《乐府·天马》："天马俫，从西极。涉流沙，九夷服。天马俫，出泉水。虎脊两，化若鬼。"——这里的"化若鬼"用的是"鬼"字本义。描写天马的不同凡俗时，诗人将其想象为变化若神鬼，于是平添了天马的放逸和不可揣测，具有了神秘性。这里诗象与字象是吻合的。

虎 虎是一个象形字。古文字为：🐚、🐚、🐚、🐚（甲骨文）；🐚、🐚（金文）；🐚、🐚（古陶文）；🐚、🐚（睡虎地秦简文）；🐚、🐚（汉印文）。虎字的造字取象就是一只老虎的形象，虎头尤其是血盆大口突出，身体、足、尾俱全。小篆字形和汉印字形已经讹变，下面的一只虎足和虎尾似乎成了像人足的虎足。《说文》："山兽之君。从虍。虎足象人足。象形。"淮南小山《招隐士》："猿狖群啸兮虎豹嗥，攀援桂枝兮聊淹留。"《乐府诗集·猛虎行》："饥不从猛虎食，暮不从野雀栖。野雀安无巢？游子为谁骄。"——

均用"虎"本义，字象与诗象吻合。

鹿 鹿也是象形字，取象于鹿的侧面或正面，后来正面的字形被淘汰：🦌、🦌、🦌、🦌（甲骨文）；🦌、🦌（金文）；🦌（古陶文）；🦌（睡虎地秦简文）；🦌（《说文》小篆）。淮南小山《招隐士》："白鹿麚麚兮或腾或倚，状貌崟崟兮峨峨，凄凄兮漇漇。"苏轼《赤壁赋》："况吾与子，渔樵于江渚之上，侣鱼虾而友麋鹿。"以上诗句均用字之本义。字象与诗象吻合。

目 目是一个象形字，古文字字形本取象于正面的人眼之形：👁、👁（甲骨文）；👁、👁（金文）；目（睡虎地秦简文）；👁（古玺文）。发展演变到后来，横着的眼睛变成竖着的眼睛了。屈原《离骚》："忽反顾以游目兮，将往观乎四荒。"苏轼《赤壁赋》："惟江上之清风，与山间之明月，耳得之而为声，目遇之而成色。"诗歌中"目"常用本意，字象与诗象吻合。

户 户是单扇的门，象形字。古文字为：户、户（甲骨文）；户（先秦货币文）；户、户（睡虎地秦简文）；户（汉印文）。张若虚《春江花月夜》："可怜楼上月徘徊，应照离人妆镜台。玉户帘中卷不去，捣衣砧上拂还来。"白居易《长恨歌》："姊妹弟兄皆列土，可怜光彩生门户。遂令天下父母心，不重生男重生女。"周邦彦《琐窗寒》："暗柳啼鸦，单衣伫立，小帘朱户。"张炎《朝中措》："清明时节雨声哗，潮拥渡头沙。翻被梨花冷看，人生苦恋天涯。燕帘莺户，云窗雾阁，酒醒啼鸦。折得一枝杨柳，归来插向谁家。"——"玉户""门户""朱户""莺户"用的都是"户"的本义，字象与诗象吻合。

母 古文字为：母、母（甲骨文）；母、母、母（金文）；母（古陶文）；母（包山楚简文）；母（睡虎地秦简文）；母（《说文》小篆）。按照郭沫若的说法，人称育己者为母。母字即生殖崇拜之象征，母中有二点，像人乳形。《诗经》："蓼蓼者莪，匪莪伊蒿。哀哀父母，生我劬劳。蓼蓼者莪，匪莪伊蔚。哀哀父母，生我劳瘁。"李陵《李陵歌》："径万里兮渡沙漠，为君将兮奋匈奴。路穷绝兮矢刃摧，士众灭兮名已隤。老母已死，虽欲报恩将安归！"白居易《长恨歌》："姊妹弟兄皆列土，可怜光彩生门户。遂令天下父母心，不重生男重生女。"诗歌中的"母"字，均用本义。母亲生人、养人、勤于劳作、爱护子女，所有这些都是母性，诗中用的就是这样的词义内涵。虽也会有母亲哺乳婴儿的涵义和联想，不过词语、诗句中这样的联想当属少数。所以，字象与诗象间接吻合。但同时，若能想到字象的哺乳之意，"母"之所有上述词义内涵便都活了起来。

隹 《说文》："隹，鸟之短尾總名也。象形。"古文字：🐦、🐦、🐦、🐦、🐦（甲骨文）；🐦、🐦、🐦、🐦（金文）；🐦（古陶文）。隹的字形就是一只鸟形有首、翅羽、尾和鸟足。在甲金文中，隹、鸟无别，并不是《说文》所说的短尾的鸟才叫隹。隹字在甲骨文中已经假借为语气词惟、唯。隹的造字取象是侧面的首上尾下的鸟形。《诗经·小雅·四牡》"翩翩者鵻"，陆德明释文："鵻，音隹，本又作隹。"诗句中用"隹"本义，字象与诗象吻合。

人 人的字形是最为自然也是最延留古意的：𠃌、𠂆。它取象于人直立时的侧面之形，是个独体象形字。《说文》："人，天地之性最贵者也。"许慎对"人"字的解释可谓是充满了人文色彩。《诗经·蒹葭》："蒹葭苍苍，白露为霜。所谓伊人，在水一方。"《诗经·泽陂》："彼泽之陂，有蒲与荷。有美一人，伤如之何？"《诗经·绿衣》："絺兮绤兮，凄其以风。我思古人，实获我心！"以上诗句，均用"人"之本义。字象与诗象吻合。

水 古文字为：𣲖（甲骨文）；𣲖（金文）。取象于水流之形，本义为水流。引申义有河流、水域等。张若虚《春江花月夜》："春江潮水连海平，海上明月共潮生。"刘禹锡《竹枝词》："山桃红花满上头，蜀江春水拍山流。"秦观《望海潮》："往事逐孤鸿，但乱云流水，萦带离宫。"这几句诗都是用"水"本义，字象与诗象吻合。

2. 意形取象法、顺递取象法、并峙取象法

一 这是最简单的一个汉字，但是古人很重视它，甚至赋予它深刻的哲理意义。《说文》："一，惟初太始，道立于一，造分天地，化成万物。"古文字为：━（甲骨文）；━（金文）；／、＼、━（古币文）；━（睡虎地秦简文）。

二 《说文》："二，地之数也。从偶一。"古文字为：〓、〓（甲骨文）；〓、〓（金文）；〓、〓（古陶文）；‖、〓（先秦货币文）；〓、〓（睡虎地秦简文）。

三 《说文》："三，天地人之道也。从三数。"古文字为：≡、≡（甲骨文）；≡、≡（金文）；≡、≡（古陶文）；≡、≡、≡（睡虎地秦简文）。

四 古文字为：☰、☰（甲骨文），𗥧、𗥨（金文），ⅢⅠ、≡（古陶文）。《说文》："四，象四分之形。"

七 古文字为：十（甲骨文）；十（金文）；𠀁（《说文》小篆）。《说文》："七，阳之正也。从一，微阳从中斜出也。"

八 古文字为：八、）（（甲骨文）；八（金文）。《说文》："八，别也。象分别相背之形。"李白《登金陵凤凰台》："三山半落青天外，二水中分白鹭洲。"张华《壮士篇》："震响骇八荒，奋威曜四戎。"孟浩然《望洞庭湖赠张丞相》："八月湖水平，涵虚混太清。"

以意形取象法成字的数字，一、二、三、四、七、八等，字象和诗象均是一致的。除此之外，还有十、廿、卅。

十 就是十个。廿，就是二十。卅，就是三十。古文字"十"：丨。古文字"廿"：𠦜。古文字"卅"：𠦃。《说文》："廿，二十并也。"古文字的"十"是绳子上打一个结，"廿"是绳子上打两个结，二字的取象，均为古人的结绳表数法。古诗中有陈子昂《感遇》之"廿一"、唐寅《题画》之"廿四首"、陈子昂《感遇》之"卅八"等，"廿"和"卅"常在诗歌的题目中常出现。以意形取象法成字的数字十、廿、卅，无论出现在哪里，用的都是数字的本义，字象与诗象吻合。

采 古文字为：𠂒、𠂓（甲骨文）；𠂔（金文）；𠂓（睡虎地秦简文）。《说文》："采，捋取也。从木从爪（覆手曰爪）。"本义采摘。"参差荇菜，左右采之。"引申为采取。如《史记·太史公自序》："采儒墨之善，撮名法之要。"郭璞《尔雅序》邢昺疏："采谣俗之志。"也引申为求取，如《汉书·终军传》"干名采誉"颜师古注。《诗经·关雎》："参差荇菜，左右采之；窈窕淑女，琴瑟友之。"《山鬼》："留灵修兮憺忘归，岁既晏兮孰华予。采三秀兮于山间，石磊磊兮葛蔓蔓。"——此二诗中用的均为"采"之本义。字象与诗象吻合。

走 古文字为：𧺆，它由一个两臂摇摆的人形和一个脚趾的"止"字组成。在古文字里，"止"字可以写成𠀎、𠀀或𠂆、𠂇，它取象于人的脚形、脚趾形，表示与行走有关的意思。𧺆字上部的𠂇，是"夭"的古文字字形，手臂摇摆的人形表示一个人行色匆匆。由"止"和"夭"组成的"走"字，表示一个人大步流星地跑着。所以"走"本义是"跑"，发展到后来，它才有了我们现在常用的"行走"的意思。屈原《离骚》:"忽奔走以先后兮,及前王之踵武",在国君的前后急忙忙奔跑效力啊,努力跟上先王的功绩。诗象与字象吻合,人奔跑的字象在诗象中具化为一个拳拳爱国者奔走效力的场景。岑参《走马川行奉送封大夫出师西征》:"君不见,走马川行雪海边,平沙莽莽黄入天。轮台九月风夜吼,一川碎石大如斗,随风满地石乱走。"——诗中写的是巨大的石头满地乱跑,拟人化而来的诗象借助字象而具有了活生生的姿态。字象帮助成就了诗象。

步 古文字为:ᔑ、ᔒ、ᔓ、ᔔ、ᔕ等。它的造字取象为前后措置的两只脚(即"止"字),所以一种观点认为,"不积跬步,无以至千里"中"跬""步"并举,虽均为行走义,但"跬"字意思为抬一次脚,"步"的意思则是抬两次脚。屈原《离骚》"何桀纣之猖披兮,夫唯捷径以窘步"中"步"可以译为行进。诗象直接保留字象人的脚步的行进。

耻 小篆字形为ᔖ。从心从耳,表示心羞之情现于耳,耳兼表声。隶变后楷书写作恥。俗改为耻,从止声。本义为羞惭,有愧。名词有羞耻之事。动词有羞辱,使羞耻;感到羞耻。王安石《杂咏八首》之七:"嗟今千室长,已耻问耕稼。"孟浩然《洞庭湖赠张丞相》:"欲济无舟楫,端居耻圣明。"岳飞《满江红》:"靖康耻,犹未雪。臣子恨,何时灭?"本形本义的"耻"之字象与诗象吻合。

见 见的古文字字形是一个会意字,上部是一个目字,下部是一个跪坐人形,取象于人用眼看见之形:ᔗ(甲骨文);ᔘ(金文);ᔙ(古陶文);ᔚ(睡虎地秦简文)。《诗经·风雨》:"风雨凄凄,鸡鸣喈喈。既见君子,云胡不夷。"寒风冷雨凄凄,鸡叫声声音喈喈。终于见到你了,还有什么心里不平复?《箜篌谣》:"不见山巅树,摧抌下为薪。"以上诗句均用字之本义,字象与诗象吻合。

并 古文字为:ᔛ、ᔜ、ᔝ(甲骨文);ᔞ、ᔟ、ᔠ(金文);ᔡ(睡虎地秦简文)。字形结构"像二人并立,二人之下的横画或连或分,均指事符号,指地面。並,傍也"(李玲璞《甲骨文选注》)。并有"并排"义,如"并驾齐驱"。有"一起"义,如屈原《橘颂》:"愿岁并谢,与长友兮。"邹子乐之乐府诗《青阳》:"青阳开动,根荄以遂。膏润并爱,跂行毕逮。""愿岁并谢",希望(橘树)能与岁月一样长存不凋谢。"膏润并爱",油脂与雨露一起滋润大地。字象是具体的人之并立，诗象则既有抽象的岁月，也有具象的橘树、油脂与雨露。也即字象与诗象是统一的，都付诸形象而表达两两一起的意思。

林 古文字为：❖、❖（甲骨文）；❖❖（金文）；❖（《说文》小篆）。《说文》："林，平土有丛木曰林。从二木。"林是会意字，以两个"木"表示树林之义，《子夜四时歌·春歌》其一："春风动春心，流目瞩山林。山林多奇采，阳鸟吐清音。"陈叔宝《玉树后庭花》："丽宇芳林对高阁，新妆艳质本倾城。"孟浩然《宴梅道士山房》："林卧愁春尽，搴帷览物华。"以上二诗均用"林"之本义，字象与诗象吻合。

以上采、走、步、耻、见、并、林均为顺递法取象。林等字之辨析详见附录。

3. 除了直接吻合的情况，也有诗象与字象间接吻合的情况

家 顺递取象法或借代取象法。家的古文字字形为：❖，是一个会意字，由字素❖（mián）和字素❖（shǐ）组成，房内有猪，表示家庭，这是顺递取象法；以房内有猪表示家，这是借代取象法。赵壹《刺世疾邪赋》："鲁生闻此辞，系而作歌曰：势家多所宜，咳唾自成珠；被褐怀金玉，兰蕙化为刍。贤者虽独悟，所困在群愚。"江淹《别赋》："又若君居淄右，妾家河阳。"《乐府诗集·悲歌》："悲歌可以当泣，远望可以当归。思念故乡，郁郁累累。欲归家无人，欲渡河无船。心思不能言，肠中车轮转。"《古歌》："胡地多飙风，树木何修修。离家日趋远，衣带日趋缓。"以上诗歌，"势家""妾家""离家"均用"家"之本义。字象具形象的韵味，尤其今人看来，以猪来表示家，以猪之多少表示"势家"，即有权势之家，另有一番谐趣。不过，从关联度来看，诗象与字象是间接吻合的。

二、字象与诗象吻合，既用本义也用引申义

诗中既用字之本义也用引申义的情况，涉及物形取象法、顺递取象法、并峙取象法、义类取象法等。

1. 物形取象法

月 月字是由很形象的古文字演变来的：❖、❖（甲骨文）；❖、❖（金文）；❖（古陶文）；❖（睡虎地秦简文）；❖（先秦货币文）。本义为月亮。

引申义为月色、月光。古文字的"月"既是写实，也是很浪漫的字形。比如欧阳修《生查子》"月上柳梢头，人约黄昏后"的描写蕴藉而美好。陶渊明《归园田居》之三："晨兴理荒秽，戴月荷锄归。"这里用引申义月色、月光。戴月而归诗象之美与字象"一弯月如钩"的具象不无关系。曹丕《燕歌行》："援琴鸣弦发清商，短歌微吟不能长。明月皎皎照我床，星汉西流夜未央。牵牛织女遥相望，尔独何辜限河梁？"这里将明月与繁星、月色与人寰通融的诗象描写，也因月亮字象的直接关照而更具意味。在"月"字上，汉字如画如诗的意蕴和意象显得格外突出。

子 甲骨文中"子"字之形有 𓀐、𓀑、𓀒、𓀓、𓀔。金文中"子"字出现频率极高，其形多为 𓀕，亦有 𓀖、𓀗、𓀘 等形，与甲骨文一致。从子字不同形体及其基本词义"儿子"能看出，这个字取象于婴儿之形：大头、发、眼、鼻、手足俱全；有时在此基础上省简形体，最简者只留头部。"子"本义为婴儿，引申义有：儿子、孩子、尊称等。《诗经·大雅·生民》："不康禋祀，居然生子。"这里用的是本义。岑参《初过陇山途中呈宇文判官》："万里奉王事，一身无所求。也知边塞苦，岂为妻子谋？"——"妻子"中的"子"用的是引申义。江淹《古离别》："远与君别者，乃至雁门关。黄云蔽千里，游子何时还。"——"游子"的"子"用的也是引申义。卢照邻《长安古意》："寂寂寥寥扬子居，年年岁岁一床书。"这里用的是尊称的引申义。除了尊称的"子"字象与诗象较远，其他的诗句所用引申义，均能将字象和诗象联结起来，从而增强了诗象的韵味。

行 行的本义为人所行走的道路，字形取象为四通的道路。如《诗经·豳风·七月》："遵彼微行。""微行"意为"小路"。引申义有行走等。行的古文字：𠴵、𠴶（甲骨文）；𠴷（金文）；𠴸、𠴹（古陶文）；𠴺（睡虎地秦简文）。引申为：路程；行走等。《诗经·豳风·七月》："女执懿筐，遵彼微行。"这里用本义。《诗经·小雅·六月》："元戎十乘，以先启行。"《诗经·唐风·杕杜》："独行踽踽。岂无他人？不如我同父。"以上诗句，无论用本义还是引申义，字象与诗象均密切关联，别有一番具象的意味。

土 古文字为：𰀀、𰀁（甲骨文）；𰀂、𰀃、𰀄（金文）；𰀅、𰀆（古陶文）；𰀇（先秦货币文）；𰀈（睡虎地秦简文）。《说文》："土：地之吐生物者也。二象地之下地之中。丨，物出形也。"可见，土的字形中，一为地，０为土块。像由地上掘一土块之形。点则尘埃形也。(商承祚)引申义有：尘土，土地，地方、地区等。《诗经·邶风·击鼓》："击鼓其镗，踊跃用兵。土国城漕，我独南行。"这里的"土"是用土修筑的意思，用的是本义。《楚辞·九怀·陶壅》："浮云郁兮昼昏，霾土忽兮塺塺。"这里用的是引申义尘土。扬雄《羽猎赋》："不夺百姓膏腴谷土桑柘之地。"这里用的是引申义土地。《诗经·魏风·硕鼠》："逝将去女，适彼乐土。"这里用的是引申义地方。无论用本义还是引申义，"土"的字象与诗象均吻合，字象加强了诗象的美感。

日　日是由很形象的古文字演变来的：⊖、⊟、⊖（甲骨文）；⊙、● （金文）；⊖（古陶文）；○、⊖（先秦货币文）；⊖（睡虎地秦简）；日、日（汉印文）。本义为太阳，引申义有一天、白天等。江淹《别赋》："日下壁而沈彩，月上轩而飞光。"赵壹《刺世疾邪赋》："捷慑逐物，日富月昌。"卢照邻《长安古意》："娼家日暮紫罗裙，清歌一啭口氛氲。"以上诗句，江淹《别赋》"日下壁而沈彩"用的是本义，其余用的是引申义。诗象均与字象吻合。

广　广是一个象形字。在古文字中，广、宀（mián）是一个字，是一种三面有墙壁的屋子。广字取象于屋子的横切面，宀字取象于屋子没有遮蔽一面的正视之形。本义为就着山崖建造的敞屋。引申义有草屋、大、广大、普遍等。李白《梁甫吟》："长啸梁甫吟，何时见阳春？君不见，朝歌屠叟辞棘津，八十西来钓渭滨。宁羞白发照清水，逢时吐气思经纶。广张三千六百钓，风期暗与文王亲。"这里"广张"所用词义为"广"的引申义。诗象通过引申义与字象吻合。

大　古文字为：大。取象于人的正视之形，表示大、小之大义。引申义有：① 程度、规模、声势、时间等方面超过一般或所比对象。② 敬辞。如大人、大夫等。《诗经·遵大路》："遵大路兮，掺执子之袪兮。无我恶兮，不寁故也。"《诗经·泽陂》："彼泽之陂，有蒲菡萏。有美一人，硕大且俨。寤寐无为，辗转伏枕。"——诗象之"大"与字象之"大"一样，均为本义。《风赋》："此独大王之风耳。"用的是敬辞。汉语中有"大人"和"小人"之说，倒是令人联想到"大"之取象于人。当"人"与"天""地"并立时，我们说"天大地大人亦大"，人与天地自然形成了对应的崇高的地位；当回到人类内部时，人本身又分为大人和小人，形成尊卑贵贱不同的等级。诗象之"大人"与字象吻合。

2. 顺递取象法等

葬 葬的本义为掩埋人的尸体，后来泛指尸体处置的方式。葬的古文字字形为 ▨，由 ▨ 和 ▨ 组成，是会意字。造字取象为残骨置于床上，表示死亡。葬还有古文字字形为 ▨，由死和茻组成，也是会意字，表示人死后，以柴草等厚厚地加以安葬。黛玉葬花，用锦囊为花厚葬。《红楼梦·葬花吟》："尔今死去侬收葬，未卜侬身何日丧？侬今葬花人笑痴，他年葬侬知是谁？试看春残花渐落，便是红颜老死时。一朝春尽红颜老，花落人亡两不知！"周邦彦《六丑·蔷薇谢后作》："愿春暂留，春归如过翼，一去无迹。为问花何在？夜来风雨，葬楚宫倾国。钗钿堕处遗香泽。"有趣的是，以上二诗中，"葬"除用本义埋葬人的死尸之外，都用在了葬花上。虽说万物有灵，但花本草木植物，开落自然，何须埋葬？显然，诗人是将个人感情移情了，或者将花人格化了。黛玉葬花，因为将花比人，想到自己的身世飘零，葬花犹葬己。蔷薇雨后被埋葬，仿佛楚宫里倾国倾城的美人下葬，钗钿留芳。字象为人，诗象为花。似未用本义，实与本义密切关联。诗象以移情的关联和拟人化的手法将字象做了新的演绎，且诗象超越了字象，无所谓美或丑的实体客观性，而升华出唯美的意象。

执 顺递取象法，执的古文字字形为：▨、▨、▨。取象于人双手被刑具拘执。所以执的本义为拘执，词义核心是牢固地把握。《诗·大雅·常武》："铺敦淮濆，仍执丑虏。"这里用本义拘执。《诗经·击鼓》："执子之手，与尔偕老。"这里用引申义，可以译为"握"。但是联想到本义的拘执，则这个握手就比现代汉语的握手来得更贴切、深刻，有着牢牢把握，坚持一份深刻的感情的意蕴。

尘（塵） 顺递取象法，《说文》："鹿行扬土也。从鹿从土。"《说文》的说法在古文字中得到了验证：▨（李孝定引罗振玉考释为尘）；▨（《汗简》；▨（《古四》）。按照这种考释，尘最早的字形是以鹿行扬起尘土而取象的。今天的简化字"尘"是会意字，以"小""土"的合体表示尘土之义。李白的《忆秦娥》："箫声咽，秦娥梦断秦楼月。秦楼月，年年柳色，霸陵伤别。乐游原上清秋节,咸阳古道音尘绝。音尘绝,西风残照,汉家陵阙。"周邦彦《解语花·元宵》:因念都城放夜,望千门如昼,嬉笑游冶。钿车罗帕,相逢处、自有暗尘随马。年光是也,唯只见、旧情衰谢。张炎《柳梢青·清明夜雪》:"一夜凝寒,忽成琼树,换却繁华。因甚春深,片红不到,绿水人家。眼惊白昼天涯。空望断、尘香钿车。独立回风,东阑惆怅,莫是梨花?"——"咸阳古道音尘绝"以具象的"音尘",表达引申义"音信";"相逢处,自有暗尘随马"写的是具象的尘土,是相逢时车马交汇的场面,尘土是借代符号,表达的是热闹的人情;"空望断、尘香钿车"写的是具体的尘土,尘土是离去车马的借代符号,表达的是离别之情。无论相逢的喜悦,还是离别的悲戚,还是因离别而有音信的传递,这些具有美学意味的诗象意境,均附着在原本也颇具美学意味的字象上。字象和诗象在审美意趣上是相通的。

望(望) ——顺递取象法、 ——顺递取象法、望——义类取象法。望最早的一个古文字字形为:,由字素(人)和(臣,竖目形)构成,取象于人仰首上望之形。另一个早期古文字字形为:,是在前一个字形下加字素(土)形成的。取象于人站在土丘上登高望远之状。这个字就是远望的"望"的本字。字形演变过程中,字下部的人与土合一,变为(壬),人们又在字形上部加一个字素"月"成为作望,再把"臣"更换为"亡",就成了我们今天写的这个"望"。"望"本义为远望。引申义有仰视、景仰、期待等。《诗经·卫风·河广》:"谁谓宋远,跂予望之。"这里用本义远望。《诗经·小雅·都人士》:"行归于周,万民所望。"这里用引申义景仰。《楚辞·九歌·湘君》:"望夫君兮未来,吹参差兮谁思?"这里用引申义期待。无论用本义还是引申义,字象与诗象均吻合,令人联想到登高或者踮起脚后跟向远处、向上望的具象,因而生动而富有诗意。

相 顺递取象法,《说文》:"省视也。从目从木。"取象于用眼睛查看树木,看其是否为可用之材。古文字为:(甲骨文);(金文);(古陶文)、(睡虎地秦简文);(汉印文)。引申义有辅助、护佑;辅助的人等。《诗·墉风·相鼠》:"相鼠有皮,人而无仪。"这里用本义查看。用本义的"相",字象与诗象联想生发,趣味横生:字象为人用眼睛仔细查看树木,诗中"相鼠"是人观察老鼠。高启《寓感》诗之十八:"会合感冥相，佳期谅难逢。"这里用引申义护佑。用引申义的诗句中，字象与诗象间接吻合。前者是积极的考察，后者是贬义的考察。

羞 顺递取象法，金文字形为𦍌，以手持羊表进献美味之意。篆文𦎩，从羊从丑（用手扭住）会意，丑兼表声。隶变后楷书写作"羞"。本义为进献（美味）：可荐于鬼神，可羞于王公。因祭祀进献是古代大事，办不好就是种耻辱，所以引申义为耻辱、以为羞耻、感到羞耻、恶、惭愧、怕，等等。李白《行路难》其一："金樽清酒斗十千，玉盘珍羞直万钱。"——这里"羞"字用本义，字象与诗象吻合。沈约《团扇歌》："团扇复团扇，持许自障面。憔悴无复理，羞与郎相见。"——这里"羞"用引申义"感到羞耻"。字象与诗象间接吻合。

身 顺递取象法，古文字为：𠂤，取象于一人腹中有身孕之形。身的本义就是女子有身孕。甲骨文中已有"有身"的辞句，用的就是这个本义。金文中字形变为𦣻，秦简中的字形为𨈬，今天使用的楷书身字就是从这里演变来的。今天使用的身体之义，也是从身孕之义引申来的。引申义还有头之外的身体部分、生命等。《诗·大雅·大明》："大任有身，生此文王。"这里用的是本义身孕。字象与诗象吻合。《楚辞·九歌·国殇》："首身离兮心不惩。"这里用的是引申义：除头以外的身体的其他部分。贾谊《吊屈原赋》："遭世罔极兮，乃殒厥身。"这里用的是引申义：生命。两处诗句均为字象与诗象间接吻合。

卧 并峙取象法，《睡虎地秦简文》中的卧字写为：𠊱。这是一个会意字，由一个人字和一个立形的目字组合而成。杨树达曰："古臣与目同形，卧当从人从目。盖人当寝卧，身体官骸与觉时皆无别异，所异者独目尔，觉时目张，卧时则目合。"本义为闭目休息、睡、躺。引申义有趴伏、隐居等。毛熙震《浣溪纱》词之七："半醉凝情卧绣茵，睡容无力卸罗裙。"这里用本义躺、睡。林逋《猫儿》："纤钩时得小溪鱼，饱卧花荫兴有余。"这里用引申义趴伏。陆游《长歌行》："成都古寺卧秋晚，落日偏傍僧窗明。"这里用引申义隐居。以上无论用本义还是引申义，诗象均与字象吻合。

思 义类取象法，古文字为：𢗯（古陶文）；𢘓（包山楚简文）；𢘓（睡虎地秦简文）；𢘓（长沙子弹库帛书文）；𢘓（石刻篆文）。《说文》："思，容也。从心囟声。"思的本义为想、思考。引申义有思念，思绪；思慕，思念；怀念；悲伤；助词，无意义；等等。《诗经·氓》："静言思之，躬自悼矣。"《诗经·大雅·下武》："永言孝思，孝思维则。"这两处用"思"本义。字象与诗象吻合。《诗经·子衿》："青青子佩，悠悠我思。"《诗经·墉风·桑中》："云谁之思，美孟姜矣。"这两处用"思"的引申义思念。《诗经·氓》："反是不思，亦已焉哉！"这里用引申义怀念。《诗经·大序》："亡国之音哀以思。"这里用引申义悲伤等。以上诗句中用引申义时，字象与诗象间接吻合。《诗经·小雅·采薇》："昔我往矣，杨柳依依。今我来思，雨雪霏霏。"《诗经·关雎》："求之不得，寤寐思服。"这里用引申义助词。用虚词的"思"时，字象与诗象没有关联了。

夜 义类取象法，古文字为：夜、夜、夜。它由字素夭（亦）和夕（夕）组成，"亦"就是"腋"的本字，是腋窝的意思，作"夜"字的声旁。"夕"作"夜"的意旁，表示夕阳西下，夜晚来临了。《诗经·卫风·氓》："夙兴夜寐，靡有朝矣。"这里的意思当为深夜。《诗经·召南·行露》："岂不夙夜？谓行多露。"这里的意思当为天黑。《诗经·郑风·女曰鸡鸣》："子兴视夜，明星有烂。"这里是夜色的意思。无论上述哪个翻译，"夜"的字象均能与诗象很好地结合起来，字象带有月亮的具象，加深了诗意的程度。

三、字象与诗象吻合，诗中用引申义

字象与诗象吻合而使用引申义的情况，相对来说没有用本义的多，以下列举数例。

文 物形取象法，古文字为：文、文、文（甲骨文）；文、文、文、文（金文编）；文（睡虎地秦简文）。取象于一个正立的人形，身上有花纹。文的本义是纹身。引申义有花纹、文字记载、有才华等。李峤《宝剑篇》："背上名为万年字，胸前点作七星文。"这里用的是引申义花纹。张若虚《春江花月夜》："鸿雁长飞光不度，鱼龙潜跃水成文。"这里用的是引申义纹路。欧阳修《仙草》："仙书已怪妄，此事况无文。"这里用的是引申义文字记载。刘长卿《哭魏兼遂》："艰危贫且共，少小秀而文。"这里用的是引申义有才华。以上诗中，均用"文"之引申义。不论哪个引申义，均能令人联想起字象之纹身，并从而与诗象吻合，或者升发出更加有深度的联想。比如"鱼龙潜跃水成文"，直接翻译可以是水纹，表示传递书信的鱼儿形成了水波纹；

同时，若联想到水波纹或许也是一种文字，代表了所传递的一种信息，那么就增加了神秘感和诗意的延伸。

冉 物形取象法，《说文》："冉，毛冄冄也，象形。"冉是髯的初文。古文字为：🐾、🐾（甲骨文）①。本义为柔弱下垂貌，引申义为渐进貌，渐渐地。屈原《离骚》："老冉冉其将至兮，恐修名之不立。"曹操《却东西门行》："冉冉老将至，何时反故乡？"张埜《夺锦标·七夕》："冉冉鸾骖鹤驭，桥倚高寒，鹊飞空碧。"以上诗句均用"冉"之引申义，字象与诗象间接吻合。

安 顺递取象法，安，本义为静，字形取象于女在宀（房子）下有所籍之。古文字为：《新甲》p442：🐾、🐾（甲骨文）；🐾、🐾（金文）；🐾、🐾（古陶文）；🐾（先秦货币文）。引申为安定、平安等。后假借为疑问代词安，可以译为什么、怎么等。《诗经·无衣》："岂曰无衣？七兮。不如子之衣，安且吉兮。岂曰无衣？六兮。不如子之衣，安且燠兮。"这里的"安"可以翻译为衣服"合体舒适"。《无衣》之"安"诗象与字象的吻合是以偏旁字素"女"和偏旁字素"宀"为媒介的。女子的家庭分工与社会分工有缝制衣服一项，经女子之手缝制和添置的衣服，给穿戴它的男子"安且吉""安且燠"的体验；女子在家庭分工中主内，因此居于"宀"下，即"房子"和"家"内的女子为男子缝制的衣服，附带着家的属性而温暖着男子的身心。也就是说，女子和房子作为借代的符号，达成了诗象与字象的关联。

秉 顺递取象法，秉是一个合体会意字，由两个字素组成。一个字素是又，即右手。另一个字素是禾。两个字素的组合表示用手持禾，因而有秉持的意思。《说文》："禾束也。从又持禾。"古文字为：🐾、🐾（甲骨文）；🐾、🐾（金文）。引申义有：① 把、束。《左传·昭公二十七年》："或取一编菅焉，或取一秉秆焉。"② 持，手拿着。《论衡·程材》："禹决江河，不秉钁锸；周公筑雒，不把筑杖。"③ 执掌，操持。《诗经·小雅·节南山》："忧心如酲，谁秉国成？"④ 坚持。《刺世疾邪赋》用的是引申义"执掌"："女谒掩其视听兮，近习秉其威权。""秉其威权"用的是引申义"执掌"和"操持"，能令人联想到字象的"以手持禾"，其中的联想媒介是字象原本的

---

① 《新甲》第551页。

文化意蕴：禾苗之类的庄稼之于农业之国的古人何其重要，因此把持权柄和把持禾稼相通。《橘颂》用的是引申义"坚持"："秉德无私，参天地兮。""秉德"用的是引申义"坚持"，像持禾一样坚持美好的德行，二者有着由具象的美好事物到寄寓美好品德的实虚转化。也即，禾稼之于农人，与权柄之于国家、德行之于人品之间的比喻达成了诗象与字象的关联。

及 顺递取象法，古文字为：🦴、🦴，由字素 𠂉（人）和 𠃌（又）组成，以手向前捉人而会意。它的本义是逮住，追上抓住。《离骚》中"汩余若将不及兮，恐年岁之不吾与"中的"及"，意思是"赶上"，是从本义引申来的。《诗经·氓》："三岁为妇，靡室劳矣。夙兴夜寐，靡有朝矣。言既遂矣，至于暴矣。兄弟不知，咥其笑矣。静言思之，躬自悼矣。及尔偕老，老使我怨。"这里的"及"可以译为引申义"与"。若和字象联系起来，《氓》中的"及尔偕老"诗象更加形象而富有悲情："要和你白头到老，这是我从小未曾变过的心愿。所以嫁到你家后一直操劳，从无怨言，早起晚睡，天天如此。可是你的目的达到了，现在却变心了，把我休回家了。家里的弟弟不懂事，嘲笑我。静静地想来想去，我只有伤心自怜。想到'及尔偕老'这句当年的誓言，只能让我心生埋怨。""及尔偕老"的"及"，就是一个人伸出手来试图要抓住前面的人，这就是女子。尽管她伸长了手臂，竭尽全力要抓住自己的男人，那个走在前面的丈夫。但是最终还是没有抓住他，她还是被遗弃了。

民 借代取象法，古文字为：🦴、🦴，取象于用利刃刺瞎一只眼睛。郭沫若考证说，这是利用俘虏的"生产价值，盲其一目以服苦役，因而名之曰民"[①]。就是说"民"字是一类苦役之人的面部特征的写照。周人也有用敌囚为奴隶的，并盲其一目。所以"民"的本义为罪隶，字形取象既是直接取象于苦役之人的形象，也是以人之一眼代替表示奴隶的身份。《尔雅·释言》："民，氓也。"民的常用义项有平民百姓、人类等。《诗经·氓》："氓之蚩蚩，抱布贸丝。匪来贸丝，来即我谋。"《氓》中的"氓"就是"民"，是一个普通的男子。《离骚》："长太息以掩涕兮，哀民生之多艰。""怨灵修之浩荡兮，终不察夫民心。""民生各有所乐兮，余独好修以为常。"诗歌中

---

① 郭沫若《甲骨文研究·释宰臣》，转引自何九盈等主编《汉字文化大观》，北京：北京大学出版社，1995年，第183页。

多用"民"的引申义,指普通百姓。不过,知道了"民"本义之"罪隶"意,联想到被刺瞎一目的奴隶,诗境中的普通生民,无论是抛弃结发妻子的"氓",还是有着多艰生活的"民生",以及不被君王体察到的"民心",甚至各有所乐的"民生",都或多或少地透出骨子里的也是字象中映射出的悲惨:那是地位的低下,那是被奴役的艰辛,那是不可能被真正体察的民情,那是苟且偷生的民生。字象与诗象在古诗中,是间接吻合的。

四、诗中用引申义,诗象升华回归字象本源

诗中用引申义而诗象回归字象本源的例子,就目前整理的情况来看,没有前面三类那么多。以下分析数例:

衣 物形取象法,《说文》:"衣,依也。上曰衣,下曰裳,象覆二人之形。"古代衣、裳分别指上衣和下衣。甲骨文"?"像有领有袖有襟的衣服之形。金文已经发生了字形演变,变为"?"。后来经过小篆、隶书、楷书的变化,成为今天我们所写的字形。所以,衣的本义为上衣。引申义泛指衣服、蒙覆在器物或者自然物表面上的东西,如鸟类的羽毛、果实的皮膜及表面的霜粉等。《诗经·邶风·绿衣》:"绿兮衣兮,绿衣黄裳。心之忧矣,曷维其亡!"这里用本义上衣。《诗经·豳风·七月》:"无衣无褐,何以卒岁!"这里用引申义泛指的衣服。苏舜钦《舟行有感》:"天阴鸟自语,水落岸生衣。"这里所用义项为蒙覆在器物或者自然物表面上的东西。陆游《小园独立》:"新泥添燕户,细雨湿莺衣。"这里的"衣"指鸟的羽毛。宋齐丘《陪游凤皇台献诗》:"金桃带叶摘,绿李和衣嚼。"这里用引申义果实的皮。以上诗句,无论用"衣"本义还是引申义,字象与诗象均吻合。而且,引申义与诗象的关联更加给人美妙的遐想:"水落岸生衣"将水岸拟人化的意象、"细雨湿莺衣"将莺鸟的人格化、"绿李和衣嚼"写李子皮也仿佛具有了拟人的意味,这些都将自然界的静物赋予了生动之美,并通过人的视觉、感觉、想象,甚至味觉形成融会贯通的交融。

才 物形取象法,《说文》:"才,草木之初也。从丨。上贯一,将生枝叶。一,地也。"古文字为:?、?、?(甲骨文);?、?、?(金文);?(古陶文);?(睡虎地秦简文);?(《古四》收字)。可见《说文》的解形不符合古文字原貌。"才"取象为种子在地下刚刚生根,冒出地面,才出芽。本义为初生草木，引申义有：① 木料或木料之质性。② 人、物的质性、资质。③ 能力、智力。④ 有能力的人，人才。岑参《优钵罗花歌》："参尝读佛经，闻有优钵罗花，目所未见……夫天地无私，阴阳无偏，各遂其生，自物厥性，岂以偏地而不生乎？岂以无人而不芳乎？适此花不遭小吏，终委诸山谷，亦何异怀才之士，未会明主，摈于林薮邪？因感而为歌。"——这首《优钵罗花歌》中将"优钵罗花"比作"怀才之士"，"才"用的是引申义"才能"。"才"的字象本为植物，优钵罗花也是植物，经由与怀才之士的比喻，诗象将词语中的引申义还原给了字象的同类——植物，不过显然这种还原较字象本身升华了。

春 旾——顺递取象法/借代取象法，萅——义类法。古文字为：旾（旾），由字素 日（日）和字素 屯（屯）组成。屯（屯）的造字取象为：初生的植物孢子屯然破土而出，屯（屯）兼表"春"的读音。合"日"与"屯"而成的 旾（旾），以草木在日光普照下屯然破土而出，表示"春"的物候特征。①繁体字"萅"又加了个草字头的偏旁，义类法取象，从而变成了形声字。春的本义为春天。引申义有：① 年。② 草木生长，花开放，常喻生机。③ 情欲，春情。④ 喜色等。高启《明皇秉烛夜游图》："满庭紫焰作春雾，不知有月空中行。"这里用本义春天。赵符庚《灯市词》："乡里女儿十八春，描眉画额点红唇。"这里用引申义年。刘禹锡《酬乐天扬州初逢席上见赠》："沉舟侧畔千帆过，病树前头万木春。"这里用引申义草木生长。《诗经·召南·野有死麕》："有女怀春，吉士诱之。"这里用引申义怀春。王安石《送潮州吕使君》："吕使揭阳去，笑谈面生春。"这里用引申义喜色。以上诗句中，既有用本义的，也有用引申义的，字象与诗象都呼应生发了。尤其"病树前头万木春"一句所用引申义万木萌发，其实就是"旾"之字象的回归：在春天太阳的照耀下，草木屯屯然从地下冒出来，发芽。

天 顺递取象法，天，本义为人的头顶。《说文》："天，颠也。至高无上。从一大。"古文字为：吴、天（甲骨文）；天、天（金文编）；天（古陶文）；天（睡虎地秦简文）。引申义有：① 天空。② 万物主宰者。③ 天然，天生等。《诗·唐风·绸缪》："绸缪束薪，三星在天。"这里用引申义

---

① 李圃《甲骨文文字学》，上海：学林出版社，第 259-260 页。

天空。王安石《孤桐》:"天质自森森,孤高几百寻。"此用引申义天生。诗句中多用"天"之引申义,字象与诗象间接吻合。

上面所举例子,"春"也有用字本义的例子,如高启《明皇秉烛夜游图》:"满庭紫焰作春雾,不知有月空中行。"这里用本义春天。"衣"也有用本义的例子,如《诗经·绿衣》:"绿兮衣兮,绿衣黄裳。心之忧矣,曷维其亡!"这里用本义上衣。之所以没有把春、衣二字放在前面第二类情况"既用本义也用引申义"中讨论,是因为它们情况不同,因为所用引申义又回归了字象的本源。

五、结论及思考

综前文所述,具有取象法而形成的汉字,字象与诗象的关联和结合大致可以分为四类情况:第一类为字象与诗象吻合,诗中用词本义。第二类为字象与诗象吻合,既用本义也用引申义。第三类为字象与诗象吻合,诗中用引申义。第四类为诗中用引申义,但诗象升华回归字象本源。

除了字象与诗象充满蕴藉的美好体验的修辞性关联,也有个别字象与诗象关联后,不能形成美好和诗意的意象与意境,比如"心"字。它使用了物形取象法,心的古文字就是心脏的象形:〜、〜、〜(金文);〜(古陶文);〜(包山楚简文);〜(睡虎地秦简文)。《说文》:"心:人心,土藏。在身之中。象形。博士说以为火藏。""心"的本义是心脏,引申义有:① 泛指胸部。② 胃部。③ 思维的器官。④ 思想、意念、感情的通称等。"心"字在诗歌中,既有用本义的,也有用引申义的。无论本义还是引申义,物理性很强的写实的"心"的字象跟诗象好像都不大沟通得来,似乎怎么看都少了点诗意。不过,综合而看,很多汉字的古文字字形、字象与诗象均有具象的关联,并融合而成生动形象或优雅蕴藉的美丽的诗象,显示出以汉字、汉语为记录符号和表达符号的汉语诗歌的美,一种融合了字象和诗象的独特的古典之美。

第八章 《文心》视角下的字象与诗象

　　《文心》是重要的古代文论著作，它主要讨论文学创作问题。一般来说，该书50个篇章可分为4个重要方面：从《原道》到《辨骚》的5篇是全书纲领，尤其《原道》《征圣》《宗经》3篇，认为一切要本之于道，稽诸于圣，宗之于经。从《明诗》到《书记》的20篇，对各种文体源流及作家、作品进行研究和评价。从《神思》到《物色》的20篇是创作论。《时序》《才略》《知音》《程器》这4篇主要是文学史论和批评鉴赏论。以上49篇以外，最后一篇说明该书的写作动机、态度、原则等。

　　基于其总体的文学创作论，本章拟探讨《文心》中跟文字有关的内容，确切地说，是从该书的语言文字观和"象"的角度切入，讨论"字象"与"诗象"问题，从而别开一个从《文心》视角考察汉字与诗歌关联性的新视域。

一、文字 言语 文章 象

　　《练字》篇专门讨论了文字问题，表达了作者对文字、语言、文章关系的观点：斯乃言语之体貌，而文章之宅宇也。

　　　夫文象列而结绳移，鸟迹明而书契作，斯乃言语之体貌，而文章
　　之宅宇也。苍颉造之，鬼哭粟飞；黄帝用之，官治民察。先王声教，

书必同文，辖轩之使，纪言殊俗，所以一字体，总异音。《周礼》保氏，掌教六书。秦灭旧章，以吏为师。及李斯删籀而秦篆兴，程邈造隶而古文废。汉初草律，明著厥法；太史学童，教试六体；又吏民上书，字谬辄劾。是以马字缺画，而石建惧死，虽云性慎，亦时重文也。至孝武之世，则相如撰篇。及宣平二帝，征集小学，张敞以正读传业，扬雄以奇字纂训，并贯练《雅》《颂》，总阅音义，鸿笔之徒，莫不洞晓。且多赋京苑，假借形声。是以前汉小学，率多玮字，非独制异，乃共晓难也。暨乎后汉，小学转疏，复文隐训，臧否亦半。及魏代缀藻，则字有常检，追观汉作，翻成阻奥。故陈思称："扬、马之作，趣幽旨深，读者非师传不能析其辞，非博学不能综其理。"岂直才悬，抑亦字隐。自晋来用字，率从简易，时并习易，人谁取难？今一字诡异，则群句震惊；三人弗识，则将成字妖矣。

《文心》的这篇《练字》章，将文字由结绳开始的产生和演变过程，以及截止到当时的各个朝代的用字情况做了概述，可见刘勰对与写作密切相关的文字的重视。"言语之体貌，而文章之宅宇也"，文字是语言的外现，是文章的载体和家园，这样概括语言与文字的关系，既符合科学的语言观，又生动形象。本段结尾的观点尤其可取：后世所同晓者，虽难斯易；时所共废，虽易斯难，趣舍之间，不可不察。刘勰否定那种用字尚奇取难的现象，提倡用字的与时俱进：后代人都用的字，就算是难的也觉得容易；当时都废弃不用的字，虽然容易也觉得难。如何取舍，不可不加以考察。

夫《尔雅》者，孔徒之所纂，而《诗》《书》之襟带也；《仓颉》者，李斯之所辑，而史籀之遗体也。《雅》以渊源诂训，《颉》以苑囿奇文，异体相资，如左右肩股，该旧而知新，亦可以属文。若夫义训古今，兴废殊用，字形单复，妍媸异体。心既托声于言，言亦寄形于字，讽诵则绩在宫商，临文则能归字形矣。

这里，刘勰论述了字义与字形的问题，很有见地：字义古今有不同，通行与废弃，各有用途。字形有简单复杂，美丑异体。心声既然要由语言来表达，语言又诉诸于文字，文章读来动听，功在声律和谐，写来美观，则在于字形布局。

是以缀字属篇，必须拣择：一避诡异，二省联边，三权重出，四调单复。诡异者，字体瑰怪者也。曹摅诗称："岂不愿斯游，褊心恶凶呁。"两字诡异，大疵美篇。况乃过此，其可观乎！联边者，半字同文者也。状貌山川，古今咸用，施于常文，则龃龉为瑕，如不获免，可至三接，三接之外，其字林乎！重出者，同字相犯者也。《诗》《骚》适会，而近世忌同，若两字俱要，则宁在相犯。故善为文者，富于万篇，贫于一字，一字非少，相避为难也。单复者，字形肥瘠者也。瘠字累句，则纤疏而行劣；肥字积文，则黯黩而篇暗。善酌字者，参伍单复，磊落如珠矣。凡此四条，虽文不必有，而体例不无。若值而莫悟，则非精解。

刘勰这里说的，"诡异"一条，可能跟用字者心理尚奇有关。"重出"一条，可能也有用字者词汇贫乏与否的问题。总四条全貌，说的主要是书写出来的篇章文字的美观问题。这已经不是创作本体的问题了，而是形式审美的概念了：忌用诡异的字、不要连用偏旁相同的字、重复用字要慎重；字形的简单或复杂要调配。总而言之，刘勰所规范出来的是这样一种字象效果：用通行而不诡异的字，连写的字形最好偏旁不一样，重复的用字要讲究，笔画简单与繁复要均匀分布，总之，篇章整体应易读流畅，美观匀称。

至于经典隐暧，方册纷纶，简蠹帛裂，三写易字，或以音讹，或以文变。子思弟子，"于穆不似"，音讹之异也。晋之史记，"三豕渡河"，文变之谬也。《尚书大传》有"别风淮雨"，《帝王世纪》云"列风淫雨"。"别""列""淮""淫"，字似潜移。"淫""列"义当而不奇，"淮""别"理乖而新异。傅毅制诔，已用"淮雨"；元长作序，亦用"别风"，固知爱奇之心，古今一也。史之阙文，圣人所慎，若依义弃奇，则可与正文字矣。

文字的演变，有形体讹变，有字音的讹变，这些均属难免。但有意爱奇而写讹字就不可取了，应该像圣人一样谨慎，追求字义准确，端正文字。

赞曰：篆隶相熔，《苍》《雅》品训。古今殊迹，妍媸异分。字靡异流，文阻难运。声画昭精，墨采腾奋。

由篆而隶，文字相熔而演变，《仓颉》篇和《尔雅》可资训释词义。古今文字有异,好与坏不同。用字如果倒向怪异一边,就会文意阻塞不流畅。语言和文字都明白精练,墨迹文采才能腾跃奋飞。在写文章这个问题上,语言与文字都很重要,需并驾齐驱,才能真正文采飞扬。

综合而看,刘勰在这里表达的观点为:文字是语言的外现,是文章的载体和家园。用字方面,应该用当时大家都用的字,尚奇求异不可取。篇章文字总貌方面,要用通行而不诡异的字,连写的字形最好偏旁不一样,重复的用字要讲究,笔画简单与繁复要均匀分布,篇章整体应易读流畅,美观匀称。有意爱奇而写讹字不可取,应该追求字义准确,端正文字。语言和文字都很重要,它们都明白精练,才能使文章文采飞扬。

二、《文心》之"象"

《文心》中"象"字,除了一处人名"郭象",总计出现了22次。它们所表的意思有6个:① 天象或物象。② 易象或卦象。③ 取象或效仿。④ 法式或方法。⑤ 描绘。⑥ 好像……一样。以下做简要解析:

1. 天象或物象

"日月叠璧,以垂丽天之象;山川焕绮,以铺理地之形。"(《原道》)可以译为:日月有如重叠的碧玉在天上,显示着宏丽的天象;山川就像光彩的丝绸,铺展着有纹理的大地的形貌。"赞曰:神用象通,情变所孕。物以貌求,心以理应。"(《神思》)总的来说,神思凭借物象而通达,情感的变化孕育在物象的变化中。事物以它的外貌寻求作者,人的心灵以情理做出回应。"神用象通"的"象"指物象。"若乃综述性灵,敷写器象,镂心鸟迹之中,织辞鱼网之上,其为彪炳,缛采名矣。"(《情采》)至于抒写作者的思想情感,描绘器具物象的形象,在文字上用心雕琢,组织成辞句写在纸上,之所以能光辉灿烂,是由于文采繁茂的原故。这里器、象并列,可以翻译为物象。"赞曰:纷哉万象,劳矣千想。玄神宜宝,素气资养。水停以鉴,火静而朗。无扰文虑,郁此精爽。"(《养气》)总之,天地间万事万物是纷纭复杂的,千思万想这些现象十分劳神。人的精神应该珍惜,恒常的精气有待保养。停止奔流的水才更为清明,静止不动的火就显得明亮。要不扰乱创作的思虑,就应保持精神清爽。"是以诗人感物,联类不穷。流连万象之际,沉吟视听之区。"(《物色》)所以,当诗人受到客观事物的感染时，他可以对同类事物浮想联翩；他流连于宇宙万象之间，而对所见所闻进行深思默想。"凡斯切象，皆比义也。"(《比兴》)像这些贴切的物象，都是比喻的手法。"然后使元解之宰，寻声律而定墨；独照之匠，窥意象而运斤：此盖驭文之首术，谋篇之大端。"(《神思》)这样才能使懂得深奥道理的心灵，探索声律来定绳墨；正如一个有独到见解的工匠，根据意念中的物象来运用工具。"意象"可以翻译为：意念中的物象。

2. 易象或卦象

"人文之元，肇自太极，幽赞神明，《易》象惟先。庖牺画其始，仲尼翼其终。而《乾》《坤》两位，独制《文言》。言之文也，天地之心哉！若乃《河图》孕八卦，《洛书》韫乎九畴，玉版金镂之实，丹文绿牒之华，谁其尸之？亦神理而已。"(《原道》)《易》象是人文之始，且为神理。这和《说文》序的说法是一致的："古者庖牺氏之王天下也，仰则观象于天，俯则观法于地，观鸟兽之文与地之宜，近取诸身，远取诸物；于是始作易八卦，以垂宪象。"庖牺氏仰观天象始作易八卦，易象即天象的记录，乃神理也。"书契决断以象《夬》，文章昭晰以象《离》，此明理以立体也。四象精义以曲隐，五例微辞以婉晦，此隐义以藏用也。"(《征圣》)这里的《夬》和《离》均为卦象。夬，决断的意思。离，像火一样明亮。四象指《易经》的四种卦象。"《易》之《姤》象：'后以施命诰四方。'"(《诏策》)"大舜云：'书用识哉！'所以记时事也。盖圣贤言辞，总为之书，书之为体，主言者也。扬雄曰：'言，心声也；书，心画也。声画形，君子小人见矣。'故书者，舒也。舒布其言，陈之简牍；取象于《夬》，贵在明决而已。"(《书记》)大舜曾说："书写以记载过错。"因为书是用以记载时事的。凡是古代圣贤的言辞，都总称为书；书的作用，主要就是用来记言的。扬雄就说："言，是人的内心发出的声音；书，则是表达心思的符号。发出声音，写成文字，君子与小人的不同就表现出来了。"所以，书就是舒展的意思。把言辞舒展散布开，写在简板之上，就成了书；《周易·系辞》取"夬"卦之象表书契，就是贵在文字以明确断决的意思。"贲象穷白，贵乎反本。"(《情采》)其卦象是讲文饰的卦，认为白色无忧患，贵在返还本色。"《大畜》之象，'君子以多识前言往行'，亦有包于文矣。"(《事类》)《大畜》之象的"象"，翻译为象辞。《易经·大畜》的《象辞》中说，"君子应多多记住前人的言论和行事"，这也有助于文章的丰富。"夫隐之为体，义生文外，秘响旁通，伏采潜发，譬爻象之变互体，川渎之韫珠玉也。故互体变爻，而化成四象；珠玉潜水，而澜表方圆。"（《隐秀》）"隐"的特点，是意义产生在文辞之外，含蓄的内容可以使人触类旁通，潜藏的文采在无形中生发，这就如同《周易》卦爻的"互体"变化，也好似江河之中有珠玉蕴藏。因此"互体"和爻位的变化，就形成《周易》中的四种卦象；珠玉潜藏在水中，就引起方圆不同的波澜。

3. 取象或效仿

"爰自风姓，暨于孔氏。玄圣创典，素王述训，莫不原道心以敷章，研神理而设教，取象乎《河》《洛》，问数乎蓍龟；观天文以极变，察人文以成化；然后能经纬区宇，弥纶彝宪，发挥事业，彪炳辞义……天文斯观，民胥以效。"（《原道》）由庖牺而至孔子，无论远古的圣人创立典章，还是孔子阐述先贤旧训，无不是推原道的基本精神写文章的，都是钻研神理而施设教化的，也都是取象于河图洛书的……天文这样被观察着，百姓都从而效法。所谓的取象河洛，也即取象于神迹，而神迹即天象自然。"三极彝训，其书曰经。经也者，恒久之至道，不刊之鸿教也。故象天地，效鬼神，参物序，制人纪，洞性灵之奥区，极文章之骨髓者也。"（《宗经》）象天地，效鬼神。象，效仿。"拟诸形容，则言务纤密；象其物宜，则理贵侧附。"（《诠赋》）模拟外物的形貌，言辞要力求细致精密；效法事物的意义，道理贵于从侧面比附中流露。拟与象互文，当为拟写，拟象，将本象揭示出来。这里的象是动词。当为取象、效法。

4. 法式或方法

"法者，象也。兵谋无方，而奇正有象，故曰法也。"（《书记》）这里的法，就是象。谋略没有定规，但战术的奇正有一定的法式，所以称之为"法"。"凡操千曲而后晓声，观千剑而后识器。故圆照之象，务先博观。"（《知音》）大凡弹过千百个曲调之后才能懂得欣赏音乐，看过千百口宝剑后才懂得识别武器。所以全面评价作品的方法，就是务必先广泛地观察。这里圆照之象的"象"，可以翻译为方法，名词。

5. 描绘

"谜也者，回互其辞，使昏迷也。或体目文字，或图象品物，纤巧以弄思，浅察以衒辞。义欲婉而正，辞欲隐而显。"（《谐隐》）"或体目文字，或图象品物"指或对文字作离拆，或形容描绘事物。"图"和"象"均为动词，描绘的意思。"荀况学宗，而象物名赋，文质相称，固巨儒之情也。"（《才略》）荀况既是儒学的宗师，又描绘物象而称之为《赋》，文采和内容相称，的确具有大儒的特点。这里"象物名赋"的"象"可以翻译为描绘物象，动词。

6. 好像……一样

"张衡《西京》云：'日月于是乎出入，象扶桑于（与）濛汜。'此并广寓极状，而五家如一。"（《通变》）张衡的《西京赋》说："太阳和月亮在这里出入，好像在扶桑和濛汜一样。"这些夸大的形容，五家都差不多。这类手法，无不是互相沿袭的。这里"象扶桑于濛汜"的"象"可以翻译为：好像……一样。

以上六个义项，看似各有含义，但实际上前五个都是相通的、互相联系的。天象是所有义项之本，是基本义项。而所谓的天象即天地万物，所以它也就是物象。而易象或卦象又是什么呢？庖牺氏仰观天象始作易八卦，易象即天象的记录，所以易象也就是天象。取象或效仿是动词，选取天象，效法天象是为取象。法式或方法是名词，取象天地万象并以之为法式或方法。描绘是动词，是取象的同义词，描绘所取之象。只有最后一个"好像……一样"表示的一种比较，跟其他五个义项关联不大。

从《文心》的文字观看，刘勰非常重视文字与文学的关系，极为看重文字对于语言的表现、对文章的表达作用。基于此，借着该书关键词之一"象"的概念，我们可以讨论天象、字象、诗象之间的关系问题。

三、天象　字象　诗象

"文之为德也大矣，与天地并生者，何哉？夫玄黄色杂，方圆体分。日月叠璧，以垂丽天之象；山川焕绮，以铺理地之形：此盖道之文也。仰观吐曜，俯察含章，高卑定位，故两仪既生矣。惟人参之，性灵所钟，是谓三才。为五行之秀，实天地之心，心生而言立，言立而文明，自然之道也。"（《原道》）"文之为德也大矣"中"文"的意义真的很大，它与天地并生。为何这样说呢？因为天地玄黄，颜色不同；天圆地方，形体有异。日月有如重叠在天上的碧玉，显示着宏丽的天象；山川就像光彩的丝绸，铺展着有纹理的大地的形貌；抬头望见光辉的天象，俯首体察美丽的地形，高低的位置确定了，于是天地便产生了。只有人能参透天地两仪，为天地之心，与天地并为三才。所以，人、言、文、道之间的关系为：人而有心则立言——立言则文明——文明以载道。即人为天地之心，有了人才有语言，有了语言才有文章，这是自然天道。以写文章昭明自然天道，这就是文章的大意义。《原道》的开篇之论，见图8.1：

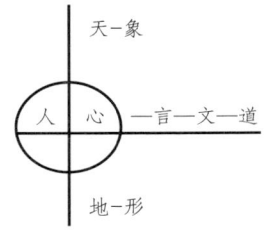

图 8.1 《文心》天象与人、言、文、道关系

文章所记录的是语言，也昭明了自然天道，自然天道就是天之象和地之形。刘勰说的天之垂象、地之铺形可以看成互文，所以文章所昭明的就是天和地，以及天地万物的形和象。

一般来说，这就是对刘勰《原道》篇的理解了，其中的"文"被翻译为"文章"。鉴于《原道》为《文心》首篇，谈的是锤炼文章的总则，这样的翻译和理解是正确的。不过，我们也可以从语言与文字关系的角度，重新解读一下这里的"文"。因为在语言与文章之间，还有一个中间环节，那就是文字，也即三者的关系当为：语言—文字—文章。而且，一旦我们不拘泥于将"文"理解为单一的文章的意思，而挖掘"文字"的方面，就会别开一个理解言、文、道三者关系的新境界，而且它并不有违于既有"文章"的范畴。

这里，我们把上图的从言到文，再到道的关系重新翻译为：文字和文章所记录的是语言，也昭明了自然天道，自然天道就是天之象和地之形。

第八章 《文心》视角下的字象与诗象

天之垂象、地之铺形可以看成互文，所以文字和文章所昭明的就是天和地，以及天地万物的形和象。文字如何能昭明天地万物的形和象呢？因为文字取象于自然，从而形成字象，使得文章在原本的意境之外，又别开另一种新的意象。以下主要以春、山、林、目、鸟五个字为例，探讨天象、字象，以及诗象之间的关系：

春的古文字字形为 ▨（旾），由 ▨（日）和 ▨（屯）组成。▨ 取象于初生的植物孢子屯然破土而出。▨ 以草木在日光普照下屯然破土而出，表示"春"的物候特征。繁体字"萫"又加了个草字头的偏旁，加重了字中的草木意象。由 ▨ 到旾，再到萫，春字的变化是一个增繁的过程，每次的增繁都使字象更加丰富。春字的变化，看似"字象"在变，其实万变不离其宗，始终围绕着春的"天象"或曰"自然之象"——暖阳照耀之下，草木萌生。这样的字象在诗歌词句中，发挥了怎样的作用呢？刘禹锡《酬乐天扬州初逢席上见赠》："沉舟侧畔千帆过，病树前头万木春。"这里"万木春"的"春"意思为草木萌发、生长，所表现出来的诗歌意象，正是"旾"之字象：在春天的暖阳的照耀下，草木屯屯然从地下冒出来，发芽，生长。

山的字象可具千种风貌：▨、▨（甲骨文）；▨、▨、▨、▨（金文）；▨（楚简文）；▨（汉印文）；▨（石刻篆文）。

林字以两个"木"并列，表示树林之义。古文字：▨、▨（甲骨文）；▨（金文）。

目的古文字字形本取象于人眼之形：▨、▨（甲骨文）；▨、▨（金文）。

鸟的古文字与飞鸟形神毕肖：▨、▨（甲骨文）；▨、▨（金文）。

"神用象通""神与物游""窥意象而运斤""声画昭精，墨采腾奋"，将所感受到的天象物象意象诉诸文字，发于笔端，这样的物、我、文字、诗文，在古文字视角下别有一番美感和意境。以下试作粗浅的尝试："春风动春心，流目瞩山林。山林多奇采，阳鸟吐清音。"这是郭茂倩《乐府诗集·子夜四时歌·春歌》中的诗句，以下嵌入古文字：

▨风动春心，流▨瞩山林。▨林多奇采，阳▨吐清音。

众所周知，乐府诗是入乐的，是可以歌唱的。想象一下，除了听感上的愉悦，除了歌声所描绘的多奇彩的鸟啭林泉的景象，写到纸面上的诗句还有一种诉诸视觉的意象：这古朴、象形的古文字，仿佛带着我们看到：春日的晨曦中，小草在拱出土皮。女子美目流盼，在林间徘徊。婀娜多彩的山色中，鸟儿扑打着翅膀，啁啾鸣叫……

以上嵌入古文字的尝试，于诗篇意境和意象的解读，合适与否？笔者以为，这样的尝试并非刘勰所批评的"古今殊迹，妍媸异分"，因为所批评的好用古文奇字、故意弃用通用字的现象，属于诗文创作后的书写阶段，而我们嵌入古文字的尝试在诗文鉴赏阶段，它存在于诗文的再阅读和再审美层面。视觉上的观感，有些类似于将《兰亭集序》变成欧体或颜体的书法作品，因此它与刘勰所提倡的"练字"精神是相符合的。在《练字》篇中，刘勰提出了缀字属篇必须拣择的四条原则："一避诡异，二省联边，三权重出，四调单复。"这四条原则虽各有内容，但总的精神是追求篇章面貌上的审美愉悦。也就是说，文章也要追求用字和字形上的好看，文章的好坏也要诉诸视觉感受。这样看来，上文的嵌入式其实还不够彻底，我们不妨再做个全面的替换：

上面的字形：风，古文字阶段借用凤字。流，夏承碑字体。瞩，《说文》无，这里用偏旁新造篆字。奇、彩、吐三字为小篆字形。清，秦泰山刻石。其他字，均为甲骨文、金文字形。在选用甲骨文、金文字形时，参考刘勰所说的"单复"字形、疏密有间等原则，所以对形态各异的古文字的异体字，有所取舍。需要说明的是，这种以古文字主打的字形替换，当然不会出现在刘勰所处的时代，因为当时甲骨文并未出土，鼎器铭文的金文也有限。刘勰的时代，《说文》小篆是有的，如果用小篆做替换，除了"瞩"字依然没有，倒是会显得整体字形更加美观整齐。不过，我们这里就不做这种演示了。

总之，对刘勰"心生而言立，言立而文明，自然之道也"的阐释，可以基于其对"天象""物象"乃"自然之道"的观点，基于其"神与物游"的思路，将其中的"文"字做一个扩展性的理解，除了"文章"之意，加入"文字"之意；除了"诗象"之外，再拓展一个"字象"。因为汉语汉字有其民族独特性，不仅语言词汇是取象于天道自然的，就连文字也是取象天道自然的。汉语文章的美，原本也包蕴了取象于天道自然的文字的"字象"之美，将字象、语象融会贯通，诗歌的意象和意境会更加丰富而蕴藉。

四、比象 字象 诗象

《文心》在《比兴》篇中集中讨论了自《诗经》以来的赋比兴传统中的"比"和"兴"，关于"比："故比者，附也……附理者切类以指事……附理故比例以生。比则畜愤以斥言……"此段意思：比，即比附。比附事理的，是用切合而类似的事物来说明事理。比附事理，比的方法因此产生。比的采用，是诗人怀着愤激的感情，要指斥某种不良现象。"且何谓为比？盖写物以附意，飏言以切事者也。故金锡以喻明德，珪璋以譬秀民，螟蛉以类教诲，蜩螗以写号呼，浣衣以拟心忧，席卷以方志固：凡斯切象，皆比义也。"那么，什么叫作比？那就是写出物象来比附事理，用明白而确切的言辞来说明事物。所以，(《诗经》的作者)用金和锡来比喻君子美德，珪和璋的相合比喻教导人民，用细腰蜂养育螟蛉比喻教育子弟，以蝉鸣比喻呼叫，以衣脏不洗比喻心忧，以我心不以席子可以卷收来比喻意志坚定。像这些切合意义的物象，都是比喻。以上《比兴》中所说的比是《诗经》以来的写作手法，也是传统诗歌的常用手法。靠着事物之间的相似性，用比的方法将此事物与彼事物联结起来。

不仅诗歌的语言层面，有"金锡——美德、珪璋相合——教导人民、蜂养螟蛉——教育子弟、蝉鸣——呼叫、衣脏不洗——心忧、卷席——意志坚定"这样的由此及彼的比喻，其实在物象与字象之间，也存在这样的关系。天地万物和语言诗象、文字字象之间也有着对应关系。天地万象内的对应：此事物——彼事物、诗歌语言内的对应：记此事物之词——记彼事物之词、事物与语言有对应：物象——语象、事物与文字有对应：物象——字象、诗歌与文字有对应：诗象——字象。当此事物与彼事物有相似性时，语言中和诗歌中就有了词语或语象相比附的可能，文字中和字象中也有了相比附的可能。上述诸要素之间的关系可见图 8.2。

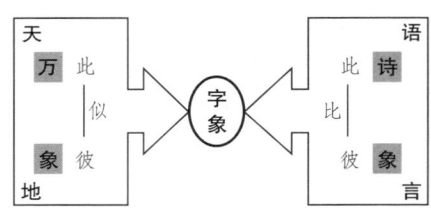

图 8.2 天象、诗象、字象之比象

下面以字象为起点,仅以几个字例略作解析:

枭 枭字是六书中的会意字。据说枭是一种不孝顺的鸟,人们只要看见它,就一定会捕杀它。因为它不孝到会吃掉自己的母亲。古文字为:🐦(《说文》小篆);🐦(帛书)。字形为鸟头在树上。《说文》:"枭,不孝鸟也。日至捕枭磔之。从鸟头在木上。"古诗文中,常常有"鸱枭"并提的情况,鸱和枭都不是好鸟,所以用来比喻坏人。如贾谊《吊屈原赋》:"鸾凤伏窜兮,鸱枭翱翔。"这里用鸱和枭比喻奸臣小人,与鸾凤所代表的诤臣君子相对应。枭的引申义有骁勇和斩、杀。邝景超《八声甘州·闽南纪捷》:"铁甲三秋暗度,猛士气全枭。饮马长城窟,雪压弓刀。"这里用引申义骁勇。陆游《长歌行》:"犹当出作李西平,手枭逆贼清旧京。"这里用引申义斩、杀。无论用本义还是引申义,枭字鸟头在树上的字象,透出血腥和杀气,均与诗象吻合,给人具象的联想。

取象于实物的鸟头被挂在树上,表示枭鸟和枭首以及相关的意思,这是字象与事物关联的最基本的形式。还有取象于事物,在字象之内形成比喻的情况,下面以观、法、号、剧、顾等字为例解析:

观/觀 观字是以比象法取象的会意兼形声字。许慎:"觀,谛视也。从见,雚声。古玩切。𮗜,古文观从囧。"《释要》p827:🐦、🐦(甲骨文);🐦、🐦(金文);🐦(秦简);🐦(玺印);🐦(古四)。觀,初文为雚。吴其昌:"此殆因雚鸟双睛炯然,视察锐利,故凡以目炯灼视察者,遂以雚形容之,就以觀呼之。"繁体字觀为雚的加旁字,成为会意兼形声字。觀察的觀字取象于雚鸟双睛炯然,所以为造字上的比象法。陶渊明《归去来兮辞》:"策扶老以流憩,时矫首而遐观。"就诗句而言,可以简单地将"遐观"翻译为远望:"扶着手杖随意地散步休息,时或抬起头来纵目远望。"但若联想到陶潜由污浊的官场终于解脱,满怀欢欣地回归田园,再将字象融入:

"时或抬起头来纵目远望,我炯炯有神的双眼啊,就像雚鸟一样平静清朗。"诗人所歌咏的、长途跋涉终于回到家里的意象是否又深入一层呢?苏轼《赤壁赋》:"盖将自其变者而观之,而天地曾不能以一瞬;自其不变者而观之,则物与我皆无尽也,而又何羡乎?"这里的两个"观"字,都有反复观察、思虑的意思,与雚鸟双目炯炯审察猎物的意象也有融通之妙。

法/灋 法字是以比象法取象的会意字。许慎:"灋,刑也。平之如水。从水。"《释要》p923:灋(金文);法(玺印)。商承祚:"盖灋、法二字,一属周初,一属晚周,汉时亦通用之。"无论灋还是法,均从水会意,以平之如水表法律公正,所用为比象法。屈原《离骚》:"謇吾法夫前修兮,非世俗之所服。"就诗句而言,可以直接地将法字翻译为取法:"我取法前代修德之人啊,都不是世俗之人所佩戴的东西。"但是联想到屈原的不平境遇、楚国黑白颠倒的世情,将字象融入:"尽管黑白颠倒,食母的枭鸟得意地高飞,直臣贤士屡屡遭殃,我依然要取法前代修德之人啊,遵循公平如水的精神。"屈原在遍地泥淖中卓然不染尘埃的形象,更加鲜明了。赵壹《刺世疾邪赋》:"故法禁屈挠于势族,恩泽不逮于单门。"同理。

号/號 号字是以比象法取象的形声字。號的初文号,从虎与丂,取象为声气从虎口而出,以虎之吼啸表号呼之义。后来又加了形旁口表意,成为號。號为形声字,从虎,比象法取象。《诗经·魏风·硕鼠》:"乐郊乐郊,谁之永号?"就诗句而言,可以直接将号翻译为呼号:"在乐郊啊在乐郊,谁还会长久地呼号?"但是如果将字象也联系起来,就会产生出不一样的诗象:在乐郊啊在乐郊,谁还会长久地像老虎一样地呼号?正所谓虎啸山林,人若像老虎那样啸叫,岂不是愤怒、悲痛或绝望到了极点?杜甫《茅屋为秋风所破歌》:"八月秋高风怒号,卷我屋上三重茅。"秋风如老虎一般嚎叫,卷走茅屋上的茅草。诗象何其悲惨!

剧/劇 剧字是以比象法取象的形声字。徐铉:"劇,尤甚也。从刀。渠力切。"(《说文》卷四新附)以剧之常用义项剧变、剧痛、剧烈、剧毒、加剧而论,则形旁从刀,可算作比象法:如刀割之甚为剧。陆游《长歌行》:"哀丝豪竹助剧饮,如巨野受黄河倾。"就诗句而言,可以直接将剧饮翻译为豪饮:助兴的乐曲或哀婉或奔放,豪饮起来就仿佛巨野之泽承受着黄河的倾倒。但是如果将字象也联系起来,就会有更丰富的诗象:助兴的乐曲或哀婉或奔放,豪饮起来就仿佛巨野之泽承受着黄河的倾倒。我的胃肠虽然平时滴酒不沾,但今天就算谁拿刀子拉开它,使劲灌酒,把黄河水都倒进来,我都高兴。——诗人表达的是希望能够出征打仗、收复失地的豪情壮气。诗句本身用夸张手法,所联系的字象以刀打比方,也起到了夸张的作用。

顾/顧 顾字是以比象法取象的会意兼形声字。许慎:"顾,还视也。"顾的本字是雇,古文字为: ; 。雇,取象于鸟在户上回头看,词义为回头看。顾是在雇上加偏旁页(人头),强化人回头看的意思。所以顾的字象可以表述为:像鸟一样回头看。所以,顾的字象是比象法。屈原《离骚》:"忽反顾以游目兮,将往观乎四荒。"就诗句而言,可以直接将顾字翻译为回头看:忽然又转身纵目远望啊,要回头看一看四极远方。将字象也联系起来看:忽然又转身纵目远望啊,要回头看一看四极远方。我就像那离巢的孤鸟啊,再也没了立足的柴扉和故乡。——这里"离巢的孤鸟"的比喻意象从字象而来。于是诗人虽然决绝地告别,但要与家园家乡祖国诀别的那种深深的眷恋和痛楚却被深刻地揭示出来了。《古诗十九首·行行重行行》:"浮云蔽白日,游子不顾返。"白居易《长恨歌》:"君臣相顾尽沾衣,东望都门信马归。"高适《燕歌行·并序》:"相看白刃血纷纷,死节从来岂顾勋。"这些诗句,都可以由字象中的比喻,挖掘到更深刻的由比喻而来的诗象。

五、结论及思考

《文心》虽然将天象、易象归于神迹,认为庶人效法圣人,圣人取法神明,是有神论的态度,但它更多的是强调自然天道,物与人相通:

"春秋代序,阴阳惨舒;物色之动,心亦摇焉。"四季不断更替,寒冷使人沉闷,温暖让人舒畅;四时景物变幻,人也受到感染。"物色"即万物之象,能动摇人心。"盖阳气萌而玄驹步,阴律凝而丹鸟羞;微虫犹或入感,四时之动物深矣。"春气萌动,蚂蚁开始活动;秋霜降临,螳螂便要吃东西。微小的虫蚁尚且能被外物感召,四季的变化对万物均影响深刻。"若夫珪璋挺其惠心,英华秀其清气;物色相召,人谁获安?"至于惠心如美玉,气格似繁花;种种物色感召之下,哪个人能安然不动呢?"是以献岁发春,悦豫之情畅；滔滔孟夏，郁陶之心凝；天高气清，阴沈之志远；霰雪无垠，矜肃之虑深。岁有其物，物有其容；情以物迁，辞以情发。"所以，开春明媚，人便心情舒畅；夏日炎炎，人就烦躁不安；秋高气爽，人们便有阴沉的远思；冬雪无边，人会思虑深沉。可见，每年各有景色，它们都有不同的形貌；情随景物变化，文辞便由衷而发。以上《物色》篇主要讲人对自然万象的感应，以及由此而有的状物抒情的篇章。

  人对天地万象有感应，从而记录和抒写，就是用语言，用文字，用文章表达。聚焦到汉民族为主体的汉语汉字，它们与事物、文字、语言之间的关系为：汉民族的取象思维全面渗透于汉语表达、汉字表达、诗歌表达中，往往是取象于事物而成汉语语符、汉字字符、诗歌之诗象。汉语记录事物，这种记录是由民族心理而取象表达的。汉字是记录汉语的符号系统，同时汉字创造时也直接与民族心理取象关联。所以，从汉语和汉字系统中都能反观到它们对事物的取象。诗歌的意境和意象借助于诗歌的语言表达出来，即成为所谓的诗象；诗象来自于事物之象并高于事物之象；字象是汉字取象于事物而成的，同时它也与诗象呼应补充，相映成趣。

第九章 《文心》与《文选》关系视角下的字象与诗象

《文心》是我国文学理论批评史上第一部有严密体系的、体大而虑周的文学理论专著,作者是南朝文学理论家刘勰(约465—约520),一般认为成书于501—502年。《昭明文选》(简称《文选》)是我国现存最早的一部诗文总集,由南朝梁武帝长子萧统(501—531)组织文人共同编选而成,一般认为成书于526—531年。从时间顺序看,《文心》《文选》二书前后相承。从内容和写法看,《文心》是宏观理论的构建,《文选》是具体篇章的篡辑。二书之间的关系如何,学界已有不少论述,认为萧统深受刘勰影响者有之,比如黄侃、周贞亮、骆鸿凯、曹道衡等学者;认为二书并无关涉者有之,比如日本学者清水凯夫等学者;认为二书有同有异者亦有之,比如力之、方圆等学者。本章由宏观到微观比较研究二书的关系,最后从字象与诗象融合的视角,重新解读骚体诗等古诗的另一种意境。

一、《文选》骚体诗选篇是《文心》理论的落实

《文选》成书于《文心》之后,刘勰曾做过萧统的东宫通事舍人,萧统对之深为喜爱。同处一朝,二位作者之间这样的关系,很容易使人联想两部作品之间有所联系。不过本章无意于此处生发联想,仅就文本论事,试着得出较为客观的结论。

1. 二书宏观文论方面的观点一致

刘勰谈《文心》的写作动机：有感于去圣久远，文风浮诡，欲追溯本源，主张文辞要建立在要义之上。

> 自生人以来，未有如夫子者也。敷赞圣旨，莫若注经，而马郑诸儒，弘之已精，就有深解，未足立家。唯文章之用，实经典枝条，五礼资之以成文，六典因之致用，君臣所以炳焕，军国所以昭明，详其本源，莫非经典。而去圣久远，文体解散，辞人爱奇，言贵浮诡，饰羽尚画，文绣鞶帨，离本弥甚，将遂讹滥。盖《周书》论辞，贵乎体要；尼父陈训，恶乎异端；辞训之奥，宜体于要。于是搦笔和墨，乃始论文。[①]（《文心·序志》）

《文心》全书五十篇，上编二十五篇论文章之"纲领"，下编前二十四篇论文章之"毛目"，最后一篇《序志》为全书总论和总纲。刘勰既反对齐梁以来的形式主义文风，也尊重骚体诗崇高的文学地位，其《序志》总括"文之枢纽"为"本乎道，师乎圣，体乎经，酌乎纬，变乎骚"，在原道、征圣、宗经的基础上，正纬和辨骚。也即，以道为根本，以圣人教训为师法，以经典为体制，同时吸取纬书的文采，参酌楚辞的变化。刘勰反对过度的形式主义，主张载道体经的优异文采。

萧统有感于历代诗文之卷帙浩繁，菁芜错杂，其《文选》的编纂缘由是：

> 余监抚余闲，居多暇日。历观文囿，泛览辞林，未尝不心游目想，移晷忘倦。自姬汉以来，眇焉悠邈。时更七代，数逾千祀。词人才子，则名溢于缥囊；飞文染翰，则卷盈乎缃帙。自非略其芜秽，集其清英，盖欲兼功，太半难矣！[②]（《文选序》）

《文选》旨在汇集清英，遴选优异。对于姬、孔、庄、周之文，萧统有明确表述：

---

① 〔南朝梁〕刘勰撰，〔明〕杨慎、曹学佺等批点《中华再造善本明代编·集部·刘子文心雕龙》，北京：国家图书馆出版社，2014年，第4册第32页。
② 〔南朝梁〕萧统编，〔唐〕李善注《文选》，北京：中华书局，1977年，第2页。

> 若夫姬公之籍，孔父之书，与日月俱悬，鬼神争奥，孝敬之准式，人伦之师友，岂可重以芟夷，加之剪截？老、庄之作，管、孟之流，盖以立意为宗，不以能文为本，今之所撰，又以略诸。①（《文选序》）

孔子之文高为准式，不宜剪截；老庄管孟之文，文学性非其立意根本，所以均不选入。据此可知，《文选》不收儒、道之文，是出于尊重它们的地位，认为它们之为准式，不宜剪截，所以萧统与刘勰在尊孔宗圣方面并不相违。

> 若其赞论之综缉辞采，序述之错比文华，事出于深思，义归乎翰藻，故与夫篇什杂而集之。远自周室，迄于圣代，都为三十卷，名曰《文选》云耳。（《文选序》）

出于种种考虑，经、史、子类作品不予收入（《文选》实际录入了少量文采突出的经、史、子类作品），萧统选文原则为"赞论之综缉辞采，序述之错比文华，事出于深思，义归乎翰藻"，即《文选》重在辞采文华，编选的是那些善用典故成辞、善用形容比喻、辞采精巧华丽的文学作品。总观萧统之见，他也是重视诗文内容的，而且他反对空洞的玄言诗和艳体诗，所以《文选》对这类过度形式化的作品并不选录。

小结刘勰与萧统的观点：二书虽然一为著书，一为编书，着眼点不同，《文心》反对浮华文风，主张文质并重，萧统重"能文"，偏向作品的文学性，不过二者在宏观的"尊孔宗圣"方面、在看重文学性方面，思想是一致的。

2. 二书在尊崇骚体诗上观点一致

具体而言，屈宋骚体诗，刘勰和萧统都极为推崇，以下从文论和选篇两个角度分别考察。

从理论角度看，二书都推崇《离骚》。刘勰在《文心·序志》谈作文的关键曰："本乎道，师乎圣，体乎经，酌乎纬，辨乎骚。"②《离骚》即为作文所本的五要素之一。而从历史总线来看，《离骚》踵武《诗经》、后启汉赋："自《风》《雅》寝声，莫或抽绪；奇文郁起，其《离骚》哉！固已

---

① 〔南朝梁〕萧统编，〔唐〕李善注《文选》，北京：中华书局，1977年，第2页。
② 〔南朝梁〕刘勰撰，〔明〕杨慎、曹学佺等批点《中华再造善本明代编·集部·刘子文心雕龙》，北京：国家图书馆出版社，2014年，第4册第33页。

轩翥诗人之后，奋飞辞家之前；岂去圣之未远，而楚人之多才乎？"①萧统也推崇《离骚》，其《文选序》曰："又楚人屈原，含忠履洁，君匪从流，臣进逆耳，深思远虑，遂放湘南。耿介之意既伤，壹郁之怀靡诉。临渊有怀沙之志，吟泽有憔悴之容。骚人之文，自兹而作。"②

从理论来源看，刘勰认为结论要建立在语料之上，对骚体诗的看法，应该从它的具体篇章出发。刘勰并举班固、王逸、汉宣帝、扬雄的观点，最后发表自己的见解：各家"褒贬任声，抑扬过实，可谓鉴而弗精，玩而未核者也"③。他认为各家对骚体诗的褒贬抑扬都不够精当，需要进一步核实。

> 故论其典诰则如彼，语其夸诞则如此。固知《楚辞》者，体宪于三代，而风杂于战国，乃《雅》《颂》之博徒，而词赋之英杰也。观其骨鲠所树，肌肤所附，虽取熔《经》旨，亦自铸伟辞。故《骚经》《九章》，朗丽以哀志；《九歌》《九辨》，绮靡以伤情；《远游》《天问》，瑰诡而慧巧；《招魂》《大招》，耀艳而深华；《卜居》标放言之致，《渔父》寄独往之才。故能气往轹古，辞来切今，惊采绝艳，难与并能矣。（《辨骚》）

从实际作品出发，刘勰认为《离骚》既有同于诗经《风》《雅》的方面，也有异于经典之处。相同之处如其举称尧舜禹汤的"典诰之体"、讥伤桀纣羿浇的"规讽之旨"、虬龙云蜺的"比兴之义"、顾叹掩涕的"忠恕之辞"四个方面。异于经典之处比如其托云龙等"诡异之辞"、康回倾地等"谲怪之谈"、从子胥以自适等"狷狭之志"、士女杂坐等"荒淫之意"四个方面。由此而论，刘勰认为楚辞兼具典诰和夸诞的双面性，虽然效法三代经书而未及雅颂，但它也融合了经书主旨，独创了奇伟文辞，它"虽取熔《经》旨，亦自铸伟辞""气往轹古，辞来切今，惊采绝艳，难与并能"，④别的

---

① 〔南朝梁〕刘勰撰，〔明〕杨慎、曹学佺等批点《中华再造善本明代编·集部·刘子文心雕龙》，北京：国家图书馆出版社，2014年，第4册第10页。
② 〔南朝梁〕萧统编，〔唐〕李善注《文选》，北京：中华书局，1977年，第2页。
③ 〔南朝梁〕刘勰撰，〔明〕杨慎、曹学佺等批点《中华再造善本明代编·集部·刘子文心雕龙》，北京：国家图书馆出版社，2014年，第1册第10页。
④ 〔南朝梁〕刘勰撰，〔明〕杨慎、曹学佺等批点《中华再造善本明代编·集部·刘子文心雕龙》，北京：国家图书馆出版社，2014年，第1册第11页。

作品是无法与之匹敌的。所以《辨骚》篇末刘勰给予屈原离骚最高的评价："不有屈原，岂见离骚。惊才风逸，壮志烟高。山川无极，情理实劳，金相玉式，艳溢锱毫。"①与刘勰以具体篇章核实结论、夹叙夹议的形式不同，萧统除了序言部分集中而简练地夹叙夹议，全书重在直接选文编纂。

从骚体诗部分的情况来看，萧统《文选》骚体诗是刘勰《文心》中辨骚理论的实际落实和补充：《辨骚》所论楚辞篇章涉及《离骚》《九章》《九歌》《九辩》《远游》《天问》《招魂》《卜居》《渔父》等篇。而《文选》所选骚体诗，属目于"骚上""骚下"之中，包括《离骚经》，九章七篇：《东皇太一》《云中君》《湘君》《湘夫人》《涉江》《卜居》《渔父》，九歌二首：《少司命》《山鬼》，宋玉《九辩》五首、《招魂》，刘安《招隐士》。可知《文选》所选屈宋作品，除了一篇刘安的《招隐士》，大多与《文心》所论相合，足见萧统骚体诗选择标准，与刘勰大方向一致，其选篇与刘勰文论观点相合。

二、《文选》与《文心》文字文学观一致

《文心》作为古代文论重要典籍，除了重点讨论文学创作问题，它还有一个专门的章节名曰《练字》，论述文学创作与用字之间的关系问题。《文选序》也有对文字与文学关系的相关讨论。

1.《文心》之文字文学观

《练字》认为文字"乃言语之体貌，而文章之宅宇也"：

> 夫文象列而结绳移，鸟迹明而书契作，斯乃言语之体貌，而文章之宅宇也。苍颉造之，鬼哭粟飞；黄帝用之，官治民察……《周礼》保氏，掌教六书……及李斯删籀而秦篆兴……汉初草律，明著厥法……是以前汉小学……暨乎后汉……及魏代缀藻，则字有常检……自晋来用字，率从简易，时并习易，人谁取难？②

《练字》篇将文字由结绳开始的产生和演变过程，以及截止到当时的各

---

① 〔南朝梁〕刘勰撰，〔明〕杨慎、曹学佺等批点《中华再造善本明代编·集部·刘子文心雕龙》，北京：国家图书馆出版社，2014年，第1册第12页。
② 〔南朝梁〕刘勰撰，〔明〕杨慎、曹学佺等批点《中华再造善本明代编·集部·刘子文心雕龙》，北京：国家图书馆出版社，2014年，第4册第1页。

个朝代的用字情况做了概述，看得出刘勰对与写作密切相关的文字极为重视，认为文字是语言的外现，是文章的载体和家园。

> 夫《尔雅》者，孔徒之所纂，而《诗》《书》之襟带也；《仓颉》者，李斯之所辑，而史籀之遗体也。《雅》以渊源诂训，《颉》以苑囿奇文，异体相资，如左右肩股，该旧而知新，亦可以属文。若夫义训古今，兴废殊用，字形单复，妍媸异体。心既托声于言，言亦寄形于字，讽诵则绩在宫商，临文则能归字形矣。①

这里，刘勰论述了字书与文献之间的关系，《尔雅》为《诗》《书》之襟带，可资属文。字书中，《尔雅》训诂字之渊源，《仓颉》则纂录异体奇字。作家的心声诉之于言语，言语要由文字记录下来，写下来的文章由一个个字形来表现。所以刘勰最后的概要性结论为："篆隶相熔，苍雅品训。古今殊迹，妍媸异分。字靡异流，文阻难运。声画昭精，墨采腾奋。"②由篆而隶，文字发展演变，《仓颉》和《尔雅》可资训释词义。语言和文字都明白精练了，才能文采飞扬。在写文章这个问题上，语言与文字都很重要，需要并驾齐驱。

综合而看，刘勰在这里表达的观点为：文字是语言的外现，是文章的载体和家园。文学家也需要字书的帮助，使得文字和语言都明白精练，之后才能使作品文采飞扬。

2.《文选序》之文字文学观

由《文选序》可分析出萧统的文字文学观为：文学作品不是文字原材料的简单堆砌，而应该更有文采，具有视听审美效果。

> 式观元始，眇觌玄风，冬穴夏巢之时，茹毛饮血之世，世质民淳，斯文未作。逮乎伏羲氏之王天下也，始画八卦，造书契，以代结绳之政，由是文籍生焉。③

---

① 〔南朝梁〕刘勰撰，〔明〕杨慎、曹学佺等批点《中华再造善本明代编·集部·刘子文心雕龙》，北京：国家图书馆出版社，2014年，第4册第1页。
② 〔南朝梁〕刘勰撰，〔明〕杨慎、曹学佺等批点《中华再造善本明代编·集部·刘子文心雕龙》，北京：国家图书馆出版社，2014年，第4册第3页。
③ 〔南朝梁〕萧统编，〔唐〕李善注《文选》，北京：中华书局，1977年，第1页。

《文选序》开头这段从上古时代讲起，梳理了文学作品与汉语语言和汉语文字之间的关系：人类早期"斯文未作"，还没有创造出文字，那个时候只有诉诸有声言语的沟通。后来伏羲氏创始八卦，有结绳记事，又创造书契，从此以后才产生了由文字记录的文章，即记录语言的文字产生了，随后也就有了文字所记录的文学作品。萧统当然不知道有甲骨文、金文等汉字最早的书写形式和书写载体，这点不需苛求和赘述，但是他所陈述的"八卦—结绳—文籍"的汉字由早期萌芽形态而最终产生的过程、文字记录语言的功用、文字承载文学作品的渊源，是古人普遍认同的观点，也承继自《说文》等文字学经典。《说文序》曰："古者包羲氏之王天下也，仰则观象于天，俯则观法于地，观鸟兽之文与地之宜，近取诸身，远取诸物，于是始作《易》八卦，以垂宪象。及神农氏，结绳为治，而统其事，庶业其繁，饰伪萌生。黄帝之史官仓颉，见鸟兽蹄迒之迹，知分理之可相别异也，初造书契。"[①]与《说文序》的详尽叙述不同，《文选序》做了简练概括。

　　《易》曰："观乎天文，以察时变；观乎人文，以化成天下。"[②]

　　《文选序》继续引用《易·贲卦》之文，说治国者须观察天文以察时序之变，观察人文以教化天下，从而指出了"天文""人文"中"文"的社会功用和价值。这里，萧统点到"天文"与时序之关系、"人文"与教化之关系，即天"文"与时序紧密相关，人"文"与教化直接关联，"文"字是有社会功用的，是与国民教化密切相关的。这样的观点与许慎也是一致的："盖文字者，经艺之本，王政之始，前人所以垂后，后人所以识古。"[③]《说文序》所说的经义、王政都是统治者用来教化国民的文本和制度，均与文字直接关联。

　　不过，由于《说文》和《文选》侧重点不同，前者侧重"文"之文字义，后者侧重"文"之文学义，所以《说文序》后面继续论述的是文字之于挖掘经义之本的重要性，《说文》正文全面解析以秦小篆字形为主体的一

---

① 〔汉〕许慎《说文解字》，北京：中华书局，1963年，第314页。
② 〔汉〕许慎《说文解字》，北京：中华书局，1963年，第314页。
③ 〔汉〕许慎《说文解字》，北京：中华书局，1963年，第316页。

万余字头及其本形本义，而《文选序》后面转而讨论文章随时代发展而变化文义的情况，正文编辑整理周代至六朝梁以前130多位作者的700余篇诗文作品的文学样貌。

> 文之时义，远矣哉！若夫椎轮为大辂之始，大辂宁有椎轮之质？增冰为积水所成，积水曾微增冰之凛，何哉？盖踵其事而增华，变其本而加厉。物既有之，文亦宜然。随时变改，难可详悉。①

《文选序》的观点很鲜明：以造车和结冰二事作比，自然界的物象与人类的文章道理一样，都有着"踵事增华""变本加厉"的发展规律，它们随时而改，已然不同于原始的材质。因此，《文选序》后面就是萧统的文学观的论述，《文选》所收700余篇诗文就是他文学观点的实际体现。《文选序》在谈及选篇依据时曰"综辑辞采"，"错比文华"，"事出于沉思，义归乎翰藻"，突出了萧统重视"文采"的核心观点。再看《文选序》的论述："譬陶匏异器，并为入耳之娱；黼黻不同，俱为悦目之玩。"萧统的文学观有着"耳之娱"和"目之玩"的审美愉悦，是诉诸于听觉和视觉的。要之，萧统的《文选》选文标准是重视文采的文学观。

小结以上，可以概括为：继承《说文》以来的正统观点，《文选》与《文心》有着一致的语言文字观，即先有语言，后有记录语言的文字。在此基础上萧统的文字文学观为：文学作品不是文字原材料的简单堆砌，而是要加工得更有文采，并诉诸视觉和听觉的审美境界。

三、字象与诗象融合视角下的古诗意象

从《文选》和《文心》一致的文字文学观出发，联系甲骨文、金文以来的古文字材料，以字象与诗象融合的角度关照，可以重新解读古诗的另一种意象与意境。

1. 字象与诗象融合视角的骚体诗意象

《离骚》多用芳草意象自比及比兴人的品行高洁，如："昔三后之纯粹

---

① 〔南朝梁〕萧统编，〔唐〕李善注《文选》，北京：中华书局，1977年，第1页。

兮，固众芳之所在。""杂申椒与菌桂兮，岂维纫夫蕙茞。"王逸注："众芳，喻群贤也。言往古夏禹、殷汤、周王，所以能纯美其德，而有圣明之称者，皆举用众贤，使在显职，故道化兴而万国宁也。椒，香木。其芳小，重之乃香。菌，熏也。叶曰蕙，根曰熏也……蕙、茞，皆香草也，以喻贤者。言禹、汤、文王虽有圣德，犹杂用众贤，以致于化，非独索蕙茞，任一人也。"①众芳包括椒、菌、桂、蕙、茞等，此五种草木，包括"芳"字本身，偏旁皆从木、从艹（草）。木之古文字为 ✗②，艹之古文字为 ✗③，字象突出。以众芳喻群贤，乃典型的骚体比兴之法。又如："制芰荷以为衣兮，集芙蓉以为裳。"王逸注："芰，蔆也。荷，扶蕖也。芙蓉，莲华也。上曰衣，下曰裳，言己进不见纳，犹复裁制芰荷，集合芙蓉，以为衣裳。被服愈絜，修善益明。"④芰荷、芙蓉四字偏旁均从草，字象突出。以芳草喻人之品性高洁，典型的骚体比兴之法。

《离骚》《涉江》《山鬼》诸篇多用鸟兽比兴，或者用以比喻、烘托贤智之人，或者用以状写环境的恶劣，如《离骚》："乘骐骥以驰骋兮，来吾导夫先路。"王逸注："骐骥，骏马也，以喻贤智。言乘骏马，一日可致千里，以言任贤智，即可至于治也。"⑤骐、骥、驰、骋，四字偏旁均从马，字象突出。以骏马比喻贤智，这是离骚典型的比兴写法。如《涉江》："驾青虬兮骖白螭，吾与重华游兮瑶之圃。"其中"驾""虬""骖""螭"，作为正面人物的坐骑用字，形旁皆从"马"或"虫"，古文字马为 ✗⑥，古文字虫为 ✗⑦，马与虫之禽兽字象突出等。如《山鬼》："雷填填兮雨冥冥，猿啾啾兮狖夜

---

① 〔宋〕朱熹《中华再造善本唐宋编集部·楚辞集注（一）》，北京：北京图书馆出版社，2003年，第7-8页。
② 古文字诂林编纂委员会《古文字诂林》，上海：上海教育出版社，2002年，第5册第728页。
③ 古文字诂林编纂委员会《古文字诂林》，上海：上海教育出版社，2002年，第1册第377页。
④ 古文字诂林编纂委员会《古文字诂林》，上海：上海教育出版社，2002年，第1册第18页。
⑤ 古文字诂林编纂委员会《古文字诂林》，上海：上海教育出版社，2002年，第1册第7页。
⑥ 古文字诂林编纂委员会《古文字诂林》，上海：上海教育出版社，2002年，第8册第452页。
⑦ 古文字诂林编纂委员会《古文字诂林》，上海：上海教育出版社，2002年，第10册第11页。

鸣。"其中"猿""狖"形旁皆从"犬",古文字为 🐾①,"啾啾""鸣",形旁皆从"口",猛兽及其嚎叫的字象突出。

查看楚辞行文,其他如《涉江》中之高冠"崔巍",形旁皆从"山",古文字为 ⛰②,山之字象突出,比喻冠之高;世之"溷浊",形旁皆从水,古文字为 🌊③,以水之流动翻涌突出浑浊之世道;《山鬼》中之"薜荔"、女"萝",形旁皆从草,植物字象突出;赤"豹"、文"狸",形旁皆从"豸",古文字为 🐆④,猛兽字象突出;"石磊磊""葛蔓蔓",形旁皆从草或从"石",石的古文字为 🗿⑤,植物、猛兽字象突出;"芳杜若""荫松柏""木萧萧",形旁皆从草或木,草木字象突出等。王逸《楚辞章句·离骚序》云:"离骚之文,依诗取兴,引类譬喻,故善鸟香草以配忠贞,恶禽臭物以比谗佞。"⑥楚辞之"依诗取兴,引类譬喻",通过一个个鲜活字象的解读,字象与诗象融合的意蕴更加生动,视觉效果方面的审美感受凸显出来。

楚辞中字象与诗象融合的具体形式主要是通过汉字的象形字字象,意符形象突出的形声字字象、会意字等字象,以及该字的本义、引申义、比喻义所表达的词象,达成字象与诗象的融合,形成草木意象、山石意象、鸟兽意象等意象群,从而给人特色鲜明的诉诸于听觉也诉诸视觉的诗歌审美感受。

2. 字象与诗象融合视角的古诗意象

以汉字为载体的汉语古诗中,字象与诗象之融合往往浑然天成,由此表现出独具特色的汉语民族文化。这类字象与诗象融合的诗文,可以说贯穿了古代诗歌史,如"女"字意象,古文字为 🧍,字象中为双手交叉向前

---

① 古文字诂林编纂委员会《古文字诂林》,上海:上海教育出版社,2002 年,第 8 册第 563 页。
② 古文字诂林编纂委员会《古文字诂林》,上海:上海教育出版社,2002 年,第 8 册第 208 页。
③ 古文字诂林编纂委员会《古文字诂林》,上海:上海教育出版社,2002 年,第 9 册第 1 页。
④ 古文字诂林编纂委员会《古文字诂林》,上海:上海教育出版社,2002 年,第 8 册第 413 页。
⑤ 古文字诂林编纂委员会《古文字诂林》,上海:上海教育出版社,2002 年,第 8 册第 320 页。
⑥ 〔宋〕朱熹《中华再造善本唐宋编集部·楚辞集注》,北京:北京图书馆出版社,2003 年,第 1 册第 3 页。

而跪坐的女子形象。联想到这个古文字,《诗经》"静女其姝""窈窕淑女"中或静或动的曼妙女子便立刻鲜活起来。又如可以欣赏一下嵌入古文字的乐府诗:"◻风动春心,流◻瞩山林。◻林多奇采,阳◻吐清音。这古朴、象形的古文字,仿佛带我们看到了春日的晨曦中,小草在拱出土皮。女子美目流盼,在林间徘徊。婀娜多彩的山色中,鸟儿扑打着翅膀,啁啾鸣叫……"①

下面重点解析曹丕《善哉行》中字象"顾"与诗象"眷顾"的意象融合:

> 有美一人,婉如清扬。妍姿巧笑,和媚心肠。知音识曲,善为乐方。哀弦微妙,清气含芳。流郑激楚,度宫中商。感心动耳,绮丽难忘。离鸟夕宿,在彼中洲。延颈鼓翼,悲鸣相求。眷然**顾**(顾)之,使我心愁。嗟尔昔人,何以忘忧。②

《善哉行》前半部分描写美人之音容笑貌及其高超的才艺,后半部分抒发诗人的感受,尤其表达诗人对美人"眷然顾之"的主旨感情。这样的主旨感情,通过离鸟意象,形象而唯美地表达出来。其中的关键字,也是全诗的诗眼为"顾"字,它完美地体现了字象与诗象的融合。"顾"之本字为"雇",甲骨文为◻,字形从隹在户上,取象于鸟头回顾之形,从而表达人回头看之意。曹丕下笔咏物和抒情之时,不可能想到鸟之"顾盼"之"顾"的字象恰好与诗人所写"离鸟夕宿,在彼中洲。延颈鼓翼,悲鸣相求"相合,以及与诗人惆怅回眸的诗象意境完美吻合,而今天的我们不禁惊叹:贯穿于五千年文字的字象与诗象,竟然如此的浑然天成,真是令人感到神奇。

曹丕《善哉行》"顾"之字象,可以回溯到《离骚》诗句:"忽反**顾**以游目兮,将往**观**乎四荒。"屈原之于流放途中,一步而三回"顾",对祖国故土怀着最深切的眷恋,如果说《善哉行》中之"顾"为诗人"小我"的两性感情的眷"顾",那么《离骚》中之"顾"则为爱国诗人屈子的"大我"的家国情怀的眷"顾",它达到了"顾"意象的极致。另外,《离骚》此句

---

① 女之辨析详见第七章,顾之辨析详见第八章。
② 曹道恒选注《乐府诗选》,北京:人民文学出版社,2000 年,第 148 页。

中，"観"（观）字从見（见），雚声。见字上半为人之目，取象表意明确；雚虽为声符，但其实是个象形字：🐦，小雀之毛羽、双睛形态毕现。所以"观"之以形表意的字象也很突出。"顾/雇""目""观"三字同在一句诗中形成字象群，屈原一步三回头，不忍离开故土之貌形神毕肖。

四、结论及价值

《文选》为诗文纂集之作，《文心》为理论著述，二书在宏观文论、文字文学观、尊崇骚体诗等方面均有一致的观点。刘勰曾论后人难以企及的屈宋楚辞的超逸之处："其叙情怨，则郁伊而易感；述离居，则怆怏而难怀；论山水，则循声而得貌；言节候，则披文而见时。"[①]神与物游，神用象通，通过字象与诗象融合的审美分析，或许我们更容易"循声而得貌"，更能够"披文而见时"，将骚体诗等汉语古诗做意象与意境方面的灵动而富有意趣的解读。

[①]〔南朝梁〕刘勰撰，〔明〕杨慎、曹学佺等批点《中华再造善本明代编·集部·刘子文心雕龙》，北京：国家图书馆出版社，2014年，第1册第12页。

第十章 字象与诗象融合视角下的《招隐士》之骚诗风貌

《文选》和《文心》二书关系密切,《文心·序志》总括"文之枢纽"为原道、征圣、宗经、正纬和辨骚五端,其《辨骚》篇还集中讨论骚体诗的崇高地位,《文选》在"骚上""骚下"内大量收入骚体诗,且所收篇目基本与《文心》所论相合,可知萧统与刘勰在尊崇骚体诗方面观点一致。继承《说文》以来的正统观点,《文选》与《文心》也有着一致的语言文字观,二书均认为先有语言,后有记录语言的文字;文章不是文字原材料的简单堆砌,而应具有视觉和听觉两方面的审美境界。《文选》所收骚体诗,最后一篇为署名淮南小山的《招隐士》。本章即着眼于骚体诗《文选·招隐士》,结合《文心》相关理论,重点从字象与诗象融合角度,重新审视该诗独特的骚诗风貌。

一、《招隐士》用字符合《文心》审美观

《文心·练字》有关于用字而成篇的讨论,总结为四条原则:"是以缀字属篇,必须拣择:一避诡异,二省联边,三权重出,四调单复。"[①]观察

[①] 钟子翱、黄安祯《刘勰论写作之道》,北京:长征出版社,1984年,第433页。本章所引《文心》原文均出自此书,后文注释一律直接标注为《刘勰论写作之道》第×页。

第十章　字象与诗象融合视角下的《招隐士》之骚诗风貌

《招隐士》行文篇章，可证《练字》所言不虚，《文心》与《文选》有着一致的审美旨趣。

首先分析一下第四条"调单复"。"单复者，字形肥瘠者也。瘠字累句，则纤疏而行劣；肥字积文，则黯黕而篇暗。善酌字者，参伍单复，磊落如珠矣。"①《练字》所谓的"单复"指的是字形之肥瘠，笔画简单的字连用的话会"纤疏而行劣"，笔画繁复的字连用，会"黯黕而篇暗"，善于行文用字的人，应当"参伍单复，磊落如珠"。下文保留《招隐士》②原文繁体字，分析其用字"肥瘠"情况：

[1] **桂樹**叢生兮山之幽 —— 前三字肥，后五字瘠，下句接以"偃蹇"之肥。

[2] 偃蹇連卷兮枝相繚 —— 以"兮"为轴心向两边扩散，由瘠渐肥，下句接"山"之瘠。

[3] 山氣**巃嵷**兮石**嵯峨** —— "巃嵷"与"嵯峨"皆肥，以"兮石"之瘠间之。

[4] 溪谷**嶄巖**兮水曾波 —— 句首略瘠，接前句之肥；"兮"前"嶄巖"二字肥，从"兮"而后瘠；下句接以偏肥之"猨"。

[5] 猨狖**羣**嘯兮虎豹**嗥** —— "兮"之前后，各有肥瘠；尾字肥，接下句之瘠。

[6] 王孫**遊**兮不歸，春草生兮**萋萋** —— 全句字形较匀，结句偏瘠而明了。

[7] **歲**暮兮不自聊 —— 以"兮"为轴心向两边扩散，由瘠渐肥。

[8] **蟪蛄**鳴兮啾啾 —— 以"兮"之瘠，间前后之肥。

[9] 坱兮軋 —— 以"兮"之瘠，间前后之肥。

[10] 山曲**岪** —— 由瘠渐肥，接下句之瘠。

[11] 心淹留兮**洞**荒忽 —— "兮"之前后，各有肥瘠。

[12] 罔兮沕，**憭**兮**慄** —— 以"兮"之瘠，间前后之肥。

[13] 虎豹**岹** —— 不肥不瘠，较匀称。

[14] 叢薄深林兮人上**慄** —— "兮"前由肥渐瘠，"兮"后由瘠渐肥。

---

① 《刘勰论写作之道》第 433 页。
② 〔南朝梁〕萧统编，〔唐〕李善注，北京：中华书局，1977 年，第 477 页。

[15] 嶔崟碕礒兮碅磈磳碫 —— 以"兮"之瘠，间前后之肥。

[16] 樹輪相糾兮林木荄𩑔 —— 以"兮"之瘠为轴心，向两边扩散，由瘠渐肥。

[17] 青莎雜樹兮薠草靃靡 —— 以"兮"之瘠，间前后之肥。

[18] 白鹿麚䴥兮或騰或倚 —— "白""兮"为瘠，二字中间肥；以二"或"之瘠间二略肥之字。

[19] 狀貌崟崟兮峨峨，淒淒兮漼漼 —— 以"兮"之瘠，间前后之肥；且所间之肥，字形皆从山或水，形成两两对称。

[20] 獼猴兮熊羆 —— 以"兮"之瘠，间前后之肥。

[21] 慕類兮以悲 —— "兮"前肥，"兮"后瘠。

[22] 攀援桂枝兮聊淹留 —— 以"兮"之瘠，间前后之肥。

[23] 虎豹鬭兮熊羆咆，禽獸駭兮亡其曹 —— 基本以"兮"之瘠，间前后之肥。

[24] 王孫兮歸來，山中兮不可以久留。① —— 全句字形较匀，结句瘠而明了。

总观全文，《招隐士》用字"肥瘠"状貌规律为：或以"兮"字为句中对称轴心，肥瘠相间；或以句末韵字为停顿，前后句错杂单复字，总体单复相间，肥瘠有度，从而形成与"参伍单复，磊落如珠"一致的审美效果。

其次讨论一下第一条"避诡异"问题。

观察《招隐士》用字概貌，似乎诗中颇用了一些不太常用的字，比如上面原文加粗的字词中，有些也使用了异体字，比如"巖—巗，羣—群，嗥—嗥，遊—游，歲—歲，岪—弟，洞—恫，慄—栗，崟—崟，碕—碕，荄—荄，𩑔—㲦，麚—麚，倚—倚，獼—獼"②等。这是否属于《练字》所言当"避诡异"之"诡异"字呢？其实不然。所谓："诡异者，字体瑰怪者也。""两字诡异，大疵美篇。"③刘勰所说的"瑰怪"与"诡异"是一个意思，就是行文使用比较怪异的字。《招隐士》很多行文，今天看来确属不太常用的字，不过若从《练字》后文所论来看，又属正常而有原因的：

---

① 这里《招隐士》行文用字全部依照书中原文录入，繁体字、异体字等不做改动。
② 所列异体字，"—"前为录入文本的原文用字，"—"后为对应的另一个异体字。
③《刘勰论写作之道》第 433 页。

第十章 字象与诗象融合视角下的《招隐士》之骚诗风貌

孝武之世，则相如撰篇。及宣平二帝，征集小学，张敞以正读传业，扬雄以奇字纂训，并贯练《雅》《颂》，总阅音义，鸿笔之徒，莫不洞晓。且多赋京苑，假借形声。是以前汉小学，率多玮字，非独制异，乃共晓难也。暨乎后汉，小学转疏，复文隐训，臧否亦半。及魏代缀藻，则字有常检，追观汉作，翻成阻奥。[①]

刘勰所论乃历时考察，汉初对书写用字有法律规定，张敞、扬雄都对字书有过专门整理，而且当时的"鸿笔之徒"也即文人大家，对所谓的"奇字"其实是"洞晓"熟悉的，只是后汉以降，传统小学式微，人们变得只知道所谓的常用字，再看以前的字变得识读困难了。也就是说，我们今天看来的不太常用的字，在刘安那个时代倒未必然，当时的鸿儒大家是洞晓知悉它们的。也即，《招隐士》用字之"奇"与《练字》观点并不抵牾。

再次看看第三条"权重出"问题。"重出者，同字相犯者也。"[②]也即，行文中使用相同的字。"故善为文者，富于万篇，贫于一字，一字非少，相避为难也。"[③]诗文中避讳使用相同的某个字，这一条在唐代兴起的格律诗中尤其受到推崇。以格律诗有限的字数，五绝20字，七律最长也就56字，可惜字如金，不用重复字而"权重出"，讲究得颇有道理。具体到《招隐士》一文，所谓的"重出"主要倒不是某个字的重复出现，而是文中有两个句子重复出现："攀援桂枝兮聊淹留"重复，第[6]"王孙游兮不归"和第[24]"王孙兮归来，山中兮不可以久留"，所重复的句子略有不同。这两处的重复句子，当然不属于《练字》所言用字方面的"避重出"，因为它们属于篇章写法方面的重复修辞格，各自均达到了加深表意，加深主题表达的最终效果。关于这一点，后文将有详述。即便仍然看作用字问题，那么也是必须要重复使用的，这倒是也符合《练字》所言："《诗》《骚》适会，而近世忌同，若两字俱要，则宁在相犯。"[④]如果都很重要，都必须要，即所谓"俱要"，则"宁在相犯"。

关于四条原则中第二条"省联边"问题。何谓"联边"呢？"联边者，

---

① 《刘勰论写作之道》第427页。
② 《刘勰论写作之道》第433页。
③ 《刘勰论写作之道》第433页。
④ 《刘勰论写作之道》第433页。

半字同文者也。"①就是行文中偏旁部首一样的字联着使用。行文中联着使用同偏旁字，在刘勰看来是"龃龉为瑕"的，应当避免这样用字："状貌山川，古今咸用。施于常文，则龃龉为瑕。"②那么是不是同偏旁字就绝对不能联着使用呢？也不是，"如不获免，可至三接。三接之外，其字林乎！"③就是说，连着用三个同偏旁字，也还是可以的。但是超过三个字，就有"字林"之弊了，换成今天的话说，那岂不成了字典式简单排列了！查看《招隐士》用字，行文中使用两个同偏旁字联用的情况非常多，见文中的加粗字；不过这些联边字没有超过三个字联用，不属于"字林"之弊；有两处四个同偏旁字联用："嵚岑碕礒兮""碅磳磈硊"——似乎有"字林"之嫌疑，不过如前文所析，此二处行文，有字形肥瘠相间并相对应之美，而且它们是极少数的"联边字"联用，且总体上属于《招隐士》一文独特的"字象与诗象融合"特色的一部分。所以，也是符合《文心》用字审美观的。下文专门讨论包括使用联边字在内的《招隐士》"字象与诗象融合"的特色。

二、字象与诗象融合视角下《招隐士》的骚诗之貌

《文心》讨论《诗经》以来"比兴"手法时，"象"字为其关键词之一，由此可以推演出其关于天象、物象、诗象，以至于"字象"之间的关系：文字字象与天地万象、语言诗象之间有着对应关系。字象既可以直接比兴天地万象，也可以记录比兴语言诗象。从字象与诗象融合的角度解读，《招隐士》用字很有特色，包括《练字》所说的"联边"字的用字情况，即偏旁字象相同的字的联用。以下拟从草木比兴与烘托意象、山石比兴与烘托意象、鸟兽比兴与烘托意象等方面逐一考察。

1.《招隐士》"桂树"之主体意象

"桂树丛生兮山之幽"，诗作开篇，作为主体意象的桂树出场，以桂树之芬芳，比兴屈原之忠良。其中"桂""树"二字偏旁皆从木，木之古文字

---

① 《刘勰论写作之道》第433页。
② 《刘勰论写作之道》第433页。
③ 《刘勰论写作之道》第433页。

为 🗙①，字象使用了二字的本义。桂树有芬芳，以比喻屈原之忠良，诗象使用了喻象。即以联边形声字之偏旁字象达成比喻之诗象，形声字用本形本义。《招隐士》"桂树"意象总计出现三次。除了开头这一句，以桂树处于山林幽谷，比喻屈原避世隐居于山野，还有一处"猕猴群啸兮虎豹嗥，攀援桂枝兮聊淹留"，写贤者与猿猱虎豹类野兽淹滞共处，实非应有之情境，推进叙事与抒情。诗作结尾部分重复出现"桂树"句："猕猴兮熊罴，慕类兮以悲，攀援桂枝兮聊淹留。"写猕猴熊罴倘若失群尚且悲鸣而求其同类，更何况是高洁之士呢？由此喻指屈原实不应久处倾危之山林，不应久与虎兕猛兽为偶，而应还归郢都。"桂树"在这样的短篇诗作中，于头、中、尾三次出现，层层递进表意，从而达成以芬芳桂树喻指主人公屈原的主体意象。

本文以"桂树"为主体意象，形成了的字象群，如"偃蹇连卷兮枝相缭"，王逸注为"信义枝结，条理成也。以言才德高明，宜辅贤君桢干也"。这里的偃字，字象从人。蹇，字象从足。连，字象从车相属。"连"与"联"同义，繁体字"聯"从耳从丝，表丝连不断之意。卷，一作蜷，从虫，蜷缩。枝，字象从木，表树之枝条。缭，绕也，字象从糸。偃、蹇、连/联、卷/蜷、枝、缭，六字分别以从人、从足、从车或从丝、从虫、从木、从糸之字象，形成枝条连结茂盛之貌，比喻隐士才情高明、盛德硕望。即偃、蹇、连、卷、枝、缭等字以偏旁字象及所表本义达成比喻的诗象。又如"猕猴群啸兮虎豹嗥，攀援桂枝兮聊淹留"中，"攀""援"二字偏旁从手，字象用本义，"攀援桂枝"为猕猴登山引木而远望愁也，比象之意明显，猕猴居桂林而遥望山外，喻贤者陷于深山却有思归之愁。

《招隐士》之"桂树"意象，毫无疑问是楚辞常见的最突出的植物意象之一。《离骚》有"杂申椒与菌桂兮，岂维纽夫蕙茝""矫菌桂以纫蕙兮，索胡绳之纚纚"，《东皇太一》有"奠桂酒兮椒浆"，《湘君》有"桂棹兮兰枻，斲冰兮积雪"，《山鬼》有"辛夷车兮结桂旗"，等等。可以说"桂树"意象的使用，奠定了《招隐士》骚体小赋的基调。

---

① 本章由此开始所引用古文字说明字象问题，字形均出自古文字诂林编纂委员会《古文字诂林》，上海：上海教育出版社，2002年。考虑到这些字形为公认的可正确识读的古文字，后文不再一一注释出处。

桂树植于山野，隐士居于山林，于此桂树喻指高洁隐士的主旨设定之下，《招隐士》还大量使用草木意象、山石意象、野兽意象作为背景，烘托主体意象。

2.《招隐士》草木比兴与烘托意象

比如"春草生兮萋萋"，春天来到，万物蠢动，草木垂条，万物葱茏。喻指时间流逝，岁月蹉跎，烘托王孙出游，日久而不归。这里"春"之本字为"屯"，古文字为 ，本形本义为植物种子从土中生出之象；后起字为旾，从屯从日；另有后起字"萅"，累加表意字象"艸"。艸之古文字本形为 。草字字象亦从 。萋萋二字，字象均从 。即春、草、萋、萋四字字象均从草，一派枝叶纷披之貌，起到烘托环境的作用。同理，"树轮相纠兮"之"树"，"林木 "之"林" " "，"青莎杂树"之"莎""树"，"藐草靃靡"之"藐""草"等，均从木之字象或从草之字象，表现树木丛生，草木纷披，进而烘托山林野居之环境。

楚辞中之草木意象，既以比兴时日迁移，美人迟暮，又以状写草木葱茏或草木纠缠等，从而烘托人物感情和思想。《离骚》中"惟草木之零落兮，恐美人之迟暮"自不必说，《山鬼》中也是多处使用植物意象烘托表达人物情感和心理的变化，如"余处幽篁兮终不见天"极言竹林茂密幽深，烘托人物孤独等待的身影；"石磊磊兮葛蔓蔓"极言葛藤纠缠如人之心乱如麻；"风飒飒兮木萧萧"所写之秋风落叶的萧索等。《招隐士》之草木意象，显为楚辞植物意象的继承。

3.《招隐士》山石比兴与烘托意象

"山气巃嵸兮石嵯峨"，"山"是个象形字，古文字字形为 。"巃"字偏旁从"阝"，即"阜"，古文字为 ，本形本义为土山。"嵸""嵯""峨"，字皆从偏旁山，使用本义字象，表现出山峰林立，险峻蔽日的诗象。"石"是象形字，古文字为 。即山、巃、嵸、石、嵯、峨等字，字象或为山，或为石，合义表达山野之中山石林立，山势险峻的状貌，从而烘托出隐士所处环境的恶劣。同理，"溪谷崭巖"之"谷"为象形字 ，取象于水从谷口流出之形，"崭""巖"字形从山，诸字均以本义字象表达险峻山石诗象。"山曲岪"之"岪"，《说文》释本义为"山胁道"，偏旁从山，王逸注为山诘屈也，表意山势曲折盘旋。即"山"以象形本形本义的山石意象，"岪"以形声字引申义字象，表达险峻山石诗象。"嶔岑碕礒兮硊磈磳硊"中，"嶔岑"二字字象皆从"山"，嶔义山高险也，岑义山高。"碕礒"二字字象皆从"石"，为山石不平貌。"硊磈磳硊"意为山势高耸险峻。即嶔、岑、碕、礒、硊、磈、磳、硊八字，或从山或从石之字象，表达险峻山石诗象。

《招隐士》的山石意象，同样为骚诗笔法，为楚辞中常见，比如《九思·悯上》"川谷兮渊渊，山阜兮峉峉"写河"谷"之深，"山阜"之高大，"丛林兮崟崟，株榛兮岳岳"以表高耸之"崟"写丛林之茂；《招魂》"增冰峨峨，飞雪千里些"写冰山之状貌用山石"峨峨"之象；《抽思》"轸石崴嵬，蹇吾愿兮"以崔嵬方石比喻欲达愿望所遇之险阻艰难等。

4.《招隐士》鸟兽比兴与烘托意象

又如"猿狖群啸兮虎豹嗥""虎豹岘""狖猴兮熊罴""虎豹鬭兮熊罴咆"等句中，"狖""豹""狖""猴"四字偏旁从"犬"，"犬"之古文字为 𤝣，四字均为形声字，诗中用本义字象；"啸""嗥""咆"三字偏旁从"口"，均为形声字，诗中用本义字象。"虎"为象形字，古文字为 𧆞，诗中用本形本义之字象。"熊"为象形字，古文字为 𤠗，诗中用本形本义。"罴"字从网从熊，会意字，本义为熊之一种，所从两个会意偏旁皆能以字象传递"熊罴"之诗象。"岘"为"穴"之异体字，从"山"之字象。即狖、豹、狖、猴、啸、嗥、岘、咆等字均用形声字本义字象，虎、熊用象形字本义字象，罴用会意字本义字象，表禽兽诗象。"状貌峉峉兮峨峨"中，"峉""峨"二字偏旁均从山，字义本为山之峥嵘样貌，诗中以二字比喻白鹿头角峥嵘，即以形声字本形本义比喻禽兽峥嵘诗象。"凄凄兮漇漇"中，"凄"字偏旁从冰，"漇"字偏旁从水，均表禽兽运动后湿漉漉之貌，即以形声字本义字象表禽兽诗象。"蟪蛄鸣兮啾啾"中，蟪蛄为双音节词，就是蝉，二字偏旁均从虫之字象，以秋天寒蝉的凄鸣表达对隐士的哀怜和招引，即以"蟪蛄""鸣""啾"四字形声字本形本义之字象表鸟兽意象。"白鹿麚麛"中，鹿是象形字，古文字为 𢉖。麚、麛二字偏旁均从鹿，为鹿属动物，即以"鹿"象形字本形本义之字象，"麚""麛"以形声字本义字象表禽兽诗象。

《招隐士》的禽兽昆虫意象，一说意在表示隐士如野兽失群无偶，当求其同类而归；一说意在反复渲染山中环境险恶，强调山中乃百兽聚集之所，不宜高洁之士养育道德。这样的写法，显然与王逸《楚辞章句》"善鸟香草以配忠贞"一样①，亦为骚诗笔法，乃"恶禽臭木以比谗佞"②之类。

三、"不失其贞""不坠其实"之《招隐士》

黄侃《文心雕龙札记》于《文心辨骚》"凭轼以倚《雅》《颂》，悬辔以驭楚篇，酌奇而不失其贞，玩华而不坠其实"下评曰："彦和论文必以存真实为主，亦鉴于楚艳汉侈之流弊而立言。其实屈、宋之辞，辞华者其表仪，真实者其骨干，学之者遗神取貌，所以有伪体之讥。"③确如季刚先生所言，后世骚诗仿写之作往往仅得骚诗之形而难获其神，真正做到"酌奇而不失其贞，玩华而不坠其实"者少之又少。

我们以为，《招隐士》不仅在"桂树"之主体意象，草木比兴、山石比兴、鸟兽比兴等烘托意象方面颇得骚诗之"貌"，而且它也以闵怀屈原之主题，得获"不失其贞""不坠其实"的骚诗之实。在开篇的"桂树"主体意象、篇中的草木比兴意象、山石比兴意象、鸟兽比兴意象等渐次地、立体地叙事和抒情之下，《招隐士》以"归"意象、"留"意象，以及"归""留"二意象④的辩证互动为主旨意象，最终完成闵伤屈原的主题设定。

《招隐士》中凡两次出现"归"字，一处在诗作前半段，一处在诗作结尾。第一处"王孙游兮不归"，写屈原避世而"不归"，从而引出后文的"招归"。第二处诗作结尾的"王孙兮归来，山中兮不可以久留"，以呼号式笔法召唤屈原"归"来，并与久"留"形成相对相反的思辨式总结。"归"的古文字为𠂤，形旁从彳，为行之一半字形，行的古文字为𠁁，字象为四通之道路。繁体字"歸"从止，古文字为𣥂，字象为人之足趾。从彳从止表意相同，字象均为人于道路中行走之象，《招隐士》用为表示召唤隐士回归

---

① 〔汉〕王逸章句，〔宋〕洪兴祖补注，夏剑钦校点《楚辞章句补注》，长沙：岳麓书社，2013年，第2页。
② 〔汉〕王逸章句，〔宋〕洪兴祖补注，夏剑钦校点《楚辞章句补注》，长沙：岳麓书社，2013年，第2页。
③ 黄侃《文心雕龙札记》，北京：中华书局，2016年，第23页。
④ 本章第一部分《招隐士》所录原文中，"归""留"二意象所在诗句标注了背景色，以使读者一睹而知其结构层次。

庙堂的主旨意象。以"归"为诗眼的招隐主题意象布局于全诗的首、尾，形成由始至终的反复召唤隐士的主题意象。

《招隐士》中凡四次出现"留"字。三处"淹留"，一处"久留"，均当译为稽留，滞留。留字从田，古文字为 ⊕，字象表意为田野。田野与朝堂相对，比喻归隐之山野林泉。第一处"攀援桂枝兮聊淹留"，写隐士引持美行，淹留而待明君。第二处"岈兮轧，山曲岪，心淹留兮洞荒忽"，写春秋代序，年岁渐老，隐士久居林莽，从而有志望绝矣之状。第三处"攀援桂枝兮聊淹留"，以重复出现的"攀援桂枝聊淹留"，加强表达隐士徘徊而待明时的感情。第四处"山中兮不可以久留"的总结式呼号，以作者对隐士出于理解和闵怀而发出的诚挚的呼唤和劝解。全诗所写的前三个"留"之意象，呈"踟蹰待明君—望绝—徘徊待明时"之状，内有人物感情的反复与起伏，即骚体顾叹掩涕的"忠恕之辞"，是作者对招隐对象思想感情历程的体谅。最后一个"留"之意象，则是诗作主题的最后重申，是对主旨意象的思想呼应。

《招隐士》由开篇的"桂树"主体意象开始，中间由"草木"意象、"山石"意象、"鸟兽"意象做背景烘托，首尾及中间以反复出现的主旨意象"归"与"留"提纲挈领，主体意象、背景意象、主旨意象三者互动生发，隐士感情起伏而纠结，最终芬芳而隐处的"桂树"主体意象与"留"而当"归"的主题意象合二为一，代表隐者屈原——忠贞报国者。桂树、草木、山石、鸟兽之"奇"与"华"，与隐者屈原之"贞"与"实"，水乳交融，最终成就《招隐士》骚体小赋的高古之格。

关于《招隐士》之主题，历来众说纷纭，除了王逸的闵伤屈原说，还有招隐说、招刘安返回封地说、思念刘安说、掩盖刘安自杀真相说、招刘安生魂说、刘安自叙内心矛盾说等[①]，本书赞同王逸注的观点，认为《招隐士》以骚诗笔法，以闵伤的隐士为屈原招魂，以回归其忠贞报国之途。若无屈原之"贞"，则无以成就桂树、草木、山石、鸟兽等物之"奇"；唯有屈原之"实"，诸种字象与诗象之"华"才得以附丽。

---

① 殷光熹《学古出新 传扬楚骚——〈招隐士〉解读和审美》//中国屈原学会《中国楚辞学》，北京：学苑出版社，2009年，第338页。

四、结论

《招隐士》被录入《文选》,得到很多人的肯定。朱熹曾曰:"此篇视汉诸作最为高古。"[①]王夫之亦云:"其可以类附《离骚》之后者,以其音节局度,浏漓昂激,绍楚辞之余韵,非他词赋之比。虽志事各殊,自可嗣音屈宋。"[②]总之,虽然无法匹敌《离骚》,但就汲取骚体精髓与笔法而论,《招隐士》较好地做到了"酌奇而不失其贞,玩华而不坠其实"。《文选》所收《招隐士》不仅是《文心雕龙》辨骚理论的落实,也自有字象与诗象融合的另一种解读意境。

---

① 〔宋〕朱熹《楚辞集注》,上海:上海古籍出版社,1979年,第18页。
② 〔清〕王夫之《楚辞通释》,北京:中华书局,1959年,第19页。

第十一章 《世说新语补》视角下的异体字及其取象

本章以校勘精良的《世说笺本》对勘朝鲜活字本《世说新语补》，考察二书的汉字使用情况。从 50 组代表例字总结出的规律为：朝鲜活字本《世说新语补》喜用异体字，多与碑刻、书法、古玺等用字一致，从造字取象及构形理据的保持看，这些异体字失去理据者多，而通行楷字的繁体字理据保持较好。学界尚未发现针对朝鲜活字本《世说新语补》和日本刻本《世说笺本》的专门研究，这一领域的域外善本汉籍研究，包括异体字整理及汉字取象及理据考察、文献文本整理、中韩中日汉籍交流特点等均具有开创性价值，将有补于相关领域的研究。

一、《世说新语补》和《世说笺本》用字之同异

本章重点研究明人王世贞删定的《世说新语补》，1586 年（万历丙戌，据陈文烛序）刻本（未署刊刻地），哈佛大学汉和图书馆和韩国精神文化研究院均有藏本。用来与《世说新语补》对勘阅读的是署名日人秦鼎校读[①]的

[①] 《世说笺本》的实际作者当为秦鼎与其子无疆父子二人，此由韩国藏本书前的源海辅序而知："吾师沧浪先生尝标笺《世说新语》，未卒业而有梁坏之叹矣。其嗣无疆君克继其志，而《笺本》成矣。先生尝嘱序于予，予今为之。无由复质之地下，因援《四库全书》中论《世说新语》者，揭之卷首，以代予序云。……天保己未秋七月，东都石庵主人源海辅识。"

《世说笺本》刻本，1826年（日本文政丙戌年）日本桥路本石町问屋发行，哈佛大学藏书。关于此二书的情况和相互关系，可参拙文《〈世说笺本〉训诂内容及价值思考》①，此不赘述。

逐字逐句对勘补本2（《世说新语补》）与补本1（《世说笺本》所录《世说新语补》），可以总结出二书在用字方面的同异。以下为补本1的文本，它与补本2不同的用字依照原样截图而出。引文格式：正文后的（ ）为《世说新语补》原注，个别出现的[ ]为《世说笺本》之笺注，均保持原文繁体不变：

殷仲文（《續晉陽秋》曰：仲文字仲文，陳郡人。祖䑆，太常。父康，吳興太守。仲文爲桓玄諮議參軍。時王謐見禮而不親，卞範之被親而少禮，其寵遇隆重兼於王、卞矣。玄篡位，以佐命親貴，輿馬器服，窮極綺麗，妓妾數千，絲竹不絶音。性甚貪吝，多納賄賂。家累千金，常若不足。玄敗，先投義軍，遷侍中尚書，以罪伏誅。）勸宋武帝畜妓，帝曰："我不鮮聲。"仲文曰："但畜自鮮。"帝曰："畏鮮，故不畜。"（《宋書》曰：帝姓劉氏諱裕，受晉禪。清簡寡慾，未嘗視珠玉輿馬之飾，後庭無紈綺絲竹之音，在位三年。）

上文中的截图字，均为补本1所用之字。它们既与补本2不同，也与通行的楷书汉字不同，在此将它们与楷书字列为成组字例：融—䑆；隆—隆；器—器；絲—絲；勸—勸；綺—綺。

戴仲若春日攜雙柑鬥酒，人問何之？答曰："往聽黃鸝聲，此俗耳針砭，詩腸鼓吹。"（《宋書》曰："戴顒字仲若，譙郡銍人，戴逵子也。"）

上文可以析出的成组字例：戴—戴；鼓—鼓；顒—顒；譙—譙。

宋世祖（《宋書》曰：帝名駿，文帝第三子。）嘗賜謝中書寶劍，（《宋書》曰：謝莊字希逸，陳郡陽夏人，太常弘微子也。七歲能屬文，仕至光祿大夫。辛，謚憲子。《南史》曰：莊韶令美風儀，宋文帝見

---

① 张玉梅《〈世说笺本〉训诂内容及价值思考》//上海交通大学经学文献研究中心编《经学文献研究集刊》第15辑，上海：上海书店出版社，2016年。

而異之,曰:"藍田生玉豈虛也𢦏?")謝以與魯豫州送別。(《宋書》曰:"魯爽小名女生,扶風郿人,祖宗之,父軌。爽少有武藝,世祖以為左軍將軍都督、豫州諸軍事。與南郡王義宣作逆,薛安都臨陣刺爽,傳首京都。)後魯作逆,世祖嘗因宴集問劍所在,謝曰:"昔與魯爽別,竊為陛下杜郵之賜。"世祖大悅。(《史記》曰:"秦攻趙邯鄲,武安君不肯行,於是免武安君為士伍,遷之陰密。至杜郵,使使者賜之劍自裁。)

上文可以析出的成組字例:書—書;寶—寶;歲—歲;哉—𢦏;竊—竊;郵—郵;秦—秦;杜—杜。

謝孺子特善聲律,(《南史》曰:孺子,陳郡陽夏人。祖景仁,左僕射。父恂,鄱陽太守。孺子少與族兄莊齊名,多藝能,尤善聲律。家貧,求為西陽太守。)與王車騎張宴桐臺,孺子吹笙,王自起舞,既而歎曰:"真使人飄飄有伊洛間意。"(《南史》曰:王彧字景文,與明帝諱同,故以字行。祖穆,司徒謐之長兄。父僧朗,尚書。景文美風姿,好言理,少與謝莊齊名,為從叔球所知。)

上文可以析出的成組字例:族—族;尤—尤;臺—臺;起—起;既—既。

蕭引書法遒逸(《南史》曰:蕭引字叔休,南蘭陵人。曾祖思話,祖惠休,父介,並有名。引方正有器度,聰敏博學,善屬文。仕梁,位西昌侯主簿。侯景之亂,南奔嶺表。北還,拜尚書金部侍郎。)陳宣帝嘗指其署名語諸人曰:此字筆勢翩翩似鳥之欲飛。引答曰:此乃陛下假其羽毛。

上文可以析出的成組字例:逸—逸;惠—惠;侯—侯;亂—亂;部—部。

時周子隱答曰……(虞預《晉書》曰:周處字子隱……處入晉為禦史中丞,多所彈斜,不避強禦。)[強禦,強梁禦善者,見《詩經》,此言有權勢者。]

上文可以析出成组字例：糾—[字形]。

時周子隱答曰……（虞預《晉書》曰：周處字子隱……齊萬年反，以建威將軍西征，[字形]陣慷慨，奮不顧命，遂死於戰。）

上文可以析出成组字例：臨—[字形]。

傅茂遠泊然靜處，不妄交遊。袁司徒每經其戶，輒嘆曰："經其戶，寂若無人。披其帷，其人斯在。豈得非名賢？"[易豐卦上六：窺其戶，闃其无人。]

上文可以析出成组字例：無—无。

以上截图字例，显示出补本 1 较为显著的用字特点：这 31 组字例为数不算少，它们是不同于通行楷体字的写法。

二、朝鲜活字本《世说新语补》多用异体字

补本 1 的用字与通行楷体字不同，那么它们在汉字字形总体中的状况如何？是补本 1 用字有误，还是它使用了异体字？以下对照《世说新语补》①《中国异体字大系》②《韩国汉文古文献异形字研究之异形字典》③《语林》④等文献，罗列并考察如下：

[1] 融，补本 1 作[字形]，右半字形与清赵之谦《楷书南唐四百九十六字册》中[字形]一致，但二字左下角不同，一从[字形]，一从[字形]。《语林》、徐本非此形，而作"融"。此字形是否有本，未详。

[2] 隆，补本 1 作[字形]，为异体字隆。韩国汉字有此字形。《语林》非此形，而作"隆"。

[3] 器，补本 1 作[字形]，字形中部从六，与杨孝恭碑字形[字形]一致。韩国汉字有此字形。《语林》非此形，字形中部从"太"。

[4] 絲，补本 1 作[字形]，右半字 2 形上多一撇，与唐张颜墓志字形[字形]一

---

① 徐乃昌校勘《世说新语补》，版心有"昆山唐周刻"字样，内有朱批，北京图书馆藏书。
② 臧克和、郭瑞主编《中国异体字大系·隶书编》，上海：上海书画出版社，2010 年。
③ 吕浩编《韩国汉文古文献异形字研究之异形字典》，上海：上海大学出版社，2011 年。
④ 〔明〕何良俊撰《语林·卷四·言语第二》//《钦定四库全书》，上海：上海古籍出版社，1987 年，第 1041 册第 498 页。

致。韩国汉字有此字形。《语林》作 [图], 与补本 1 字形左半不同,但右半同。①

[5] 綺,补本 1 作 [图],是异体字綗。与北齐法懃塔铭字形 [图] 右旁一致,与隋尔朱敞墓志字形 [图] 一致。该字右半所从之奇在补本中为通用字形,是奇的异体字竒。韩国汉字有此竒字字形。《语林》同此字形。

[6] 戴,补本 1 作 [图],与汉《曹全碑》字形 [图] 一致,形旁之"異"田字中间竖画下拉,直至下面的共字中。《语林》作 [图],与此字形基本一致。

[7] 鼓,补本 1 作 [图],为异体字皷,与东汉造土牛碑 [图] 字形一致。《语林》非此形,而用"鼓"。

[8] 顒,补本 1 作 [图],左下角写作 [图]。《语林》非此形,而用"顒"。此字形是否有本,未详。

[9] 譙,补本 1 作 [图],上下结构。《语林》用此字形②。同从焦旁的樵字在明王铎《草书诗卷》中写作 [图],元赵孟頫《前后赤壁赋》中写作 [图],均为上下结构。韩国汉字有此樵字写作上下结构的字形。《广韵》: [图]。

[10] 書,补本 1 作 [图]。褚遂良书法中已见字形 [图],黄庭坚《庞居士寒山子诗》中也有字形 [图],均将上半字形从 [图] 变为从 [图]。韩国汉字有此形字。《语林》非此形。③

[11] 寶,补本 1 作 [图],同《语林》。东汉石门颂字形 [图] 从尔,为字形寶。韩国汉字有此形字。

[12] 歲,补本 1 作 [图],左下所从与《语林》字形 [图] 同。与隋智永《真草千字文》字形 [图] 一致。韩国汉字有此形字。

[13] 哉,补本 1 作 [图],左下角所从与隋智永《真草千字文》字形 [图] 一致。这个异体字"烖"在书法中常见。韩国汉字有此形字。《语林》非此形,而作"哉"。

---

① 〔明〕何良俊撰《语林·卷四·言语第二》//《钦定四库全书》,上海:上海古籍出版社,1987 年,第 1041 册第 498 页。
② 〔明〕何良俊撰《语林·卷一·德行上》//《钦定四库全书》,上海:上海古籍出版社,1987 年,第 1041 册第 457 页。
③ 〔明〕何良俊撰《语林·卷四·言语第二》//《钦定四库全书》,上海:上海古籍出版社,1987 年,第 1041 册第 500 页。

[14] 竊，补本1作竊，与《字汇》所收俗字竊左半下字形一致，但右下半不同。唐怀仁《集王羲之圣教序》字形竊左下半字形近似于禾。韩国汉字有此形字。《语林》非此形。

[15] 郵，补本1作邮，与东汉曹全碑字形邮一致。韩国汉字有此字形。《语林》同此字形。

[16] 秦，补本1作秦，与隋萧瑾墓志字形秦近似，与唐张延赏残碑字形秦一致。韩国汉字有此形字。《语林》非此形。

[17] 杜，补本1作杜，字形右上多出一点。《语林》未见此段注释。徐本字形有同此作"杜"者。

[18] 族，补本1作族，右上角与唐柳公权《玄秘塔碑》字形族一致。韩国汉字有此形字。《语林》非此形，而作"族"①。

[19] 尤，补本1作尢，与隋王荣及妻志字形尢一致。韩国汉字有此形字。《语林》非此形，而作"尤"。

[20] 臺，补本1作臺，与西汉马老甲字形臺上半近似，与隋李元墓志字形臺一致。《语林》非此形，而作"台"。

[21] 起，补本1作起，台湾、香港、旧字形均为此形。韩国汉字有此形字。《语林》亦同此形。与曹全碑字形起和张迁碑字形起一致。

[22] 既，补本1作既，与汉张迁碑字形既、汉曹全碑字形既、元赵孟俯《仇锷墓志铭》字形既一致。韩国汉字有此形字。《语林》亦同此字形。

[23] 逸，补本1作逸，与隋智永《真草千字文》字形逸、唐颜真卿《颜勤礼碑》逸一致。韩国汉字有此形字。《语林》亦同此字。

[24] 惠，补本1作惠，亦作惠，与隋智永《真草千字文》字形惠一致。韩国汉字有此形字。《语林》亦同此字形。

[25] 侯，补本1作侯，右上角从工。徐本"侯"字作矦[2]或侯[3]，亦

---

① 〔明〕何良俊撰《语林·卷四·言语第二》之"谢孺子特善声律"篇//《钦定四库全书》，上海：上海古籍出版社，1987年，第1041册第500页。
② 见"皇甫谧有从姑子"条下。本章所载图字，凡属补本1或补本2的，章末附有全部异体字的整理表，并标注出处，故下文不再一一标注。
③ "王浑平吴之日"篇注文中。

不从"工";但徐本有"候"字字形候①,右上角从"工"。再查《笺本》他处,有从"工"者为侯,见于"范巨卿为荆州刺史"篇注文中。《语林》非此形,而作"侯"。

[26] 亂,补本1作亂。此字形是否有本,未详。《语林》均非此形,而作亂;徐本作亂。

[27] 部,补本1作部,与东汉西死驹字形部一致。《语林》非此形,而作"部"。

[28] 筆,补本1作筆,与宋张即之《双松图歌卷》字形筆基本一致。《语林》非此形,而作"筆"。

[29] 势,补本1作势,与宋吴琚《行草书寿父帖页》字形势一致。韩国汉字有此形字。《语林》同此字形。

[30] 纠,补本1作斜,斜字从"斗"不从"丩"。斜,音陡,意思是丝黄色。《康熙字典》"纠"字条下曰:"《正字通》俗从斗作斜,非。"也即,补本1使用了俗字"斜",徐本同此"斜"。韩国汉字有此"斜"字形。《语林》非此形,而作"纠"。

[31] 臨,补本1作臨、臨。臨从"目"不从"臣",《语林》同此字形。②徐本不从目。臨之左半,可看作"臣"的草写。

[32] 無,补本2有文"無人",笺注时引"易丰卦上六:窥其户,阒其旡人",则以"旡人"释"無人"。此"旡"字形体,与北齐泰山经石峪字形旡似近。《宋元以来俗字谱》收有此"旡"为"無"之俗字。

总结以上32组字例,除了亂、臨、旡三字所本未详,暂不加断语,补本1和补本2所用其他29字之形均有所本,多与碑刻、书法等所用异体字一致,并非用字错误。

三、《世说新语补》异体字与汉字取象及理据

上文所列32组字例大多为异体字,那么从造字取象及其理据保持的角度看,它们与通行楷体字谁更接近汉字原貌呢?或者说哪类字体较好地保

---

① "管幼安在辽东"篇。
② 〔明〕何良俊撰《语林·卷四·言语第二》//《钦定四库全书》,上海:上海古籍出版社,1987年,第1041册第494页。

留了取象造字的理据呢？下面逐字考察：

[1] 融，《说文》籀文▨。案：融，以义类法取象，从鬲表炊气上出，蟲省声。补本 1 字形▨未详所本，补本 2 字形保留取象理据。

[2] 隆，《说文》小篆作▨。《隶辨》隆（华山亭碑）。案：隆，以义类法取象，从生，降声。补本 1 字形为讹变异体字，补本 2 字形保留取象形旁。

[3] 器，金文作▨。案：以物形法兼顺递法取象，从四个口表器之口，此为物形法。从犬以守之，犬与口需顺递而组合表意，故为顺递法。补本 1 所从为讹变字形，补本 2 仍从犬，保留取象理据。

[4] 絲，甲骨文作▨。案：絲，古文字以并峙法取象，从二糸而表丝之多。补本 2 所从之字下半有一个"小"，与补本 1 所从之字下半有两个"小"，均非大小之"小"，而为丝之部分形体。繁体之"絲"已然令人忘记取象，简化字更不易明"小"非大小之义矣。

[5] 綺，案：綺，从糸奇声，以义类法取象。綺从奇。

[6] 奇，《说文》小篆作▨。娄寿碑作▨。案："立"之甲骨文为▨，"大"之甲骨文为▨。古文字"大"与"立"均从人形取象。奇，异也，从大从可，以义类法取象；从立从奇者，有解为单腿立者，踦之古字，义类法取象。故"奇""㚍"虽字形有异，但皆有取象。

[7] 戴，案：戴，从異▨声，意为分物而得增益，义类法取象。戴从異。

[8] 異，补本 1 作▨。甲骨文作▨，金文作▨。《字汇》作▨、▨。案：古文字的"異"无论解为人举手以自翼蔽形，还是解为人头上戴物，两手奉之之形，均有笔画上下贯通和上下断开两形，《字汇》中两字字形亦中间有通有断，可见"異"之补本 1 字形和补本 2 字形没有取象上的差异。《说文》解"異"：分也。从廾，从畀。畀，予也。異，以顺递法取象。无论"人举手以自翼蔽形"，还是"人头上戴物，两手奉之之形"，均需将两个字素顺次组合而表意的顺递取象法。

[9] 鼓，补本 1 作▨，为异体字皷。甲骨文▨。案：甲骨文"鼓"字从豈从支，像以手击之而出音。豈爲愷之古字，军乐之意。所以鼓为顺递法取象。异体字皷从皮，以鼓之材质为皮而取象，则以借代法取象，即用

材质而指称其物。

[10] 顒，补本 1 作▨，左下角写作▨。案：顒，从页禺声，大头的意思，以义类法取象。顒从禺。

[11] 禺，金文作▨。《说文》小篆作▨。兽名，猴属，以物形法取象。补本 1 字形失去原本取象。

[12] 譙，补本 1 作▨，上下结构。《说文》小篆作▨。案：譙，从言焦声，意为讥诮。以义类法取象。补本 1 字形与《广韵》字形相司，均将鸟下之火（讹变为四点水）移为全字下半，使取象不明矣。譙从焦。

[13] 焦，金文作▨。《说文》：火所伤也，从火雥声，▨或省。案：焦由上隹下火组合而成，以顺递法取象。讹变为四点水后，取象意失。

[14] 書，补本 1 作▨，上半字形从▨变为从▨。《说文》：書，从聿者声。书写、记载之义。案：書，以笔写，从而表示书写、记载，乃以工具代指其事，以借代法取象。書从聿。

[15] 聿，笔。甲骨文字形为▨，字形像以手持笔而书，以物形法取象，为平视执笔侧面之形；兼顺递法，因为"又"及所持之笔，需依次顺递组合取象。

[16] 寶，补本 1 作▨。甲骨文字形为▨，《说文》小篆字形▨，从缶不从尔。金文作▨。案：金文寶从宀下有玉、贝、缶等宝贝，所以，从缶之寶字以顺递法取象，保留了古文字的取象。从尔之寶当为将缶讹变为尔，取象之意失。

[17] 歲，补本 1 作▨，左下角从小。案：歲，《说文》解为从步戌声，本义为岁星，即木星。以人之步伐行进而喻岁星运行，此以比象法取象。歲从步。

[18] 步，古文字字形从二止：▨、▨，所以补本 1 岁字左下角似为"小"形，补本 2 似为"少"形，均有所本，均为止字。以顺递法取象。

[19] 哉，补本 1 作▨，左下角从▨。《说文》：哉，言之闲也。从口▨声。案：哉本从口，以义类法取象。▨之口已讹变，取象之意失。

[20] 竊，补本 1 作▨，与异体字"竊"左半下字形一致，但右下半不同。《说文》小篆作▨。案：盗自中出曰窃。窃之古文字字形不从釆而从米从穴，以离、廿为声符，以顺递法取象。俗字竊讹变，取象之意失。

[21] 邮，补本1作邮。《说文》小篆作㞼，从邑垂，驿站意。案：邮的古文字从邑垂，意为由城邑到达远边的驿站，以顺递法取象。垂从土，所以讹变后的左下角从"山"形的字形取象意失。邮从垂。

[22] 垂，《说文》小篆作㙮。从土，巫声，表远边，以借代法取象。

[23] 秦，补本1作秦。金文作秦。案：按《说文》之解，伯益之后所封国为秦，地宜禾。秦从禾，舂省。则秦为以借代法取象，以地所宜之禾而指其国。徐锴《系传》则曰"舂禾为秦"，则以顺递法取象。下从示之秦字形讹变，取象意失。秦从禾。

[24] 禾，甲骨文作ㄎ，以物形法取象。

[25] 杜，补本1作杜，字形右上多出一点。金文作杜。《隶辨》作杜。案：杜之古文字从木土声，甘棠意，以义类法取象。杜从土。

[26] 土，甲骨文作〇。石经作土，多出一点。考虑到"土"之物形，这个点无论在上在下，均合于物形法取象之意。

[27] 族，补本1作族，右上角写作ㄥ。甲骨文作㫃。案：族即镞，《说文》解为矢锋之意，毛传解为聚貌。此取毛传释义，族从㫃从矢，表众矢集于㫃下，以顺递法取象。补本1字形讹变，将㫃之右半字形写误，取象之意失。族从㫃。

[28] 㫃，甲骨文为ㄣ，意为旌旗之游，独体字，以物形法取象，乃平视侧面之形。

[29] 尤，补本1作尤。金文作尤。案：朱芳圃解"尤"之古文字为赘肬，从又、一。又为手，一指事手上之肬，则该字以物形法取象，平视侧面之形。近亦有将"尤"考证为"拇"者，取象法未变。补本1字形将指事之点下挪，所指有误，取象之意失。

[30] 臺，补本1作臺。金文作臺。案：臺，意思是四方而高的臺观，其古文字从至，从高省，表示至高臺而止，故以顺递法取象。补本1字形上半为"高"字省，是原字取象。补本2与今日繁体字上从"吉"形，亦为臺观之象形，非吉利之"吉"。臺从高。

[31] 高，甲骨文为髙，绎山碑为高，以物形法取象于臺观之高。

[32] 起，补本1作起。古文字作起。案：起，以义类法取象，走与起同为动词。从走巳声；巳，声兼意。补本1用取象本字，补本2用异体

第十一章 《世说新语补》视角下的异体字及其取象

字，通行楷字沿用异体字。

[33] 既，补本 1 作 。甲骨文作 。案：既，以义类法取象，皀为食器，既意食既。从皀旡声。补本用异体字，补本 2 用取象本字，通行楷字沿用取象本字。

[34] 逸，补本 1 作。《说文》作。案：逸，失也。从兔、辵，表像善逃的兔子一样逃脱，以比象法取象；兼顺递法取象，兔、辵顺递组合成意。辵，乍行乍止。补本 1 字形丢掉了表示兔子尾巴的一点，取象意失。

[35] 惠，补本 1 作。金文作。案：惠，仁也。从心从叀，惠者心专也，以顺递法取象。补本 1 之字形省略了叀的下部字形，取象之意有失。惠从叀。

[36] 叀，甲骨文为，以物形法取象于纺砖形，纺砖是古代收丝的一种器具。

[37] 侯，补本 1 作，右上角从工。甲骨文作。小篆作。曹全碑作。案：侯，古时射礼所用射布、箭靶。小篆字形从人从厂，像张布，矢在其下。这个字形表人以矢射向厂，以顺递法取象。曹全碑与补本字形均将表示围布的厂讹变为"工"，取象之意失。补本 2 与通行字"侯"右上角字形亦有讹变。

[38] 亂，补本 1 作。诅楚文作。三体石经作。案："亂"字形保留了古文字的取象，左半字形上从爪下从又，以顺递法取象。补本 1 字形讹变，取象意失。亂从𤔔。

[39] 𤔔，古文字"亂"，从爪从又，爪和又都是手，中间为丝，表一手持丝一手收丝以理之，以顺递法取象。

[40] 部，补本 1 作。古文字作。案：部本从邑音声，天水狄部之称或分署意，以义类法取象。补本 1 字形将所从之"邑"讹变，取象意失。

[41] 筆，补本 1 作。《说文》小篆作。案：聿，甲骨文字形为，字形取象以手持笔而书，以物形法和顺递法取象。筆，从聿从竹，因制笔之材料为竹而以借代法取象。补本 1 "筆"字所从之"聿"上半之手形讹变，取象意失。

[42] 勢，补本 1 作。案：勢，盛力，权力，从力埶声，以义类法取象。勢从埶。

[43] 執，执罪人。甲骨文【字形】，从丮从䇂，䇂亦声。丮，持也，䇂为刑具，以刑具拘执罪人，则执以顺递法取象。"執"之形较为接近该字原本的取象,字形左半讹变为上下各两个"土"，已失取象之意。则补本 1 之"【势】"字较补本 2 "勢"字更接近原本之取象。執从䇂。

[44] 䇂，甲骨文作【字形】，一种刑具，以物形法取象。

[45] 糾，补本 1 作【字形】。《说文》小篆作【字形】。案：纠从糸从丩，意为相绞合，相纠缠，是丩的后起字。后起字加糸以重复表意，可解读为"像糸一样纠缠"，则以比象法取象。纠从丩。

[46] 丩，甲骨文作【字形】，意为相纠缭，以物形法取象。

[47] 臨，补本 1 作【臨】。【臨】从"目"不从"臣"。甲骨文作【字形】。毛公鼎作【字形】。案：临之古文字取象于人俯视众物形，人从上俯视，物类被视而在下，此为顺递法取象。补本之【臨】将所从之弯腰而竖目之"臣"字写为"目"，取象之意失。臨从臣。

[48] 臣，金文作【字形】，取象于人俯首而竖目之形，表屈服，有战俘、奴仆等义。以物形法取象。

[49] 無（无），补本 1 和补本 2 均用"無"，但笺注时以"旡"解之。《说文》收二形，解"旡"（无）为"無"之古文奇字。王育说：天屈西北为无。案：笺注所用"旡"，音寄，意为饮食逆气不得息也，并非"無"之异体字。若取王育之说，则"无"以意形法取象。

[50] 旡，甲骨文作【字形】，取象于人扭头向后，表示吃饱饭了。以物形法取象造字。《世说笺本》的笺注用为有无之无，即日本汉字用"旡"为"無"。

总结以上 8 篇文本异体字及其偏旁字素，总计 50 例，其取象情况可以列为下表 11-1：

表 11-1 50 例取象情况

通用楷字	偏旁楷字	取象法或存失	补本 2/所本	补本 1/所本	补本 1 取象理据		
					失	存	更
融		义类法	融	【字形】/未详	失		
隆		义类法	隆	【字形】/碑刻等	失		
器		物形法/顺递法	器	【字形】/碑刻等	失		

续表

通用楷字	偏旁楷字	取象法或存失	补本2/所本	补本1/所本	补本1取象理据		
					失	存	更
絲		并峙法	絲	絲/碑刻等	失		
綺		义类法	綺	綺/碑刻等		存	
	奇	义类法		奇/碑刻等		存	
戴		义类法	戴	戴/碑刻等		存	
	異	顺递法		異/《字汇》等		存	
鼓		顺递法	鼓	鼓/碑刻等			借代法
顒		义类法	顒	顒/未详	失		
	禺	物形法		禺/金文、小篆	失		
譙		义类法	譙	譙/草书等	失		
	焦	顺递法		焦/金文	失		
書		义类法	書	書/书法等	失		
	聿	物形法/顺递法		聿/甲骨文		存	
寶		顺递法	寶	寶/石刻文	失		
歲		比象法	歲	歲/真草文	失		
	步	顺递法		步/甲骨文、简文		存	
哉		义类法	哉	哉/草书	失		
竊		顺递法	竊	竊/书法、俗字	失		
郵		顺递法	郵	郵/碑刻	失		
	垂	借代法		垂/《说文》小篆	失		
秦		借代法/顺递法	秦	秦/碑刻	失		
	禾	物形法		禾/甲骨文		存	
杜		义类法	杜	杜/未详	失		
	土	物形法		土/甲骨文		存	
族		顺递法	族	族/书法、碑刻	失		
	㫃	物形法		㫃/甲骨文		存	
尤		物形法	尤	尤/碑刻	失		
臺		顺递法	臺	臺/碑刻		存	
	高	物形法		高/甲骨文、碑刻		存	
起		失	起/失	起/古鉥文	义类法	存	
既		义类法	既	既/碑刻字	失		
逸		比象法/顺递法	逸	逸/真草文	失		

续表

通用楷字	偏旁楷字	取象法或存失	补本2/所本	补本1/所本	补本1取象理据		
					失	存	更
惠		顺递法	惠	惠/真草文	失		
	叀	物形法		/甲骨文		存	
侯		顺递法	侯	侯/小篆、碑刻	失		
亂		顺递法	亂	/石刻文	失		
	𠬪	顺递法		/石经文		存	
部		义类法	部	部/小篆	失		
筆		借代法	筆	筆/小篆	失		
勢		失	勢/失	勢/行草	义类法		
	執	顺递法		/甲骨文		存	
	幸	物形法		/甲骨文		存	
糾		比象法	糾	糾/俗字	失		
	丩	物形法		/甲骨文		存	
臨		顺递法	臨	臨/未详	失		
	臣	物形法		/金文		存	
無/无		意形法	無	無（无）/古文奇字		存	
	旡	物形法	无（笺注）/未详	/甲骨文		存	
合计		48 取象法/2 失	2 失 1 未详		28	20	1

四、结论与价值

从上文分析和表 11-1 可以直观看到如下规律：

（1）补本 1 更喜用异体字。

（2）补本 1 中的异体字有 28 例是因字形讹变而失去取象原意及理据，占总字数的一半以上。

（3）补本 1 之异体字也有保留取象原意及理据的，或者更换为另一种取象或理据。

（4）补本 1 之异体字多与碑刻、书法、古玺类字形一致，因省笔、简笔，或结构变化而成。

（5）补本 2 基本与通用楷字（繁体）一致，取象原意或构形理据保留较好。

（6）《世说笺本》笺注中有 1 例使用了俗字。

（7）通行楷书正字（繁体）仅有 2 例取象理据丢失者；楷字中有 1 例古文奇字；除此而外，全部 47 例楷书正字均较好地保留了取象理据。

1. 结论

（1）补本 1，即朝鲜活字本《世说新语补》喜用异体字，并多与碑刻、书法、古玺等古文字字形一致。

（2）补本 2，即日本刻本《世说笺本》所录《世说新语补》多用楷字正体，与我国通行楷书正体保持一致。

（3）包括补本 1 文本在内的《世说笺本》所代表的日本汉字，仅有 1 例使用了俗字，其他均为楷书正体。

（4）从造字取象及构形理据保持上看，我国通行楷书正体字（繁体）多保留了原有的取象或理据，朝鲜活字本所用异体字失去理据者多，日本汉字有 1 例俗字有悖于理据。虽然朝鲜活字本多使用异体字，但这些异体字也多有所本，所以，如果将它们视为汉字演变与流传中的"流变"现象，则"流变"的本源在我国，而对这些异体字的接受和使用则是"流变"的中朝文化交流特色。

此"流变"的中朝文化交流特色究竟基于怎样的历史情形？都是由中国流传海外的明清汉籍，为何日本汉字很少用异体字？这一问题有待进一步发掘研究。

2. 价值

《世说新语补》和《世说笺本》及其所存录的《世说新语补》的整理可以填补相关领域研究的空白。本章所研究的朝鲜活字本《世说新语补》和日本刻本《世说笺本》均为海外汉籍明清善本，到目前为止尚未见有专门整理和研究者。对此二书做文字学、文献学、训诂学等方面的整理均具有开创性价值，可以补充相关研究领域，包括"《世说》学"、中外汉语文献及文化交流研究等领域的空白。[①]限于篇幅，此不复述。

另外，谨就所着重考察的异体字及其取象或理据保持情况来说，二书

[①] 关于《世说新语补》和《世说笺本》的文献价值和训诂学价值，请参拙文《从训诂方法角度看〈世说笺本〉的文献价值》，《社会科学家》，2016 年第 7 期，第 141-151 页；《〈世说笺本〉的训诂特点及文献价值》，《文献》，2016 年第 4 期，第 99-107 页。

也具有相应的研究空间和价值。目前，学界已有一些力量在域外汉籍整理方面用功、用力，呈现出国内外学术交流日益繁盛的局面和成果。不过整体浏览下来，本章所重点研究的两种文献，尚未见有专攻者，所以希望本论题能为相关研究添砖加瓦。所研究的两种文献可以为已有的研究成果作补充，比如前文"未详所本"的"融"与"临"两个补本1所用字形与《中国异体字大系》（简称《大系》）所收字形情况如下：

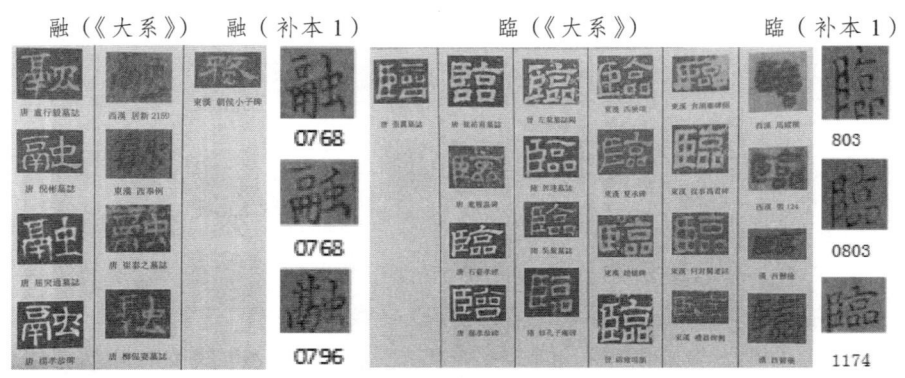

朝鲜活字本《世说新语补》与《中国异体字大系》异体字对照

如上所示，补本1除了也使用通用楷字"融"（第1个0768），也使用另外两个异体字（第2个0768和0796）。补本1除了使用基本与"临"字形接近的字形（1174），也使用偏旁"臣"字字形变化较大的字形（0803）和基本由"臣"变为"目"的字形（803）。与《大系》作比较后可以发现，《大系》收入"融"字9形，但未见补本1的2形。《大系》收入"临"字21形，但未见补本1的2形。

查《韩国汉文古文献异形字研究之异形字典》，其中也未收入补本1的融、临二字的异体字字形。

再查臧克和《汉魏六朝隋唐五代字形表》，其中收入补本1的"融0796"字形[1]，但未收入第二个"融0768"；仍未见收入补本1的两个异体"临"字。

再查《敦煌汉文写卷俗字及其现象》收有"临(S.610)"[2]，与补本1"临"近似。

---

[1] 臧克和主编《汉魏六朝隋唐五代字形表》，广州：南方日报出版社，2011年，第1169页。
[2] 蔡忠霖《儒林选萃22：敦煌汉文写卷俗字及其现象》，台北：文津出版社有限公司，2002年，第436页。

总结以上，则目前仍没有在异体字字典中找到的两个字形为：融—𩰼；臨—臨。

鉴于补本1虽多用异体字，但仅有两个无有所本的情况，我们不能妄断补本1的"融"和"臨"是用字之误。而且就其行文总体规律看，往往是同一篇章同一书页内，同一个字的两个形体前后交错使用；全书之内，两个字形均反复出现。这种情况说明，融、臨二字本身就有两个异体字的活字字模，用以在排版时同时使用，它们是朝鲜当时行用汉字字库常用字。

所以，如果我们将与"融""臨"二字同类的异体字全部整理出来，无疑可以增补上述及其同类异体字字典收字的欠缺。

五、《世说新语补》异体字整理表

说明：整理表中字头按照拼音字母表从右到左顺序排列；文字图片下的数字为图片文件名后四位，文字图片及《世说新语补》全书均可查证；有的单元格中字形有 word 字形与图片两种，其中 word 字形为字库中存在并且出现于书中的字形，图片为字库中不存在（或校对者未找到）但是存在于书中的字形；

瘢	般	稗	拔	B	岇	艾	A
瘢 1151	般 0796	稗 1213	拔 1128		岇 0827	艾 1213	
碑	卑	報	殯	抱	寶	邦	半
碑 1187	卑 1123	報 1165	殯 1172	抱 0816	寶 1125 / 寶 1156	邦 1174	半 1177
必	鄙	畢	匕	輩	被	北	邶
必 1121 / 灬 1130	鄙 1121 / 鄙 1120	畢 1171	匕 1186	輩 1125	被 1174	北 0776	邶 0854

159

续表

彪	變	鞭	編	邊	壁	辟	婢
1190	變 1122 / 1125	0854	1215	1123	1189	1153	1121

逋	棘	博	駁	播	秉	冰	賓/賓
0845	0821	1120 / 1154 / 1242 / 0817 / 0811	0796	0826	1236	1168 / 1168	0854 / 1159

粲	慘	餐	參	C	瓿	部	補
0817	1209 / 0815	1118	1153 / 1152 / 1154 / 1228		1167	0810 / 0837	1170 / 0807

续表

釵	督	察	差	曾	廁	策	藏
釵 1200	督 1211	察 1172	差 1131 / 差 1166	曾 1128 / 曾 1119 / 曾 1132	廁 1243	策 1213	藏 1123
暢	嘗	纔	湌	詔	禪	蟾	纏
暢 0817	嘗 1151 / 嘗 1151 / 嘗 1159	纔 1145	湌 1201	詔 1151	禪 1160	蟾 1137 / 蟾 1135	纏 1207
喫	癡	乘	稱	忱	識	超	暢
喫 0807	癡 0820	乘 1122	稱 1122 / 稱 1122 / 稱 0795	忱 0781	識 1118	超 1210	暢 0815
春	充	勅	勑	遲	墀	嘆	蚩
春 1172	充 0821	勅 1126	勑 1209	遲 0823 / 遲 0815	墀 0820	嘆 1140 / 嘆 0775	蚩 1147

161

處	黜	楚	蜍	醜	寵	崇	椿
處 1144 處 1120 蒙 1159 處 1160 處 1168	黜 1215	楚 1249	蜍 1135 蜍 1135	醜 0774	寵 1210	崇 1269	椿 1134
辭	綽	椎	垂	創	牀	窗	椽
辭 0810	綽 1133	椎 1244	垂 1119	創 0849	牀 1254 牀 1142	窗 1130	椽 1153 椽 1167
帶	戴	達		簒	竄	叢	刺
帶 1182	戴 1147	達 0776	D	簒 0834	竄 1188 竄 0849	叢 0821	刺 1207
蕩	黨	彈	憚	但	儋	耽	單
蕩 1177 蕩 0818 蕩 1257	黨 0807	彈 1137	憚 1126 憚 1168	但 1189	儋 1165 儋 1237	耽 1157	單 1151 單 1151

第十一章 《世说新语补》视角下的异体字及其取象

续表

蒂	遞	弟	迪	底	德	盗	搗
1253	1150	1253	0782	0782	1119	1229	1244
度	妒	定	鼎	媒	殿	點	典
0764	1130	1178	0816	1192	1140	1135	1175
恩	愕	遏	E	敦	對	段	杜
1132 / 1151	1154	1132		0818 / 敦 0815	1118 / 1118 / 1173	0816	1141 / 1134
翻	髮	發	F	邁	爾	而	兒
1143	1200	1140 / 1121 / 1133		0826 / 邁 0814	1121 / 1121 / 0774	1185	1123 / 1144 / 1177 / 1205
鳳	豐	奮	肥	飛	藩	范	繁
1210	0769 / 豐 1119	0810	0799	1249	0826	0779	0821

续表

覆	傅	俛	府	甫	輔	服	膚
1189	0815	1134	1186	1213	1209	1129 / 1132	1130

禹	革	割	高	幹	改	G	負
1143	1227	1129	0807	1211	1182		1125

椵	骨	鼓	孤	構	恭	功	葛
1123	0843	1123	1178 / 0810 / 0819	0812	0820 / 0829	1159	0825

規	龜	歸	關	怪	乖	顧	穀
1150 / 1150	0823 / 1262	1192	1204	1162 / 1118 / 1135	1127	0823 / 1204	1123

漢	害	海	骸	H	國	郭	鬼
1119 / 1145 / 1155	1123	1172 / 0817	1132		1233	1188	1119

第十一章 《世说新语补》视角下的异体字及其取象

续表

鶴	翮	號	濠	豪	毫	罕	函
鶴 1205	翮 0827	號 1119	濠 0823	豪 0811	毫 1205	罕 0825	函 1168
		諕 1121					
		虓 1118					
		號 0852					

虎	狐	壺	厚	候	侯	恒	衡
虎 1140	狐 1125	壺 1181	厚 0798	候 1137	侯 1122	恒 0814	衡 1132
虎 1122				候 1173			衡 1132

瓛	還	壞	懷	槐	懺	畫	划
瓛 1185	還 1172	壞 1122	懷 1124	槐 0794	懺 1209	畫 1149	划 1249
		壞 0776	懷 0812			畫 1188	
						畫 1149	
						畫 0807	

续表

誨	回	徽	恢	灰	渙	喚	奐
誨 1201	回 1121	徽 1170	恢 0815	灰 0810	渙 1163 / 渙 0809	喚 1182	奐 1173 / 奐 1226
豁	穢	蕙	會	繪	惠	喙	毀
豁 1130	穢 1168	蕙 1151	會 0809	繪 0818	惠 0811	喙 1243	毀 1120 / 毀 1178 / 毀 0769
饑	璣	幾	嵇	姬		獲	禍
饑 0816	璣 0809	幾 1174	嵇 1125 / 嵇 1121	姬 1119	J	獲 1120 / 獲 1251	禍 1201
棘	即	急	羈	擊	稽	機	譏
棘 1175	即 1121 / 即 1126	急 1160 / 急 1130	羈 1125 / 羈 1134	擊 1135	稽 1131 / 稽 1249	機 0812	譏 0843
寄	顗	繼	冀	忌	妓	蟣	髻
寄 1172	顗 0810	繼 1156 / 繼 0829	冀 0810	忌 0853	妓 0830	蟣 1201	髻 1127

第十一章 《世说新语补》视角下的异体字及其取象

续表

薦	劍	檢	儉	兼	假	既	祭
薦 1129	劍 1146	檢 0821	儉 1121	兼 1144	假 1134	既 0780	祭 0778
0775		檢 1122	儉 1155	兼 1187	假 1130	既 08	
				兼 1210	假 0818	既 08	
解	劫	嶠	澆	講	蔣	將	鑒
解 1141	劫 1118	嶠 1165	澆 1172	講 1204	蔣 1246	將 1134	鑒 0816
解 1141		嶠 1241				將 1123	
						將 1131	
擂	晉	盡	謹	瑾	僅	今	廨
擂 1154	晉 1125	盡 0825	謹 1227	瑾 1190	僅 1188	今 0760	廨 0764
	晉 1122	盡 1170					
酒	久	頴	敬	荊（荆）	京	經	縉
酒 0818	久 1125	頴 1156	敬 0815	荊 0769	京 1128	經 1125	縉 1134
			敬 1185		京 1134	經 1123	
						經 1170	

167

续表

劇	舉	鞠	舅	樞	就	舊	灸
劇 1157 劇 1176	舉 0814	鞠 1133 鞠 1133	舅 0803	樞 1172	就 1170	舊 1179 舊 0814 舊 0815	灸 0809

絕	絹	涓	捐	聚	遽	寠	據
絕 0782	絹 1149	涓 1229	捐 1161	聚 1144 聚 1133	遽 1151	寠 1186	據 1135 據 1150 據 0819

刻	渴	侃	刊	慨	開	K	軍
刻 1213	渴 1161	侃 1128 侃 1121	刊 1126	慨 1200	開 1121		軍 1153 軍 1153

會	塊	夸	跨	褌	楷	冠	恐
會 1205	塊 1172	夸 1205	跨 1177	褌 1161	楷 1208	冠 1160 冠 0816	恐 1130

168

续表

來	L	愧	夔	隗	廥	匡	欸
來 1119 / 来 1118		愧 1129 / 愧 0825	夔 1129	隗 1119	廥 1160 / 廥 1199	匡 0816 / 匡 0819	欸 1191

裏	罹	蠡	釐	類	雷	攬	覽
裏 1149	罹 0800	蠡 1163	釐 1205	類 1213	雷 1248	攬 1202	覽 1121

梁	戀	斂	簾	廉	歷	麗	隸
梁 1211	戀 1144	斂 1130	簾 1242	廉 1118	歷 0769	麗 0820 / 麗 0825	隸 1134

凌	綾	臨	鄙	鄰	列	獵	亮
凌 0826	綾 1243	臨 1174 / 臨 0811	鄙 1195	鄰 1137 / 鄰 0776	列 1211	獵 1127	亮 0811

隆	瓏	柳	瑠	琉	流	旒	陵
隆 1155 / 隆 1155 / 隆 1156	瓏 1189	柳 1132 / 柳 1131	瑠 1259	琉 1192	流 1126 / 流 1120 / 流 1144	旒 1207	陵 0800 / 陵 1175 / 陵 1184

续表

蠹	攄	樑	戮	祿	轤	臚	盧
1243	1134	1137	1127 / 1130	1169 / 1171	1207	1166	1164 / 1181

慮	履	旅	屢	贏	裸	綸	亂
0812	1153	1174	1184	1133 / 1133	1161	0827	1207 / 0767 / 0816

茂	茫	芒	虻	滿	蠻	M	略
1253	0825	1176	1157	1140 / 1121 / 1122	1157 / 1208		略 1121 / 畧 1141

蒙	鄇	虹	懣	每	美	沒	嵋
0830 / 蒙 0819	0818	1269	1189	1177	1120 / 1139	1120	0807

第十一章 《世说新语补》视角下的异体字及其取象

续表

免	澠	娩	緬	眠	密	襧	彌
兔 0809	澠 0809	娩 1122	緬 1155	眠 1170	密 1127 / 密 0795	襧 1208	彌 1175

母	某	默	敏	民	滅	苗	麪
毋 1118 / 毋 1118	某 1227	默 1120	敏 0816	民 0776	滅 1142 / 滅 1123	苗 0814	麪 1135

涅	念	嶷	暱	難	囊	那	N
涅 1208 / 涅 0818	念 0803	嶷 1175 / 嶷 0815	暱 0846	難 0829 / 難 0809	囊 0798	那 1132 / 那 1126	

盼	蟠	潘	P	癱	虐	甯	寧
盼 1152	蟠 1213	潘 1210 / 潘 0825		癱 0812	虐 1127	甯 0832	寧 1174

魄	頗	憑	瓢	胼	配	裴	龐
魄 1121	頗 0809	憑 1204	瓢 1175	胼 0826	配 1133	裴 1147 / 裴 1147	龐 0798

续表

騏	齊	奇		溥	脯	襆	僕
騏 1162	齊 1127	奇 1121	Q	溥 1134	脯 1185	襆 0849	僕 1153
	齋 1130						僕 1129
	齊 0781						僕 1132
							僕 1146
綺	啓	基	錡	琦	崎	耆	騎
綺 0835	啓 1234	基 1267	錡 1262	琦 0819	崎 1200	耆 1191	騎 1120
黔	潛	虔	謙	棄	契	器	起
黔 1142	潛 1137	虔 0854	謙 1126	棄 0760	契 1125	器 0835	起 1172
	潛 1150					器 0809	
琴	禽	竊	譙	強	羌	懺	錢
琴 1209	禽 1206	竊 1189	譙 1121	強 1151	羌 0814	懺 1164	錢 0796
		竊 0799		彊 1147			
				彊 1177			

172

第十一章 《世说新语补》视角下的异体字及其取象

续表

	趨	馨	磬	輕	卿	寢	秦	勤
	趨 0768	馨 1238	磬 1129	輕 1132 / 輕 1146	卿 1185	寢 1142 / 寢 0799	秦 1144 / 秦 1119	勤 1207 / 勤 0809
R	勸	畎	痊	娶	邆	趣	麴	
	勸 0848 / 勸 0809	畎 0829	痊 1233	娶 1129 / 娶 1123	邆 1168	趣 1185	麴 1167	
S	若	睿	褥	融	熱	饒	然	
	若 0818 / 若 0812 / 若 1208	睿 1144 / 睿 1228	褥 1132	融 1120 / 融 1119 / 融 1119	熱 1212	饒 1229	然 1171	
	膳	善	殺	色	嫂	搔	騷	喪
	膳 1228	善 1119 / 善 1120	殺 1123 / 殺 1118	色 0810	嫂 1162	搔 1175	騷 1173	喪 1131 / 喪 1120
	設	捨	舍	勺	燒	商	傷	贍
	設 1131 / 設 1129	捨 1168	舍 1118	勺 1173	燒 1207	商 1206 / 商 1206	傷 0809	贍 0760

续表

試	諡	勢	師	嵊	繩	聲	社
試 1201	諡 1225	勢 1201	師 1205	嵊 1133	繩 0810	聲 1127	社 1192

書	壽	受	收	奭	視	事	舐
書 0807	壽 0832 / 壽 0844	受 1118 / 受 1125	收 1119 / 收 1122	奭 0832	視 0809	事 1189	舐 1201

樹	數	屬	鼠	熟	蔬	疏	梳
樹 1140 / 樹 0809	數 0782	屬 1119 / 屬 1123	鼠 1121	熟 1177	蔬 1176	疏 1121 / 疏 1151 / 疏 1153	梳 1130

說	稅	爽	雙	帥	衰	庶	豎
說 1172 / 說 0807	稅 1215	爽 1164 / 爽 0797 / 爽 0797	雙 0818	帥 1183	衰 0815 / 衰 0807	庶 1159 / 庶 1209	豎 1133

续表

随	算	肅	誦	俟	嗣	死	絲
随 0800	算 1129 / 算 1241	肅 1133 / 肅 1134 / 肅 0837	誦 1159	俟 1151	嗣 0803	死 1172	絲 1122

歎	潭	臺		所	損	歲	雖
歎 1129 / 歎 1121 / 歎 0825	潭 1462	臺 1130 / 臺 1146	T	所 0807 / 所 1172 / 所 1176	損 1120	歲 1200	雖 1121 / 雖 1151

亭	庭	渟	聽	絢	陶	濤	滔
亭 0809	庭 1208	渟 0827	聽 1125	絢 1157	陶 1139	濤 0827	滔 1137

豚	蛻	頽	土	圖	塗	投	艇
豚 1242	蛻 1188	頽 1189	土 0810	圖 1149 / 圖 1149	塗 0810	投 1122	艇 1215

汪	婉	惋	翫	瓦		唾	脫
汪 0766	婉 1122	惋 1154	翫 1201	瓦 0767	W	唾 1151	脫 1161

续表

魏	微	巍	望	往	惘	罔	網
魏 1120 魏 0807	微 1140 微 1119	巍 0811	望 1119 望 1181 望 1249	往 1122	惘 0828	罔 1120 罔 1189	網 0801

洿	甕	饔	翁	穩	溫	崴	慰
洿 1189	甕 1166	饔 1201 饔 1242	翁 0778	穩 1205	溫 0780	崴 1155	慰 0847

	婺	誤	悞	侮	吳	烏	污
X	婺 1132	誤 1146	悞 1252	侮 1207	吳 1127 吳 0769	烏 1258	污 0794

璽	席	習	膝	熙	兮	鄐	錫
璽 1226	席 1172	習 0820	膝 0766	熙 1139	兮 0807 兮 0807	鄐 0816 鄐 0816	錫 0832

176

第十一章 《世说新语补》视角下的异体字及其取象

续表

獫	憲	嫌	暇	遐	點	戲		喜
獫 1203	憲 0801	嫌 0821	暇 1159	遐 0821	點 1176	戲 1134 戲 1125 戲 1123		喜 1201
曉	囂	蕭	襄	鄉	獻	陷（陥）		嶮
曉 1228	囂 0816	蕭 0780 蕭 0837	襄 1127	鄉 1125 鄉 1122	獻 1119 獻 1134 獻 0779 獻 1213 獻 1252	陷 1135 陷 0842		嶮 1151
胸	凶	興	釁	蟹	寫	攜/携		嘯
胷 1123	凶 1135 凶 1120 凶 1130	興 1120 興 1130	釁 0810	蟹 1166	寫 1149 寫 1148 寫 1149 寫 0796	攜 1175		嘯 0817

续表

徐	歔	虛	塂	須	繡	鱻	熊
徐 1187	歔 1143	虛 0811	塂 0809	須 1124 / 湏 1131	繡 1192	鱻 1129	熊 0814
尋	㝷	曛	譃	學	續	勗	敘
尋 1122	㝷 0819	曛 1152	譃 1134	學 1118 / 學 1207	續 1207	勗 1141 / 勗 1141	敘 0803 / 敘 0809
雁	驗	彥	顏	鹽	焉	Y	濬
雁 1150	驗 1204	彥 0765 / 彥 1226	顏 1125 / 顏 0780 / 顏 1173	鹽 0775	焉 0760		濬 0836
猗	曳	姚	堯	楊	陽	鞅	悇
猗 0831	曳 1187	姚 1235	堯 0794	楊 1174 / 楊 0817	陽 0807	鞅 0826	悇 1192

续表

易	藝	翼	矣	倚	以	彝	疑
0796	1176	1201	1120	1259	0824	0818	1122
			1139		以 0809		疑 0765
			1226				

絪	姻	詣	毅	誼	廣	異	逸
1157	1127	1147	1133	1175	0797	1123	1164
							逸 0836
							逸 0811

踊	穎/潁	嬰	隱	淫	陰	蔭	殷
0782	1121	1188	隱 1125	1203	1144	0817	1132
	潁 1153		隱 1131				
			隱 1162				
			0774				

续表

於	顋	幼	郵	尤	猷	猶	勇
於 1125 拎 1119 于 1118	顋 0846	幼 0817	郵 1143 郵 1215	尤 1172	猷 1170	猶 1140 猶 0807	勇 1253

譽	裕	羽	與	媀	庚	臾	虞
譽 0816 譽 0820	裕 1186	羽 0819	與 1118 與 1125 與 1226	媀 1151	庚 1130	臾 1140	虞 1121

猿	轅	袁	園	淵	寬	毓	玉
猿 0828	轅 1262	袁 1119	園 1201	淵 1124 淵 1121 淵 1226	寬 1134	毓 1192	玉 0832

允	悅	閱	怨	苑	遠	緣	椽
允 0812	悅 1120 悅 0823	閱 0796	怨 1139	苑 0775	遠 0809	緣 1151	椽 1212 椽 0807

续表

哉	襟	Z	愠/愠	蘊/蕴	韻	犹	郓
哉 1139 哉 0829	襟 1184		愠 0780	蕴 0781	韻 1132 韻 1131	犹 1203	郓 0815

棗	蚤	鑒	葬	贼	贊	簪	再
棗 1252	蚤 1122	鑒 0814	葬 1151 葬 1151	贼 1256	贊 1121 贊 1144	簪 1132	再 1228 再 1240

杖	丈	彰	章	瞻	詹	宅	澤
杖 1135 杖 1135	丈 1123 丈 1135	彰 0794	章 1129 章 1133	瞻 1132 瞻 1167	詹 1208	宅 1144 宅 1126 宅 1171	澤 0807

摭	鄭	爭	枕	甄	蔗	昭	障
摭 1241	鄭 0815	爭 1213	枕 1155	甄 0803	蔗 1207	昭 0769	障 1141

制	置	滯	炙	指	旨	稺	直
制 1259	置 1125	滯 1174	炙 0774	指 1149	旨 1132	稺 0764	直 1179

轉	斫	梲	傳	莊	裝	祝	衆
轉 1172	斫 0776	梲 1178	傳 1172	莊 1157	裝 1195	祝 0817	衆 1254

续表

鑽	祖	族	奏	縱	滋	咨	妝
鑽 1151	祖 0815 祖 0815	族 1127 族 1129	奏 1156	縱 1156 縱 1131	滋 0814	咨 0780	妝 1145
					座 1160 座 1134	遵 0819	尊 1200

附录 现代汉语高频字取象溯源整理

按照26个拼音字母排序梳理字源，格式为：**拼音 繁体简体（或古今字）对应六书 —— 对应取象法 古文字**

A

ā 阿阿 形声/形声 —— 义类/义类

许慎："阿，大陵也。一曰曲阜也。从阜，可声。乌何切。"（《说文》卷十四）《释要》p1315：（金文）（玺印）（汉简）。阿字确实从阜（自即阜）可声，许慎之说可从。阜为山无石，与大陵之阿同属一个义类，故取象法为义类法。

ài 愛爱 形声/形声 —— 借代/义类

许慎："愛，行皃。从夊，㤅声。乌代切。"（《说文》卷五）《释要》p547：（秦简）（玺印）。许慎所据小篆与古文字一致，爱的古文字字形从夊，㤅声，形声字，义类法取象。繁体字声旁讹变，但仍为形声字；繁体所从形旁夊（suī），许慎："行迟曳夊夊。象人两胫有所躧也。楚危切。"这个夊字，古文字字形为：（甲骨文）（帛书）（汗简）。可见夊本取象于趾足之形，许慎之说有误。夊之本义与行走有关，所

183

以《诗经·静女》"爱而不见,搔首踟蹰"之爱,乃隐藏不见之意。因此繁体爱之形旁夊的取象法为借代法,即以足趾之形代指与行走有关之义。简化字声旁继续讹变,形旁讹变为友,姑且仍算作形声字;形旁为友爱的友,取象于友好之意,乃义类法。

ān 安安 会意/会意 —— 顺递/顺递

许慎:"安,静也。从女在宀下。"(《说文》卷七)《新甲》p442:。《释要》p706:（金文）（陶文）（货币）。安的甲骨文有二形,其一从女在宀下有所籍之,一短横表示所籍之物。其一不从宀,字形从女而有所籍之一样。《说文》小篆当从有宀之形演变而来,其说可从,是会意字。正如《说文》的表述,字素女与宀的合体表义需要按照一定的顺序读下来,故为顺递取象法。《甲典》p1:安通用为鞍、按、晏、案。①

àn 案案 形声/形声 —— 借代/借代

许慎:",几属。从木,安声。乌旰切。"(《说文》卷六)《释要》p584:（秦简）（玺印),许说可从,案为形声字。关于案的形制,许慎据汉时变形变制的通用之器而训,其说有误,商承祚之说可从:"案与几,注家皆以类属,其实非是。据两器形制,分别甚大。案,长方有周阑,而体平扁,为承食之具。几,高足狭体,为凭依之器。两者形与用风马牛不相及也。"案字以制器所用材质为形旁取象,故为借代法。

ào 奥奥 形声/会意 —— 义类/借代

许慎:",宛也。室之西南隅。从宀,声。臣铉等曰。非声。未详。乌到切。"(《说文》卷七)《释要》p704:（玺印）（古四）。奥的古文字与许慎所据小篆无别。林义光认为许慎解字有误,奥当为会意字:"非声。奥,深也。从（审）从。,探索之象。"奥所从之宀,本就是屋宇之义,因此若从许慎之说,意为室之西南隅的形声字奥形旁取象为义类法。若从林义光之说,奥为深意,以为形旁,则形旁取象为借代法。以进入幽深之处需双手探索而进的典型动作表其处幽深。

---

① 本附录所有字头词条结尾如此表述者,均取自刘钊、冯克坚主编《甲骨文常用字字典》,北京:中华书局,2019年。一律简称为《甲典》,并直接给出引用页码。

B

bā 巴巴 象形/假借 ——物形/借形

许慎:"㠯,虫也。或曰食象蛇。象形。凡巴之属皆从巴。徐锴曰:一,所吞也。指事。伯加切。"(《说文》卷十四)《释要》p1343:（甲骨文）（玺印）。巴字乃一个跪姿的人形,非蛇之象。巴之词义,《书·牧誓疏》载:"巴在蜀之东偏。"《玉篇》曰巴为国名。亦有巴族之说。则巴字概为假借字。借形法。《山海经·海内南经》:"巴蛇食象,三岁而出其骨。"注云"说者云,长千寻",则巴为蛇,可食象,当为许慎解字所本。如此,则巴为象形字,物形取象法。《甲典》p3:巴通用为芭、把、琶、杷、靶、吧、爸、疤、粑、爬、苴。

bǎ 把把 形声/形声 ——借代/借代

许慎:"把,握也。从手,巴声。博下切。"(《说文》卷十二)《释要》p1111:（秦简）（玺印）。把字古今无别,为形声字。以取象于字素手代指用手握持义,故把的形旁为借代法。把的这个动词词义保留到今天,也是常用义项。所以古今取象法均为借代法。

bái 白白 指事/象形/假借 ——物形/物形/借形

许慎:"白,西方色也。阴用事,物色白。从入合二。二,阴数。凡白之属皆从白。旁陌切。，古文白。"(《说文》卷七)《释要》p1111:白字非从入合二:（甲骨文）（金文),许慎解字形有误。商承祚:"殆象天将晓日欲出。"郭沫若:"余谓此实拇指之象形。"若从商说,则白为指事字,以物形法取象。取象于天将晓日欲出,字形为锐顶之日,以指光色之白。若从郭说,则白取象于拇指,乃拇之本字,为物形法,假借为白色之白。白在金文中用为伯仲之伯为假借。《甲典》p4:白通用为拍、怕、珀、迫、帕。

bǎi 百百 会意/形声 ——顺递/意形

许慎:"百,十十也。从一、白。数。十百为一贯。相章也。博陌切。百,古文百从自。"(《说文》卷四)《释要》p368:百字非从一白:

许慎解字为会意，顺递取象。于省吾："百字的造字本义，系△字中部附加一个折角的曲划，作为指事字的标志，以别于白，而仍因白字以为声。"若从此说，则百字为形声字，意形法取象。《甲典》p3：百通用为陌、貊。

bàn 辦办 形声/指事——借代/借代

徐铉："辦，致力也。从力辡声。"（《说文》卷十三新附）繁体"辦"字形旁从力，以用力这样的途径来表示办事之意，为形声字，借代取象法。简化字"办"仍从力，左右各加一个点以指事，为指事字。取象法不变仍借代法。

bàn 半半 会意/指事——顺递或义类/意形

许慎："半，物中分也。从八，从牛。牛为物大，可以分也。凡半之属皆从半。博幔切。"（《说文》卷二）《释要》p111：许慎解形与金文一致：半（金文）。朱骏声曰："此实即判之本字。"马叙伦同之，并认为半从牛声。若从八从牛，以分牛而表示中分之意，则半为会意字，顺递法取象。若从八牛声，则取形旁八之分意，为义类法取象。简化字半已经看不出从八从牛，但是又显然以一竖中分而左右仍对称之形表半之意，因此为符号化的指事字，意形法取象。

bāo 包包 象形/象形——物形/物形

许慎："包，象人裹妊。巳在中，象子未成形也。元气起于子。子，人所生也。"（《说文》卷九）《释要》p868：包（秦简）。许说可从。杨树达曰："包即胞之初文。勹象裹，为外形。巳象子未成，在勹之内，为内形。"杨说可从。包乃胞之初文，为象形字，物形取象法。包字古今不变，是象形字，物形法。《甲典》p5：勹 bāo 通用为伏、包。

bǎo 寶宝 形声/会意——借代/顺递

许慎："寶，珍也。从宀，从王，从贝，缶声。博皓切。宝，古文宝省贝。"（《说文》卷七）《释要》p709：寶 寶（甲骨文） 寶 寶（金文）。许说合于金文，可从。宝为形声字。玉、贝均为可宝贵的典型的物什，用以表示宝之意，此为借代取象法。罗振玉："寶，贝与玉在宀内，宝之谊已明。古金文及篆文增缶。此省。"①宝字为会意字。如罗所言，宝之甲骨文不从缶声，因而为会意字。玉或贝在室中，表宝贝意，为顺递法取象。简化字从宀从玉，为会意字。顺递法取象。

bǎo　保保　会意/会意——顺递/顺递　𠈃

许慎："㑄，养也。从人，从呆省。呆，古文孚。博褒切。𡥀，古文保。𠈃，古文保不省。"（《说文》卷八）《释要》p758：𠈃𡥀（甲骨文）𠈃保保（金文）。许说有误，保字从人从子。叶玉森之说可从："本象负子于背之义。"保字从人从子，表示人以背负子，即养育义。引申义有保姆、保养。顺递取象法。简化字左半从人，右半乃保留了古文字子旁之饰笔而成的。仍为会意字。人而负子，顺递法。《甲典》p6：保通用为褒、煲、葆、堡、褓。

bào　報报　会意/会意——借代/借代　報

许慎："当罪人也。从㚔（niè）从𠬝。𠬝，服罪也。"（《说文》卷十）《释要》p970：報（金文）報（秦简），许说不误。林义光："𠬝，治也。"报的本形本义为断狱，判决罪人。《韩非子·五蠹》："楚之有直躬，其父窃羊而谒之吏，令尹曰：'杀之。'以为直于君而曲于父，报而罪之。"古文字报以与狱讼关联很紧的刑具取象造字，表示断狱、判决罪人，为借代法。报的引申义有报答、酬谢等，这也是简化字报在现代汉语中的常用义项。报从手从𠬝，表示以手的操作方式来报，因此也是借代法取象。

běi　北北　会意/会意——比象/借代　从

许慎："🰀，乖也。从二人相背。凡北之属皆从北。博墨切。"（《说文》卷八）《释要》p790：从北（甲骨文）北北（金文）北北（陶文）。北以二人相背而表乖背义，即像二人相背一样，大家的想法或走向是乖背的。会意字，比象法取象。北由乖背引申而有后背义，此义后来加旁造字"背"。殷墟甲骨文中北字已经假借为方向之北。引申出北方义，取唐兰之说：概因古人多南向盖屋，则南方为前方，北方为后背。以人之后背代指北方，此为借代法取象。北字字形古今无别，现代多用北方义。《甲典》p8：北通用为背、邶。

---

① 罗振玉《殷墟书契考释》（中），第41页。

bèi　備备　形声/不明 —— 义类/不明　[字形]

许慎："[字形]，慎也。从人，荀声。平秘切。[字形]，古文备。"(《说文》卷八)《释要》p766：[字形][字形]（金文）[字形][字形]（汗简）。备之古文字从夊为从䇂之讹。声旁之取象为义类法。简化字取象已不明。

bèi　被被　形声/形声 —— 义类/义类　[字形]

许慎："[字形]，寝衣。长一身有半。从衣，皮声。平义切。"(《说文》卷八)《释要》p804：[字形]（楚简）[字形]（秦简）[字形]（玺印）。许说可从。被字本义为寝衣，故形旁从衣，为义类法取象。现代汉语中，被字保留有寝衣义项，仍为义类法。

běn　本本　指事/指事 —— 物形/物形　[字形]

许慎："木下曰本。从木，一在其下。"(《说文》卷六)《释要》p570：[字形]（金文）[字形]（货币）[字形]（秦简）。许说可从。以木取象，标示其本，乃物形法。繁简字古今无别。

bǐ　比比　会意/会意 —— 并峙/并峙　[字形]

许慎："[字形]，密也。二人为从，反从为比。凡比之属皆从比。毗至切。[字形]，古文比。"(《说文》卷八)《释要》p789：[字形][字形]（甲骨文）[字形][字形]（金文）[字形]（秦简）[字形][字形]（汗简）。许说有误。张日升之说可从："甲骨文及金文往往反正无别……《金文编》附录上2130有[字形]字，象二人携手并肩相亲密之形，此正比之古文。后世以[字形]为从，以[字形]为比，[字形]行[字形]废，而密义之所由亦晦。"比字取象于二人并肩而立，表亲密义。为并峙法取象。由亲密义引申而有及、校、例、类、择善而从之、阿党等义。《甲典》p10：比通用为妣、纰、批、枇、屁、陛。

bì　必必　形声/假借 —— 义类/借形　[字形]

许慎："[字形]，分极也。从八、弋。弋亦声。卑吉切。"(《说文》卷二)《新甲》①p40：[字形] [字形]。《释要》p108：[字形][字形]（金文）[字形][字形]（秦简）。郭沫

---

① 刘钊主编《新甲骨文编》（增订本），厦门：海峡出版发行集团、福建人民出版社，2014。

若之说可从："必乃柲之本字。字乃象形，八声。"甲骨文必乃柲之本字，为兵器的柄，象形字，物形法取象。金文加声符八，为形声字，义类法取象。戈必之必用为必须之必，为假借字。借形法取象。《甲典》p11：必通用为秘、泌、毖。

biān　邊边　形声/不明 —— 义类/不明

许慎："𨗉，行垂崖也。从辵，臱声。布贤切。"（《说文》卷二）《释要》p204：（金文）（秦简）（石刻）。高田忠周认为边为边界义："本义谓行外境，故字从辵。而转谓所行之外境亦曰边也。"边字形旁确从辵，为义类取象法。简化字从力，取象不明。

biàn　變变　形声/形声 —— 义类/义类

许慎："變，更也。从攴，䜌声。秘恋切。"（《说文》卷三）《释要》p335：（金文）（秦简）（石刻）。璽印字确从攴，许说可从。林义光："从攴之字多非小击之义，当象手有所持形，与又略同，犹治事之意。古作。"变以攴为形旁，取其治事之义，因此为义类取象法。秦简之变从又，非从攴。从又与从攴均取其治事之义。简化字变从又，恋（简化字恋）省声，义类取象法。

biāo　標标　形声/会意 —— 义类/顺递

许慎："標，木杪末也。从木，票声。敷沼切。"（《说文》卷六）《释要》p573：《汗简》与《古四》收字均不从木：（汗简）（古四）。若以《说文》小篆论，标本义为木梢之末。则标从木，形旁取象为义类法。简化字标为会意字，形旁从木不变，以木而示，顺递法取象。

biǎo　表表　会意/会意 —— 顺递/顺递

许慎："表，上衣也。从衣，从毛。古者衣裘，以毛为表。陂矫切。裏，古文表从麃。"（《说文》卷八）《释要》p797：（楚简）（秦简），许说可从。字素毛与衣在字形中的位置固定，或为古文字的外衣内毛，或为楷书的上毛下衣，表达以毛为表之义，因而均为顺递法取象。

bié　別别　会意/会意 ——顺递/义类或并峙　🖼

许慎:"🖼，分解也。从冎，从刀。凭列切。"(《说文》卷四)《释要》p422:🖼(甲骨文)🖼 🖼(秦简)。甲骨文别字从冎从刀，许说可从。冎字为骨之初文。则别之取象为以刀分解骨头。顺递法。简化字从刀从另，多表离别、另外等义，取另与别义类之同，故为义类法。简化字保留了字素刀，也有分割、分开之义，故简化字别也可以看成两个形旁并列表意，为并峙法。

bìng　並(竝、併)并　形声/会意兼指事/形声/不明 ——并峙/并峙　🖼
🖼

许慎:"🖼，併也，从二立。凡并之属皆从并，蒲迥切。"(《说文》卷十)《诂林》8册p919-920:🖼(甲骨文)🖼(金文)🖼(秦简)。🖼即並、竝。许慎:"🖼，並也。从人，并声。卑正切。"(《说文》卷八)🖼即併。传世文献中並、竝、併常通用，为并列、罗列义。许慎:"🖼，相从也，从从，开声。一曰从持二为🖼。府盈切。"(《说文》卷八)🖼即🖼，即并(幵)。《释要》p789:🖼 🖼(甲骨文)🖼(金文)🖼(陶文)。许说有误。李孝定认为甲骨文并"象二人相并之形"。于省吾:"甲骨文并字作🖼、🖼或🖼。并字的造字本义，系于从字的下部附加一个或两个横划，作为二人相连的指事字的标志，以别于从，而仍因从字以为声(东耕通谐)。"李说、于说可从，则并为会意兼指事字，以一横画或两横画将二人相连，表达并义。并峙法取象。并为形声。楷体简化字看不出从二人之象了。传世文献中并(幵)常用为合、兼义。《甲典》p16:并(竝/🖼)通用为普。也即，与简化字并相对应的异体字或繁体字有幵、並、竝、併诸字。《甲典》p15:并(🖼)通用为屏、饼、迸、骈、拼、瓶。

bìng　病病　形声/形声 ——义类/义类　🖼

许慎:"🖼，疾加也。从疒，丙声。皮命切。"(《说文》卷七)《释要》p726:🖼 🖼(秦简)🖼 🖼(玺印)🖼(古四)。许说合于秦简文字，可从。形声字病以疒为形旁，为义类法取象。

bù　不不　象形/假借 ——物形/借形　🖼

许慎:"🖼，鸟飞上翔不下来也。从一。一犹天也。象形。凡不之属皆从不。方久切。"（《说文》卷十二）《释要》p1084：（甲骨文）（金文）（陶文）（秦简）。许说有误。郭沫若："分析而言之，其若象子房，象萼，象花蕊之雄雌。以不为柎始于郑玄。"郭说可从。不字取象于花之子房，还带有余蕊。是柎（花萼）的本字。房熟则盛大，所以引申为丕。用为否定词不为假借字。甲骨文中不已经常常假借为丕显之丕。现代汉语之不字，是否定词，所以为假借字。借形取象法。《甲典》p17：不通用为丕、否、邳、杯、罘、胚、芣。

bù 布布 形声/会意 —— 义类/义类

许慎："，枲织也。从巾，父声。博故切。"（《说文》卷七）《释要》p752：（金文）（秦简）。许说可从。布为形声字。义类法取象。楷书布字与秦简文同，声旁已讹变为广（左手），成为形旁，然形旁从巾取象不变。仍为义类法。

bù 步步 会意/会意 —— 顺递/顺递

许慎："，行也。从止相背。凡步之属皆从步。薄故切。"（《说文》卷二）《释要》p170：（甲骨文）（金文）。许说有误。步字从两止不相背，以人前进时左右足一前一后表达行进义。从两止，为会意。两止一前一后，次序而行，为顺递取象法。步字除了笔画由曲笔变为直笔，古今无别。仍为会意字。顺递取象法。

bù 部部 形声/形声 —— 义类/义类

许慎："天水狄部。从邑，音（pǒu）声。蒲口切。"（《说文》卷六）《释要》p633：（秦简）（玺印）。许说可从。部字形旁从邑表所聚居之部族，为义类取象法。繁简无别，今仍为形声字。义类取象法。

C

cái 才才 指事/假借 —— 物形/借形

许慎："，艸木之初也。从丨。上贯一，将生枝叶。凡才之属皆从才。徐锴曰：上一，初生岐枝也。下一，地也。"（《说文》卷六）可见《说文》

之才为指事字。《释要》p602：✦ ✧ ✝（甲骨文）✤ ✜ ✛（金文）✚（古陶文）✙（秦简），许慎的解形不符合古文字原貌。高鸿缙之说可从："才为才始之本字。从种子下才生根，上才生芽之形。而以一表地之通象。故才为指事字。副词。商周借为介系词在，此在彼之在。形仍为✝，周始加土旁为意符（言种子之芽才出土，根才入土也）作在，隶变作在。楷书作在。本意仍为才始。副词……秦汉借才为才能、人才之才。而在只用为介系词，乃沿周人之习，以同音通假之故。"才的古文字当取象于"种子在地下刚才生根，出✝地上刚才生芽"之形，本义为才始。是指事字。物形法取象。在金文中已经假借为在，则为借形取象。《甲典》p19：通用为财、材、在、豺。

cái　财财　形声/形声 —— 义类/义类

许慎："财，人所宝也。从贝，才声。昨哉切。"（《说文》卷六）《释要》p620：财（玺印）。财确实从贝才声，是形声字。财作为形声字，形旁为贝，义类取象。

cǎi　採采　形声/会意 —— 义类/顺递

许慎："采，捋取也。从木，从爪。仓宰切。"（《说文》卷六）《释要》p592：采（甲骨文）采（金文）采（陶文）采 采（秦简）。采字从甲金文开始就是会意字，从爪从木。从爪从木的顺序是不可变的，应为以爪采木上果实之象，所以取象法为顺递法。异体字採为后起字，累加形旁扌，为形声字，义类法取象。《甲典》p20：通用为彩、菜、踩、睬。

cān　参参　形声/形声 —— 义类/取象弱化

许慎："参，商星也。从晶，㐱声。臣铉等曰，㐱非声。未详。所今切。曑，参或省。"（《说文》卷七）《释要》p669：参 参 参 参（金文）参（陶文）参（秦简）。参确实从晶（星之初文），《说文》不误。晶乃星之初文，故参之取象为义类法。简化字取象弱化了。《甲典》p20：通用为渗、惨、掺、瘆、碜、糁。

cè　策策　形声/形声 —— 义类/义类

许慎："策，马棰也。从竹，朿声。楚革切。"（《说文》卷五）取《说文》之解字，则策为形声字，本义为竹制的马鞭，义类法取象。简化字与繁体字无别。《释要》p467：蒇（金文）䇲（楚简）。

chǎn 產产 形声/不明 —— 义类/不明 产

许慎："產，生也。从生，彦省声。所简切。"（《说文》卷六）《释要》p609：產（金文）產（盟书）產（秦简）。古文字产非从彦省声，《说文》解形有误，然产从生，不误。蔡运章："產从产从生……《孟子·滕文公上》：'陈良，楚产也。'赵岐注：'陈良生于楚。'"可见产意思为生子，生长，故为义类法。简化字只保留了声符，取象不明了。

cháng 長长 象形/模糊 —— 物形/模糊 长

许慎："長，久远也。从兀从匕。兀者，高远意也。久则变化。亾声。厂者，倒亾也。凡长之属皆从长。臣铉等曰：倒亡，不亡也。长久之义也。直良切。长，古文长。镸，亦古文长。"（《说文》卷九）《谱系》p1870：长（甲骨文）《释要》p898：長長（金文）長长（陶文）。许慎解形据小篆而误。余永梁："长实象形，象人长发貌，引申为长久之义。"可备一说，长为象形字，取象于长发之人形，表久远义。物形法。简化字取象模糊了。《甲典》p22：通用为张、伥、帐、怅、胀。

cháng 常常 形声/形声 —— 义类/义类 常

许慎："常，下裙也。从巾，尚声。市羊切。裳，常或从衣。"（《说文》卷七）《释要》p748：尚（金文）尚（陶文）裳裳（楚简）常常（秦简）。楚简有从衣之字，秦简与《说文》小篆同，均从巾尚声。詹鄞鑫："'常'字从巾尚声，许慎误以为是"裳"的异体，其实，从巾的"帜"等都是旗帜的名称，"常"的本义应该也是旗帜的名称。"《周礼》有"大行人"之职，其职提到"建常九游"，郑注：常，旌旗也。詹鄞鑫之说可从："常有广狭二义。广义的常是九种旗帜的统称，狭义的常特指九旗中的日月旗。常是车上所立之物，因而也成为高度的等级标志，并由此发展成为长度单位。古代长度单位，八尺为寻，倍寻为常。再由长度单位引申而有表时间的经常义。"常字从巾表旗帜，故取象法为义类法。

chǎng 場场   形声/形声 —— 义类/义类

许慎:"場,祭神道也。一曰田不耕,一曰治谷田也。从土,易声。直良切。"(《说文》卷十三)《谱系》p1832:（玺汇二五六六）。《释要》p1257:（楚简)。《说文》小篆字与楚简同,为形声字,从土易声。場、场均为形声字,义类法取象。

chāo 超超   形声/形声 —— 义类/义类

许慎:"超,跳也。从走,召声。敕宵切。"(《说文》卷二)《释要》p157:（玺印)。超为形声字,义类法取象。

chē 車车   象形/模糊 —— 物形/物形

许慎:"车,舆轮之总名。夏后时奚仲所造。象形。"(《说文》卷十四)《释要》p1303:（甲骨文）（金文)。车本为象形字,物形法取象。简化字使取象模糊了。古文字的车字乃俯视车之形而取象造字。又,严格地说,俯视车之形,只有师同鼎的这样的古文字最写实,两只车轮因从上方俯视而只能看成两条直线。但是大多数古文字字形没有这样写实,而是把车轮放倒平摊之形安放在车厢两侧。造字之法,毕竟并不同于绘画之法。我们和造字的古人想法一致,觉得这样的字符处理比较容易让人想到车的形状。

chén 陳陈   形声/形声 —— 义类/义类

许慎:"陳,宛丘。舜后妫满之所封。从阜,从木,申声。臣铉等曰,陈者,大昊之虚,画八卦之所,木德之始,故从木。直珍切。陳,古文陈。"(《说文》卷十四)《释要》p1321:（金文）（陶文）陳陳（秦简)。许慎解为从阜,从木,申声,有误。张政烺之说可从,金文凡陈国之陈作敶,地名之陈作陸,绝不混用。敶、陸为陈之累加意符字,所累加意符为支、土。后世姓氏与地名混用,均写作陈。取马叙伦之说,则敶从阜漱省声,陸从重得声。则敶陸均为形声字,则陈也是形声字。陈字从阜取象,为义类法。

chēng 稱称 形声/形声 —— 义类/义类

许慎:"稱,铨也。从禾,爯声。春分而禾生。日夏至,晷景可度。禾有秒,秋分而秒定。律数十二秒而当一分,十分而寸。其以为重。十二粟为一分。十二分为一铢。故诸程品皆从禾。处陵切。"(《说文》卷七)《释要》p690:稱(秦简)稱(玺印)。称字为形声字,从禾,最早多指称量谷物,也常用为动词。义类法取象。简化字称仍从禾,仍为义类法取象。黄锡全认为爯为称的本字。

chéng 成成 形声/形声或指事 —— 义类/义类或物形

许慎:"成,就也。从戊,丁声。氏征切。戌,古文成从午。徐锴曰,戊,中宫。成于中也。"(《说文》卷十四)《释要》p1342:成 (甲骨文) 成 (金文)。许慎解形有误。古文字成有从戊从丁的,用为成汤之成字,则成为形声字,从戊丁声。古文字也有从戊从丨的,丨为指事性符号。取高鸿缙之说,则成从戊,戊为兵器;以丨指事其休止干戈之义。斧钺休止,表罢兵言和,则成为指事字。物形法取象。《甲典》p26:通用为诚、晟、盛。

chéng 城城 形声/形声 —— 义类/义类

许慎:"城,以盛民也。从土,从成,成亦声。氏征切。䧂,籀文城从𩫖。"(《说文》卷十三)《释要》p1251:城(金文)。《说文》之说可从。城为形声字。意符从土,为义类法取象。

chéng 程程 形声/形声 —— 义类/义类

许慎:"程,品也。十髪为程,十程为分,十分为寸。从禾,呈声。直贞切。"(《说文》卷七)《释要》p691:程(秦简)程(玺印)。段注谓"十髪"当为"一髪"之误,"十髪当禾秒十二,故字从禾"。姑取许慎之说。程为计量单位,是形声字,从禾呈声。义类法取象。

chí 持持 会意/形声 —— 义类/义类

许慎:"持,握也。从手,寺声。直之切。"(《说文》卷十二)《释要》p1109:止(金文)持(玺印)。高田忠周:"愚谓寺即持本字。"高田忠周所解古文字形与金文字形一致,从手表意,从止表声,为形声字,义类法取象。玺印从手寺声，与《说文》同。则持为形声字，其形旁从手，义类法取象。

chū 出出 会意/会意 —— 顺递/模糊

许慎："出，进也。象艸木益滋，上出达也。凡出之属皆从出。尺律切。"（《说文》卷六）《释要》p605：（甲骨文）（金文）。《说文》解形有误。古文字出从止从凵，表示足自凵出，会意。取象法为顺递法。简化字出已看不出从止之形。《甲典》p30：通用为诎、咄、屈、拙、绌、茁、黜。

chú 除除 形声/形声 —— 义类/义类

许慎："除，殿陛也。从阜，余声。直鱼切。"（《说文》卷十四）《释要》p1322：（秦简）（玺印）（石刻）。秦简字确从阜余声。形声字除形旁从阜，表殿之台阶，义类取象法。

chǔ 處处 形声/会意 —— 义类/顺递

许慎："処，止也。得几而止。从几，从夂。昌与切。處，处或从虍声。"（《说文》卷十四）《谱系》p1294：（井人钟）（南疆钲）（鄂君车节）。古文字處从人（下加足趾形）从几会意，凭几而止之意，虍声。形声字，义类法取象。古文字字形或省几旁，或省趾形，或省人形等。《说文》小篆当为省形之讹变字，可解为止于几，顺递法，会意字，简化字从之。《说文》之或体未省虎声。

chuān 川川 象形/象形 —— 物形/物形

许慎："川，贯穿通流水也。《虞书》曰，浚く《く，距川。言深く《く之水会为川也。凡川之属皆从川。昌缘切。"（《说文》卷十一）《释要》p1053：（甲骨文）（金文）。川取象水在畔岸中，物形法，象形字。《甲典》p32：通用为驯、训、钏、圳、顺。

chuán 傳传 形声/形声 —— 义类/义类

许慎："傳，遽也。从人，專声。直蛮切。"（《说文》卷八）《释要》p776：（甲骨文）（金文）（陶文）（秦简）。李孝定之说可从：

传从专乃声兼意，因为专为纺专，为陶钧皆运转不息者，乘转传者亦类之也。则传为形声兼会意字，义类取象。简化字仍然为形声字，义类法。

chuàng 創创 形声/形声 —— 义类/义类

《说文》正体无此字，列为"刅"之或体字。许慎："刅，伤也。从刃，从一。創，或从刀，仓声。"（《说文》卷四）創创均为形声字，义类法取象。

cǐ 此此 会意/会意 —— 顺递/顺递

许慎："此，止也。从止，从匕。匕，相比次也。凡此之属皆从此。雌氏切。"（《说文》卷二）《释要》p174：此 此（甲骨文）此（金文）此（陶文）此（秦简）。林义光之说可从："匕即人之反文。从人止。此者近处之称。近处即其人所止之处也。"则此为会意字。顺递法。简化字之形旁人的取象模糊了，六书、取象不变。

cì 次次 形声/形声 —— 义类/义类

许慎："次，不前不精也。从欠，二声。七四切。次，古文次。"（《说文》卷八）《释要》p836：次 次（甲骨文）次（金文）次（秦简）。许慎之说不可取。兹取林义光之说：次的本义当为第二，冠亚之亚。从二，吹省声。次吹双声旁转。义类法取象。传世文献次之常用义有次第、序等。楷书字使二变得与两点水相同了。《甲典》p34：次（次）通用为姿、咨、恣、瓷、资。

cóng 從从 形声兼会意/会意 —— 顺递及义类/顺递

许慎："从，相听也。从二人。凡从之属皆从从。疾容切。"（《说文》卷八）《释要》p789：从（甲骨文）从 从（金文）。二人相从，则为从。古文字的从为会意字。简化字采用从的初文。许慎："從，随行也。从辵从，从亦声。慈用切。"（《说文》卷八）《诂林》p478-479：從（甲骨文）從（金文）。马叙伦："林义光曰，從即从之或體。"從字是在从的基础上加了形旁辵或彳，重复表意。如高田忠周所言，從、从古代通用。《甲典》p35：從通用为纵、怂、枞。

cūn 邨村　形声/形声 —— 义类/义类

许慎："邨，地名。从邑，屯声。臣铉等曰，今俗作村。非是。此尊切。"（《说文》卷六）邨为形声字。形旁为邑，则为义类取象法。据徐铉，村为当时的俗体字。今简化字即这个俗字。村，从木寸声，义类取象。

cún 存存　形声/形声 —— 义类/义类

许慎："存，恤问也。从子，才声。徂尊切。"（《说文》卷十四）《释要》p1355：存（陶文）存（玺印）存（石刻）。存之古文直至小篆均从子，才声，形声字。《月令》："养幼少，存诸孤。"存字形旁为子，表恤问之义，义类取象法。

D

dá 達达　形声/形声 —— 义类/义类

许慎："達，行不相遇也。从辵，奎声。诗曰：挑兮达兮。徒葛切。达，达或从大。或曰迭。"（《说文》卷二）《谱系》p2436：達（甲骨文）。《释要》p194：達（甲骨文）達達（金文）達（秦简）。《说文》小篆和或体在甲金文中均有原形，许说可从。達，从辵奎声。达，从辵大声。本义为行走于道路之上，终于到达目的地。从辵之字，与行走有关。因此達和达的形旁均为义类法取象。

dǎ 打打　形声/形声 —— 义类/义类

徐铉："打，击也。从手，丁声。都挺切。（《说文》卷十二新附）

dà 大大　指事/指事 —— 物形/物形

许慎："大，天大，地大，人亦大，故大象人形。古文大（他达切）也。凡大之属皆从大。徒盖切。"（《说文》卷十）《释要》p960：大 大（甲骨文）大 大（金文）大 大（陶文）。指事字，物形法。《甲典》p37：大通用为太、轶。

dài 代代 形声字/形声字 —— 义类/义类

许慎:"㐳,更也。从人,弋声。臣铉等曰,戈非声。《说文》忒字与此义训同。疑兼有忒音。徒耐切。"(《说文》卷八)《释要》p773:㐳(陶文)㐳(楚简)代(秦简)。《说文》不误,代从人弋声,为形声字,表示人的一代代更替。义类法取象。

dài 帶带 象形/象形 —— 物形/物形

许慎:"帶,绅也。男子鞶带,妇人带丝。象系佩之形。佩必有巾,从巾。当盖切。"(《说文》卷七)《甲典》p38:帶(花东451)帶(合35242)。《释要》p747:帶(陶文)帶帶(秦简)帶帶帶(玺印),带为从巾的象形字,取象于系佩巾之形,古今字形不大。物形法取象。《甲典》p38:带通用为滞。

dān 單单 象形/象形 —— 物形/物形

许慎:"單,大也。从吅、𤰔,吅亦声。阙。都寒切。"(《说文》卷二)《释要》p152:單 單 單 單(甲骨文)單 單(金文)。许说有误,丁山之说可从:盾單双声而單斡迭韵……單与盾、斡古本一字,即盾牌义,是战争中用来防御的兵器。戰字从单,不仅取其声,也取其义。故,单的字形演变为:單—單—單—单。古文字单为象形字,物形法取象。甲骨文中单字常见,皆为人名。金文借单为战,省其上为單,作为兵器专名,即干戈之干。《甲典》p22、p38:单通用为弹、惮、殚、鄲、箪、蝉、闸、禅、戰、婵。

dàn 但但 形声/形声 —— 义类/义类

许慎:"但,裼也。从人,旦声。徒旱切。"(《说文》卷八)《释要》p782:但(甲骨文)但(楚简)但(玺印)。但即袒之本字,即不着衣而裸露之义。引申为表转折的但、徒,取其空义。但为形声字。形旁从人,义类法取象。

dàng 當当 形声/形声 —— 义类义类

许慎:"當,田相值也。从田,尚声。都郎切。"(《说文》卷十二)《释要》p1262:當 當(金文)當(陶文)。陶文与《说文》小篆同,许说可从。当为形声字。形旁为田，义类法取象。简化字声旁不变，取党字头，但形旁的取象模糊了。

dǎng 黨党　形声/形声　——　义类/义类

许慎："黨，不鲜也。从黑，尚声。多朗切。"（《说文》卷十）《释要》p957：黨（秦简）黨（玺印）。黨为形声字。形旁为黑，表示不鲜明义，声旁为尚。《说文解字注》："新鲜字当作鱻。屈赋《远游篇》：时暧暧其曭莽。王注曰：日月晻黮而无光也。然则黨曭古今字。"可从段注之说：黨与曭（tǎng）为古今字，本义为不明亮。义类法取象。简化字声旁不变并从简，形旁从兄表党亲、党羽等义。义类法取象。

dǎo 導导　形声/会意　——　义类/义类

许慎："導，引也。从寸，道声。徒皓切。"（《说文》卷三）金文中多假道为導。《释要》p329：導（石刻）。后世道導分化，道表示道路义，導表示引导义。（详见道字）简体字导所从寸为形旁，义类法取象，所从已不标音。

dào 到到　形声/形声　——　义类/义类

许慎："到，至也。从至，刀声。都悼切。"（《说文》卷十二）《释要》p1086：到到（金文）到（陶文）到（秦简）。古文字到皆从人，不从刀。人与刀形近，后讹写为从刀，并以之为声旁。如从人至，则为会意字，顺递法取象。若从至刀声，则为形声字。形旁从刀，义类法取象。

dào 導道　形声/会意　——　义类/顺递

许慎："道，所行道也。从辵，从首。一达谓之道。徒皓切。道，古文道。从首寸。"（《说文》卷二）《释要》p202：道道道（金文）道（陶文）道（秦简）。金文中多假道为導，道導通用不别。古文字道从行从首，或从辵从首，或又在这两形上加又，既表示引导义，也表示人所行的道路义。后来从又讹变为从寸，成为導，后世并逐渐分化为道表示道路，導表示引导。道从辵从首，会意字。顺递取象法。導从寸道声，形声字，义类法取象。

dé　得得　形声/形声 —— 义类/义类　[得]

许慎："[得]，行有所得也。从彳，䙷声。多则切。[䙷]，古文省彳。"（《说文》卷二）《释要》p213：[字形][字形]（甲骨文）[字形][字形]（金文）。许慎有误。据甲金字形，得字从又从贝，后字形讹变为从寸从见之䙷。许慎行有所得之说，亦有所本，甲金中从又从贝之[字形]，与从彳（或从辵）并从贝从又之[字形]并用。可采王襄之说，䙷字会意结构，以手持贝之取象表得到财货之本义。顺递法取象。得在䙷上加旁彳，成为形声字，义类法取象。

dé　德德　会意/形声 —— 顺递/义类　[德]

许慎："[德]，升也。从彳，悳声。多则切。"（《说文》卷二）《释要》p205：[字形][字形][字形]（甲骨文）[字形][字形]（金文）[字形]（陶文）。可取徐中舒之说：德之甲骨文[字形]从彳从直，表示循行察视，会意字，顺递取象法。可以隶定为值。甲骨文值字为德之初文。增心之德字为[字形]之后起字，为形声字，表察视于心为德。义类法取象。

dé　旳的　形声/假借 —— 义类/借形　[旳]

许慎："[旳]，明也。从日勺声。"（《说文》卷七）《释要》p650：《段注》："的者，白之明也。故俗字作的。"按照《说文》和《段注》的说法，"的"为"旳"的俗字，本义是明亮，形声字，义类取象法。又假借为助词，借形法取象。现代汉语用助词。

děng　等等　形声/形声 —— 义类/义类　[等]

许慎："[等]，齐简也。从竹，从寺。寺，官曹之等平也。多肯切。"（《说文》卷五）《释要》p459：[字形][字形]（秦简）[字形]（玺印）。孙常叙和林义光之说可从。等的本义是：比照标准作出同样的东西。即许慎所说的齐简，使新简与旧简整齐等同。寺之韵与等之蒸韵双声对转，故等从竹寺声，是形声字。义类法取象。简化字仍之。

dī　低低　会意兼形声/形声 —— 顺递兼义类/义类　[低]

徐铉："[低]，下也，从人、氐，氐亦声。都兮切。"（《说文》卷八新附）许慎："氐，至也。"（《说文》卷十二）《释要》p1166：饶炯："氐即底

201

之古文。"低为形声字，义类法取象。

dì　地地　形声/形声 —— 义类/义类

许慎："地，元气初分，轻清阳为天，重浊阴为地，万物所陈列也。从土，也声。徒四切。墬，籀文地从隊。"（《说文》卷十三）《释要》p1245：（金文）（盟书）（秦简）（石刻）。金文与盟书字形与《说文》籀文同。秦简字乃《说文》所本，为形声字，义类法取象。

dì　弟弟　象形/假借 —— 物形/借形

许慎："弟，韦束之次弟也。从古字之象。凡弟之属皆从弟。特计切。弟，古文弟，从古文韦省。丿声。"（《说文》卷五）《释要》p553：（甲骨文）（金文）（盟书）。商承祚之说可从：弟为古梯字，象木樾，以绳绕之可登而升。故引申为次第字。后为兄弟字所专有，乃另出第为次第。则弟之古文字和《说文》小篆均为象形字。物形法取象。弟之本义为梯子，引申义次第。弟弟之弟为假借字。次第之第为后起字。简化字弟弟意，假借。借形法取象。《甲典》p41：弟通用为梯、第、娣、剃、悌、涕。

dì　第第　形声/形声 —— 义类/义类

第为弟之后起字。弟本义为梯子，引申为次第。详见弟字。第为形声字，义类取象法。《说文》与《释要》不列此字。

diǎn　點点　形声/形声 —— 义类/义类

许慎："點，小黑也。从黑，占声。多忝切。"（《说文》卷十）《释要》p956：點（古四）。點为形声字，从黑，义类取象法。简化字保留了黑下的四个小点，仍从占声。为义类法。

diàn　電电　形声/象形 —— 义类/物形

许慎："電，阴阳激耀也。从雨，从申。堂练切。電，古文。"（《说文》卷十一）申为电之初文，《谱系》p3462-3464：（三七六正）（大克鼎）（陶汇）。申取象于电光闪烁之形，甲骨文用为地支字，金文用为人名字或借为神字、地支字。電为后起字，《谱系》p3464：䨝（番生簋）。申字累加雨旁表意而成電。電为形声字，义类法取象。简化字电回归了早期字形，是象形字，物形法取象。

diàn 坫店 形声/形声 —— 义类/义类

许慎："坫，屏也。从土，占声。"（《说文》卷十三）本义为古代设于堂中用以置藏器物的土台。义类法取象。坫俗变作店，从广，占声，店铺的意思。义类法取象。

diào 調调 形声/形声 —— 义类/义类

许慎："調，和也。从言，周声。徒辽切。"（《说文》卷三）《释要》p258：調（玺印）。繁简体均为形声字，义类法取象。

diē 跌跌 形声/形声 —— 义类/义类

许慎："跌，踢也。从足，失声。一曰越也。徒结切。"（《说文》卷二）形声字，义类法。

dìng 定定 会意/会意 —— 顺递/顺递

许慎："定，安也。从宀，从正。徒径切。"（《说文》卷七）《释要》p706：定（甲骨文）定（金文）定（秦简）。许说可从。正为会意字，从宀，从正，表以正道统宇内而得安定之意。《甲典》p44：定通用为锭、绽、淀。

dōng 東东 象形/假借 —— 物形/借形

许慎："東，动也。从木。官溥说，从日在木中。凡东之属皆从东。得红切。"（《说文》卷六）《释要》p599：東（甲骨文）東（玺印）。许说有误。丁山等人之说可从：東为橐之本字，是装满了东西的两端束口的囊之形。假借为东西方之东。则東本为象形字，囊属，物形法取象。作为假借字表方向之东，借形法取象。《甲典》p44：东通用为冻、栋。

dòng 動动 形声/会意 —— 义类/顺递

许慎："動，作也。从力重声。徒总切。動，古文动从辵。"（《说文》卷十三）《甲典》p29：重，動（村中南483）動（村中南483）。《谱系》

p999：重，从人，从东，会人负囊橐承之意。东亦声。此说可从。甲骨文通用为"动"之"重"乃会意兼形声字。人负囊橐承，顺递法兼义类法取象。《说文》小篆動为重后起字，加形旁力，形声字，义类法取象。简化字动从力从云，会意，顺递法取象。《甲典》p29：重通用为种、动、董、肿、恸。

dōu/dū 都都 形声/形声 —— 义类/义类

许慎："有先君之旧宗庙曰都。从邑，者声。周礼：距国五百里为都。当孤切。"（《说文》卷六）《释要》p630：（金文）（陶文）。许说可从。都之本义为人民聚居的城邑。西周以前，大体上一个城邑就是一个部落或邦国，也是贵族的宗庙所在地，所以，"都"又泛指邦国的都城。许慎所言符合春秋时期社会状况。春秋时代，由于宗法等级的影响，都、邑、国的意义分工逐渐明朗化。诸侯贵族的宗庙所在地，即都城，叫"国"。诸侯子弟或卿大夫的宗庙所在地，即采邑，叫"都"。一般的城邑叫作"邑"。都从邑者声，形声字，义类法取象。都（dū）引申义有全部之义，再引申为副词都（dōu）即现代汉语常用词。

dù 度度 形声/形声 —— 义类/义类

许慎："度，法制也。从又，庶省声。徒故切。"（《说文》卷三）《释要》p313：（陶文）（秦简）。甲金文中未有可以确认之字。陶文与秦简文与《说文》同。据许慎，则度为形声字，义类法取象。繁简无别。屈万里："其字象平伸双手度物之状，疑是度之初文。卜辞中或假为渡。"《甲典》p46：度通用为渡、镀、踱。

duàn 段段 会意/会意 —— 顺递/顺递

许慎："段，椎物也。从殳，端省声。徒玩切。"（《说文》卷三）《释要》p323：（金文）（陶文）（玺印）。许说有误。朱芳圃之说可从：段的古文字为以手持锤，于厂中捶石之形。因此是会意字，顺递法。楷书字取象模糊了。

duàn 斷断 会意/会意 —— 顺递/顺递

许慎："斷，截也。从斤，从㡭。㡭，古文绝。徒玩切。，古文断从叀。叀，古文更字。周书曰：𠭥，𠭥猗，无他技。𢻜，亦古文。"（《说文》卷十四）《新甲》p1002：𢻜（花东173）𢻜（合18450）。《谱系》p2715：𢻜（云梦）。甲骨文断字不从斤，云梦竹简字形同《说文》小篆。依《说文》之说，断从斤从𢇍，为会意字，顺递法取象。简化字断以㣺取代𢇍，然仍从斤，仍为顺递法取象。

duì 隊队 形声/会意——义类/顺递

许慎："𨽾，从高队也。从阜，㒸（suì）声。徒对切。"（《说文》卷十四）《释要》p1317：𨽾 𨽾（甲骨文）𨽾（陶文）。小篆从㒸的字形是讹变后的。甲骨文队从阜从倒子或倒人，表示从高处坠下。队的本义为坠，是坠的初文。因此甲骨文𨽾为会意字，顺递法取象。陶文和小篆从阜㒸声，为形声字，义类法。简化字回复到从人，会意字。顺递法。

duì 對对 会意/会意——义类/义类

许慎："對，譍无方也。从丵，从口，从寸。都队切。𢓥，对或从士。汉文帝以为责对而为言，多非诚对，故去其口以从士也。"（《说文》卷三）《释要》p280：𢓥（甲骨文）𢓥（金文）。许说有误，林义光之说可从：对字古文字从丵从又。丵为业之省。业，即版，即笏，臣子朝廷上应对时所执之物。以手持业表示以手持笏以应对。古文字中从又与从寸同义。對为会意字，顺递法取象。对字除对答义外，也有配对、对方义；有对错义。简化字对从寸从又会意。寸有尺度义，对有对错义；又有再义，对有配对、对方义，所以对仍为会意字，义类取象法。

duō 多多 会意/会意——并峙/并峙

许慎："多，重也。从重夕。夕者，相绎也，故为多。重夕为多，重日为叠。凡多之属皆从多。得何切。竹，古文多。"（《说文》卷七）《释要》p674：多 多 多（甲骨文）多（玺印）多（石刻）。许说有误，多从二肉会意，非从重夕。并峙法取象。《甲典》p47：多通月为侈、哆、移。

E

ér 兒儿 象形/模糊 —— 物形/模糊

许慎："㿟，孺子也。从儿。象小儿头囟未合。汝移切。"（《说文》卷八）《释要》p822：㓗 㓗（甲骨文）㓗 㓗（金文）㓗（秦简）。吴其昌："卜辞中'兒'字，触处皆是，悉是所贞祭之先公之名。"甲骨文的兒字为象形字，取象于婴儿头囟未合的样子，是物形法取象。简化字取象模糊了。《甲典》p50：兒通用为倪、霓、婗。

ér 而而 象形/假借 —— 物形/借形

许慎："而，颊毛也，象毛之形。《周礼》曰：作其鳞之而。凡而之属皆从而。臣铉等曰：今俗别作髵，非是。如之切。"（《说文》卷九）《释要》p901：而（金文）而（陶文）而（盟书）。而的本义为颊毛，象形字，物形法取象。后来多假借为连词而，是借形法取象。

èr 二二 指事/指事 —— 意形/意形

许慎："二，地之数也。从偶。凡二之属皆从二。而至切。弍，古文。"（《说文》卷十三）《释要》p1241：二（甲骨文）‖ 二（石刻）弍（汗简），二古今字形不变，古文字也有竖着写两画的。六书中属于指事字，以意为形的意形法取象。

F

fà 髮發发 形声/形声/形声 —— 义类/义类/不明

许慎："髮，根也。从髟，犮声。𩠖，髮或从首。䰂，古文。"（《说文》卷九）《释要》p856：髮（金文）髮（睡虎地秦简）髮（汗简），髮从首，犮声。赵诚："髮，从首，犮声，乃髮之异体。"《说文》古文与金文同形，髮均从首犮声，形声字，义类法取象。《说文》小篆从髟，犮声，形声字，义类法取象。段注将《说文》"根也"改为"头上毛也"，其说可从，髮本义为头发。许慎："發，躲發也。从弓癹聲。方伐切。"（《说文》卷十二）《诂林》p1083：發（金文）發（秦简）。于豪亮："'發弩'亦见于玺印及古籍之中，除'睡城发弩'外，《古玺文字征》尚有古玺'左发弩'。

'发弩'亦见于《睡虎地秦墓竹简·秦律杂抄》。"于说可从，發为發弩字。形声字，义类法。简化字发将髪發二字合用为发，以髪之声旁为字，可看作由髪而来的省形形声字，取象变得模糊不明。

fǎ 灋法　会意/会意 ——顺递兼比象/顺递兼比象

许慎："𤯍，刑也。平之如水。从水。廌，所以触不直者，去之。从去。方乏切。佱，今文省。金，古文。"（《说文》卷十）《释要》p923：𤯍（金文）灋（陶文）灋灋（玺印），商承祚："盖灋法二字一属周初，一属晚周，汉时亦通用之。"灋，廌兽触去不直者，以达到平之如水的法律公正，这是会意字，顺递取象法，同时也是比象法。法，从水，保留比象法。同时，若理解为是灋的字形的简省，则依然为顺递取象兼比象法。

fǎn 反反　会意/会意 ——顺递/顺递

许慎："反，覆也。从又。厂反形。府远切。反，古文。"（《说文》卷三）《释要》p310：反反（甲骨文）反（金文），杨树达之说可从：反从又从厂者，厂为山石崖岩，谓人以手攀崖也。扳实反之后起字也。《说文》所解的"覆也"是引申义，因为以手攀崖，亦必反其手，所以引申义为正之对。《甲典》p53：反通用为贩、返、板、饭、版、阪、扳、叛、昄、坂。

fāng 方方　指事/指事 ——物形/物形

许慎："方，併船也。象两舟省总头形。汸或从水。"（《说文》卷八）许慎解形错误。采戴家祥之说可取，方为旁之初文。指事字。四方乃引申义。从一为肩荷之杠棒形。从𠂉为侧身人字。《释名》："在边曰旁。"《玉篇》："旁犹侧也。"人侧向一边正取旁字义。《释要》p821：方方（甲骨文）方方（金文）方（陶文）。甲骨文和金文的方又作方方，一形两端的短竖为指事符号，表示物之两旁，犹《仪礼》所说"左右曰方"。古无清唇音，方、旁古音同。甲骨文和金文的旁字都从方从凡。凡即凡，与方声同，知旁为方的声符重复字。金文"四方"亦作"四旁"，方与旁音义皆同，故从方之字有旁义，如《说文》十二篇"房，室在旁也"。《甲典》p53：方通用为仿、芳、放、彷、纺、房、访、舫、坊、妨、肪。

fáng 防防　形声/形声 —— 义类/义类（形）防

许慎："防，堤也。从阜，方声。符方切。防，防或从土。"(《说文》卷十四)《新甲》p792：形。《释要》p1319：形形（玺印）形（石刻）。甲骨文中防、衛通用，字形从行，从止，方声。《说文》小篆与玺印、石刻文字一致，为形声字，义类法取象，繁简无别。《甲典》p237：卜辞用防为卫。

fáng 房房　形声/形声 —— 义类/义类　房

许慎："房，室在旁也。从户，方声。符方切。"(《说文》卷十二)《释要》p1090：房（楚简）房（秦简）房房（玺印），房为形声字，义类法取象。

fàng 放放　形声/形声 —— 义类/义类　放

许慎："放，逐也。从攴，方声。凡放之属皆从放。甫妄切。"(《说文》卷四)《释要》p413：放放（金文）放（汗简）。放是形声字，义类法取象。

fēi 非非　指事/假借 —— 借代/借形　非

许慎："非，违也。从飞下翄，取其相背。凡非之属皆从非。甫微切。"(《说文》卷十一)《释要》p1082：非（金文）非（货币）非（石刻），林义光："鸟翅于相背义不显……象张两翅。周伯琦以为与飞同字，当从之。"周伯琦和林义光之说可从，非即飞，取象鸟翅而代指飞翔，为六书中的指事字，借代法取象。甲骨文中此字用为地名或否定词，是假借字，借形法取象。《甲典》p53：非通用为排、菲、匪、斐、啡、翡、绯、扉、霏、蜚、诽、罪、裴、痱、悲、悱、俳。

fèi 费费　形声/形声 —— 义类/义类　费

许慎："费，散财用也。从贝，弗声。房未切。"(《说文》卷六)《释要》p626：费（金文）费（秦简）。费为形声字，义类法取象。

fēn 分分　会意/会意 —— 顺递/顺递　分

许慎："分，别也。从八从刀，刀以分别物也。"(《说文》卷二)《释要》

附录　现代汉语高频字取象溯源整理

p102：🖐心（甲骨文）少（金文）。《说文》不误，刀是会意字，从刀和八取象，顺递取义：以刀分别物。《甲典》p53：分通用为忿、贫、盼、颁、粉、汾、盆、纷、芬、份、氛。

fèn　份份　形声/假借 —— 义类/借形或顺递

许慎："㑮，文质借也。从人，分声。《论语》曰：文质份份。府巾切。彬，古文份从彡林。林者，从焚省声。臣铉等曰：今俗作斌，非是。"（《说文》卷八）《说文》此"份"字为"文质彬彬"的本字，意思是文质兼备，形声字，义类法取象。后假借为一份、两份的份，并可解形为人而分之，则为形声兼会意，顺递法取象。

fēng　風风　形声/形声 —— 义类/不明

许慎："鳳，八风也。东方曰明庶风，东南曰清明风，南方曰景风，西南曰凉风，西方曰阊阖风，西北曰不周风，北方曰广莫风，东北曰融风。风动虫生，故虫八日而化。从虫，凡声。凡风之属皆从风。方戎切。凰，古文風。"（《说文》卷十三）《释要》p1236：月鳳鳳鳳（甲骨文）鳳（秦简）鳳（帛书）鳳（汗简）鳳（古四）。关于风的字形演变，曾宪通之说可备考：

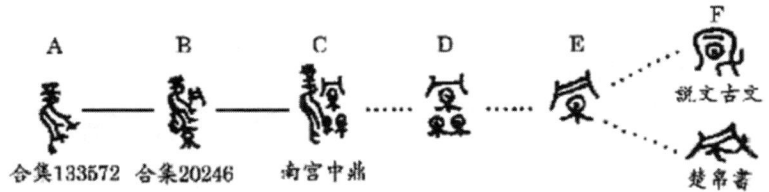

甲骨文中以凤为风，即A字。B在A的基础上在右上加声符凡。C是金文，已将凤尾纹饰与凤体分离，且移置声符凡之下，形成左右式并列结构，其右旁之鳳，则为风字之滥觞。D是C的简省，由偏旁独立成字。E是D的进一步简化，即由声符和单个凤尾纹饰组成，此形体为风字的分化提供了条件。F和G则分别是E的分化和省变，即在声符凡之下，《说文》古文取凤尾纹饰之上部⊙而成凨字；楚帛书取尾饰之下部㇏而成凨字。所以，风字自甲骨文时代至今皆假凤为之，字形本与虫、日无关，许慎以其

209

字形与虫、日相类，遂以"风动虫生，故虫八日而化"强为之解，是不足为据的。《新甲》p754：卜辞用"凤"为"风"。小结以上，甲骨文中无风字，乃借凤而用。繁体字風从秦简、帛书等演变而来，为形声字，从虫凡声，义类法取象。简化字风，从记号X，凡声。

fú　服服　形声/形声　——不明/不明　

许慎："服，用也。一曰车右騑。所以舟旋，从舟，𠬝声。房六切。𦩎，古文服从人。"（《说文》卷八）《释要》p820：（甲骨文）（金文）服服（秦简）（石刻）（汗简），服的甲骨文从人，从手（又），从盘（月），表示以手持盘而操持服事之意。金文盘讹变为舟，成为以手持舟。古文省形为从人从舟。楷化字从月，𠬝声。服的繁简体无别，均为形声字，形旁月与词义无关，取象法不明。

fú　幅幅　形声/形声　——义类/义类　

许慎："幅，布帛广也。从巾，畐声。方六切。"（《说文》卷七）《释要》p747：幅（秦简）。幅是形声字，义类法取象，繁简体无别。

fǔ　府府　形声/形声　——义类/义类　

许慎："府，文书藏也。从广，付声。臣铉等曰：今藏腑字俗书从肉，非是。方矩切。"（《说文》卷九）《释要》p881：（金文）府（秦简）（玺印）（汗简）。府的甲骨文从广、从贝，付声，意思是储藏财务之所。会意兼形声字，顺递法取象。秦简文字和玺印文字均从广付声，形声字，义类法取象。繁简体字形无别，均形声字，义类法取象。

fù　负负　形声/形声　——义类/义类　

许慎："负，恃也。从人守贝，有所恃也。一曰受贷不偿。房九切。"（《说文》卷六）《谱系》p298：（陶汇）负（云梦）。"賓（古府字，从宀，从贝，付声）的省形分化字，晚周金文賓字作（大篆），或省作（长陵盉）形，其省宀旁则别出负字。"此说可从，负字从古文字省形，为形声字，从贝付声，义类法取象。繁简字均声旁讹变，字形不明了，但形旁从贝不变。

fù　復複复　形声/形声/会意——义类/义类/顺递 ▨

许慎："▨，行故道也。从夊，畐省声。房六切。"(《说文》卷五)《释要》p206：▨（甲骨文）▨▨（金文）。复的甲骨文字形从夊从▨，▨像穴居之两侧有台阶上出之形，夊在▨的台阶上，表示往返出入之意。会意字，顺递取象法。金文有累加形旁彳的字形▨，即为繁体的復，形声字，义类法取象。许慎："▨，重衣皃。从衣复声。一曰褚衣。方六切。"(《说文》卷八)《诂林》p588：▨（秦简）。马叙伦："盖複为有裡之衣，故曰褚衣。"此说可从，複衣有里子，义与单衣相对，为形声字，义类法取象。简化字复将復複二字合一，回归了甲骨文的取象，顺递法取象，会意字。繁简字笔画均从甲金文字因隶变而有所讹变。

G

găi　改改　会意/会意——顺递/顺递 ▨

许慎："▨，更也。从攴、己。李阳冰曰：己有过，攴之即改。"古亥切。(《说文》卷三)《释要》p334：▨（盟书）。罗振玉之说可备参考：古金文（改簋盖）及卜辞有从巳之 ▨，无从己之 ▨。疑许书之 ▨ 即 ▨ 字。▨，从攴，巳声。若从《说文》，则改为会意字，顺递法取象。若从罗说，则改为形声字，义类法取象。繁简字形均保留《说文》以来的写法，从己，所以均为会意字，顺递法取象。

gān　甘甘　指事/指事——物形/物形 ▨

许慎："▨，美也。从口含一。一，道也。"(《说文》卷五)《诂林》p765-766：▨▨（甲骨文）▨（古陶文）▨▨（先秦货币文）▨▨（石刻篆文）。马叙伦曰："俞樾曰：'许说此兹甚迂。甘之本义当为含。一即所含之物也。美也者苷字义。'章炳麟曰：'道即覃之借，长味也。犹禫服作导服矣。'伦按：甘为含之初文。论衡是应。雨霁而阴曀者谓之甘雨。盖雨难止而未放晴，空气中犹含大量水分足以润物，故谓之甘雨。此甘之本义存于方语者也。从口，一象所含之物。"无论甘的本义是含，还是美，其造字取象都是一样的，即取象于人的正面张开的口造字，口中一横表示含或味美。指事字，物形法取象。卜辞借用为地名。《甲典》p63：甘通用为柑、邯、坩、

211

绀、钳、酣。

gàn　榦乾干　形声/形声/象形 ——义类/义类/物形

许慎："榦，筑墙端木也。从木倝声。臣铉等曰：今别作幹，非是。矢、榦亦同。"(《说文》卷六)《诂林》5册 p864：（金文）（秦简）。徐中舒："幹桢同义。榦今通作幹。此言先王为国之桢幹。"徐说可从，繁体字幹即《说文》之榦，形声字，义类法，为树干之干。

许慎："乾，上出也。从乙，乙，物之达也；倝声。乾，籀文乾。"(《说文》卷六)《诂林》10册 p947：（秦简）。马叙伦："此水涸之乾，即乾湿之乾，故从乙，上出者也。"马说可从，乾为形声字，义类法，为干湿之干。乾之为乾坤义时不简化。

许慎："干，犯也。从反入，从一。凡干之属皆从干。古寒切。"(《说文》卷十四)《释要》p239：（甲骨文）（金文）（陶文）。许说有误，郭沫若之说可从：干本为圆盾的象形，上有羽饰而下有蹲。后字形讹变为干。所以古文字之干为象形字，物形法取象，为干犯之干。楷书字繁简同，自陶文以来的字形讹变使字之取象模糊了。现代汉语合幹、乾、干三字为一字干。《甲典》p62：干通用为旱、竿、轩、刊、岸、杆、肝、汗、罕、讦。

gāi　該该　形声/形声 ——义类/义类

许慎："該，军中约也。从言，亥声。读若心中满該。古哀切。"(《说文》卷三)此字为后起字，后世经典不见军中约义，多作兼、备、包义。《说文通训定声》該、賅、晐、垓均有兼义。可能为亥字引申义。《字诂》：亥，犹該也。《释要》p274：（甲骨文）（金文）。王筠、林义光言同荄，像根荄在地下形。

gǎn　感感　形声/形声 ——义类/义类

许慎："感，动人心也。从心，咸声。古禫切。"(《说文》卷十)感字从咸。咸，罗振玉、吴其昌都言从戉。《释要》p995：（甲骨文）（金文）确象一戉形。咸的本义为众口齐呼，以助生威。引申义有普遍；感知等。感的古文字：（陶文）（玺印），从心咸声。所以感为形声字，义类法取象。繁简字无别。

gǎng　港港　形声/形声 —— 义类/义类

徐铉："港，水派也。从水，巷声。古项切。"（《说文》卷十一新附）许慎："巷，里中道。从𨛜从共，皆在邑中所共也。"（《说文》卷六）港之繁简字同，均为形声字，义类法取象。

gāo　高高　象形/象形 —— 物形/物形

许慎："高，崇也。象台观高之形。从冂，口与仓舍同意。"（《说文》卷五）《释要》p533：高（甲骨文）高（金文）高（古币文）高（睡虎地秦简）。徐中舒："象高地穴居之形。冂为高地，𠙴为穴居之室，介为上覆遮盖物以供出入。"其说可从：高的甲骨文字形取象于高地穴居之建筑物形，表达高之义。王慎行《商代穴居考》"夯土版筑术兴起以后，这种土窖式的穴居自然就逐渐成为落后的了。"奴隶主贵族住高台建筑，平民穴居。因此高的建筑之形有上、尊的意思。繁简字形无别，均为象形字，物形法取象。《甲典》p63：高通用为篙、稿、搞、镐、缟、藁、敲、牺。

gào　告告　象形/会意 —— 借代/顺递

许慎："告，牛触人，角箸横木，所以告人也。从口，从牛。易曰：僮牛之告。凡告之属皆从告。古奥切。"（《说文》卷二）《释要》p121：告告（甲骨文）告（金文），上部与牛头有别。若从吴其昌之说，告为斧形，刑牲之具，刑牲以祭曰告。用刑牲之具代指祭告，这是象形字，借代取象法。简化字承《说文》小篆字形，从牛从口，会意字，顺递法取象。《甲典》p64：告通用为诰、浩、造、窖、靠、皓、鹄、嚳、梏。

gé　格格　形声/形声 —— 义类/义类

许慎："格，木长皃。从木，各声。古百切。"（《说文》卷六）《释要》p574：各（甲骨文）格格（金文）格（陶文）。甲骨文格不从木，为各，至义。《尧典》格于上下；《大禹谟》有苗格。金文与《说文》小篆同，是形声字，义类法取象。繁简体字形同，六书和取象亦同。

gè 箇個个　形声/形声/象形　——　义类/义类/物形

许慎："箇，竹枚也。从竹，固声。古贺切。箇或作个，半竹也。"（《说文》卷五）段注："《大射》《士虞礼》《特牲馈食礼》注皆云个犹枚也。今俗或名枚曰個，音相近。又云今俗言物数有云若干個者，此读然。"《释要》p465：箇（古四）。《说文》"箇"小篆字形与《古四》字形一致，为形声字，义类法取象。个，按《说文》取半竹之象，表一个两个，物形法，象形字。個从人固声，形声字，义类法取象，与箇为同音字，常通用。

gè 各各　会意/会意　——　顺递/顺递

许慎："各，异辞也。从口夂。夂者，有行而止之，不相听也。古洛切。"（《说文》卷二）《释要》p144：（甲骨文）（金文），各为脚从地穴中走出之形，本义为至。《说文》小篆已经讹变。所以，根据讹变后的小篆以来的字形，各为会意字，顺递法取象。繁简字形无别。《甲典》p66：各通用为咯、客、恪、络、骆、烙、珞、赂、略、路、格。

gěi 給给　会意兼形声/会意兼形声　——　顺递/顺递

许慎："給，相足也。从糸，合声。居立切。"（《说文》卷十三）朱骏声："此字当训相续也。"《释要》p1201：（甲骨文）（金文），象器盖相合之形。（秦简）（玺印）（汗简）（古四），丝之相合，即相续也，引申为足、供、与、及义。所以《说文》以来的合体字为会意兼形声字，顺递法取象。繁简字六书和取象无别。

gēn 根根　形声/形声　——　义类/义类

许慎："根，木株也。从木，艮声。古痕切。"（《说文》卷六）《释要》p571：（秦简）（玺印）。根的繁简体同，均为形声字，义类法取象。

gēng 更更　模糊/模糊　——　模糊/模糊

许慎："更，改也。从攴，丙声。古孟切。又古行切。"（《说文》卷三）《释要》p335：（甲骨文）（金文）（陶文）。更、改双声，又都从攴，攴像手持棒敲击某物。更的取象未有定论。若从《说文》，则为形声字，义类法取象。繁简字均有字形讹变，使合体字变成了独体字，六书和取象均模糊了。《甲典》p66：更通用为哽、埂、梗、硬、苏、绠。

gōng　工工　象形/象形 ——借代/借代

许慎："巧饰也。象人有规榘也。与巫同意。"（《说文》卷五）《释要》p476：（甲骨文）（金文）（货币）（玺印）（石刻）。刘恒：甲骨文工字，早期作形，后期作形。实象夯筑之夯，口为夯所为之石形，上端T则象连石夯之把。此种样式之夯，今天在一些地区犹可见到。夯在古代谓之杵，再古则谓之筑……工既象夯杵之形，故从工之字多有坚固义，如《诗·大雅·瞻卬》："无不克巩"，毛传："巩，固也"。墙盘铭："永不巩"，巩当读为巩，固也。此义实来自夯筑使坚固。夯筑为自上古以来中原建筑所习见，如殷代"傅说举于版筑之间"。盖房、筑墙乃至筑城皆离不开夯筑。古代之"工"，本由建筑劳动产生，"工"之最初应指建筑工人，后所指渐广，及于各行业，"百工"皆包括其中。工为劳动工具的象形，所以是象形字。以劳动工具代指使用该工具的人，这是借代取象法。《甲典》p67：工通用为功、贡、红、空、肛、攻、巩、江。

gōng　公公　会意/会意 ——顺递/顺递

许慎："，平分也。从八，从厶。音司。八犹背也。韩非曰：背厶为公。古红切。"（《说文》卷二）《新甲》p40：。《释要》p107：（金文）。《说文》小篆与古文字字形相合，许说可从。公从八从厶会意，顺递法取象。《甲典》p66：公通用为颂、讼、松、瓮。

gōng　功功　形声兼会意/形声兼会意 ——顺递或义类

许慎："，以劳定国也。从力，从工，工亦声。古红切。"（《说文》卷十三）《释要》p1267：（金文）（玺印）（石刻）。功同工，用例如：《大戴礼记·少闲》"于此有功匠焉"，《小雅·黍苗》"肃肃谢功"朱熹注"工役之事也"，《豳风·七月》"上入执宫功"朱熹注"公室官府之役也"。功本由工引申为职事，后又偏重力旁字义"用力为工"，最后变成功绩之意。若取用力为工，则为顺递法取象；若重从力工声，则为义类法取象。

215

gòng　供供　形声/形声 —— 义类/义类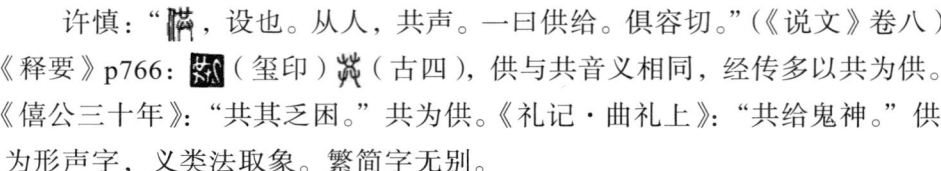

许慎："㑻，设也。从人，共声。一曰供给。俱容切。"（《说文》卷八）《释要》p766：㑻（玺印）共（古四），供与共音义相同，经传多以共为供。《僖公三十年》："共其乏困。"共为供。《礼记·曲礼上》："共给鬼神。"供为形声字，义类法取象。繁简字无别。

gòng　共共　指事/假借 —— 物形/借形

许慎："芇，同也。从廿廾。凡共之属皆从共。渠用切。䢍，古文共。"（《说文》卷三）《释要》p286：（甲骨文）（金文），共的古文字字形为双手恭敬地捧物之形。吴大澄之说可从：共为恭之本字，共同义是后起义。所以共从廾，不从廿，许说有误。则古文字共为指事字，物形法取象，以双手恭敬地举物，表示恭敬之义。隶楷之后，上下笔画贯通融合，共的取象模糊了。《甲典》p69：共通用为洪、烘、恭、龚、供、哄、拱、巷。

gòu　構构　形声/形声 —— 义类/义类

许慎："構，盖也。从木，冓声。杜林以为椽桷字。古后切。"（《说文》卷六）《释要》p576：（甲骨文）（金文），冓像两鱼相遇，会遭遇之意。構，木相连结，则为架、盖、立之意。繁体字为形声字，义类法取象。简化字以勾替代声旁冓，取象遂不明。

gòu　購购　形声兼会意/形声 —— 比象/义类

许慎："購，以财有所求也。从贝，冓声。古候切。"（《说文》卷六）冓字解释同上，以财相求曰购，仍是冓相遇的引申义。简化字以勾替代声旁冓，形旁贝表意，为义类法取象。

gǔ　股股　形声/形声 —— 义类/义类

许慎："股，髀也。从肉，殳声。公户切。"（《说文》卷四）《释要》p428：股（秦简）。许说可从，股为形声字，义类法取象。繁简字无别。

guān　關关　形声/不明 —— 义类/不明

许慎："關，以木横持门户也。从门，䜌声。古还切。"（《说文》卷十二）朱骏声："竖木为閂，横木为關。"《释要》p1096：▨▨▨（金文）▨▨▨▨（陶文）▨（货币）▨（秦简）▨（玺印），许说可从，關为形声字，义类法取象。简化字省去门形，取象遂不明。閉，金文▨。關像门中垂下草绳形，系绳以闭门。

guān　觀观　形声兼会意/形声——比象兼义类/义类 ▨

许慎："▨，谛视也。从见，雚声。古玩切。▨，古文觀从囧。"（《说文》卷八）《释要》p827：▨▨（甲骨文）▨▨（金文）▨（秦简）▨（玺印）▨（古四）。觀，初文为雚。吴其昌："此殆因雚鸟双睛炯然，视察锐利，故凡以目炯灼视察者，遂以雚形容之，就以观呼之。"繁体字觀承袭由金文以来的古文字字形，为雚的加旁字，成为形声字。取象于雚鸟双睛炯然，所以为比象法。简体字雚简化成记号又，取象遂不甚明；从见，义类取象。形声字。《甲典》p73：雚通用为灌、罐、鹳、瓘、劝、权、欢、观。

guǎn　管管　形声/形声——义类/义类 ▨

许慎："▨，如篪，六孔，十二月之音。物开地牙，故谓之管。从竹，官声。古满切。"（《说文》卷五）《释要》p469：▨（玺印）▨（古四）。古文字▨所从之▨，于省吾《甲古文字诂林》认为是师，认为官即是馆。官的构形，可能是族人聚居之处，商代从族中出兵力组成师旅。管取象于竹表中空之干，于是可指竹乐器、锁钥、笔管等，义类法，形声字。

guāng　光光　会意/会意——顺递/顺递 ▨

许慎："▨，明也。从火在人上，光明意也。古皇切。▨，古文。▨，古文。"（《说文》卷十）《释要》p952：▨（甲骨文）▨（金文）▨（陶文）▨（秦简）▨（玺印），许说可从。光从火在人上，古人手持火以照明，因而取形表示光明。繁简字同，均为古文字楷化的结果。隶楷之后，光下半部的人成了儿，不过还是属人之类，因而六书和取象均不变，会意字，顺递法取象法。《甲典》p74：光通用为恍、晃。

guǎng　廣广　形声/象形——义类/物形 ▨

许慎："▨，殿之大屋也。从广，黄声。古晃切。"（《说文》卷九）许慎："广，因广为屋，象对刺高屋之形。凡广之属皆从广，读若俨然之俨。鱼俭切。"（《说文》卷九）《释要》p884：⿸（金文）⿸（陶文）⿸（秦简），许说不谬。廣为形声字，形旁从广，义类法取象。简化字直接去掉了繁体字的声旁，保留形旁广成为独体字。独体字广在古文字阶段是象形字，取象于屋宇之形。简化字仍之，广为独体象形字，物形法取象。

guī　规規　会意/会意——顺递/顺递 䂓

许慎："䂓，有法度也。从夫，从见。居随切。"（《说文》卷十）《释要》p973：䂓（玺印）。以窥、阋、睨字见之，规本义当为窥视而非法度。判断夫是否能被国家征用，有身高和年龄的标准，引申为度、则之义。规为会意字，顺递法取象。简化字仍之。

guó　國国　形声/会意——义类/顺递

许慎："國，邦也。从囗，从或。古惑切。"（《说文》卷六）许慎："或，邦也。从囗，从戈，又从一。一，地也。于逼切。域，或又从土。"（《说文》卷十二）《释要》p615：戈（甲骨文）或國（金文），國的初文为或。或，囗像城郭之形，以戈戍守城郭之义。后在或外加囗，金文中有一或字作⿴，庶可见囗之由来。则國为从囗或声的形声字，义类法取象。简体字作囗中有玉，殆失原本，亦可解为从囗从玉，会意字，顺递取象。

guǒ　果果　象形/象形——物形/物形

许慎："果，木实也。从木，象果形在木之上。古火切。"（《说文》卷六）《释要》p571：㮚（甲骨文）果（金文）果（秦简）果 㮚（玺印），许说可从，像果生木上之形。

guò　過过　形声/会意——义类/顺递

许慎："过，度也。从辵，冎声。"（《说文》卷二）《释要》p182：過（金文）過（秦简），许说可从。過为形声字，义类法取象。简化字改从寸，成为会意字。寸为长度单位，从辵从寸表示走过了一定的限度，为顺递法取象。又，杨树达：甲文有字 选，字作 ，或作 伐，字作 彶。余疑此字从辵或从彳，以戈为声，即過字也。

H

hái 孩孩 形声/形声 —— 义类/义类

许慎:"㾋,小儿笑也。从口,亥声。户来切。㾋,古文咳从子。"(《说文》卷二)《孟子·尽心上》"孩提之童"赵岐注:"孩提,二三岁之间,在襁褓,知孩笑,可提抱者也。"咳本义为小儿笑,与孩为异体字。均为形声字。孩,形旁为子,义类法取象。

hǎi 海海 形声/形声 —— 义类/义类

许慎:"海,天池也,以纳百川者。从水,每声。呼改切。"(《说文》卷十一)《释要》p1014:(金文)(玺印)。海为形声字,形旁从水,义类法取象。

háng 䑵航 形声/形声 —— 义类/义类

许慎:"䑵,方舟也。从方,亢声。礼:天子造舟,诸侯维舟,大夫方舟,士特舟。臣铉等曰:今俗别作航,非是。胡郎切。"(《说文》卷八)《广韵》:"航,船也。"《集韵》:"方舟也。"《慧琳音义》卷二十九"舟航"注引《方言》云:"自关而东谓济渡为航。"可见,航为《说文》䑵的俗体字。名词义为方船,动词义为航行。形声字,形旁为舟,义类法取象。

hǎo 好好 会意/会意 —— 顺递/顺递

许慎:"好,美也。从女、子。徐锴曰:子者,男子之美称。会意。呼皓切。"(《说文》卷十二)《释要》p1145:(甲骨文)(金文)。好的构形古今无别,从女、从子。是会意字,顺递法取象。

hào 號号 形声/形声 —— 义类兼比象/义类

许慎:"号,痛声也。从口在丂上。""號,呼也。从号,从虎。呼刀切。"(《说文》卷五)《谱系》录入号、號二字为p776:(曾侯)(玺汇);p777:(陶汇)。其说可从。号,从口丂声,號由号派生。二字均为形声字,均为义类法取象。號从虎表意,亦兼比象法。今天的简体字号回归了古文字号。

hé　合合　象形/象形 —— 物形/物形　

许慎："合，合口也。从亼，从口。侯合切。"（《说文》卷五）《释要》p523：（甲骨文）（金文）（秦简）。许说有误，诸家考释多认为合之取象为器盖相合之形，引申为会合义。此说可从。则合本为象形字，物形法取象。《甲典》p65：合通用为哈、恰、拾、给、盒、鸽、洽、苔、答、弇。

hé　禾禾　象形/象形 —— 物形/物形　

许慎："禾，嘉谷也。二月始生，八月而熟，得时之中，故谓之禾。禾，木也。木旺而生，金旺而死。从木，从巫省。巫，象其穗。"（《说文》卷七）《释要》p681：（甲骨文）（金文）罗振玉：上象穗与叶，下象茎与根。许君云从木从巫省，误以象形为会意矣。罗说可从，禾乃独体字，由穗、叶、茎、根俱全之禾形造字，非如许慎所言"从木从巫省"。禾为象形字，物形法取象。《甲典》p80：禾通用为和。

hé　何何　形声/假借 —— 义类/借形　

许慎："儋也。从人可声。臣铉等曰：儋何，即负何也，借为谁何之何，今俗别作担荷，非是。胡歌切。"（《说文》卷八）《释要》p765：（甲骨文）（金文）。郭沫若之说可从：何字本象人荷戈形。后字形讹变为形声字之何，再加偏旁成为假借字之荷。何本义为担，从人从戈，会意字，顺递法取象。《说文》小篆已经从人可声，为形声字，义类法取象。用为疑问词时是假借字，借形法取象。

hé　和和　形声/形声 —— 义类/义类　

许慎："咊，相应也。从口，禾声。户戈切。"（《说文》卷二）《释要》p131：（金文）（陶文）（秦简）。古文字有从禾之和，也有从木之和，许说可从。和为形声字，形旁从口，义类法取象。

hěn　很很　形声/形声 —— 义类/义类　

许慎："很，不听从也。一曰行难也。一曰盭也。从彳，皀声。胡恳切。"（《说文》卷二）很字形旁为彳，若从难行之义，则为义类法取象。若从不听从之义，则取象不明。

hóng　紅红　形声/形声 —— 义类/义类　紅

许慎："紅，帛赤白色。从糸，工声。户公切。"(《说文》卷十三)《释要》p1204：紅（秦简）紅（玺印）。许说可从。红为形声字，形旁从糸，表帛之颜色，义类法取象。

hòu　後后　形声/会意 —— 义类/顺递　後后

许慎："後，迟也。从彳、幺、夊。后也。後古文後从辵。"(《说文》卷二)《诂林》p501-502：後後（金文）。徐中舒："δ 象绳结之形。文字肇兴以前，古人以结绳纪祖孙世系之先后。"高田忠州："後字本义谓行而迟在人後也。"戴家祥："幺後古音虽非同部，而声均属匣母。後由幺得声可以成立。《国语·周语》：'其君必无後。'注：'後，後嗣也。'金文'後人'等语，均作此用。"高、戴之说可从，後为形声字，前後义，义类法取象。

许慎："后，继体君也。象人之形。施令以告四方，故厂之。从一、口，发号者，君后也。凡后之属皆从后。胡口切。"(《说文》卷九）后为继体君之义，从人从一口会意，顺递取象法。后的简化字采用了君后之后的字形，使前後、君后合用一字。后本非简化字，乃《说文》小篆楷化字形。

hòu　候候　形声/形声 —— 义类/义类

许慎："候，伺望也。从人，侯声。胡遘切。"(《说文》卷八)《释要》p772：候（秦简）候（玺印）。许说可从。候为形声字。形旁从人，义类法取象。隶楷字形单人旁右的一小竖，当为侯字左侧一笔的讹变。

hǔ　虎虎　象形/象形 —— 物形/物形

许慎："山兽之君。从虍。虎足象人足。象形。"(《说文》卷五)《释要》p496：虎虎（甲骨文）虎虎（金文）虎字的造字取象就是一只老虎的形象，虎头尤其是血盆大口突出，身体、足、尾俱全。小篆字形已经讹变，下面的一只虎足和虎尾似乎成了像人足的虎足。《甲典》p85：虎通用为琥。

hù　戶户　象形/象形 —— 物形/物形　户

许慎："户，护也。半门曰户。象形。凡户之属皆从户。矦古切。戻，古文户从木。"(《说文》卷十二)《释要》p1090：户（甲骨文）户（秦简）。

许说有误，户不从半门。户为象形字，取象于单扇的门形，本义也是门。简化字户一仍古文字。《甲典》p85：户通用为妒。

hù 護护 形声/形声 ——义类/义类

许慎："護，救视也。从言，蒦声。胡故切。"（《说文》卷三）《释要》p259：護（玺印）。護为形声字，形旁从言，表救而视问，义类法取象。简化字改为从手户声，义类法取象。

huā 花[2]花 形声/形声 ——义类/义类

花钱的花比较晚近才出现。《红楼梦》第四十五回，凤姐："我不入社花几个钱。"这个花字与花朵之花同形。是形声字，形旁当为化，表示将钱转化为物品的过程。义类法取象。（花[1]见華）

huá 華花[1] 形声/形声 ——义类/义类

许慎："華，荣也。从艸从䓇。凡华之属皆从华。户瓜切。"（《说文》卷六）《释要》p610：䓇（陶文）。许说有误，陈独秀之说可从：花的古文字取象于枝上之花形，是象形字。古陶文里已有累加形旁艸的華字，隶定则为華，是累加形旁的形声字。花为華的俗字。段玉裁："華，俗作花，其字起于北朝。"花字为形声字，从艸，声旁化，义类法取象。花钱的花与这个花草的花为同形字。

huà 化化 会意兼形声/会意兼形声 ——并峙/并峙

许慎："化，教行也。从匕，从人，匕亦声。呼跨切。"（《说文》卷八）《释要》p787：化（甲骨文）化（金文）。李圃先生之说可从：化的古文字取象于一正一倒的二人之形，正人表示活着的人，倒人表示生命完结的人。二者合形表示生与死的变异。及至阴阳观念形成，化又有了阴阳转化的意义。许慎所说的德行之教化也是引申义。① 化为会意兼形声字，正人↑与倒人↓并峙表义，所以为并峙取象法。《甲典》p85：化通用为货、讹、花、靴。

---

① 李圃《甲骨文文字学》，第235页。

huá　劃划　形声/会意 —— 义类/并峙

许慎："▣，锥刀曰劃。从刀，从畫，畫亦声。呼麦切。"（《说文》卷四）劃为形声字，形旁从刀，义类法取象。简化字划保留了从刀，从刀从戈，均为表意形旁，并峙法取象。

huà　話话　形声/会意 —— 义类/并峙

许慎："▣，合会善言也。从言，舌声。传曰：告之话言。胡快切。▣，籀文话从會。"（《说文》卷三）《说文》小篆为形声字。繁简体话字均从言从舌，会意字，顺递法取象。

huán　還还　形声/形声 —— 义类/义类

许慎："▣，复也。从辵，睘声。户关切。"（《说文》卷二）《释要》p191：▣（金文）▣（楚简）。许说可从，還为形声字，形旁从辵，义类法取象。简化字仍从形旁辵取象，仍为义类法取象。声旁简化为不，使示音作用减弱。还、怀、环等从睘的字均简化为从不，所以可以类推出声旁之音，故曰声旁示音作用减弱而非完全消失。

huán　環环　形声/形声 —— 义类/义类

许慎："▣，璧也。肉好若一谓之环。从玉，睘声。户关切。"（《说文》卷一）《释要》p41：▣（金文）▣（秦简）。许说可从，環为形声字。形旁从玉，义类法取象。简化字环形旁仍从玉，义类法取象不变。声旁简化为不，使声旁的示音作用减弱。

huáng　黃黄　象形/假借 —— 物形/借形

许慎："▣，地之色也。从田，从炗，炗亦声。炗，古文光。凡黄之属皆从黄。乎光切。▣，古文黄。"（《说文》卷十三）《释要》p1264：▣（甲骨文）▣（金文），许说有误，唐兰之说可从：黄为象形字，取象于人形：其人仰面向天，腹部膨大，是《礼记·檀弓下》"吾欲暴尪而奚若"的尪字的本字。黄尪音近。尪人之残疾，突胸凸肚，身子显得特别粗短，▣字正是其形象。后来假借为黄色之黄，本义不用。假借为黄色之黄，借形取象。《甲典》p87：黄通用为簧、横、蟥、广。

huí　回回　象形/象形——物形/物形　◌

许慎："◌，转也。从口，中象回转形。户恢切。◌，古文。"（《说文》卷六）《释要》p614：◌（金文）◌（陶文）◌（货币）◌（秦简）。许说可从。回之古文字取象于回旋的水涡，即漩涡之象形。故为象形字，物形法取象。

huì　會会　象形/会意——物形/比象　◌

许慎："◌，合也。从亼，从曾省。曾，益也。凡會之属皆从會。黄外切。◌，古文會如此。"（《说文》卷五）《释要》p526：◌（甲骨文）◌（金文）。许说有误，罗振玉、朱芳圃等人之说可从：古文字會的上下部分象器盖相合之形，中间的◌取象于甑，一作◌，取象于笾。因为是器盖上下相合，所以为合之义。故古文字会为象形字，物形法取象。简化字会，形旁从云，比象法取象。

huó/guō　活活　形声/形声——义类/义类　◌

许慎："◌，水流声。从水，昏声。古活切。◌或从聒。"（《说文》卷十一）《释要》p1016：◌（古四）。活的古音应为 guō，是形声字，形旁为水，义类法取象。

huǒ　火火　象形/象形——物形/物形　◌

许慎："◌，毁也。南方之行，炎而上。象形。凡火之属皆从火。呼果切。"（《说文》卷十）《释要》p942：◌◌（甲骨文）◌（秦简）。火为象形字，物形法取象。《甲典》p90：火通用为伙。

huò　或或　会意/假借——顺递/借形　◌

许慎："◌，邦也。从口，从戈。又从一。一，地也。于逼切。域，或又从土。"（《说文》卷十二）《诂林》p957-958：◌（甲骨文）◌（金文）。商承祚："毛公鼎作◌。从戈守口。象有卫也。"或即國之初文，也是域之初文，后来國表家国义，域表疆域义，或则假借为或者之或（详见国字条）。《甲典》p91：或（◌）通用为域、惑、㦯、国、閾、蜮、棫。

huò　穫獲获　形声/形声/形声——借代/义类/义类　◌

许慎："◌，猎所获也。从犬，蒦声。胡伯切。"（《说文》卷十）《释要》p935：⚅（甲骨文）⚅（金文）。獲字初文从又从隹，以手持隹会获得义，会意字，顺递法取象。獲为后起形声字。獲形旁从犬，以狩猎时用犬而表猎获义，借代法取象。

许慎："穫，刈穀也。从禾，蒦聲。胡郭切。"（《说文》卷七）《诂林》6册p627：⚅（甲骨文）⚅（秦简）。孙海波："卜辞用萑为穫重见萑下。"穫为收获之本字，从禾蒦声，形声字，义类法。简化字获对应穫獲二字，从犬从艸表意，声符模糊，义类法取象。

J

jī 擊击　形声/记号 ——义类/不明　⚅

许慎："擊，攴也。从手，毄聲。古历切。"（《说文》卷十一）《释要》p1128：⚅（玺印）。擊为形声字，义类法取象。简化字截取繁体字字形的一部分，成为记号字，取象不明。

jī 其箕　象形或假借/形声 ——物形或借形/义类　⚅箕

许慎："箕，簸也。从竹。⚅象形。下其丌也。⚅，古文箕省。⚅，亦古文箕。⚅，亦古文箕。⚅，籀文箕。⚅，籀文箕。"（《说文》卷五）《释要》p471：⚅（甲骨文）⚅（金文）⚅（秦简）。其本为象形字，取象于竖立的簸箕形，是箕的初文。箕为其的加旁后起字。其假借为语气词和代词，是借形取象法。

jī 機机　形声/形声 ——义类/义类　⚅机

许慎："機，主发谓之机。从木，几声。居衣切。"（《说文》卷六）

许慎："机，木也。从木，几声。居履切。"（《说文》卷六）在《说文》中，機、机本为两字。機的本义是弓弩上的发射机关，机本义为一种树，即桤木。機简化时就使用了机字。即简化过程機机二字合为机字。

jī 積积　形声/形声 ——义类/义类　⚅

许慎："積，聚也。从禾，责声。则历切。"（《说文》卷七）《释要》p686：⚅（秦简）。积的本义为禾谷之聚集。形声字，形旁为禾，义类法取象。简化字积声旁为只。

jī 基基　形声/形声 —— 义类/义类

许慎："䉇，墙始也。从土，其声。居之切。"(《说文》卷十三)《释要》p1247：䉇（金文）。基就是古文字的隶楷字形，繁简无别。本义是墙基。形声字，形旁为土，义类法取象。

jí 及及　会意/会意 —— 顺递/顺递

许慎："及，逮也。从又，从人。徐锴曰：及前人也。巨立切。乁，古文及。秦刻石及如此。弓，亦古文及。𢎘，亦古文及。"(《说文》卷三)《释要》p309：（甲骨文）（金文）。及的本义为逮。以又、人合体会意，表示以手捉人。顺递法取象。后来字形讹变，字素人与又合形，原初的取象模糊了。《甲典》p95：及通用为级、圾、太极、汲、吸、岌、跤、笈。

jí 级级　形声/形声 —— 义类/义类

许慎："級，丝次第也。从糸，及声。居立切。"(《说文》卷十三)《释要》p1199：（秦简）（玺印），级为形声字，义类法取象。

jí 即即　形声/形声 —— 义类/义类

许慎："即，即食也。从皀，卪声。徐锴曰：即，就也。"(《说文》卷五)《释要》p512：（甲骨文）（金文）（秦简）。即的本义为接近食器就食。形声字，形旁为皀，义类法取象。形旁字皀在历时演变中变形了，食器的样子渐失，隶楷之后更加看不出食器之形了。《甲典》p96：即通用为节。

jí 極极　形声/形声 —— 义类/义类

许慎："極，栋也。从木，亟声。渠力切。"(《说文》卷六)徐楷曰：极，屋脊之栋也。《释要》p576：（玺印）（石刻）。极的本义是屋脊上的栋。形声字，形旁从木，义类法取象。简化字极是用笔画简单的同音字素及替换了笔画繁复的声旁字素亟。

jí 集集　会意/会意 —— 顺递/顺递

许慎："雧，群鸟在木上也。从雥，从木。秦入切。集，雧或省。"(《说文》卷四）《释要》p390：▨▨（甲骨文）▨▨（金文）▨（秦简）。集字由字素隹或三个隹与字素木合体而成，本义为群鸟聚集于木上。会意字，顺递取象。古文字阶段的集既有简单的字形，从一只隹在木上；也有繁复的字形，从三只隹在木上。可见集字就是古文字的隶楷字形，无所谓繁简。或曰繁简相同，就是古文字的隶楷字。

jǐ 幾几 形声/象形 —— 义类/物形 ▨

许慎："几，踞几也。象形。周礼：五几、玉几、雕几、彤几、鬃几、素几。凡几之属皆从几。居履切。"（《说文》卷十四）几为象形字，取象于实物之几。物形法。这个字一直沿用到今天，比如茶几。

许慎："▨，微也。殆也。从丝从戍。戍，兵守也。丝而兵守者，危也。"《诂林》p302：▨（金文）▨（秦简）。（《说文》卷四）李孝定："戴侗《六书故》曰：'幾从戍，疑本为幾察之幾，丝省声，谓戍守者当察于物色幾微之间也。《周礼》曰：幾其出入。又曰：幾酒、谨酒，此幾之本义也，因之为幾微、幾近、庶幾、幾希之义，借为幾何之幾。'较许说为长。金文幾王、幾父均为名词，无义。"李说可从。幾为幾微、幾乎，形声字，义类法。简化字将幾、几二字合用为几。

jǐ 己己 象形/假借 —— 物形/借形 ▨

许慎："己，中宫也。象万物辟藏诎形也。己承戊，象人腹。凡己之属皆从己。居拟切。己，古文己。"（《说文》卷十四）《释要》p1342：▨（甲骨文）▨（陶文）▨（货币）。诸家考证不一，张与仁：己为龙最早的象形字，龙的演变轨迹为：▨—▨—▨—龙。张秉权：己为纪的本字，象形，取象于来回交叉，将丝缕编结在一起，防止其散乱的丝绳。自己的意思和天干地支的用字，均为假借字。《甲典》p97：己通用为记、圮、纪、忌、异。

jì 計计 形声/形声 —— 义类/义类 ▨

许慎："計，会也，算也。从言，十声。古诣切。"（《说文》卷三）《释要》p258：▨（秦简）。計的本义为算。形声字，形旁从言，义类取象。形旁言简化了，所以计也随之简化形旁。但六书与取象均没变。

jì　記记　形声/形声 —— 义类/义类

许慎："記，疏也。从言，己声。居吏切。"(《说文》卷三)《释要》p260：
（玺印）（石刻）。记是形声字，义类法取象。简化字六书与取象法均不变。

jì　技技　形声/形声 —— 义类/义类

许慎："技，巧也。从手，支声。渠绮切。"(《说文》卷十一)《释要》p1124：（玺印）。技为形声字，义类法取象。

jì　季季　会意/会意 —— 顺递/顺递

许慎："季，少称也。从子，从稚省，稚亦声。居悸切。"(《说文》卷十四)《释要》p1354：（甲骨文）（金文）（陶文）。许说有误，季字非从稚省。林义光之说可从：稚为会意字，从子禾取象，表示幼禾，是穉的古字。引申为伯仲叔季的季。

jì　濟济　形声/形声 —— 义类/义类

许慎："濟，水。出常山房子赞皇山，东入泜。从水，齐声。子礼切。"(《说文》卷十一)《释要》p1012：（金文）（《说文》小篆）（玺印）。濟是形声字，形旁是水，义类法取象。声旁字素齐简化为齐，濟于是简化为济。济仍为形声字，义类法取象不变。

jì　繼继　形声/形声 —— 义类/义类

许慎："繼，续也。从糸、㡭。一曰反㡭为继。古诣切。"(《说文》卷十三)《释要》p1197：（金文）（汗简）。繼为后起字，本字为㡭，即㡭。继为形声字，形旁从糸，取象于丝之接续，义类法取象。

jiā　加加　会意/会意 —— 并峙/并峙

许慎："加，语相增加也。从力，从口。古牙切。"(《说文》卷十三)《释要》p1269：（金文）。林义光：象手争持形。则加从力从口，表示并用力和言语增加。会意字，并峙法取象。

jiā　家家　形声兼会意/会意 —— 顺递/顺递

许慎："家，居也。从宀，豭省声。古牙切。家，古文家。"(《说文》

卷七）《释要》p702：⿱宀豕（甲骨文）⿱宀豕（金文）家（秦简）。古文字家有二形，一个宀下从豕（豭之初文，公豕），豕兼表声，形声兼会意字，义类法取象；一个宀下从豕（豕字省形生殖器），亦可看作会意字，则为顺递法取象。上古时期，猪是家庭最重要的私有财产，所以从猪取象。繁简同。《甲典》p100：家通用为嫁。

jià 價价 形声/形声 —— 义类/义类

徐铉："價，物直也。从人、贾，贾亦声。古讶切。"（《说文》卷八新附）價为形声字，义类法取象。简化字声旁从介，形声字，义类法。

jiān 閒间 会意/会意 —— 顺递/顺递

许慎："閒，隟也。从门，从月。徐锴曰：夫门夜闭，闭而见月光，是有间隟也。古闲切。閒，古文閒。"（《说文》卷十一）《释要》p1094：閒（金文）。许说可取。閒的古文字从月在门上，表示月光透过门缝，门有间隙。顺递法取象。简化字间从门从日，仍为会意，顺递法。

jiān 監监 会意/会意 —— 顺递/模糊

许慎："監，临下也。从卧，䘓省声。古衔切。監，古文监，从言。"（《说文》卷八）《释要》p794：監（甲骨文）監（金文）。许说有误，監不从卧，亦从非䘓省。唐兰之说可从：監的甲文字取象于一人立于盆侧，有自监其容之意。在发展过程中，字形有讹变，监的右上角也看不出人形了。再加上简化，就是简化字监。

jiǎn 檢检 形声/形声 —— 义类/义类

许慎："檢，书署也。从木，佥声。居奄切。"（《说文》卷六）《释要》p590：檢（秦简），檢为形声字，形旁从木，义类法取象。声旁佥简化为佥，仍为形声字，义类法取象。

jiàn 見见 会意/会意 —— 顺递/模糊

许慎："見，视也。从儿，从目。凡见之属皆从见。古甸切。"（《说文》卷八）《释要》p826：見（甲骨文）見（金文）見（秦简）。見的古文字从目从跪姿之人，表人之看视。会意字，顺递取象法。简化字将字素目简笔后取象模糊了。《甲典》p103：见通用为苋、现、砚、蚬。

jiàn 件件 会意/会意 —— 顺递/顺递

许慎："件，分也。从人，从牛。牛大物，故可分。其辇切。"（《说文》卷八）《释要》p785：件（玺印）件（古四），件的本义为分解、分开。会意字，从人从牛取象，以人分牛表分解之义。顺递法取象。

jiàn 建建 会意/会意 —— 借代/借代

许慎："建，立朝律也。从聿，从廴。臣铉等曰：聿，律省也。居万切。"（《说文》卷一）《释要》p216：建（金文）。马叙伦：律即建之异文，从彳犹从廴也。若从此说，则建为会意字。取象于写工具聿（笔）而表律义，则为借代法取象。《甲典》p104：建通用为健、毽、键。

jiāng 江江 形声/形声 —— 义类/义类

许慎："江，水。出蜀湔氐徼外崏山，入海。从水，工声。古双切。"（《说文》卷十一）《释要》p1002：江（金文）江（秦简）。江为形声字，形旁从水，义类法取象。

jiāng/jiàng 將将 会意/会意 —— 顺递/顺递

许慎："将，帅也。从寸，酱省声。即谅切。"（《说文》卷三）《释要》p327：将将（金文）将将（秦简）。许说有误。将本义为以手从几案上持肉祭祀。引申义为扶、进、持、助、奉、致以及将军等义。采夏渌之说：将的古字，意为奉献。原始型双手奉子以献，后世风俗趋于文明，一手持肉以献，实是同一字的简化和随习俗变易的发展。军队出战，首先要祭祷，主持祭祀的人就叫将。《甲典》p104：将（ ）通用为锵、奖、蒋、桨、浆、酱、蛩。

jiǎng 獎奖 形声/形声 —— 义类/义类

许慎："奖，嗾犬厉之也。从犬，将省声。即两切。"（《说文》卷十）《释要》p931：无考释。《集韵》从大作奖。奖为形声字，形旁本从犬，后讹为从大。所从之声旁将，简化字为将。可见，奖的字形既有讹变也有隶楷的变化。

jiàng 降降 形声/形声 —— 义类/义类

许慎："㡭，下也。从阜，夅声。古巷切。"(《说文》卷十四)《释要》p1318：㡭㡭（甲骨文）㡭（金文）㡭（陶文）㡭（秦简）。降所从之㡭为阜，表示山陵。所从之㡭即夅，为两止，足尖向下，表示由上而下。降为形声字，形旁从阜，义类法取象。字形的讹变和隶楷化，使得下行之两止取象模糊了。《甲典》p106：降通用为隆。

jiāo 交交 象形/象形 —— 物形/物形

许慎："㐅，交胫也。从大，象交形。凡交之属皆从交。古爻切。"(《说文》卷十)《谱系》p799：㐅㐅。《释要》p966：㐅（金文）㐅（陶文），叶玉森：盖㐅象人，㐅象㐅之胫交。许说不误，叶说可从，交取象于人的两腿相交，所以两腿交叉是本义。

jiào 较较 形声/形声 —— 义类/义类

许慎："较，车輢上曲铜也。从车，爻声。古岳切。"(《说文》卷十四) 崔豹《古今注》："车较，重耳也。在车輢上重起，如两角然。"《释要》p1305：较较（金文），较的本义为车輢上两旁高于轼的横木，立乘于车上的人用以凭依。较的隶定字为较。刘心源："较，俗作较。"则较是较的俗字。较为形声字，形旁为车，义类法取象。

jiào 教教 会意兼形声/形声 —— 顺递兼义类/义类

许慎："教，上所施下所效也。从攴，从孝。㪆，古文教。㪆亦古文教。"(《说文》卷三)《释要》p343：㪆㪆（甲骨文）㪆㪆（金文）㪆（楚简）。孙海波："㪆，效也。从子奉爻，长者持攴督令效习者也。爻声。"其说可从，教本义效，形声兼会意字。甲骨文字字形从子奉爻，长者持督令效习者也。这是顺递法取象。爻兼表声，也有义类法取象。楷书繁简字爻之字形讹变了。

jiē 接接 形声/形声 —— 义类/义类

许慎："接，交也。从手，妾声。子叶切。"(《说文》卷十一)《释要》

p1114：▨（玺印）。接为形声字，形旁从手，义类法取象。

  jié 節节 形声/形声 —— 义类/义类 ▨

  许慎："節，竹约也。从竹，即声。子结切。"（《说文》卷五）《释要》p458：▨（金文）▨（秦简）。节的本义为竹节。竹节如缠束之状，引申义有约束、节制等。節为形声字，从竹取象，义类法取象。简体字将竹字头替换为草字头，竹、草均为植物，取象法不变。声旁保留了即的一部分，仍为声旁。

  jié 結结 形声/形声 —— 义类/义类 ▨

  许慎："結，缔也。从糸，吉声。古屑切。"（《说文》卷十三）《释要》p1200：▨（陶文）。結为形声字，形旁从糸，义类法取象。简化字使用了糸的简化偏旁。

  jiě 解解 会意/会意 —— 顺递/顺递 ▨

  许慎："解，判也。从刀判牛角。一曰解廌，兽也。佳买切。又户卖切。"（《说文》卷四）《释要》p455：▨（甲骨文）▨（金文）▨（秦简）。解的字形由双手持牛角而变为从刀从角从牛的过程。若从许慎之说，则解为会意字，顺递法取象。《甲典》p107：解通用为懈、廨、蟹。

  jiè 界界 形声/形声 —— 义类/义类 ▨

  许慎："界，境也。从田，介声。古拜切。"（《说文》卷十三）《释要》p1262：▨（秦简）▨（玺印）。界为形声字，形旁从田，义类法取象。繁简无别。

  jīn 今今 指事/指事 —— 借代/借代 ▨

  许慎："今，是时也。从亼，从㇇。㇇，古文及。居音切。"（《说文》卷五）《释要》p524：▨ ▨（甲骨文）▨ ▨（金文）▨（陶文）。徐中舒之说可从："象木铎形，△象铃体，一象木舌。商周时代用木铎发号施令，发令之时即为今，引申而为实时、是时之义。"取象于发令之时的木铎而表示今天，指事字，借代法取象。《甲典》p109：今通用为妗、矜、衿、琴、吟、衾、钤、含。

jīn 金金 会意/会意 —— 顺递/顺递

许慎:"金,五色金也。黄为之长,久薶不生衣,百炼不轻,从革不违。西方之行。生于土,从土,左右注象金在土中形。今声。凡金之属皆从金。居音切。"(《说文》卷十四)《释要》p1271: （金文）（陶文),温少峰、袁庭栋、夏渌等之说可从:金文中金字有代表性的形体下部均或从王或从火焰形,而王之本义为旺,即火焰旺盛,表示旺盛之说所以炼金者。上部均象锐首之金属制品。所以金字之本义是表示以火熔（吕）的铸器。《甲典》p109:金通用为唫。

jǐn 僅仅 形声/会意 —— 义类/义类

许慎:"僅,材能也。从人,堇声。渠吝切。"(《说文》卷八)《释要》p772:（玺印),许说可从,僅为形声字,形旁从人,本义是才能够,刚刚可以。义类法取象。简化字将声旁堇替换为又,成为会意字,表义类的偏旁不变,仍为义类法。

jìn 近近 形声/形声 —— 义类/义类

许慎:"近,附也。从辵,斤声。渠遴切。岂,古文近。"(《说文》卷一)《释要》p198:（秦简）（玺印),许说可从。近为形声字,义类法取象。

jìn 進进 形声/形声 —— 义类/义类

许慎:"進,登也。从辵,閵省声。即刃切。"(《说文》卷二)《释要》p18:（甲骨文）（金文),许说有误,進字非从閵省声。林义光之说可从,甲骨金文进字从止隹声或从辵隹声。進形旁从辵,义类法取象。简体字用笔画简单的声旁井替换了笔画较繁复的隹,六书和取象法不变。

jīng 京京 象形/象形 —— 物形/物形

许慎:"京,人所为绝高丘也。从高省,丨象高形。凡京之属皆从京。举卿切。"(《说文》卷五)《释要》p538:（甲骨文）（金文）（陶文）（货币)。许说有误,京不必从高省。徐中舒、郭沫若等人之说可从:京字上端取象于深穴上出有土阶及小屋顶覆盖指形,下端取象于绝高的穴居，中有立柱。所以京为象形字，本义为绝高的穴居。王者所居高大，因此京有高义、大义，也有王者所居之都义、先王所居之宗庙义。京的字形古今变化不大，只是隶楷过程中，下端字形与小字趋同了。既为象形字，则为物形法取象。《甲典》p110：京通用为谅、景、凉、掠、晾、倞、影、憬、鲸。

jīng　經经　形声/形声 —— 义类/义类

许慎："經，织也。从丝，巠声。九丁切。"（《说文》卷十三）《释要》p1195：巠 經（金文） 𦀰 經（秦简）。许说可从。经为形声字，形旁为糸，义类法取象。

jīng　精精　形声/形声 —— 义类/义类

许慎："精，择也。从米，青声。子盈切。"（《说文》卷七）《释要》p694：精（秦简）。许说可从。精的本义为择出的精米。精为形声字，形旁为米，义类法取象。

jǐng　景景　形声/形声 —— 义类/义类

许慎："景，光也。从日，京声。居影切。"（《说文》卷七）《释要》p652：景（玺印）。形声字，形旁从日，义类法取象。

jǐng　警警　形声/形声 —— 义类/义类

许慎："警，戒也。从言，从敬，敬亦声。居影切。"（《说文》卷三）《释要》p258：无考释。警的本义是以言语警诫。形声字，形旁从言，义类法取象。

jìng　境境　形声/形声 —— 义类/义类

徐铉："境，疆也。从土，竟声。经典通用竟。居领切。"（《说文》卷十三新附）境的本义为疆。形声字，形旁从土，义类法取象。《释要》p1258：无考释。

jiū　究究　形声/形声 —— 义类/义类

许慎："究，穷也。从穴，九声。居又切。"（《说文》卷七）形声字，形旁从穴，义类法取象。《释要》p722：无考释。

jiù 救救　形声/形声——义类/义类

许慎："救，止也。从攴，求声。居又切。"（《说文》卷三）《释要》p336：救（金文）救（秦简），许说可从。救为形声字，义类法取象。

jiù 就就　形声/形声——义类/义类

许慎："就，就高也。从京，从尤。尤，异于凡也。疾僦切。就，籀文就。"（《说文》卷五）《谱系》p659-661：就（合582）就（散盘）就（陶汇）就（秦律）。甲骨文从亯从京，会高处（京）祭享（亯）之意。引申为"即"义，典籍作"就"。《谱系》之说可从。就，甲骨文为会意字，顺递法取象。陶文以来讹变为从京尤声，形声字，义类法取象。《甲典》p114：就通用为蹴、僦、鹫。

jū 居居　形声/形声——义类/义类

许慎："居，蹲也。从尸。古者居从古。臣铉等曰：居从古者，言法古也。九鱼切。踞，俗居从足。"（《说文》卷八）《释要》p812：居（金文）居居（陶文），许说不确，诸家改为居从古声可取。尸像人安卧之形，用来表意。所以居为形声字，义类法取象。

jú 局局　象形/象形——物形/物形

许慎："局，促也。从口在尺下……徐锴曰：人之无涯者唯口，故口在尺下则为局。"（《说文》卷二）局字取象偏旁可读为主谓短语"口在尺下"。《释要》p147：局（秦简），林义光之说可从：口象物形，尺屋下迫狭局促之象。"局从口在尺下。"局为象形字，物形法取象。

jǔ 舉举　形声/形声——义类/义类

许慎："舉，对举也。从手，與声。居许切。"（《说文》卷一一）《释要》1119：舉（金文）舉（陶文）舉（玺印），许说可从。举为形声字，义类法取象。

jù 具具　会意/会意——顺递/模糊

许慎："具，共置也。从廾，从贝省。古以贝为货。其遇切。"（《说文》

卷三)《释要》p285：🖼（甲骨文）🖼🖼（金文）。许说有误，具之古文字或从贝或从鼎，非从贝省。陈梦家之说可取："具字从鼎，郭沫若所释以为古从鼎作之字后多误为贝，字象两手举鼎之形，举具古音亦相近，一具之具必是单位词,则无可疑……殷卣有锡贝一具者,贝一具或即一区十枚。"具取象于以双手举鼎，是数量值单位。顺递法取象，会意字。楷化的繁简字取象模糊了。《甲典》p116：具通用为俱、飓。

jù 劇剧 形声/形声 —— 比象/比象 🖼

徐铉："🖼，尤甚也。从刀，未详，豦声。渠力切。"(《说文》卷四新附）若以剧之常用义项剧变、剧痛、剧烈、剧毒、加剧而论，则形旁从刀，可算作义类法兼比象法：如刀割之甚。《释要》p449：无考释。

jù 據据 形声/形声 —— 义类/义类 🖼

许慎："🖼，杖持也。从手，豦声。居御切。"(《说文》卷十一)《释要》p1110：🖼（陶文）🖼（玺印），许说可从。据为形声字，形旁从扌，义类法取象。简化字以声旁居替换豦，六书和取象法不变。

jué 決决 形声/形声 —— 义类/义类 🖼

许慎："🖼，行流也。从水，从夬。庐江有决水，出于大别山。古穴切。"(《说文》卷十一)《释要》p1029：🖼（秦简）。决为形声字，声旁为夬，形旁从水，义类法取象。简化字改三点水为两点水，六书和取象法不变。

jué 覺觉 形声/形声 —— 义类/义类 🖼

许慎："🖼，寤也。从见，学省声。一曰发也。古岳切。"(《说文》卷八)《释要》p829：🖼🖼（秦简）。许说可从。觉为形声字，形旁从见，义类法取象。

jūn 軍军 形声/形声 —— 借代/借代 🖼

许慎："🖼，圜围也。四千人为军。从车，从包省。车，兵车也。举云切。"(《说文》卷十四)《释要》p1308：🖼🖼（金文）🖼🖼（秦简）。戴家祥之说可从：军应从车，从匀省声。军，文部见母，匀真部喻母，文真韵通，古音深浅喉不分，军勾古音相通。则军为形声字，形旁从车，义类（或借代）法取象。也可以说是借代法取象，因为取象于军队典型的戎具车，代指军队。

jūn 均均 形声/形声 —— 义类/义类

许慎："坸，平徧也。从土，从勻，勻亦声。居勻切。"（《说文》卷十三）《释要》p1246：（金文）（秦简）。许说可取。古文字中旬勻同字，为 、 等形（于省吾）。均的古文字为形声字，声旁兼表意，从勻。形旁从土，表平均分配土地。义类法取形。

K

kǎ 卡卡 会意/会意 —— 顺递/顺递

《说文》不收此字。《字汇补》：从纳切，音杂。楚属关隘地方设兵立塘，谓之守卡。卡伦，蒙古语或满语，边台，台站。这是假借字。卡的字形从上下，顺递取象法，表示上不去也下不来，卡住了。

kāi 開开 会意/会意 —— 顺递/借代

许慎："開，张也。从门，从开。苦哀切。，古文。"（《说文》卷十二）《释要》p1093：（秦简）（汗简）。许慎解字有误，《汗简》收字与《说文》古文可从。林义光：開象两手启门形。杨树达：開为以木横持门户。开从𠬞者，以两手取去门关，故为开也。开为会意字，从门，从𠬞（廾），即双手开启门关。后来讹变为開，从而有了隶楷字开。可见古文字開为会意字，顺递法取象。繁体字開为形声字，从开从门，开也为声旁；顺递法取象，也是义类法取象。简化字开省略了形旁门，只保留了开。这个开，溯其原始，即𠬞。所以，这是用开门的双手形代指开门这个动作，借代法取象，会意字。

kàn 看看 会意/会意 —— 顺递/顺递

许慎："看，睎也。从手下目。苦寒切。䀠，看或从䀠。"（《说文》卷四）看字为会意字，两个偏旁要顺递读为手下目，表示手搭凉棚而看。顺递法取象。

kǎo 考考 象形/象形 —— 物形/物形

许慎："𦒫，老也。从老省，丂声。苦浩切。"(《说文》卷八)《释要》p810：𦒫（甲骨文）𦒱（金文）。商承祚曰："象老者倚杖之形，作𦒱者，疑亦老字。"其说可从，甲骨文的考为象形字，金文又给老人头上增加了头发，字义不变。繁简体的考为隶变后的字形，取象变得不明显。

kē 科科 会意/会意 —— 顺递/顺递

许慎："𥡚，程也。从禾，从斗。斗者，量也。苦禾切。"(《说文》卷七) 程，《说文》释义为品。故科从斗从禾，表示以斗称量、分别谷禾的登记品类。会意字，顺递法取象。

kě 可可 形声/形声 —— 借代/借代

许慎："可，肎（kěn）也。从口丂（hē），丂亦声。"(《说文》卷五)《释要》p486：可（甲骨文）可（金文）。戴家祥之说可从：疑可为歌的初文，从口丂声，表示唱歌。引申为可以等义。则可为形声兼会意字。借代法取象，以唱歌之口代指唱歌或歌声。繁简体同。《甲典》p120：可通用为柯、珂、轲、苛、坷、呵、奇、哥、疴、旖。

kè 克克 象形/象形 —— 物形/物形

许慎："克，肩也。象屋下刻木之形。凡克之属皆从克。徐锴曰：肩，任也。负荷之名也。与人肩膊之义通。能胜此物谓之克。苦得切。𠧝，古文克。𠧨，亦古文克。"(《说文》卷七)《释要》p680：克（甲骨文）克克（金文），克作杀、胜时，与尅、剋通。金文皮：𠂢，金文革：革，与克类似，克的本义当也与剥皮有关。朱芳圃："字上象胄形，下从皮省，当为铠之初文……克为戎服，用以自御，故引申有能义。"所以克本为合体象形字，物形法取象。繁简体同，隶变使得取象模糊了。《甲典》p120：克通用为尅、剋。

kè 客客 形声/形声 —— 义类/义类

许慎："客，寄也。从宀，各声。苦格切。"(《说文》卷七)《释要》p713：客（甲骨文）客（金文）客（秦简）。甲文像有人从外来（脚走向内），主妇在屋内迎之状。为会意字，顺递法取象。金文与许慎所解相同，从宀，各声，为形声字，义类法取象。

kōng 空空 形声/形声 —— 义类/义类 〔图〕

许慎："〔图〕，窍也。从穴，工声。苦红切。"（《说文》卷七）《释要》p720：〔图〕（金文）〔图〕（陶文）。空确为形声字，从穴工声。形旁从穴，义类法取象。

kòng 控控 形声/形声 —— 义类/义类 〔图〕

许慎："〔图〕，引也。从手，空声。诗曰：控于大邦。匈奴名引弓控弦。苦贡切。"（《说文》卷十一）控为形声字，义类法取象。

kǒu 口口 象形/象形 —— 物形/物形 〔图〕

许慎："口，人所以言食也。象形。"（《说文》卷二）《释要》p122：〔图〕（甲骨文）〔图〕（金文）〔图〕（秦简），《说文》可从。口为象形字，物形法取象。繁简体同。

kuài 快快 形声/形声 —— 义类/义类 〔图〕

许慎："〔图〕，喜也。从心，夬声。苦夬切。"（《说文》卷十）《说文》可从，快为形声字，义类法取象。繁简体同。

kuǎn 款款 会意/会意 —— 顺递/顺递 〔图〕

许慎："〔图〕，意有所欲也。从欠，窾省。臣铉等曰：窾，塞也。意有所欲而犹塞。款款然也。苦管切。〔图〕，款或从柰。"（《说文》卷八）款字从欠取象不明。从窾省，徐铉之说可从。故款为会意字，顺递法取象。繁简体同。

kuàng 况况 形声/形声 —— 义类/义类 〔图〕

许慎："〔图〕，寒水也。从水，兄声。许访切。"（《说文》卷十一）《谱系》p1726：〔图〕。《释要》p1017：〔图〕（玺印）。况为形声字，义类法取象。况的简体字置换原来的形旁三点水为两点水，六书和取象方法均不变。（严格来说，取象之意有所改变。因为两点水本从冰取象，虽与水有关，然主表冰意。宽泛而言，冰亦水类。《甲典》p256：兄通用为况。

L

lā 拉拉 形声/形声 ——顺递/顺递 〔图〕

许慎:"㧖,摧也。从手,立声。卢合切。"(《说文》卷十一)《释要》p1108:〔图〕(汗简),拉为形声兼会意字,从手,立声兼意,本义为以手拉一个站立的人,使之摧折。顺递法。

lái 來来 象形/假借 ——物形/借形 〔图〕

许慎:"周所受瑞麦來麰。一來二缝。象芒束之形。天所来也。故为行来之来。诗曰:诒我來麰。"(《说文》卷五)來字取象于麦子的侧面之形,有根,有干,有麦芒。《释要》p544:〔图〕來(甲骨文)〔图〕來〔图〕(金文)〔图〕(秦简),来为象形字,物形法取象:取象于麦子之形,首像穗之大,左右为四片叶子,下像根,是麦的本字。后来假借为往来之来。《甲典》p120:来通用为莱、徕、麳、赉、愸。

lán 蘭兰 形声/弱化 ——义类/弱化 〔图〕

许慎:"蘭,香艸也。从艸,阑声。落干切。"(《说文》卷一)《释要》p65:〔图〕(玺印),蘭为形声字,本义为兰草,义类法取象。简化字取象写意或曰弱化了。

làng 浪浪 形声/形声 ——义类/义类 〔图〕

许慎:"浪,沧浪水也。南入江。从水,良声。来宕切。"(《说文》卷十一)《释要》p1004:〔图〕(玺印),浪为形声字,义类法取象。

lǎo 老老 象形/象形 ——物形/物形 〔图〕

许慎:"老,考也。七十曰老。从人毛匕,言须发变白也。凡老之属皆从老。卢皓切。"(《说文》卷八)《释要》p808:〔图〕〔图〕〔图〕〔图〕(甲骨文)〔图〕(金文)〔图〕(秦简),许说据讹变的小篆字形解字有误,商承祚之说可从:老字象老者倚杖之形。象形字,物形法取象。《甲典》p126:老通用为佬、姥。

lè 樂乐 会意/会意 ——借代/义类 〔图〕

许慎:"樂,五声八音总名。象鼓鞞。木,虡也。玉角切。"(《说文》

卷六)《释要》p589：▯（甲骨文）▯（金文），罗振玉之说可从："▯从丝附木上，琴瑟之象也。或增 ▯ 以象调弦之器，犹今弹琵琶阮咸者之有拨矣。"樂本为会意字，取象于丝附木上，表示弦乐器。以制作弦乐的材质代指乐器，这是借代法取象。繁体字与金文字形相承，增加了调弦之器，取象法不变。简化字下部木字还可见，上部取象不明了。《甲典》p126：乐通用为药、烁。

lèi　類类　形声兼会意/会意 ——比象/顺递　▯

许慎："▯，种类相似，唯犬为甚。从犬，頪声。力遂切。"（《说文》卷十）頪，从页（人头）从米，表示米之相似令人难以辨别，会意字。读为累，类似、难分别的意思。《释要》p937：▯（秦简）▯（玺印），頪为声旁，兼表意。所以類为形声兼会意字。由犬之种类相似难辨而表示类似之意，是比象法取象。简化字从米从大（正面人形），会意字，回归了頪的取象，顺递法取象。

lǐ　李李　形声/形声 ——义类/义类　▯

许慎："▯，果也。从木，子声。良止切。▯，古文。"（《说文》卷六）《释要》p557：▯（金文）▯（陶文）▯（秦简），许说可从。李为形声字，义类法取象。

lǐ　里里　会意/会意 ——并峙/并峙　▯

许慎："▯，居也。从田，从土。凡里之属皆从里。良止切。"（《说文》卷十三）《释要》p1258：▯ ▯（金文），詹鄞鑫之说可从："里"作为路程单位，来源于表示土地面积的"里"；面积单位的"里"又来源于乡里的"里"。"里"字的造字结构是从田从土，其本义据《说文》为"居也"，即氏族所居之地……"里"为自然村，引申指土地面积。有田有土的地方就是所居之地，所以里为会意字，并峙法取象。

lǐ　理理　形声/形声 ——义类/义类　▯

许慎："▯，治玉也。从玉，里声。良止切。"（《说文》卷一）《释要》p45：▯（陶文），理为形声字，义类法取象。

|l 力力 象形/象形 —— 物形/物形

许慎:"筋也。象人筋之形。治功曰力。能圉大灾。"(《说文》卷十三)《释要》p1266: (甲骨文) (金文),徐中舒之说可从: (力)象耒形。所以力是象形字,取象于古代农耕工具耒,物形法取象。《甲典》p128:力通用为加、艻。

|l 曆歷历 形声/形声/不明 —— 义类/义类/不明

徐铉:"曆,厤象也。从日,厤声。《史记》通用歷。"《释要》p660: (楚简)。徐铉之说可从。曆法字为推算日月星辰运行及季节时令的方法,是形声字,义类法取象。

许慎:"歷,过也。从止,厤声。"《释要》p167: (甲骨文) (金文),叶玉森之说可从: 之异体作 ,表示足迹在禾边林下,即知有人过,这是歷的本义。歷为形声字,义类法取象。简化字将曆歷合并为历,从厂力声,六书和取象均不明了。《甲典》p129:歷(历)通用为枥。

|l 立立 象形/模糊 —— 物形/模糊

《说文》:"立,住也。从大立一之上。"《释要》p974: (甲骨文) (金文编) (秦简),立字取象于人立于地上之形,表示站立之意。物形法取象,象形字。楷书字使得取象模糊了。《甲典》p128:立通用为位、昱、拉、垃、泣。

|l 利利 会意/会意 —— 顺递/顺递

许慎:" ,铦也。从刀,和然后利,从和省。易曰:利者,义之和也。力至切。 ,古文利。"(《说文》卷四)《释要》p441: (甲骨文) (金文),商承祚之说可从:甲骨文象以刀割禾。彡者,禾之皮屑,示刀利意也。所以利的本义是锋利之意,由取象以刀割禾并有皮屑而表意,顺递法取象,会意字。《甲典》p128:利通用为伶俐、莉、梨子、伊犁、痢、黎。

lián 連连 会意/会意 —— 顺递/顺递

许慎:" ,员连也。从辵,从车。力延切。"(《说文》卷一)《释要》p195: (金文) (秦简) (玺印),可采段注之说,连为辇之本字,从辵，从車，表示人力拉的车。会意字，顺递法取象。

lián 聯联 会意/会意 —— 顺递/顺递

许慎："聯，连也。从耳，耳连于颊也。从丝，丝连不绝也。力延切。"（《说文》卷十一）《释要》p1099：聯 聯（玺印），林义光之说可从：凡器物如鼎爵盘壶之属多有耳，欲连缀之则以绳贯其耳，所以联字从丝从耳。即联为会意字，顺递法取象。简化字将丝旁省改为关，可看作新会意字，顺递法取象。

liǎng 兩两 象形/象形 —— 物形/物形

许慎："兩，二十四铢为一两。从一，网，平分，亦声。良奖切。"（《说文》卷七）《释要》p739：兩兩（金文）兩兩（货币）兩（石刻），于省吾之说可从：两之初形，本象缚双軶于衡，引申之则凡成对并列之物均可称两。两为象形字，物形法取象。《甲典》p131：两通用辆、俩、魉。

liàng 量量 形声/形声 —— 义类/义类

许慎："量，称轻重也。从重省，向省声。吕张切。量，古文量。"（《说文》卷八）《释要》p793：量（金文）量（陶文），于省吾之说可从：甲骨文量，字形从日从重。从日，当是露天从事量度之义，这和甲骨文众字作众，为众人露天劳动同例。量度田野、道路和谷米都是露天的工作。所以为形声字，义类法取象。《甲典》p129：量通用为粮。

le 瞭了 形声/象形 —— 义类/物形

《說文》无瞭字。《广韵》："瞭，目睛明也。"《周礼·春官·大师》：眡瞭三百人。注：瞭，目明者。《孟子》：胸中正则眸子瞭焉。引申义有明了、瞭望等义。"瞭"简化为"了"。许慎："了，尥也。从子无臂。象形。凡了之属皆从了。卢鸟切。"（《说文》卷十四）《释要》p1356：了（玺印）了（汗简），许说可从。了取象于初生婴儿不见臂膀（束于襁褓）之形，表意收束，完了。简化字"了"也分担了"瞭"的一部分词义。

liào 料料 会意/会意 —— 顺递/顺递

许慎："料，量也。从斗，米在其中。读若辽。洛萧切。"（《说文》卷十四)《释要》p1300：▨（金文）▨（陶文）▨（秦简）▨（古四），料取象于以斗量米，计量之义，引申义有料想，预测等。会意字，顺递法取象。

liè 列列　形声/形声 —— 义类/义类 ▨

许慎："▨，分解也。从刀，歺声。良辥切。"（《说文》卷四）《释要》p445：▨（秦简）。利为形声字，义类法取象。

lín 林林　会意/会意 —— 并峙/并峙 ▨

《说文》："▨，平土有丛木曰林。从二木。"《释要》p600：▨（甲骨文）▨（金文），林取象于二木，表示树林之义，为会意字，并峙法取象。《甲典》p133：林通用为霖、淋、琳、禁、郴、婪。

lǐng 领领　形声/形声 —— 义类/义类 ▨

许慎："▨，项也。从页，令声。良郢切。"（《说文》卷九）《释要》p841：▨（秦简），领为形声字，义类法取象。

liú 劉刘　形声/形声 —— 义类/义类 ▨

徐铉在"镠"下曰："《说文》无劉字，偏旁有之。此字又史传所不见，疑此即劉字也。"许慎："镠，杀也。力求切。"（《说文》卷十四）《战国》[①]p593：▨（秦风 215）。《释要》p1291：马叙伦曰："镠为顾命一人冕执劉之劉本字。镠为兵器，故字从金。"秦印中已见劉字，本义为兵器，形声字，义类法取象。简化字声旁变化较大，已不标声。形旁表意不变，形声字，义类法取象。

liú 流流　形声/形声 —— 义类/义类 ▨

许慎："▨，水行也。从沝㐬。㐬，突忽也。力求切。▨，篆文从水。"（《说文》卷十一）《释要》p1051：▨（金文）▨（陶文），柯昌济曰："古流字象虫流于水中形。讹变虫形为▨，失古谊矣。"流字从水，义类法取象，形声字。

[①] 徐在国、程燕、张振谦编著《战国文字字形表》，上海：上海古籍出版社，2017 年。

附录　现代汉语高频字取象溯源整理

lóng　龍龙　象形/象形 —— 物形/物形　[龙]

许慎："龖，鳞虫之长，能幽能明，能细能巨，能短能长。春分而登天，秋分而潜渊。从肉，飞之形。童省声。凡龍之属皆从龙。臣铉等曰：象夗转飞动之皃。力钟切。"（《说文》卷十一）《谱系》p1206-1207：[龙]（合集二七二反）[龙]（龙母尊）[龙]（邵钟）[龙]（玺汇）[龙]（云梦）。龙，象爬虫类动物卷体、张口、头上有辛状物之形。张口或演变为肉形，为小篆所承袭。金文或从巳形作[巳]、[巳]，或省作[丨]。在偏旁中龙或省作音形。此说可从，龙为物形法取象，象形字。楷书字龙的取象颇有古文字神韵。《甲典》p136：龙通用为笼、陇、宠。

lóu　樓楼　形声/形声 —— 义类/义类　[楼]

许慎："樓，重屋也。从木，娄声。洛侯切。"（《说文》卷六）《释要》p578：[楼]（秦简）[楼]（玺印），楼为形声字，义类法取象。

lù　路路　会意/会意 —— 顺递/顺递　[路]

许慎："踏，道也。从足，从各。臣铉等曰：言道路人各有适也。洛故切。"（《说文》卷一）《释要》p230：[路]（金文）[路]（秦简）[路]（玺印），郭沫若之说可参："路当解为路寝路车之路，大也。窃意古人言路犹后人言御，凡王者所用之物皆得冠以路字。"丁骕之说可参："今之路，大道也，于契文当成[路]，殆契文正、各二字之合，乃双行线，故互为倒文，合为一路。"若从《说文》，则路为会意字，顺递取象法。若从丁骕，则路为会意字，并峙取象法。楷化繁简字，当从《说文》。

lǜ　率率　象形/象形 —— 物形/物形　[率]

许慎："率，捕鸟毕也。象丝网，上下其竿柄也。凡率之属皆从率。所律切。"（《说文》卷十三）段注：毕者，田网也，所以捕鸟。《释要》p1220：[率]（甲骨文）[率]（金文）[率]（玺印），率取象于丝网，本义为捕鸟用的丝网，引申义为率领。象形字，物形法取象。《甲典》p141：率通用为摔、蟀、蹿。

lùn　論论　形声/形声 —— 义类/义类　[论]

许慎："論，议也。从言，侖声。卢昆切。"（《说文》卷三）《释要》p253：

☘（金文）論（秦简）䜢（玺印），论为形声字，义类法取象。

luó 羅罗　会意/会意 —— 顺递/顺递

许慎："䍜，以丝罟鸟也。从网，从维。古者芒氏初作罗。鲁何切。"（《说文》卷七）《释要》p742：（甲骨文）（陶文），羅字从网从隹，取象于张网捕鸟之形。后又增系旁，而成从网从隹从系之羅。羅为会意字，顺递法取象。

luò 落落　形声/形声 —— 义类/义类

许慎："䕌，凡草曰零，木曰落。从艸，洛声。"落为形声字，义类法取象。（《说文》卷一）

M

mǎ 馬马　象形/象形 —— 物形/物形

许慎："馬，怒也，武也，象马头髦尾四足之形。古文。籀文马，与影同，有髦。"（《说文》卷十）《释要》p911[①]：（甲骨文）（金文），马是象形字，取象于马头、身体、尾巴和四蹄之形，物形法取象。简化字略失取象之形。《甲典》p143：马通用为玛、码、蚂、骂、妈。

mǎi 買买　会意/不明 —— 顺递/不明

许慎："買，市也。从网贝。孟子曰：登垄断而网市利。莫蟹切。"（《说文》卷六）《释要》p627：（甲骨文）（金文），许说可从。贝古用作货币，所以买从网贝，表示用网捞得宝贝而有收获，有利益。引申为买卖之义。简化字取象和六书均不明。

mǎn 滿满　形声/形声 —— 义类/义类

许慎："滿，盈溢也。从水，㒼声。莫旱切。"（《说文》卷十一）形声字，义类法取象。《释要》p1022：（陶文），满字有两个形体。第二形取象不明。

[①]《诂林》第 8 册第 450 页。

me　麽么　形声/假借 —— 义类/借形

徐铉："麽，细也。从幺，麻声。亡果切。"（《说文》卷四新附）麽本为形声字，意思是细小，义类法取象。后假借为疑问代词的么。简化字将么下所从之幺写为么。

mò/méi　没没　形声/形声 —— 义类/义类

许慎："㱾，沈也。从水，从𠬛。莫勃切。"（《说文》卷十一）《释要》p1032：𣴎（金文），没为会意字，沉没水中之意，义类法取象。后引申为没有之意。

měi　每每　象形/象形 —— 物形/物形

许慎："𣫭，艸盛上出也。从中，母声。臣铉等案：《左传》：'原田每每。'今别作莓，非是。武罪切。"（《说文》卷一）《释要》p60：𣫭𣫭𣫭（甲骨文）𣫭𣫭𣫭（金文），王献唐之说可从：每美二字，古音均隶之部，声读相同，乃美恶之美指事字……女饰作每，男饰作美……每美实一字之异体。古文字从人者，亦每从女，从女者又每从母，例证不可枚举也。所以每为从女之合体象形字，美丽是其本义。后引申为草盛义，如《左传·僖公二十三年》"原田每每"。或假借为每一次的每。《甲典》p147：每通用为莓、梅、霉、酶、侮、海、脢。

měi　美美　象形/会意 —— 物形/顺递

许慎："美，甘也。从羊，从大。羊在六畜主给膳也。美与善同意。臣铉等曰：羊大则美，故从大。无鄙切。"（《说文》卷四）《释要》p388：美（甲骨文）美美（金文），商承祚、王献唐等人之说可从，"美"的古文字字形取象于一个头上饰有羊角或毛羽的人。古人以此为美，世界各少数民族至今还留有这种遗风。所以"美"是从大之合体象形字，就是美丽的意思。后来讹变为从羊从大，成为会意字，顺递法取象。

mén　門门　象形/象形 —— 物形/物形

许慎："门，闻也。从二户象形。"（《说文》卷十二）《释要》p1091：門門（甲骨文）門門（金文），门取象于两扇对开的门，为象形字，物形法取象。

men　們们　形声/形声 —— 义类/义类

《说文》无此字。《集韵》载有，为人称代词我们、他们的后缀。形声字，从人，门声。义类法取象。

mǐ　米米　象形/象形 —— 物形/物形

许慎："粟实也。象禾实之形。"（《说文》卷七）《释要》p693：（甲骨文）（古陶文），王筠之说可从："米之形本难象，故字不甚明豁。四点，米也。十则聊为界画耳。凡凌杂之物，皆此形也。"《甲典》p149：米通用为籹、眯、谜、迷。

mín　民民　象形/模糊 —— 借代/模糊

许慎："民，众氓也。从古文之象。"（《说文》卷十二）《释要》p1162：（金文）（秦简），郭沫若之说可从：字作一左目形而有刃物以刺之，为古代奴隶之统称。林洁明同之。并认为，民即盲字，周金文中已引申为人民、庶民之意。所以民本为盲字，取象于一只被利刃刺瞎的眼睛而代指服苦役之人，这是借代法取象，是象形字。楷书字形承袭自秦简，取象模糊了。《甲典》p151：民通用为眠、岷、敃、泯、抿。

míng　名名　会意/会意 —— 顺递/顺递

许慎："名，自命也。从口，从夕。夕者，冥也。冥不相见，故以口自名。武并切。"（《说文》卷一）《释要》p126：（甲骨文）（金文）（秦简）（玺印）（石刻），马叙伦、商承祚等人之说可从：名即明，所从为月（）窗（），原取象于月光照物而明亮，后引申为明事物而命名之意，即成为命名之名。所以，名本会意字，顺递法取象。《甲典》p152：名通用为铭、茗、酪。

míng　明明　会意/会意 —— 并峙/并峙

许慎："朙，照也。从月，从囧。凡朙之属皆从朙。武兵切。明，古文朙从日。"（《说文》卷七）《释要》p672：（甲骨文）（金文）（货币）（秦简）（玺印）（石刻），董作宾之说可从：

明字在武丁时作 ◎ 或 ◎。右为窗，囧即窗之象形字。左为月，取义于夜间室内黑暗唯有窗前月光射入以会明意。窗形讹而为日。文武丁时已变为从日月作之 ◎ 矣。卜辞明多指天明之时。◎ 为会意字，顺递法取象。◎ 为楷书字明的原型，从日从月会意，并峙法取象。《甲典》p153：明通用为萌。

mù　目目　象形/象形 —— 物形/物形　◎

许慎："目，人眼。象形。重童子也。"（《说文》卷四）《释要》p350：◎（甲骨文）◎（金文）◎（秦简）◎（古玺文），目为象形字，取象于人眼，物形法物形。

N

nà　那那　形声/形声 —— 义类/义类　◎

许慎："◎，西夷国。从邑，冄声。安定有朝那县。诺何切。"（《说文》卷六）《释要》p641：◎（玺印）。那为形声字，形旁从邑，表方国。义类法取象。历时讹变与隶楷之后，那的声旁变化较大，但仍为形声字。

nán　男男　会意/会意 —— 顺递/顺递　◎

许慎："男，丈夫也。从田，从力。言男用力于田也。凡男之属皆从男。那含切。"（《说文》卷十三）《释要》p1266：◎（甲骨文）◎（金文）◎（秦简）。男的古文字确实从力从田，力是农耕用具耒的象形，所以男以力田会意表男子以耒农耕于田。会意字，顺递取象法。

nán　南南　象形/假借 —— 物形/借形　◎

许慎："南，艸木至南方，有枝任也。从宋，羊声。那含切。◎，古文。"（《说文》卷六）《释要》p607：◎（甲骨文）◎（金文），郭沫若之说可从："南于卜辞除用为东南之南及南庚之南而外，别有异义……确系献于祖庙之器物。由字之形形象而言，余以为殆钟镈之类之乐器。"所以南取象于乐器，是物形法取象，象形字。假借为南方之南，为借形法取象。《甲典》p158：南通用为喃、楠。

nán　難难　象形/假借 —— 物形/借形　◎

许慎："◎，鸟也。从鸟堇声。難或从隹。◎古文難。◎古文難。"

(《说文》卷四)《释要》p396：🖼（金文）🖼（秦简），孙海波：難鸟，假借为難易字。其说可从。难本为象形字，物形法取象。后假借为难易的难，借形法取象。

nèi 内内 会意/会意 ——顺递/顺递

许慎："内，入也。从冂，自外而入也。奴对切。"(《说文》卷五)《释要》p528：🖼（甲骨文）🖼（金文），高田忠周之说可从：内的古文字从人从宀，表示人从外入于屋内。会意字，顺递取象法。

néng 能能 象形/假借 ——借形/物形

许慎："🖼，熊属，足似鹿，从肉，目声。能兽坚中故称贤能，而强壮称能杰也。凡能之属皆从能。"(《说文》卷十)《释要》p941：🖼（金文）🖼（秦简），于省吾之说可从：能就是熊，是个独体象形字，以目为声旁。后来字形讹变，加之隶楷化，能的取象模糊了。古文字的能为象形字，义类法取象。假借为能够的能，则为借形法取象。《甲典》p158：能通用为熊、态、罴。

nǐ 儞你 形声/形声 ——义类/义类

《说文》无此字，《类篇》儞与你同。从人爾声，繁简体均为形声字，义类法取象。

nián 年年 会意/顺递 ——模糊/模糊

许慎："年，谷熟也。从禾，千声。春秋传曰：大有年。"(《说文》卷七)《释要》p688：🖼（甲骨文）🖼（金文），叶玉森之说可从：契文季字并不从千。疑从人戴禾。初民首部力强。禾稼既熟，则捆为大束，以首戴之归。仍许书谷熟为年之意。迄今番苗民族，及西方未开化诸岛国，犹沿古代戴物之习。所以，年为会意字，顺递法取象。简化字取象模糊了。

nóng 農农 会意/不明 ——顺递/不明

许慎："農，耕也。从晨，囟声。徐锴曰：当从凶乃得声。奴冬切。🖼籀文農从林。🖼古文農。🖼亦古文農。"(《说文》卷三)《诂林》p244：🖼（甲骨文）🖼🖼（金文），農字甲骨文从林从辰，金文又加上从田，或者加上从田从止，均为会意字，表示人于辰时到植物间、田间劳作。简化字使取象不明。《甲典》p164：农通用为侬、哝、浓、秾、脓。

nǚ 女女 象形/象形 —— 物形/物形

许慎："🈯，妇人也。象形。"（《说文》卷十二）《释要》p1231：🈯🈯（甲骨文）🈯🈯（金文）🈯（秦简），可知甲金阶段，女字取象于跪姿妇女的侧面之形，两只手前伸交叉。金文中有时将胸部以下字形简省掉。而秦简中的字形已经讹变看不出最初的取象了。小篆更是将一只手拉长及地，胸部以下由跪姿仿佛变成屈腿而立了。总之，女字从甲骨文到小篆字形，均取象于女子的侧面之形。象形字，物形法。《甲典》p164：女通用为母。

P

pái 排排 形声/形声 —— 义类/义类

许慎："🈯，挤也。从手，非声。步皆切。"（《说文》卷十一）排本义为推开，形声字，义类法。《释要》p1108：排，上古微韵，中古脂韵，魏晋南北朝时皆韵，广韵皆韵。非，先秦微韵，两汉脂韵，魏晋南北朝脂韵、微韵，广韵微韵。

pái 牌牌 形声/形声 —— 义类/义类

《说文》无牌字。《广雅·释器》："籈牌，户籍也。"又，指揭示或作标志用的板。形声字，卑声，从片表义，义类法取象。

pán 盤盘 形声/形声 —— 义类/义类

许慎："🈯，承盘也。从木，般声。薄官切。🈯，古文从金。🈯，籀文从皿。"（《说文》卷六）《释要》p583：🈯（甲骨文）🈯🈯〔金文〕，🈯即般。又有在此形之上加口，或加皿，或加金的字，王国维之说可从，甲骨文盘字从口与从皿是一样的道理，均表示其为器皿。有从金的金文，指其材质为金属。所以盤为形声字，义类法取象。简化字为省声之形声字，义类法。

pèi　配配　会意/会意 ——顺递/顺递　

许慎："配，酒色也。从酉，己声。臣铉等曰：己非声，当从妃省。滂佩切。"（《说文》卷十四）《释要》p1369：（甲骨文）（金文），戴家祥之说可从，配从酉从卩（跪坐人形），取象于配食之形。礼记昏义："妇至，婿揖妇人，共牢而食，合卺而酳，所以合体同尊卑，以亲之也。"所以配为会意字，置酒相对成礼婚配的意思。隶变后讹写为从酉从己，取象不明。

piàn　片片　指事/指事 ——物形/物形　

许慎："片，判木也。从半木。凡片之属皆从片。匹见切。"（《说文》卷七）《释要》p678：（甲骨文）（货币）（汗简），孙海波：《甲骨文编》："古文一字可以方正互写，片丬是一字。"片字取象于半木，表示剖分之意。物形法。指事字。《甲典》p166：片通用为壮、状、床。

piào　票票　形声/形声 ——义类/义类　

许慎："票，火飞也。从火，與同意。方昭切。"（《说文》卷十）《释要》p950：（秦简）（玺印），《说文》有误，票字从火要声，本义为飞腾的火光，引申义疾速。形声字，义类法。

pǐn　品品　指事/指事 ——物形/物形　

许慎："品，众庶也。从三口。凡品之属皆从品。丕饮切。"（《说文》卷一）《释要》p231：（甲骨文）（玺印），诸家说法不一，此从徐中舒之说：甲骨文所从之口形偏旁表多种意义，品字所从之口，乃表示器皿。从三口者，象以多种祭物实于皿中以献神，故有繁庶众多之义。殷商祭祀，直系先王与旁系先王有别，祭品各有等差，故后世品字引申之遂有等级之义。以三个器皿而表示多，这是物形法取象，指事字。

píng　平平　指事/指事 ——物形/物形　

许慎："平，语平舒也。从亏，从八。八，分也。爰礼说。符兵切。平，古文平如此。"（《说文》卷五）《释要》p488：（金文）（陶文），杨树达之说可从：今谓平之构造当与乎字相似，字盖从兮，上一平画，象气之平舒，此犹乎之上画象声上越扬也。所以，平取象于气之上，有一平之，为指事字，物形法取象。

píng　評评　形声/形声 —— 义类/义类

《说文》无此字。从言，平声，形声字，义类法取象。

pò　破破　形声/形声 —— 义类/义类

许慎："䃭，石碎也。从石，皮声。普过切。"(《说文》卷九)《释要》p896：䃭（玺印），破为形声字，义类法取象。

Q

qī　期期　形声/形声 —— 义类/义类

许慎："期，会也。从月，其声。渠之切。𣄰，古文期从日丌。"(《说文》卷七)《释要》p671：期期期（金文）期（陶文）期（秦简），期有从月者，也有从日者，均为形声字，义类法取象。

qí　箕其　形声/假借 —— 义类/借形

许慎："箕，簸也。从竹，𠀠象形，下其丌也。𠀠，古文箕省。𠥴，亦古文箕。𠥩，亦古文箕。𠥻，籀文箕。𠥺，籀文箕。"(《说文》卷五)《释要》p471：𠀠（甲骨文）𠀠（金文）箕（秦简）。其本为象形字，物形法取象，取象于竖立的簸箕形，是箕的初文，箕为形声字，义类法取象。其假借为语气词和代词，为借形法。

qǐ　企企　形声/形声 —— 义类/义类

许慎："企，举踵也。从人，止声。去智切。𧾚，古文企从足。"(《说文》卷八)《释要》p759：企企（甲骨文），企为形声字，义类法取象。

qǐ　起起　形声/形声 —— 义类/义类

许慎："起，能立也。从走，巳声。墟里切。𧻴，古文起从辵。"(《说文》卷一)《释要》p159：起（陶文）起（秦简），起从走，巳声，为形声字，义类法取象。

qì　氣气　形声/假借/象形 —— 义类/借形/物形　氣气

许慎："氣，馈客刍米也。从米气声。"(《说文》卷七)《释要》p696：氣(秦简)，商承祚："氣气二字形义有别，后以米饩之氣代云气字，遂增食旁作餼，而以氣作气，以气为乞求字，并省去一笔为乞。甲骨文凡气求之乞作三，中划特短以示与三有所区别。"氣为米饩之本字，形声字，义类法取象，后假借为云气之字，则为借形法取象。

许慎："气，雲气也。象形。"王筠："气之形较云尚微，然野马流水随人指目，故三之以象其重迭，曲之以象其流动也。"(《说文》卷一)《释要》p52：气(甲骨文)气 气(金文)，于省吾：甲骨文之气即今气字……气字之用法有三：一为气求之气，二为迄至之迄，三为终止之讫。气训乞求，典籍常见。气字孳乳为迄或讫，二字典籍每互用无别。"许慎和王筠据讹变的小篆字形解释气，取象于气之重迭和流动而造字。这是物形法，象形字。徐中舒：甲骨文气为干涸之意；小篆讹变，据小篆为氣之象形。徐中舒、于省吾之说从甲骨文考证，则气用为云气是假借字，借形法取象。《甲典》p174：气(气)通用为气、刏、迄、乞、汽、讫、吃。

qì　汽汽　形声/形声 —— 义类/义类　汽

许慎："汽，水涸也。或曰泣下。从水，气声。诗曰：汔可小康。许讫切。"(《说文》卷十一)汽为形声字，义类法取象。

qián　歬前　会意/模糊 —— 顺递/模糊　歬

许慎："不行而进谓之歬，从止在舟上。"(《说文》卷二)《释要》p166：歬 歬(金文) 歬(秦简)。金文歬从止从舟，表舟船前行之意，顺递法取象，会意字。歬为前后之前的本字，前的六书和字形取象均模糊了。

qián　錢钱　形声/形声 —— 义类/义类　錢

许慎："錢，铫也，古田器。从金，戋声。诗曰：庤乃钱镈。即浅切。又昨先切。"(《说文》卷十四)《释要》p1283：錢(秦简)，钱为形声字，义类法取象。

qiáng 强 形声/假借 —— 义类/借形

许慎:"𢎺,蚚也。从虫,弘声。徐锴曰:弘与强声不相近。秦刻石文从口,疑从籀文省。巨良切。𧖅,籀文强从蚰从彊。"(《说文》卷十三)《释要》p1223:(秦简)(玺印)(汗简),《尔雅》:强,虫名。又曰:强,米中小虫之类。若从籀文则强为形声字,义类法取象。《战国策》:"兵革之强""天下强国无过齐者"均用为盛、大等义,若从此盯,则可看作假借字,借形法取象。

qiě 且且 象形/假借 —— 物形/借形

许慎:"且,荐也。从几,足有二横。一,其下地也。凡且之属皆从且。子余切。又千也切。"(《说文》卷十四)《释要》p1294:(甲骨文)(金文)(秦简),诸家说法不一。林义光:且为祖之古文,古作等形,从二肉在俎上。高田忠周:祖古今字,俎也是古今字。前者为宗庙象形,后者为俎之象形。二字古音相通,亦假借互用不别,后来前者加旁成为祖,后者加旁成为俎。若从二者之说,则且本为象形字,为刀俎义或宗庙义。后假借为连词而且的且,为借形字。《甲典》p178:且通用为诅、阻、狙、组、沮、租、姐、徂、殂、疽。

qīn 親亲 形声/形声 —— 义类/义类

许慎:"親,至也。从见,亲聲。七人切。"(《说文》卷八)《释要》p829:(金文)(秦简)(玺印)(石刻),親为形声字,义类法取象。简化字采用了親的声旁亲,也是形声字,义类法取象。

qīng 青青 形声兼会意/形声 —— 义类兼顺递/义类

许慎:"青,东方色也。木生火,从生、丹。丹青之信言必然。仓经切。"(《说文》卷五)王筠"青下云东方色也。木生火,从生丹。许君以丹青二物迥异遂以青字为会意,顾不言本物而言其所生。且以木青火丹之色而加诸丹青之石,甚迂曲也。丹下云巴越之赤石。而青下不云石而云东方色,豫为地道也……然则古人染物,取诸草木,故石黄石绿之类,以两字为名。知古人不用,故未尝命之名也。然则石为古人所用以染者,惟丹青二物,故曰学之染人甚于丹青也。青字从丹,以其皆为石也,不论其色之异。生则声也。如今之瓷器青花，所用以画之物，名曰朱，亦此理矣。"《释要》p510：🗦🗦（金文）🗦（秦简），王筠之说可从。青从丹从生，生兼表声，是会意兼形声字。从丹，表示其为颜色。从生，表示如初生草木的绿色。简化字丹之字形替换为月，声旁不变。

qīng　清清　形声/形声 —— 义类/义类　🗦

许慎："🗦，朖也。澄水之皃。从水，青声。七情切。"（《说文》卷十一）《释要》p1021：🗦（秦简）🗦（玺印），清为形声字，义类法取象。

qíng　情情　形声/形声 —— 义类/义类　🗦

许慎："🗦，人之阴气有欲者。从心，青声。疾盈切。"（《说文》卷十）情为形声字，义类法取象。

qiú　裘求　象形或形声/象形 —— 义类或物形/物形　🗦 🗦 🗦

《说文》在"裘"下出现此"求"字。许慎："🗦，皮衣也。象形。求，古文省衣。"（《说文》卷八）"裘"在甲骨、金文中，《谱系》p486：🗦（七九二二）🗦（卫鼎）。"求"在甲骨、金文中亦有，《谱系》p482-483：🗦（合集六八五正）🗦（君夫簋）。出土古文字中裘、求各有其字，"裘"甲骨文取象于毛在外的皮衣，本义为皮衣，象形字，物形法；金文加声旁求成为形声字，义类法，《说文》小篆字同此形声字；"求"甲骨文取象于多足虫之形，常用以表示祈求义、求索义，象形字，物形法。《说文》"裘"下所收古文省衣之字乃"求"之假借字。简化字的"求"取象模糊了。

qiú　球球　形声/形声 —— 义类/义类　🗦

许慎："🗦，玉声也。从玉，求声。巨鸠切。璆，球或从翏。巨鸠切。"（《说文》卷一）球为形声字，义类法取象。

qū　區区　会意/会意 —— 顺递/模糊　🗦

许慎："🗦，踦区。藏匿也。从品在匚中。品，众也。岂俱切。"（《说文》卷十一）《释要》p1178：🗦（甲骨文）🗦（金文），诸家说法不一。此从朱芳圃之说：區当为瓯之初文。古代用以盛食。🗦象其形，匚所以藏之。

简化字变得取象模糊了。《甲典》p165：区（ōu/qū）通用为讴、妪、呕、枢、欧、殴、抠、躯。

qǔ 取取 会意/会意 ——顺递/顺递

许慎："，捕取也。从又，从耳。周礼：获者取左耳。司马法曰：载献聝。聝者，耳也。七庾切。"（《说文》卷三）《释要》p312：（甲骨文）（金文）（陶文），商承祚之说可从："《诗·大雅》：攸馘安安。传：馘，获也。不服者杀而献其左耳曰馘……此字正象以手执割耳之形。谊与馘同。"取为会意字，顺递法取象。《甲典》p182：取通用为趣、诹、最、聚、諏、丛。

qù 去去 会意兼形声/假借 ——顺递兼义类/借形

许慎："，人相违也。从大，凵声。凡去之属皆从去。丘据刃。"（《说文》卷五）《释要》p506：（甲骨文）（金文），诸家说法不一。可参《谱系》p1385之说：甲骨文去从大从口，会张大其口之意，口亦声，乃呿之初文。甲骨文有用为来去之去者。则去为会意兼形声字，顺递法兼义类法取象；用为来去之字为假借字，借形法取象。《甲典》p183：去通用为劫、刦、弆、怯、胠。

quán 全全 形声/形声 ——义类/义类

许慎："全，完也。从入，从工。，篆文全从玉。纯玉曰全。，古文全。"（《说文》卷五）《释要》p528：（楚简）（秦简）。马叙伦引高田忠周之见，认为纯玉曰全，此本义也。《考工记·玉人》："天子用全"。注：纯玉也。伦按：完也非本义。或非本训。字从工。工玉一字。人声。人音清纽，故全音入从纽，同为舌尖前破裂摩擦音也。纯玉为全，牛纯色为牷。语源同也。所以，全本义为纯玉，从玉人声。形声字，义类法取象。

quán 權权 形声/会意 ——义类/顺递

许慎："，黄华木。从木，雚声。一曰反常。巨员切。"（《说文》卷六）《释要》p565：（秦简），權为形声字，义类法取象。简化字从又，又古文字即右手，所以权可以理解为手持之木，顺递取象法，会意字。

què 卻却 形声/形声 —— 义类/义类　[图]

许慎："[图]，节欲也。从卩，谷声。去约切。"（《说文》卷九）《释要》p863：[图]（秦简），杨树达：卻即脚之初文。卩在胫头，故胫义却从卩，从卩之外又从肉作脚，于形为复赘。卻为初文，足胫其初义。脚为后起之加形旁字，乃据有足胫之义，而初文之却只为却退等义矣。无论本义还是引申义，卻为形声字，义类法取象。

què 確确 形声/形声 —— 义类/义类　[图]

许慎："[图]，磬石也。从石，角声。臣铉等曰：今俗作确，非是。胡角切。[图]，或从殻。"（《说文》卷九）确为形声字，义类法取象。

qún 羣群 形声/形声 —— 义类/义类　[图]

许慎："[图]，辈也。从羊，君声。臣铉等曰：羊牲好羣，故从羊。渠云切。"（《说文》卷四）《释要》p387：[图]（金文）[图]（货币）[图]（盟书）[图]（秦简）[图]（玺印），群为形声字，义类法取象。

R

rán 燃然 形声/会意/假借 —— 义类/顺递/借形　[图]

许慎："[图]，烧也。从火，肰声。臣铉等曰：今俗别作燃，盖后人增加。如延切。[图]，或从艸难。臣铉等案：艸部有[图]，注云：艸也。此重出。"（《说文》卷十）《释要》p944：[图][图]（金文）[图]（秦简），戴家祥：然或燃之本字，初义或为燃火炙烧犬肉，又引申为一般物质的燃烧。"然"借为语词，又复加火旁，以还其初义。"然"另有或体为"蘻"，从艸从难，难亦声。草为燃烧的主要物质，故从艸。戴说可从。然为会意字，从燃火炙烧犬肉，顺递法取象。假借为虚词然，借形法。燃为后起字，形声字，义类法。

ràng 讓让 形声/形声 —— 义类/义类　[图]

许慎："[图]，相责让。从言，襄声。人漾切。"（《说文》卷三）《释要》p271：[图]（陶文）[图]（秦简），讓为形声字，义类法取象。简化字虽然更换了声旁，仍是形声字，义类法取象。

rè 熱热 形声/形声 —— 义类/义类

许慎:"䵝,温也。从火,埶声。如列切。"(《说文》卷十)《释要》p952:䵝(秦简)䵝(玺印),热为形声字,义类法取象。

rén 人人 象形/象形 —— 物形/物形

许慎:"𠆢,天地之性最贵者也。"(《说文》卷八)《释要》p757:𠆢(甲骨文)𠆢(金文),人是象形字,取象于侧立人形,物形法取象。《甲典》p186:人通用为仁。

rèn 認认 形声/形声 —— 义类/义类

《说文》无此字。"認"和"认"均为形声字,义类法取象。

rèn 任任 形声/形声 —— 义类/义类

许慎:"任,符也。从人,壬声。如林切。"(《说文》卷八)《释要》p773:任(甲骨文)任(金文),马叙伦:任为壬之后起字。任为形声字,义类法取象。《甲典》p186:任通用为荏、恁、赁。

rì 日日 象形/象形 —— 物形/物形

许慎:"日,实也。太阳之精不亏。从囗一。象形。"(《说文》卷七)《释要》p648:日日(甲骨文)日(金文),王筠:"日部中古文及它部古文之从日者,皆作⊙,金刻亦往往如是,皆误也。日之古文⊖,惟《说文》韵谱不误。它本作椭圆形,作枣核形,并误。葢圆围以象日之体,中之曲而横者,天文家所谓无定之黑影,词藻家所谓乌踆也,不可缩之注于中。"日字中间的一笔并非如王筠所言"曲而横者",但是王筠讲成"天文家所谓无定之黑影"颇为可取。该字乃人类仰观天空,物形法取象造字,象形字。

róng 容容 形声/形声 —— 义类/义类

许慎:"容,盛也。从宀谷。臣铉等曰:屋与谷皆所以盛受也。余封切。𡨍,古文容从公。"(《说文》卷七)《释要》p708:谷(金文)容(玺印),容有从谷者,也有从公者,不论哪个,都是形声字,义类法取象。

róng 融融 形声/形声 —— 义类/义类

许慎:"融,炊气上出也。从鬲,蟲省声。以戎切。䰜,籀文融不省。"(《说文》卷三)《释要》p298：融（玺印），融为形声字，义类法取象。

rú 如如 会意/会意 —— 顺递/顺递

许慎:"如,从随也。从女,从口。徐锴曰：女子从父之教,从夫之命。故从口会意。人诸切。"(《说文》卷十二)《谱系》p1555：（屯二六七二）（陶汇）。如字甲骨文以来即从女从口,女亦声,为会意兼形声字,顺递法兼义类法取象。《甲典》p189：如通用为茹、恕、絮。

rù 入入 指事/指事 —— 物形/物形

许慎:"入,内也。象从上俱下也。凡入之属皆从入。人汁切。"(《说文》卷五)《释要》p527：（甲骨文）（金文），林义光：象锐端之形,形锐乃可入物也。戴家祥：盖象芒刃形,芒刃能入物者,故其象如此。二说可从,入取象于锐物之形,是物形取象法。表示动词入内的意思,为指事字。《甲典》p189：入通用为内。

S

sài 赛赛 形声/形声 —— 义类/义类

徐铉:"赛,报也。从贝,塞省声。先代切。"(《说文》卷六新附)《释要》p629：（楚简）（玺印），赛为形声字,义类法取象。

sān 三三 指事/指事 —— 意形/意形

许慎:"三,天地人之道也。从三数。"(《说文》卷一)《释要》p30：（甲骨文）（金文），"三"在六书中属于指事字,以意为形的意形法取象。

sè 色色 会意/会意 —— 顺递/模糊

许慎:"色,颜气也。从人,从卪。凡色之属皆从色。所力切。䒤,古文。"(《说文》卷九)《释要》p864：（秦简）（石刻），林义光、马叙伦、汤余惠等认为：色之古文字从人在人上,本义指男女两性关系,其说可从。会意字，顺递法取象。简化字取象模糊了。

shān 山山　象形/象形 —— 物形/物形

许慎："山，宣也。宣气散生万物。有石而高。象形。"（《说文》卷九）《释要》p875：（甲骨文）（金文），山象形字，物形法取象。《甲典》p194：山通用为汕、疝、讪、舢。

shāng 傷伤　形声/形声 —— 义类/义类

许慎："傷，创也。从人，𥏾省声。少羊切。"（《说文》卷八）《释要》p781：（秦简）（玺印），伤为形声字，义类法取象。

shāng 商商　会意/会意 —— 借代/借代

许慎："商，从外知内也。从向，章省声。式阳切。𠹧，古文商。𣼊，亦古文商。𣽴，籀文商。"（《说文》卷三）《释要》p241：（甲骨文）（金文）（秦简），诸家说法不一。王玉哲：甲骨文上从凤凰的凤字上部之鸟冠，代表所崇拜鸟图腾；而下面字形为穴居之形，商族用以称呼自己的族名。后代人把商族居住之地名也称为商。如此，则商本义为族名，会意字。以鸟图腾代指本族，借代法取象。

shàng 上上　指事/指事 —— 意形/意形

许慎："上，高也。此古文上。指事也。"（《说文》卷一）《释要》p5：（甲骨文）（金文）。以两个笔画下大上小之构形，表示位置之上，为指事字，意形法取象。

shǎo 少少　指事/指事 —— 意形/意形

许慎："少，不多也。从小，丿声。书沼切。"（《说文》卷二）《释要》p101：（甲骨文）（金文），林义光：象物少之形，小与少古同字，故师敦以小辅为少辅，年稚谓之少，实亦小义也。若从此说，则少小古通用，以三个或四个点代表少和小意，意形法取象，为指事字。《甲典》p196：少通用为抄、吵、秒、钞、炒、妙、纱、砂、眇、杪。

shè 設设　会意/会意 —— 顺递/顺递

许慎："設，施陈也。从言，从殳。殳，使人也。识列切。"（《说文》

卷三)《释要》p259：🔲（玺印），于省吾认为《说文》从殳，"殳，使人"之说不可取，其词义施陈为经典常用义。则设为会意字，顺递法取象。

  shè 社社 会意/会意 —— 义类/义类

  许慎："社，地主也。从示土。《春秋传》曰：'共工之子句龙为社神。'《周礼》：'二十五家为社，各树其土所宜之木。'常者切。祂，古文社。"（《说文》卷一）《释要》p27：（金文）（楚简）戴家祥考证：土社本一字，既是土地之义也是社神之义，社为后起字，在为上加表义偏旁，分担了社神的义项。社为会意字，义类法取象。

  shēn 身身 会意/模糊 —— 顺递/模糊

  许慎："身，躬也。象人之身。从人厂声。"（《说文》卷八）《释要》p795：（甲骨文）（金文）（秦简），身本取象于怀孕的妇女身体，是会意字，并峙法。李圃："身。古身即后世之孕字。""为大腹之人形，中有子（子）会妊娠之意，顺递法。后世身泛指人之躯体，又另造孕字为妊娠之专字。字一释为孕。究其实，身孕同源，身孕连语，均由古字分化而来。"其说可从。《诗经·大雅·大明》"大任有身"用的是本义。

  shēn 深深 形声/形声 —— 义类/义类

  许慎："深，水。出桂阳南平，西入营道。从水。罙声。式针切。"（《说文》卷十一）《释要》p1007：（金文）（秦简），深为形声字，义类法取象。

  shén 申神 假借/形声 —— 借形/义类

  许慎："申，神也。七月阴气成，体自申束。从臼，自持也。吏以餔时听事，申旦政也。"（《说文》卷十四）考察出土文献，《释要》p1365：申的甲骨文字形为（乙四六一九）（佚二五六），金文字形为（丙申角）（克鼎），古币文字形为（六七）（六七）。叶玉森的解释较为可取：《说文》："申，神也。"《说文》"虹"下出古文，许君解为"申，电也"。《说文》两处所解有异，申的本形为：、等，取象于闪电，假借为地支之

262

申，借形法取象，或假借为神明之神，神为加旁后起字，形声字，义类法取象。《甲典》p199：申通用为伸、神、砷、呻、珅。

shēng 升升　象形/象形 —— 物形/物形

许慎："升，十龠也。从斗，亦象形。识蒸切。"（《说文》卷十四）《释要》p1302：（甲骨文）（金文）（陶文）（秦简）（玺印）柯昌济、林义光：升和斗取象于同一物，均为象形字，物形法。升加一画，以示二字区别。《甲典》p201：升通用为昇。

shēng 生生　指事/指事 —— 物形/物形

许慎："生，进也，象草木生出土上。"（《说文》卷六）《释要》p608：（甲骨文）（金文）（古陶），高鸿缙：字原象草生地上。地有山川陵谷，概以一表之者，表其通象也。生取象于草生于地上，物形法取象，指事字。《甲典》p202：生通用为性。

shēng 聲声　会意兼形声/模糊 —— 顺递/模糊

许慎："聲，音也。从耳，殸声。殸，籀文磬。书盈切。"（《说文》卷十二）《释要》p1101：（甲骨文）（秦简）（玺印），徐中舒：从殸从（听），殸会叩击悬磬之意。击磬则空气振动，传之于耳而感之者为声。或作，乃字之省。则声为会意兼声字，顺递法取象。简化字使六书和取象均模糊了。《甲典》p202：声通用为馨、磬。

shěng 省省　形声/模糊 —— 义类/义类

许慎："省，视也。从眉省，从屮。臣铉等曰：中通识也。所景切。省，古文从少，从囧。"（《说文》卷四）《释要》p364：（甲骨文）（金文）（秦简），刘心源：古刻眚省为一字，小篆分为二。则许慎所解有误，省从目生声，义类法取象，形声字。隶变后，上半之生讹变，六书模糊了。

shī 失失　会意/会意 —— 顺递/顺递

许慎："失，纵也。从手，乙声。式质切。"（《说文》卷十二）《释要》

p1121：✦（秦简）✦（帛书）✦（石刻），林义光：乙失不同音。乙，抽也。从手从乙，自手中抽去之也。此说可从，失为会意字，顺递法取象。

  shī 師师 会意/会意 —— 并峙/并峙 ✦

  许慎："師，二千五百人为师。从帀，从𠂤。𠂤，四帀，众意也。疏夷切。✦古文师。"（《说文》卷六）《释要》p605：✦（甲骨文）✦（金文）✦（陶文），李学勤：原来有两个✦，一为古"堆"字，一为古"师"字，后来在文字演变中逐渐混淆，许慎也未能分清。西周金文中，凡作师众、师旅解的师都作"𠂤"，凡作师长解的都作"师"。师旅之师，会意字，并峙法。

  shī 施施 形声/形声 —— 义类/义类 ✦

  许慎："✦，旗皃。从㫃（yǎn），也声。齐栾施字子旗，知施者旗也。式支切。"（《说文》卷七）《释要》p664：✦✦（秦简）✦✦（玺印）施为形声字，义类法取象。

  shí 十十 指事/指事 —— 物形/物形 ✦

  许慎："数之具也。一为东西，丨为南北，则四方中央备矣。是执切。"（《说文》卷三）《释要》p243：✦ ✦（金文）✦（陶文）。徐中舒：丨为古代之算筹，竖置一筹表示数量十，以与横置之算筹一区别。卜辞中十之五倍以上数字皆置倍数于十之下合书，如五十作✦，六十作✦等。(《甲骨文字典》卷三）林义光：十本义为合，象结形，结即合也。另有以结绳表数字之说。均有所取象，并以表示抽象的数字，故为物形取象法，指事字。

  shí 什什 形声/形声 —— 义类/义类 ✦

  许慎："什，相什保也。从人十。是执切。"（《说文》卷八）《释要》p771：✦（秦简）✦✦（古四）。马叙伦：以伍佰二篆例之，亦当云十声。此说可从。什为形声字，从人十声。

  shí 石石 象形/象形 —— 物形/物形 ✦

  许慎："石，山石也。在厂之下。口象形。"（《说文》卷九）《释要》

p893：凸（甲骨文）𠛹（金文）石（秦简），徐中舒：𠂆疑为石刀形之讹变……或又增从凵。甲骨文凵形偏旁每可表示器皿，𠂆增凵形则为石器，以石器本质为石，进而表示一般之石。《甲典》p203、p39：石通用为飤、饬。

shí 时时 形声/会意 —— 义类/顺递

许慎："时，四时也。从日，寺声。⿱㞢日，古文时，从之日。"（《说文》卷七）《释要》p649：⿱㞢日（甲骨文）⿱㞢日（金文）晆（古陶文）晆（秦简），甲骨文、金文从日之声。古陶文、睡虎地秦简文、汉印文均从日，寺声。马叙伦等人均认为时之古文从日，之声。所以，时为形声字，义类法取象。简化字从日从寸，会意字，顺递法取象。

shí 實实 会意/会意 —— 顺递/不明

许慎："實，富也。从宀，从贯。贯，货贝也。神质切。"（《说文》卷七）《释要》p708：實（金文）實（秦简），高鸿缙：贯字本义为殷实。取家中有贝密藏会意。田，密藏形，周字从之……所从之田，即周密本字。實为会意字，顺递法取象。简化字取象不明。

shǐ 使使 形声/形声 —— 义类/义类

许慎："使，伶也。从人，吏声。疏士切。"（《说文》卷八）《释要》p775：𠭆（甲骨文）𠭇（金文），徐中舒：使从又持甲，甲为捕兽器具。古以捕猎生产为事，故从又持干即会作事之意。史、事、吏、使初为一字，后世渐分化，意义各有所专。此说可从，史为使之初文，为会意字。使为形声字，义类法取象。《甲典》p204：史通用为使、吏。

shǐ 始始 形声/形声 —— 义类/义类

许慎："始，女之初也。从女，台声。诗止切。"（《说文》卷十二）许慎："台，说也。从口目声。"（《说文》卷二）《释要》p1144：𠮠（甲骨文）𠙹（金文）始（秦简）始，杨树达：然男子天癸之至，女子则当十三四时，于不识不知中忽如潮涌，往往令人不可思议。事象奇异，故制文者亦为之特立一文。精言之，女之初当云妇之初。然则文称女子，实则妇人也。始从女，台声，为形声字，义类法取象。

shì 士士 指事/指事 ——物形/物形 士

许慎："士，事也。数始于一终于十，从一从十。孔子曰：推十合一为士。"（《说文》卷一）《释要》p52：士（甲骨文）士士（金文），诸家解析字形不一，此从杨树达之说：男字从力田，依形得义，士则以声得义也。事今为职事事业之义者，人生莫大于食，事莫重于耕，故舌物地中之事引申为一切之事也。取象于耕作工具插于地中而表示作事、耕作，这是物形法取象，指事字。

shì 世世 会意/会意 ——顺递/顺递

许慎："世，三十年为一世，从卅而曳长之，亦取其声也、舒制切。"（《说文》卷三）《释要》p247：（金文），吴大澄：从十从止，十止为世。彝器有象两足形者，即世世之义……或从卅，三十世也。此说可从，则世为会意字，顺递法取象。

shì 市市 形声/形声 ——顺递/模糊

许慎：市，买卖所之也。市有垣，从冂，从㇀。㇀，古文及。象物相及也。之省声。（《说文》卷五）《释要》p535：（金文）（古陶文）（石刻篆文），孙诒让：，当即市字。上从与之声同部，中从，即冂之变，下从丁即㇀之变也。则市为形声字，顺递法取象。简化字取象和六书模糊了。

shì 示示 象形/象形 ——借代/借代

许慎："天垂象，见吉凶，所以示人也。从二（古文上）。三垂，日月星也。观乎天文以察时变。示，神事也。凡示之属皆从示。二，古文上字。"（《说文》卷一）《释要》p9：（甲骨文），徐中舒：示的古文字字形为木表或石柱的神主之形，丅之上或左右的点画为增饰符号。卜辞祭祀占卜中，示为天神、地祇、先公、先王的通称。明义士：丅象祭坛之形。或作，则示祭坛上之祭物；或作，则象几上祭物流下酒水之滴。

徐中舒等人均考示乃独体字，神主或祭坛之义，名词。已为学界定论，可从。示为象形字。以木表或石柱等表示神主，或者以祭坛表神事，均为借代法取象。

shì 式式 形声/形声 —— 义类/义类

许慎："式，法也。从工，弋声。赏职切。"（《说文》卷五）《释要》p478：式（秦简），式为形声字，义类法取象。

shì 叓事 会意/会意 —— 顺递/顺递

许慎："事，职也。从史，之省声。鉏史切。叓，古文事。"（《说文》卷三）《释要》p315：（甲骨文）（金文），杨升南：事是手举旌旗，象征旗在移动中，表示征战时举旗以导众。本义为戎事。从此，则事为会意字，顺递法取象。

shì 势势 形声/形声 —— 义类/义类

徐铉："势，盛力权也。从力，执声。"（《说文》卷十三新附）《甲典》p206：执（shì）通用为设、热、势、蓺。

shì 视视 会意/会意 —— 顺递/顺递

许慎："视，瞻也。从见示。神至切。眡，古文视。眂，亦古文视。"（《说文》卷八）《甲典》p206：（合13712正）（合6787）。《释要》p826：（金文）。《谱系》p3034：视（十钟）视（秦律）。视字甲骨文取象于目在人上，会意字，顺递法取象。金文一为从见氏声，形声字，义类法取象；一为从见示，会意字，顺递法取象。

shì 试试 形声/形声 —— 义类/义类

许慎："试，用也。从言，式声。《虞书》曰：'明试以功。'式吏切。"（《说文》卷三）《释要》p257：试（秦简）试（玺印），试为形声字，义类法取象。

shì 是是 会意/假借 —— 顺递/借形

《说文》："是，直也。从日正。是，籀文是，从古文正。"（《说文》

卷二)《释要》p176：🖼（金文），郭沫若：🖼为匙形，从🖼或一以示其柄，手所执之处也。从止，止乃趾之初文，言匙柄之端挂于鼎唇者乃匙之趾。总结郭沫若观点为：是为会意字，为匙的本字，后假借为是非的是字。

  shōu 收收 形声/形声 —— 义类/义类 🖼

  许慎："🖼，捕也。从攴，丩声。式州切。"（《说文》卷三）《释要》p340：🖼（楚简）🖼（秦简），收为形声字，义类法取象。

  shǒu 手手 象形/象形 —— 物形/物形 🖼

  许慎："🖼，拳也，象形。"（《说文》卷十二）《释要》p1104：🖼（金文）🖼（古陶文），高鸿缙曰："象手有五指之形。甲文必有此字，偶缺载之耳。楷书手字为合体字偏旁时，在下者常省作𠂇，在左者常省作扌。"其说可从。手字是取象于五指之形而造字的。象形字，物形法。

  shǒu 守守 会意/会意 —— 比象/比象 🖼

  许慎："🖼，守官也。从宀，从寸。寺府之事者。从寸，寸，法度也。书九切。"（《说文》卷七）《释要》p710：🖼（金文）🖼（陶文）🖼（秦简），戴家祥：守从寸，借用寸口在人体之要于国家治理。守，为政事要害之所。金文守有从寸，也有从又。通常均作人名、官名。此说可从，会意字，比象法取象。

  shǒu 首首 象形/象形 —— 物形/物形 🖼

  许慎："𩠐百同。古文百也。巛象发。"（《说文》卷九）《释要》p849：🖼（甲骨文）🖼（金文）🖼（古陶文）🖼（秦简），首为象形字，物形法取象。《甲典》p207：首通用为道、导。

  shòu 售售 形声/形声 —— 义类/义类 🖼

  徐铉："🖼，卖去手也。从口，雔省声。"（《说文》卷二新附）《释要》p148：戴家祥：诗曰：贾用不售。按：售本无卖义。疑售、雔古本一字……《正韵》：雔，售也。金文从言之字多可改从口，售即雔无疑……雔之初义当为相对谈洽，买卖双方须言语达成交易，引申出卖出的意思。售为形声字，义类法取象。

shū 書书 形声/形声 —— 义类/义类

许慎："書，箸也。从聿，者声。商鱼切。"（《说文》卷三）《释要》p318：書（金文）書（秦简），萧璋：古之书写为契刻，所谓书于方策即以刀笔刺画于简策方版之上……《说文》训箸，与刺刻义尚相因。书为形声字，义类法取象。简化字六书与取象不明。

shù 術术 形声/形声 —— 义类/义类

许慎："術，邑中道也。从行，术声。食聿切。"（《说文》卷二）《释要》p217：術（秦简）術（玺印），術为形声字，义类法取象。简化字保留声旁，六书和取象不明。

shù 数数 形声/形声 —— 义类/义类

许慎："數，计也。从攴，娄声。所矩切。"（《说文》卷三）《释要》p334：數（秦简），数为形声字，义类法取象。

shuāng 雙双 会意/会意 —— 顺递/并峙

许慎："雙，隹二枚也。从雔，又持之。所江切。"（《说文》卷四）《释要》p390：雙（陶文），雙为会意字，顺递法取象。简化字从二又会意，并峙法取象。

shuǐ 水水 象形/象形 —— 物形/物形

许慎："水，准也。北方之行，象众水并流中有微阳之气也。"（《说文》卷十一）《释要》p1001：水（甲骨文）水（金文），水字取象于流动有波之水形，物形法取象，象形字。

shuō 説说 形声/形声 —— 义类/义类

许慎："说，释也。从言兑。一曰谈说。"（《说文》卷三）《释要》p257：説（陶文）説（秦简），从杨树达之说，谈说乃说造文之初义。许以说释为正义，殆非也。说为形声字，义类法取象。

269

sī 司司 会意/会意 ——顺递/弱化

许慎:"司,臣司事于外者。从反后。凡司之属皆从司。息兹切。"(《说文》卷九)《诂林》8册p94:（甲骨文）（金文）。《谱系》p261、p923:司的甲骨文构形不明,正反无别,多读为后,金文承袭甲骨文。司、后本一字而分化,据文意区别,晚周以降,二字始方向固定,表意分工,后表王配之尊称,司通嗣、事,表职掌之意。古文字形义发展与《说文》一致,司从反后,为会意字,顺递法取象。简化字取象弱化。《甲典》p214:司通用为饲、嗣。

sī 斯斯 会意/会意 ——顺递/顺递

许慎:"斯,析也。从斤,其声。诗曰:斧以斯之。息移切。"(《说文》卷十四)《释要》p1298:（金文),林义光:其非声。其,箕也,析竹为之。从斤治箕。此说可从,斯从斤其(箕)取象,表示以斤治箕,所以本义为破木之析。会意字。

sì 四四 指事/假借 ——意形/借形

许慎:"四,阴数也,象四分之形。凡四之属皆从四。息利切。古文四。籀文四。"(《说文》卷十四)《释要》p1325:（甲骨文）（金文),林义光:为积画成字的数字四,指事字,意形法取象。《说文》古文为假借字。马叙伦认为为涕泗字,像鼻中有泗。假借为数字四。

sù 速速 形声/形声 ——义类/义类

许慎:"速,疾也。从辵,束声。桑谷切。籀文从欶。,古文从敕,从言。"(《说文》卷二)《释要》p184:（金文）（陶文),商承祚认为《说文》古文为征召本字,《易》:不速之客。《礼·乡饮酒》:主人速宾。皆当作。作速皆当为假借。形声字,义类法取象。

suí 随随 形声/形声 ——义类/义类

许慎:"随,从也。从辵,墮省声。旬为切。"(《说文》卷二)《释要》p181:（秦简),随为形声字,义类法取象。

suì 歲岁 形声/形声 —— 义类/义类

许慎："歲，木星也。越历二十八宿，宣遍阴阳。十二月一次。从步，戌声。律历书名五星为五步。相锐切。"（《说文》卷二）《释要》p171：（甲骨文）（金文），林义光：古作，从二止，戌声。歲声之字，如噦翙等，皆与戌双声……借跋为歲。毛公鼎用鈨用征，复借歲为鈨。歲鈨同音。即越之古文。二止象踰越形。或作，从走从乏，月声。林说可从，歲取象于二止在戌之上下，表示逾越之义，戌为声符，所以歲本形声字，义类法取象。假借为歲星之歲。简化字从夕山声，也是义类法取象，形声字。

suǒ 所所 形声/形声 —— 借代/义类

许慎：所，伐木声也。从斤，户声。诗曰：伐木所所。（《说文》卷十四）《释要》p1297：（金文），戴家祥：户字象单门之形，引申为居处。户字的读音与伐木声同，故被借来状声，并加斫木工具斤为偏旁，写作所。但后人所字仍用作户的意思，表示居处，如鱼鼎匕"毋处其所"。或用作虚词，如中山王方壶"因载所美"等。所本义为伐树的声音，以伐木工具斤而代指伐木声，这是借代法取象。处所字为形声字，义类法。

T

tā 它蛇/他 象形/形声/假借 —— 物形/义类/借形

许慎："它，虫也。从虫而长，象冤曲垂尾形。上古艸居，患它，故相问无它乎。凡它之属皆从它。托何切。，它或从虫。臣铉等曰：今俗作食遮切。"（《说文》卷十三）《释要》p1238：（甲骨文）（金文）（秦简），商承祚：象它行于野，而人践之，故曰它也。赵诚：甲骨文象长虫之形，本为象形字。卜辞用作代词，则为借音字。则它本为象形字，物形法取象于蛇形。《说文》俗体即蛇，形声字，义类法。假借为代词，借形法取象。为加旁字，即他形声字，义类法取象。《甲典》p221：它通用为蛇、佗、陀、驼、鮀。

tā 她她 形声/假借 —— 义类/借形

《说文》未收此字。《玉篇》曰：她同姐，古文亦作馳。《玉篇》曰：姐，兹也切。《说文》云蜀人母曰姐。又祥预切，姐，孆也。即，她本义为姐。形声字，从女也声。义类法取象。现代汉语的"她"是 20 世纪以来用以区别男性"他"和动物"它"的代词，是古文她的假借字。

tái　臺台　形声兼会意/不明或象形 —— 顺递/或象形

许慎："𦦲，观四方而高者。从至，从之。从高者，与室屋同意。徒哀切。"（《说文》卷十二）《谱系》p140：。臺本义为高台，古文字中楚系文字从止声，从厂（与从高取意相通）或变从八（宀），从至，为会意兼形声字，顺递法取象。秦系文字从喬（或高），从至，会至于高处之意，至亦声，为会意兼形声字，顺递法取象。简化字六书和取象不明（或可看成新象形字）。

tài　太太　会意/会意 —— 顺递/顺递

《玉篇》：太，他大切，甚也。在《说文》中，太是泰的重文，在水部。许慎："，滑也。从廾，从水，大声。，古文泰。"（《说文》卷十一）刘心源：《说文》"泰"古文作，从大从二。古文凡重出字连书者下一字往往省作二，谓二即上一字也。古文泰盖本是累二大字为之。大而又大故曰太。今写太字下加一点，即省也……古老子太作……有省有不省。大而又大则为太，则太为顺递法取象的会意字。

tài　態态　会意/形声 —— 顺递/义类

许慎："，意也。从心，从能。徐锴曰：心能其事，然后有态度也。他代切。，或从人。"（《说文》卷十）《释要》p990：態为会意字，顺递法取象。简化字态为形声字，义类法取象。

tè　特特　形声/形声 —— 义类/义类

许慎："，朴特。牛父也。从牛，寺声。徒得切。"（《说文》卷二）《释要》p113：（汗简），特为形声字，义类法取象。

tí　提提　形声/形声 —— 义类/义类

许慎："，挈也。从手，是声。杜兮切。"（《说文》卷十二）《释要》

p1111：㨀（秦简），提为形声字，义类法取象。

tí　題题　形声/形声 —— 义类/义类　题

许慎："题，頟也。从页，是声。杜兮切。"（《说文》卷九）《释要》p841：题（汗简），题为形声字，义类法取象。

tǐ　體体　形声/会意 —— 义类/顺递　體

许慎："體，总十二属也。从骨，豊声。他礼切。"（《说文》卷四）《释要》p424：體（金文）。戴家祥之说可从，《广韵》體，俗作軆，从骨从身义近，故可交换。體字原意盖取之于身，故金文从身。体为形声字，义类法取象。简化字从人从本，会意字，顺递法取象。

tiān　天天　指事/指事 —— 物形/物形　天

许慎："天，颠也。至高无上。从一大。"（《说文》卷一）《释要》p3：天天（甲骨文）天天（金文）天（古陶文），商承祚：此字自许君而降，皆谓为会意，实指事也……金文作●，甲骨文作囗者，刀笔易空难实，其为浑然之天则同。天在人上，故绘人形后作一注或两画一画以指其处。只求表见其意，故不拘于一形。指事字与会意别者，以所指之表识无定形，似会意而实非也。天即颠，即人头。从大从一。一指其事。商说可从。天为指事字，物形法取象。《甲典》p224：天通用为吞。

tiáo　條条　形声/形声 —— 义类/义类　條

许慎："條，小枝也。从木，攸声。徒辽切。"（《说文》卷六）《释要》p572：條（玺印），于省吾：丬象木形，上象其枝条。此当象木条形，即条之古文也。《说文》條从攸声。本为象形字，孳演已久。加攸为声符，遂成條字。盖由象形文演变为形声字，乃文字递衍常例。简化字从木，义类法取象。声符为攸省声，似取象不明。

tōng　通通　会意兼形声/会意 —— 顺递兼义类/顺递　通

许慎："通，达也。从辵，甬声。他红切。"（《说文》卷二）《释要》p187：通通（甲骨文）通通通（金文），高田忠周：《易·系辞》，往来不穷谓之通。此为本义也。转为凡通达通贯之义。李孝定：金文作🉑🉑，从辵从用，与卜辞同。又从☉，非从日夜，乃钟柄旋虫之象。二说可从，通本从辵从用，用亦声，顺递法兼义类法取象，往来不穷之义。会意兼形声字。引申义为通达通贯等。

tóng 同同 会意兼形声/顺递 —— 顺递/顺递

许慎："同，合会也。从冃，从口。臣铉等曰：同，爵名也。《周书》曰：太保受同祭，故从口，史籀亦从口。李阳冰云：从口非是。徒红切。"（《说文》卷七）《释要》p736：🉑🉑🉑（甲骨文）🉑（金文）🉑（秦简），刘心源：惟会稽石刻，人乐同则之，同作同。知小篆改从冃。许氏据以为说，究非古也。盖同从凡口会意，凡亦声。与风凤芃等字一类矣。若从此说，则同为会意兼形声字，从凡口会意，凡亦声。本义为聚合众人之力。同字古今变化不大。顺递法取象《甲典》p226：同通用为筒、铜、洞、苘、胴。

tǒng 統统 形声/形声 —— 义类/义类

许慎："統，纪也。从糸，充声。他综切。"（《说文》卷十三）《释要》p1196：🉑（玺印），统为形声字，义类法取象。

tóu 頭头 形声/不明 —— 义类/不明

许慎："頭，首也。从页，豆声。度侯切。"（《说文》卷九）《释要》p840：🉑（金文）🉑（秦简），则头为形声字，义类法取象。简化字六书和取象不明。

tóu 投投 形声/形声 —— 义类/义类

许慎："投，擿也。从手，从殳。度侯切。"（《说文》卷十二）《释要》p1115：🉑（秦简），马叙伦曰：《系传》作殳声，是也。投殳古音同，马说可取。则投为形声字，义类法取象。

tū 突突 会意/会意 —— 顺递/顺递

许慎："突，犬从穴中暂出也。从犬在穴中。一曰滑也。徒骨切。"（《说文》卷七）《释要》p721：🉑（甲骨文）🉑（陶文），突为会意字，顺递法取象。

tú 圖图 会意/会意 ——顺递/顺递

许慎："圖，画计难也。从囗，从啚。啚，难意也。徐锴曰：规画之也，故从囗。同都切。"(《说文》卷六)《释要》p614：（金文），杨树达认为，圖从囗从啚，囗是国邑，啚即鄙的初文，圖的构形为国邑而有边鄙，所以圖的本义为地图。不论本义为何，圖均为会意字，顺递法取象。简化字可看作从囗从冬之新会意字，顺递法。

tuán 團团 形声/形声 ——义类/义类

许慎："團，圜也。从囗，专声。度官切。"(《说文》卷六)《释要》p614：（楚简），团为形声字，义类法取象。简化字声符不明，义类法取象。

tuī 推推 形声/形声 ——义类/义类

许慎："推，排也。从手，隹声。他回切。"(《说文》卷十二)《释要》p1107：（玺印），于省吾：甲骨文的 即古推字，也即古摧字。古文字从攴的字后世多变为从手。至于推摧相通，是由于摧从崔声，崔从隹声，和推从隹声音符相同。甲骨文除有时用作人名，都指摧毁的灾害言之。推为形声字，义类法取象。

W

wài 外外 指事/指事 ——物形/物形

许慎："外，远也。卜尚平旦，今夕卜，于事外矣。五会切。，古文外。"(《说文》卷七)《释要》p673：（甲骨文），（金文），戴家祥：卜指屋壁，一短横表示壁之内向，另一向有月，当为屋外。外的意思豁然而出。这是以物形法而成指事字。

wán 完完 形声/形声 ——义类/义类

许慎："完，全也。从宀，元声。古文以为寬字。胡官切。"(《说文》卷七)《释要》p707：（陶文），完为形声字，义类法取象。

wǎn 晚晚 形声兼会意/形声兼会意 ——顺递/顺递

许慎："晚，莫也。从日，免声。无远切。"(《说文》卷七)《释要》p653：（玺印），杨树达：免声之字多含低下之义……晚从免声，正谓日之低下，故训为莫也。此求之于声而知其义当然者也。此说可从，晚为形声兼会意字，取象于日之低下，日暮之义。顺递法取象。

wàn 萬万 象形/假借 ——物形/借形

许慎："萬，毒虫也。从厹，象形。无贩切。"(《说文》卷十四)《释要》p1332：（甲骨文）（金文），罗振玉：卜辞及古金文中等形均象蝎，不从厹。商承祚：假蝎为千万字，意上古穴居多蝎，触目皆是，故用为极大数目字。萬本取象于蝎子，象形字，物形法。假借为千万的万，借形法取象。《甲典》p231：万通用为厉、迈、励、澫。

wáng 王王 象形/象形 ——借代/借代

许慎："王，天下所归往也。董仲舒曰：古之造文者，三画而连其中谓之王。三者，天地人也。而参通之者，王也。孔子曰：一贯三为王。凡王之属皆从王。李阳冰曰：中画近上。王者则天之义。雨方切。𠚦，古文王。"(《说文》卷一)《释要》p30：（甲骨文）（金文），徐中舒：王象刃部下向之斧形，以主刑杀之斧钺象征王者之权威。此说可从，王为象形字，借代法取象，以斧钺而代表王者。《甲典》p232：王通用为旺、汪、柱、狂、尪。

wǎng 網网 形声/象形 ——义类/物形

许慎："网，庖牺所结绳以渔。从冂，下象网交文。凡网之属皆从网。今经典变隶作罒。文纺切。罔，网或从亡。䋄，网或从糸。𦉮，古文网。𦉸，籀文网。"(《说文》卷七)《释要》p741：（甲骨文）（金文）（货币），网取象于渔网，象形字，物形法。網为加旁形声字，义类法。《甲典》p233：网通用为網、魍。

wǎng 往往 形声/形声 ——义类/义类

许慎："往，之也。从彳，㞷声。于两切。徍，古文从辵。"(《说文》

卷二)《释要》p207：▨（甲骨文）▨（金文），甲骨文往为▨，从止王声，形声字，义类法取象。后加旁彳，成为形声字，义类法取象。

wàng　朢望　形声/形声——义类/义类　▨

许慎："▨，月满与日相望以朝君也。从月从臣从壬。壬，朝廷也。"（《说文》卷八）《释要》p792：▨ ▨（甲骨文）▨ ▨（金文）▨（秦简），李圃《甲骨文文字学》p271："▨或作▨，后世作'朢'，今作'望'。▨是由彳（人）和▨（臣，竖目形）构成的复素字；▨是由活性字素▨(臣)和▨（土）构成的复素字。人仰首上望之象，故目竖，作▨；下加▨作▨，示人立于土丘之上登高以望远，为远望之'望'初文本字。《说文》收有古文作▨，下部人与土合一，讹为壬（壬），后世加义素'月'作'朢'；又更'臣'为'亡'，作'望'。"望为形声字，义类法取象。

wéi　爲为　会意/会意——顺递/顺递　▨

许慎："▨，母猴也。其为禽好爪，爪，母猴象也。下腹为母猴形。王育曰，爪，象形也。"（《说文》卷三）《释要》p301：▨（甲骨文）▨（金文）▨（古陶文），罗振玉、曾宪通：为字从又从象，示古人服象以助劳。此说可从，為为会意字，顺递法取象。《甲典》p235：为通用为伪、妫。

wéi　維维　形声/形声——义类/义类　▨

许慎："▨，车盖维也。从糸，隹声。以追切。"（《说文》卷十三）《释要》p1211：▨ ▨ ▨（金文）▨（陶文）▨（玺印），李孝定：维训维系，维系之必以手，故增攴为义符。……▨字从糸从攴皆义，隹声也。

wěi　委委　会意/会意——比象/比象　▨

许慎："▨，委随也。从女，从禾。臣铉等曰：委，曲也。取其禾谷垂穗委曲之兒，故从禾。于诡切。"（《说文》卷十二）《新甲》p696：▨ ▨。《诂林》p838：黄盛璋、赵诚、刘桓等人考释委之古文字为▨，楷化字▨，取象于禾在器中或禾贮于洞之形，其说或可从。卜辞中委通用为萎谢之萎、逶迤之逶等字。中山铜器"是以寡人▨任之邦"中，委为委任之意。《说文》小篆以来从女从禾，可解读为女之随也如禾之曲，则为会意字，比象

277

法取象。《甲典》p234：委通用为萎、逶、诿、痿、魏。

wèi 衛卫 会意/不明 —— 顺递/不明

许慎："衛，宿卫也。从彳帀，从行。行，列卫也。于岁切。"（《说文》卷二）《谱系》p2356-2357：衛（二〇五〇三）衛（合集二〇〇七四）衛（二一七四四）衛（司寇良父壶）衛（秦印）。甲骨文衛或从行从四止从人，会人于通衢控守四方之意，或从韋（韋）声，从二止，从方，或认为方与口皆表示先民聚居之城邑。《谱系》之说可从，衛之甲骨文，其一当解为会意字，顺递法取象，其一当解为形声字，义类法取象。金文和秦印文字沿袭的是甲骨文形声字字形，义类法取象。简化字的取象和六书不明。《甲典》p237：卜辞用防为卫。

wèi 未未 物形/物形 —— 指事/指事

许慎："未，味也，六月滋味也。五行，木老于未。象木重枝叶也。凡未之属皆从未。无沸切。"（《说文》卷十四）《释要》p1365：未 未（甲骨文）未（金文）未（陶文）未（货币），叶玉森：未从∪或∪或一系于木上，并象木之末。未与末为一字……未取象于树木，上加指事性符号，表示木梢。物形法取象，指事字。《甲典》p236：未通用为味、昧。

wèi 味味 形声/形声 —— 借代/借代

许慎："味，滋味也。从口未声。"（《说文》卷二）《释要》p125：以品尝味道之"口"取象造字，代指味道义。

wèi 立位 指事/形声 —— 物形/义类

许慎："位，列中庭之左右谓之位。从人立。"（《说文》卷八）《释要》p767：位（甲骨文）位（金文），王筠："小宗伯注故书位作立。郑司农云，立读为位。古者立位同字。古文春秋经，公即位为公即立。然则许君所目为重文者，据当时仍合为一也。所不目为重文者，据当时分为二也。古盖无位字，故用立。及已有位字，即不复用立字。使人睹名知义，不须推求也。今人舍专字而用古人通用之字，以是为博，直命为惑焉可也。"王说与我们今天的词类活用很接近，其实这种语言现象就是一词多义。立既有动词站立义，也有名词所立之处所义。后来为这个多义词分词造字，加形旁成为位，专指名词处所义。立为初文，物形法取象，指事字。位是后起字，形声字，义类法取象。

wén 文文 象形/象形 —— 物形/物形

许慎："㐭，错画也。象交文。"（《说文》卷九）《释要》p853：㐭㐭（甲骨文）㐭㐭（金文）文（秦简），文本取象于人身上交错花纹，本义为纹身，引申为文学等义。《甲典》p237：文通用为纹、蚊、汶、璊、旻。

wén 聞闻 形声/形声 —— 义类/义类

许慎："聞，知声也。从耳，门声。无分切。聞古文从昏。"（《说文》卷十二）《释要》p1101：（甲骨文）（金文）聞（秦简），董作宾：甲骨文闻字从（耳）从（报告者跽而以手掩口之状。掩口者，恐口液喷出，侮慢尊长，所以示敬也），会意字。后变为形声字，从耳门声，义类法取象。

wèn 問问 形声/形声 —— 义类/义类

许慎："問，讯也。从口，门声。亡运切。"（《说文》卷二）《释要》p130：（甲骨文）問（秦简）。甲骨文中多門，即门字，亦常用为问字。秦简有提問。《说文》之说可从，问为形声字，义类法取象。甲骨文《甲典》p148：门通用为扪、闷、们、问。

wǒ 我我 象形/假借 —— 物形/借形

许慎："我，施身自谓也。或说我顷顿也。从戈，从手。手或说古垂字。一曰古杀字。"（《说文》卷十二）《释要》p1174：我（甲骨文）我（金文），商承祚：叶玉森谓我之本字为兵，是也。谓其兵似足形则未当。王国维、罗振玉等人均认为是兵器。则我为取象于兵器的象形字，后假借为第一人称代词。《甲典》p238：我通用饿、峨、哦、鹅、蛾。

wú 無无 象形/假借/指事 —— 物形/借形/不明

许慎："無，亡也。从亡橆声。武扶切。"（《说文》卷十二）许慎："橆，丰也。从林㚘。或说规模字，從大卌，数之积也。林者木之多也。卌与庶同意。商书曰：庶草繁无。"（《说文》卷六）《释要》p600：🀆🀆（甲骨文）🀆🀆（金文）。無像人双手执物而舞之形，假借为有无字，另造从舛之舞字表示本义。無本为舞之本字，象形，物形法。假借为有无之无，假借字，借形法。简化字可看作记号式指事字，取象不明。

wǔ 五五 指事/假借 —— 意形/借形 X

许慎："X，五行也。从二，阴阳在天地间交午也。"（《说文》卷十四）《释要》p1328：X（甲骨文）X（金文），诸家说法不一。林义光、杨树达：午为交午之午本字，象交午之形，不必阴阳。假借为数字五。若从此说，则五为指事字，意形法取象。数字五为假借字，借形法取象。《甲典》p239：五通用为伍、吾。

wǔ 午午 象形/假借 —— 物形/借形 ↑

许慎："午，啎也。五月阴气午逆阳。冒地而出。此与矢同意。凡午之属皆从午。拟古切。"（《说文》卷十四）《释要》p1364：↓ ↓（甲骨文）↑ ↑ ↑ ↑（金文）↑ 午（陶文），诸家说法不一，有说古文字为杵之象形者，有说为矢镞之象形者，假借为干支用字和中午之午。午本为象形字，物形法取象。后为假借字，借形法取象。《甲典》p239：午通用为忤、仵、杵、许、迕。

wù 务务 形声/形声 —— 义类/不明 務

许慎："務，趣也。从力，敄声。亾遇切。"（《说文》卷十三）《释要》p1267：務（金文）務（秦简），务为形声字无疑，义类法取象。简化字务仍从力，义类法取象。声旁不明。

wù 物物 形声/形声 —— 义类/义类 物

许慎："物，万物也。牛为大物，天地之数起于牵牛，故从牛。勿声。文弗切。"（《说文》卷二）《释要》p118：物 物（甲骨文）物 物（秦简），物之取象和本义，诸家说法不一。王国维、杨树达、徐中舒等考证物为杂色牛，刘节认为物的本义是牧，不论何义，物为形声字无疑，义类法取象。《甲典》p240：勿通用为自刎、吻、忽。

附录 现代汉语高频字取象溯源整理

X

xī 西西 象形/模糊 —— 借代/模糊

许慎："🔲，鸟在巢上。象形。日在🔲方而鸟栖，故因以为东🔲之🔲。"（《说文》卷十二）《段注》："鸟在巢上者，此篆之本义。""古本无东西之西，寄托于鸟在巢上之西字为之。"《释要》p1087：🔲🔲（甲骨文）🔲🔲（金文）。罗振玉曰："《说文解字》西古文作🔲，籀文作🔲。且子鼎亦作🔲。卜辞中有🔲🔲。与许书籀文及古金文同。而卜辞上下断缺。不能知果为西否。其作🔲🔲等形。王国维谓即西字。验之诸文，其说甚确。许君谓日在西方而鸟栖，象鸟在巢上形。今诸文正象鸟巢状。巢字篆文作🔲，从🔲，乃🔲传写之讹。亦正是巢形也。日既西落，鸟已入巢，故不复如篆文于巢上更作鸟形矣。"罗说可从。西之古文字取象于鸟巢，以日落西方时的典型物象：（鸟栖息之）巢代指西方。小篆西字讹变为鸟在巢上，更加明确了这一取象。象形字，借代取象法。隶定后字形六书和取象模糊了。《甲典》p243：西通用为栖、茜、哂、牺。

xī 希希 会意/会意 —— 顺递/顺递

《说文》无此字。《广韵》："香衣切，平微晓。微部。"《诗·陈风·墓门》："墓门有棘。"陈奂传疏："希，罕也。"《汉字源流字典》：🔲，古文字从巾，从爻（交织的篱笆形），会意字，表示像篱笆一样稀疏的麻布。

xī 息息 会意/会意 —— 顺递/顺递

许慎："🔲，喘也。从心，从自，自亦声。相即切。"（《说文》卷十）《释要》p977：🔲（金文）🔲（盟书），杨树达：人主喘息之官为肺，造字者息字从心，实谓肺也。戴家祥：自即古文鼻字，息本义当为鼻息。二说可从，息从自心会意，表示自心（肺）及鼻而呼吸成鼻息，顺递法取象。

xì 係系 形声/会意 —— 义类/顺递

许慎："🔲，系也。从糸，丿声。凡系之属皆从系。胡计切。🔲，系或从毄处。🔲，籀文系，从爪丝。"（《说文》卷十二）《释要》p1192：🔲🔲（甲骨文）🔲🔲（金文）🔲（陶文）🔲（古四），高鸿缙：系字初文俱象手持丝形，

281

与许书籀文合。此说可从，系为会意字，顺递法取象。繁体系为增旁形声字，义类法取象。

xià 下下 指事/指事 —— 意形/意形

许慎："下，底也。指事。"（《说文》卷一）《释要》p9：（甲骨文）（金文）（古陶文）（秦简）。商承祚曰："为最初之古文，后因其易与一二之二相乱，乃仰俯其下上笔作，然所别仍甚微，后遂竖其短画为，于是形谊乃显著，至秦整齐古文以为小篆，乃参采二体而作矣。"商氏所言，基本上符合上下的字形演变轨迹，其说可从。下乃指事字，意形法取象。

xiān 先先 会意/会意 —— 顺递/顺递

许慎："，前进也。从儿，从之。凡先之属皆从先。臣铉等曰：之在上，是先也。苏前切。"（《说文》卷八）《释要》p825：（甲骨文），胡淀咸：甲骨文先字从人从止，表示前往之意。卜辞先已有先后之意，有先祖、先妣、先子等词。先为会意字，顺递法取象。

xiǎn 顯显 会意/会意 —— 借代/不明

许慎："，众微杪也。从日中视丝。古文以为顯字。或曰：众口貌。读若唫唫。或以为茧。茧者，絮中往往有小茧也。五合切。"（《说文》卷七）许慎："，头明饰也。从頁，㬎声。"（《说文》卷九）《释要》p847：顯字，《侯马盟书字表》中有两个字形，不从頁的如（六七：三六），从頁的如（六七：二二），说明春秋晚期顯字已有加頁旁者。金文中多从頁之形，如（鼎盉）（休盘）（康鼎）（克鼎）（虢季子白盘）。林义光曰顯字："象人面在日下视丝之形。丝本难视，持向日下视之乃明也……《说文》云，，众微杪也。从日中视丝。古文以为顯字。按，即顯之偏旁。"则顯字的初文造字取象为：日下视丝之㬎，后加偏旁首，成为以人首（有的字形还突出人头上的眼睛）在日下看丝的具象代指顯明之义，㬎为会意字，借代法取象。简化字仍从日，义类法取象。另一偏旁改为业，失去了取象原意。

xiǎn 險险 形声/形声 —— 义类/义类

　　许慎："险，阻难也。从阜，佥声。虚检切。"（《说文》卷十四）《释要》p1316：险（秦简），险为形声字，义类法取象。

xiàn 現现 形声/形声 —— 义类/义类

　　《说文》不收。《广韵》："见，露也。现，俗。"则现为见的后起字，露的意思。形声字，义类法取象。

xiàn 綫缐线 形声/形声 —— 义类/义类

　　许慎："綫，缕也。从糸，戋声。私箭切。线，古文綫。"（《说文》卷十三）《释要》p1209：綫线（古四），线为形声字，对应繁体字有从泉从戋二形，均义类法取象。

xiàn 限限 形声/形声 —— 义类/义类

　　许慎："限，阻也。一曰门榍。从阜，艮声。乎简切。"（《说文》卷十四）《释要》p1316：限（金文）。限为形声字，义类法取象。

xiāng 相相 会意/会意 —— 顺递/顺递

　　许慎："省视也。从目从木。易曰：地可观者莫可观于木。诗曰：相鼠有皮。"（《说文》卷四）《释要》p357：相（甲骨文）相（金文）相（秦简）相（汉印），林义光："从木非取其可观。凡木为材，须相度而后可用。从目视木。"金文中常用作方国名或官职名，也有用为辅佐之义。相为会意字，顺递法取象。《甲典》p249：相通用为想、箱、湘、厢、缃、霜、孀。

xiǎng 響响 形声/形声 —— 义类/义类

　　许慎："響，声也。从音，鄉声。许两切。"（《说文》卷三）《释要》p277：響（玺印），響为形声字，义类法取象。简化字改为从口向声，取象法和六书不变。

xiǎng 想想 形声/形声 —— 义类/义类

　　许慎："想，冀思也。从心，相声。息两切。"（《说文》卷十）无古文字。想为形声字，义类法取象。

xiàng　向向　象形/象形 —— 物形/物形

许慎："北出牖也。从宀从口。诗曰：塞向墐户。徐锴曰：牖所以通人气，故从口。"（《说文》卷七）《释要》p704：（甲骨文）（金文），王筠："向下云从口，口或囗之讹，直是通孔而已，当云象形。小徐通人气之说支。"王说可从，向取象于宀下有窗口，物形法取象，象形字。《甲典》p251：向通用为晌、饷。

xiàng　項项　形声/形声 —— 义类/义类

许慎："項，头后也。从頁，工声。胡讲切。"（《说文》卷九）《释要》p841：（秦简），项为形声字，义类法取象。

xiàng　象象　象形/象形 —— 物形/物形

许慎："象，长鼻牙，南越大兽，三年一乳。象耳牙四足之形。凡象之属皆从象。徐两切。"（《说文》卷九）《释要》p910：（甲骨文）（金文）（秦简），甲骨文象字取象于长鼻子大象之形，物形法，象形字。罗振玉：象为南越大兽，此后世事。古代则黄河南北亦有之。为字从手牵象，则象为寻常服御之物。今殷墟遗物有镂象牙礼器，又有象齿甚多，卜用之骨有绝大者，殆亦象骨。又卜辞卜田猎有获象之语，知古者中原有象，至殷世尚盛也。《甲典》p252：象通用为像、橡。

xiàng　像像　形声/形声 —— 义类/义类

许慎："像，象也。从人，从象。象亦声。读若养。徐两切。"（《说文》卷八）《释要》p783：（帛书），严一萍：象为本字，孳乳为像。段氏据《韵会》所引改说文"象也"之训为"似也"，可从也。像为象的后起字，为形声字，义类法取象。

xiāo　消消　形声/形声 —— 义类/义类

许慎："消，尽也。从水，肖声。相幺切。"（《说文》卷十一）《释要》p1037：无更多解释。消为形声字，义类法取象。

xiāo　銷销　形声/形声 —— 义类/义类　[图]

许慎："[图]，铄金也。从金，肖声。相邀切。"(《说文》卷十四)《释要》p1276：[图]（秦简），无更多解释。消为形声字，义类法取象。

xiǎo　小小　指事/指事 —— 意形/意形　[图]

许慎："物之微也。从八丨。见而分之。"(《说文》卷二) 许慎："不多也。从小丿声。书沼切。"(《说文》卷二)《释要》p101：徐仲舒："象散落细微之点。自来古文字学家皆以从三点之[图]为小，以从四点之[图]为少，甲文中二字构形实同，应为一字。"小与少古同字。详见前文"少"字条。

xiào　效效　形声/形声 —— 义类/义类　[图]

许慎："[图]，象也。从攴，交声。胡教切。"(《说文》卷三)《释要》p332：[图]（甲骨文）[图]（金文）[图]（陶文），效为形声字，义类法取象。

xiào　校校　形声/形声 —— 义类/义类　[图]

许慎："[图]，木囚也。从木，交声。古孝切。"(《说文》卷六)《释要》p592：[图]（陶文）[图]（秦简），校为形声字，义类法取象。

xiē　些些　会意/会意 —— 未详/未详　[图]

徐铉："[图]，语辞也。见楚辞。从此，从二。其义未详。"(《说文》卷二新附)《释要》p174：无解。

xié　协协　会意/会意 —— 并峙/并峙　[图]

许慎："[图]，同心之和。从劦，从心。胡颊切。"(《说文》卷十三)《释要》p1271：[图]（玺印）。劦从三力，意思为合力。协为会意字，同心并合力，并峙法取象。

xīn　心心　象形/象形 —— 物形/物形　[图]

许慎："心：人心，土藏。在身之中。象形。博士说以为火藏。"(《说文》卷十)《释要》p977：[图][图]（金文）。王筠认为心字很早就用物形法创造出来的说法是可取的，虽然他说心字"外兼象包络"之说法乃据小篆解形有误。考于今日之出土资料，甲骨文中就已经有心字了。据于省吾先生

285

曰①，心字正象人心脏的轮廓形。甲骨文中既有简省的写法，也有倒作的字形。金文中，见于商器祖乙爵，也见于父己爵。于先生的考证是可取的。《甲典》p253：心通用为芯。

xīn　新新　形声/形声 —— 义类/义类　[新]

许慎："取木也。从斤，亲声。"(《说文》卷十四)《释要》p1298：[图]（甲骨文）[图]（金文）[图]（古陶）[图]（古玺文），戴家祥："段注：'当作从斤、木，辛声。非从亲声也。'按：段改至确。从木从斤即析字，《说文》六篇析，破木也。一曰折也。木被破后谓之新（薪的本字），新是析的引申义，为了与析有所区别，特加声符辛，析辛为阴阳对转。古文加声符表示引申义的例子很多，如甲骨文凰字加凡声，金文其字加丌声等，皆为其证。新字后被借为新旧之新，为了保留本义，又加艸旁作薪。"戴说可从，新从析辛声，形声字，义类法取象，为薪之本字。《甲典》p254：新通用为薪。

xìn　信信　会意/会意 —— 顺递/顺递　[图]

许慎："[图]，诚也。从人，从言。会意。息晋切。[图]，古文从言省。[图]，古文信。"(《说文》卷三)《释要》p255：[图]（陶文）[图]（秦简）[图]（玺印），古陶文的信字有从人言者，有从人口者，皆会意字，顺递法取象。

xīng　曐星　形声/形声 —— 义类/义类　[图]

许慎："晶，精光也，从三日。"(《说文》卷七)"曐，万物之精，上为列星。从晶生声。一曰象形。从口，古口复注中，故与日同。[图]古文星。星，曐或省。"(《说文》卷七)《释要》p668：[图]（甲骨文）[图]（金文）。可以整理星字发展为：星之字形由甲骨文[图]（即《说文》之晶），发展为加声旁生而为[图]（即《说文》之曐），后又减省为《说文》所录之[图]，也即今日之星。所以，星为形声字，义类法取象。《甲典》p255：星通用为晴、醒、腥、惺、猩。

---

① 李圃《古文字诂林》，上海：上海教育出版社，1999—2004，第 8 册第 939 页。后文注释中简称为《诂林》。

xíng　行行　象形/象形　——物形/物形

许慎："㣟：人之步趋也。从彳，从亍。"（《说文》卷二）《释要》p217：（甲骨文）（金文）（古陶文），行的本义为人所行走的道路，字形取象为四通的道路。如《诗经·豳风·七月》："遵彼微行。""微行"意为"小路"。引申义有行走等。行为象形字，物形法取象。《甲典》p255：行通用为荇。

xíng　形形　形声/形声　——义类/义类

许慎："形，象形也。从彡，开声。户经切。"（《说文》卷九）《释要》p852：（古四）。徐灏注笺："象形者，画成其物也，故从彡，彡者，饰画文也。引申为形容之称。"桂馥《说文解字义证》："开声者，当为井声。"①

xíng　型型　形声/形声　——义类/义类

许慎："型，铸器之法也。从土，刑声。户经切。"（《说文》卷十三）《释要》p1251：（金文），郭沫若：者，型之异，从田与从土同意。

xìng　性性　形声/形声　——义类/义类

许慎："性，人之阳气性善者也。从心，生声。息正切。"（《说文》卷十）《释要》p977：（金文）（石刻）。性为形声字，义类法取象。

xū　需需　会意/会意　——顺递/顺递

许慎："需，也。遇雨不进，止也。从雨，而声。易曰：云上于天，需。臣铉等案：李阳冰据易云上于天云当从天，然诸本及前作所书皆从而，无有从天者。相俞切。"（《说文》卷十一）《释要》p1068：（金文）。林义光：朱氏骏声云，即今所用濡湿字……物遇雨湿，则软（软）而下垂，故从雨而。人遇雨不进，犹物濡软。此需之引申义。需为濡之本字，从雨天（人）顺递取象，会意字。小篆变为从雨从而，也是顺递取象的会意字。

---

① 徐中舒《汉语大字典》，成都：四川辞书出版社，1990年，第916页。

xǔ 許许 会意兼形声/会意兼形声 ——顺递/顺递

许慎："𧥒，听也。从言，午声。虚吕切。"(《说文》卷三)《释要》p249：𧥒（金文）𧥒（陶文）許（秦简）。杨树达：许从午声，午即杵之象形字。字从言从午，谓舂者送杵之声也……舂者手持物而口有声，故许字从言从午。口有言而身应之，故许之引申义为听。杨说可从，许为会意兼形声字，顺递法取象。

xù 續续 形声/形声 ——义类/义类

许慎："續，连也。从糸，賣声。似足切。賣，古文續，从庚贝。臣铉等曰：今俗作古行切。"(《说文》卷十三)《释要》p1197：賣（甲骨文）續（秦简）。形声字，义类法取象。

xuǎn 選选 形声/形声 ——义类/义类

许慎："選，遣也。从辵巽。巽遣之。巽亦声。一曰选择也。思沇切。"(《说文》卷二)《释要》p191：選（古四），选为形声字，义类法取象。

xué 學学 会意/会意 ——顺递/顺递

许慎：學，觉悟也。从教，从冂。冂，尚蒙也。臼声。斆，篆文斆省。(《说文》卷三)《释要》p343：𦦵𦥑爻（甲骨文）學𦥑（金文）學（秦简）。林义光：古教學同字。故书盘庚斆于民。礼记凡学世子及学士，皆以学字为教。高田忠周：从臼，臼者两手执之，受而不失之意。爻疑𡕥省。𡕥下曰：效也。会意之旨亦同于此。學本从臼从爻，表示教授和效仿，教與学同源同字，受学并重，所以为并峙法取象，会意字。又有下加子者，也是会意，顺递法取象。简化字保留子，其他部件取象模糊了。

xùn 訊讯 会意/会意 ——顺递/顺递

许慎："訊，问也，从言，卂声。訊，古文讯从卤。"(《说文》卷三)《释要》p254：訊（甲骨文）訊（金文）。吴大澂：訊，古讯字，从系，从口，执敌而讯之也。吴说可从，会意字，顺递法取象。

Y

yà 亞亚 象形/象形 —— 物形/物形

许慎："亞，丑也。象人局背之形。贾侍中说，以为次第也。凡亚之属皆从亚。衣驾切。"（《说文》卷十四）《释要》p1326：（甲骨文）（金文），诸家说法不一。徐中舒：文字中亚字，就像墓穴四面有台阶之形。则为象形字，物形法取象。《甲典》p263：亚通用为恶、氬、哑。

yán 言言 会意/模糊 —— 义类/义类

许慎："言，直言曰言，论难曰语。从口，辛声。凡言之属皆从言。语轩切。"（《说文》卷三）《释要》p247：（甲骨文）（金文），林义光：辛与辛同字，辛非声。言本义当为狱辞，引申为凡言之称。从辛。辛，罪人也。所以，言为会意字，顺递法取象。简化字从口不变，然整体字形六书模糊了，义类法取象。《甲典》p264：言通用为喑、這。

yán 研研 形声/形声 —— 义类/义类

许慎："研，礦也。从石，开声。五坚切。"（《说文》卷九）《释要》p896：（玺印），研为形声字，义类法取象。

yǎn 演演 形声/形声 —— 义类/义类

许慎："演，长流也。一曰水名。从水。寅声。以浅切。"（《说文》卷十一）《释要》p1016：（甲骨文）（玺印），演为形声字，义类法取象。《甲典》p276：寅通用为演。

yàn 驗验 形声/形声 —— 义类/义类

许慎："驗，马名。从马，僉声。鱼窆切。"（《说文》卷十）《释要》p914：无考释。形声字，义类法取象。

yàng 樣样 形声/形声 —— 义类/义类

许慎："羕，水长也。从永，羊声。诗曰：江之羕矣。余亮切。"（《说文》卷十一）《释要》p1057：（金文），羕也是形声字，义类法取象。樣从木，羕声。形声字，义类法取象。

yào 腰要 形声/形声 ——顺递/顺递

许慎:"✿,身中也。象人要自臼之形,从臼,交省声。于消切。又于笑切。✿,古文要。"(《说文》卷八)《释要》p289:✿(金文)✿(秦简),象女自约两手于腰之形。囟声。此说可从,要从两手于女腰间,囟声。形声兼会意字字,顺递法取象。楷书字要从女,义类法取象,上半字形取象模糊。《甲典》p267(yāo)、p268(yào):要通用为腰。

yě 也 会意/不明 ——顺递/不明

许慎:"也,女阴也,象形。"(《说文》卷十二)《谱系》p2304:✿(信阳一·○七)✿(平安君鼎)。也,从口从乙,会言语停顿之意。口或讹作廿、廾、廾。此说可从,也为会意字,顺递法取象。楷化字六书和取象不明。

yè 業业 象形/象形 ——物形/物形

许慎:"業,大版也,所以饰县钟鼓。捷业如锯齿,以白画之象,其鉏铻相承也。从丵,从巾,巾象版。诗曰:巨业维枞。✿,古文业。"(《说文》卷三)《谱系》p3987:✿(昶伯业鼎)✿(秦公簋)✿(陶文)。古文字业为大版义,一形取象于两个并立的铜人(鍾虡 jù,悬挂钟鼓的架子)举着锯齿参差的横木(筍,悬钟鼓的架子);一形中间加声符盍(hé,盍之初文);战国文字省作✿。则繁体字所从省简后古文字为象形字,物形法取象。简化字取古文字以来铜人所举大版之形,物形取象,六书为象形。

yī 醫医 形声/形声 ——义类/义类

许慎:"医,盛弓弩矢器也。从匚从矢。国语曰:兵不解医。"(《说文》卷十二)许慎:"醫,治病工也。殹,恶姿也。醫之性然,得酒而使。从酉。王育说。一曰:殹,病声。酒所以治病也。周礼有醫酒。古者巫彭初作醫。于其切。"(《说文》卷十四)《诂林》p1018:✿✿(甲骨文),罗振玉:齐语兵不解医作解翳。韦注,翳所以蔽兵也。翳为医之假借字,盖医乃蔽矢之器,犹御兵之盾然。《释要》p1371:✿(秦简)✿(玺印),林义光:本义当为内则浆水醷滥之醷。梅浆也。从酉殹声。罗说可从,医为古文字原形，会意字，顺递法取象。醫为形声字，义类法。《甲典》p270：医（👤）通用为殹、醫、嫛。

yǐ   已已   指事/指事 —— 意形/意形

《说文》无已字。《玉篇》："已，止也，毕也，讫也。"以已的字形表示停止的意思，指事字，意形法取象。

yǐ   㠯以   象形/会意 —— 物形/顺递

许慎："㠯，用也。从反巳。贾侍中说，巳，意，实也。象形。"（《说文》卷十四）《释要》p1364：（甲骨文）（金文）（秦简）（汉印），从徐中舒之说，从目即耜之本字。铜器"以"均作"㠯"，当为耜之象形字。㠯为用具，故古文借为以字。以，用也。所以㠯取象于农具，表示用的意思，借代法取象。而 是取象于人用耜之形，所以在 上加偏旁人会意，顺递法取象。《甲典》p272：以通用为姒、似。

yì   義义   会意兼形声/不明 —— 顺递兼义类/不明

许慎："義，己之威仪也。从我羊。臣铉等曰：此与善同意，故从羊。宜寄切。羛墨翟书义从弗。魏郡有羛阳乡。读若锜。今属邺。本内黄北二十里。"（《说文》卷十二）《释要》p1174：（甲骨文）（金文），杨树达：今按：羊盖假为像。像读若养，养从羊声，故制義字者假羊为像。然则文从我羊，实言我像，我像即今言我样，故以己之威仪立训矣。若从杨说，则義取象于我羊，顺递法取象，意思是我样，我像，表示威仪。上古音我、義皆属歌部，我兼表声，为声符，義为会意兼形声字。简化字义六书和取象皆不明。《甲典》p275：义通用为议、仪、蚁。

yì   億亿   会意兼形声/形声 —— 顺递兼义类/义类

许慎："億，安也。从人，意声。于力切。"（《说文》卷八）《谱系》p2：满意、快意、意志本无多区别。由满意、快意引申而有安意，故派生億字。又引申有数多之称。故或曰十万为億，百万为億。此说可从。億由意派生而来，从人从意，意亦声，为会意兼形声字。人而满意，顺递法取象兼义类法取象。简化字从人乙声，义类法取象。

yì　議议　形声/形声 —— 义类/义类

许慎："議，语也。从言，義声。宜寄切。"（《说文》卷三）《释要》p253：議（秦简）議（玺印），形声字，义类法取象。

yì　蜴易　象形/假借 —— 物形/借形

许慎："易，蜥易，蝘蜓，守宫也。象形。秘书说：日月为易，象阴阳也。一曰从勿。凡易之属皆从易。羊益切。"（《说文》卷九）《释要》p909：（甲骨文）（金文）（陶文）（货币），陈独秀：蜥蜴体色多，呈种种变化。甲骨文和金文字形尤似守宫形，皆用为锡予字而不加金，即易字，象蜥蜴之头角身刺及尾，字形虽多略异，而象身刺之彡则同，易之特征也。徐中舒：易为锡或赐之本字。古易金易贝均得曰易。二说可从，则易本为象形字，物形法取象。蜴为后起形声字，义类法。借用为赐予字，借形法。

yì　溢益　会意/会意 —— 顺递/顺递

许慎："溢，饶也。从水皿。皿，益之意也。伊昔切。"（《说文》卷五）《释要》p503：（甲骨文）（金文）（秦简），林义光：古作，皿中盛物，八象上溢形。林说可从，益为溢之初文，取象于水或物品从器皿上溢出之形。会意字，顺递法取象。溢为后起形声字，义类法。

yì　意意　会意兼形声/会意兼形声　顺递/顺递

许慎："意，志也。从心察言而知意也。从心，从音。于记切。"（《说文》卷十）《释要》p978：（秦简），杨树达：意根于心而发于言，故从心从音，心先而音后也。

yīn　茵因　形声/象形 —— 义类/物形

许慎："因，就也。从囗大。徐锴曰：《左传》曰：'植有礼，因重固。能大者，众围就之。'于真切。"（《说文》卷六）《释要》p617：（甲骨文）（金文）（陶文）（玺印），林义光、杨树达：因象茵褥之形、簟席之形。后引申为就义等。则为物形法取象，象形字。茵为后起形声字，义类法。《甲典》p276：因通用为姻、茵、哽咽、胭、恩、裀。

yīn 音音 指事/不明 —— 顺递/不明

许慎："音，声也。生于心有节于外谓之音。宫商角征羽，声也。丝竹金石匏土革木，音也。从言含一。"（《说文》卷三）《释要》p277：音（金文）林义光：本义当为言之声。从言。一以示音在言中。姞从此说，顺递法取象，指事字。楷化字取象不明。

yín 銀银 形声/形声 —— 义类/义类

许慎："銀，白金也。从金。艮声。语巾切。"（《说文》卷十四）《释要》p1273：銀銀（玺印），形声字，义类法取象。

yǐn 引引 指事/指事 —— 物形/物形

许慎："引，开弓也。从弓丨。臣铉等曰：象引弓之形。余忍切。"（《说文》卷十二）《释要》p1186：引（金文）引（秦简），杨树达：弓为基字，丨指弓之被引，为所事。杨说可从，引取象于弓箭，物形法。加一丨指引弓之事，所以引为指事字。《甲典》p277：引通用为延。

yīng 英英 形声/形声 —— 义类/义类

许慎："英，艸荣而不实者。一曰黄英。从艸，央声。于京切。"（《说文》卷一）《释要》p80：英（秦简）。形声字，义类法。

yíng 營营 形声/形声 —— 义类/义类

许慎："營，市居也。从宫，熒省声。余倾切。"（《说文》卷七）《谱系》p2113：營（营子旅鼎）營（云梦）。金文營，从吕省，熒声。金文以来的古文字，營均从吕，熒声，形声字，义类法取象。简化字把熒上从之二火变为二屮（chè，草义），读音不变。

yǐng 影影 形声/形声 —— 义类/义类

影同景，见前文。

yìng 應应 形声/形声 —— 义类/义类

许慎:"㥺,当也。从心,雁声。于陵切。"(《说文》卷十)段注:"当,田相值也。引申为凡相对之称。凡言语应对之字即用此。"(《说文》卷十)《谱系》p329:㥺(日甲三四背)㥺(诅楚文),《说文》小篆与古文字字形同,形声字,义类法。

yòng 用用 象形/假借 —— 物形/借形

许慎:"用,可施行也。从卜,从中。卫宏说。凡用之属皆从用。臣铉等曰:卜中乃可用也。余讼切。用,古文用。"(《说文》卷八)《释要》p346:用(甲骨文)用用用(金文),诸家说法不一。余永梁:用象器形,象形,本谊当为用具之用,盛物器也,引申为一切资用及行施谊。蒋礼鸿、马叙伦:用为镛之初文。杨树达、于省吾等:用为桶之初文,引申为施用之用。此取最后一说,则用本桶之初文,物形法取象,象形字。以桶字表示用处,借代法取象,假借字。《甲典》p280:用通用为甬、诵、勇、涌。

yōu 優优 形声/形声 —— 义类/义类

许慎:"優,饶也。从人,憂声。一曰倡也。于求切。"(《说文》卷八)《释要》p774:優(石刻)。優优均为形声字,义类法取象。

yóu 由由 象形/假借 —— 物形/借形

《新甲》p63:由(合集 20149)。由之取象诸家说法不一,比如像头盔、甲胄等,则为象形字、物形法取象。今天由于之由为假借字,借形法取象。《甲典》p281:由通用为轴、抽、宙、笛、迪、面。

yóu 油油 形声/形声 —— 义类/义类

许慎:"油,水。出武陵孱陵西,东南入江。从水,由声。以周切。"(《说文》卷十一)《释要》p1007:油油(甲骨文)。形声字,义类法取象。

yóu 斿游 会意/形声 —— 顺递/义类

许慎:"斿,旌旗之旒也。从㫃,汓声。以周切。遊,古文遊。"(《说文》卷七)《释要》p665：▇ ▇（甲骨文）▇ ▇（金文）。罗振玉：石鼓文从子执旗，全为象形字。从水者后来所加，于是变象形为形声矣。罗说可从。游本为会意字，从子执旗，顺递法取象。本义为旌旗之斿。后来又加了水旁，成为形声，义类法取象。

  yǒu 友友 会意兼形声/会意兼形声 —— 并峙/并峙 ▇

  许慎："同志为友。从二又，相交友也。"(《说文》卷三)《释要》p313：▇ ▇ ▇（甲骨文）▇ ▇（秦简）。林义光：▇▇象携手形，▇象携手相交形。友为会意字，并峙法取象。

  yǒu 有有 会意兼形声/会意兼形声 —— 顺递/顺递 ▇

  许慎："▇，不宜有也。春秋传曰：日月有食之。从月，又声。"(《说文》卷七)《释要》p671：▇ ▇（甲骨文）▇ ▇（金文）。罗振玉：古金文有字亦多作又。与卜辞同。林义光：有，持也。从又持肉。不从月。林说可从：有字不从月，而从▇。先有"又"字，后加▇而成"有"字。甲骨、金文中"又""有"常通用。会意兼形声字，顺递法取象。

  yòu 又又 象形/假借 —— 物形/借形 ▇

  许慎："▇，手也。象形。三指者，手之列多略不过三也。凡又之属皆从又。于救切。"(《说文》卷三)《释要》p304：▇ ▇（甲骨文）▇ ▇ ▇（金文）▇（货币）。高鸿缙：字本取象于人的右手。手本五指，只作三者，古人皆以三表多。后借为又再之又。所以，又本物形法取象，象形字。后为假借字，借形法取象。繁简不别，均使用假借字。《甲典》p282：又通用为佑、有、右、佑。

  yú 于于 象形/假借 —— 物形/借形 ▇

  许慎："于，于也。象气之舒亏。从丂从一。一者，其气平之也。(《说文》卷五。)《释要》p487：▇ ▇（甲骨文）▇ ▇（金文）。采陈邦福、白玉峥之说：▇ 即呼之初文，呼气的意思。▇为张口之象，从丿表示气之舒。故▇取象于张口呼气之形，呼为后起形声字。所以，于为物形法取象，指事字。现代汉语于多用为介词，假借字，借形取象法。本义之于字由后起的吁字代替。《甲典》p284：于通用为芋、宇、吁。

yǔ 舆与 会意/指事 —— 顺递/意形

许慎："与，赐予也。一勺为舆。此与舆同。余吕切。"（《说文》卷十四）《释要》p1293：林义光：一勺无赐予之义。石鼓文象两手授受之形。会意字，顺递法取象。

许慎："舆，党与也。从舁从与。"（《说文》卷三）《释要》p288：（金文）。朱芳圃：舆象两人用手钩牙之形。给予为本义，党舆乃借义。林义光：即与之或体。古作，四手象二人交与，丨，所与之物。会意字，顺递法取象。所以，"与""舆"为本字和后起字的关系，简化字与可看作授受之形的指事字、意形法。

yù 育育 会意/会意 —— 顺递/顺递

许慎："育，养子使作善也。从𠫓，肉声。虞书曰：教育子。徐锴曰：𠫓，不顺子也。不顺子亦教之，况顺者乎？余六切。育或从每。"（《说文》卷十四）《释要》p1358：（甲骨文）（金文）（陶文）。王国维：育从女从倒子，或从母从倒子，象产子形，并有产子时有水液。育为会意字，顺递法取象。

yù 预预 形声/形声 —— 不明/不明

徐铉："预，安也。案：经典通用豫，从页未详。"（《说文》卷九新附）《释要》p848：无考释。预从予声，形声字，义类法取象。

yuán 元元 物形/物形 —— 指事/指事

许慎："元，始也。从一从兀。徐锴曰：元者，善之长也，故从一。愚袁切。"（《说文》卷一）《释要》p1：（甲骨文）（金文）。元取象于人，并于头上加指事符号一表示人头，物形法取象，为指事字。由人头引申为开始之义。《甲典》p290：元通用为玩、完、顽、沅、阮。

yuán 员员 象形/假借 —— 物形/借形

许慎："员，物数也。从员，口声。凡员之属皆从员。徐锴曰：古以贝为货，故数之。王权切。🝱，籀文从鼎。"(《说文》卷六)《释要》p619：🝱 🝱（甲骨文）🝱 🝱（金文）🝱（秦简）。林义光：古文字从口从鼎，实圆之本字。 o，鼎口也，鼎口圆象。员为圆之本字，取象于鼎口之圆。物形法，象形字。后假借为量词，借形法取象。《甲典》p291：员通用为圆、损、勋、埙、殒、韵。

yuán　原原　会意/会意 —— 顺递/顺递　🝱

许慎："🝱，水泉本也。从🝱出厂下。愚袁切。🝱，篆文从泉。臣铉等曰：今别作源，非是。"(《说文》卷十一)《释要》p1056：🝱 🝱（金文）🝱（陶文）。🝱从厂下有泉，表示岩崖下有泉水从穴中流出。本义为水源，是源的本字。会意字，顺递法取象。

yuán　源源　形声/形声 —— 义类/义类　🝱

《说文》不收此字。《广韵》："源，水原曰源。"《汉语大字典》：🝱（老子甲）。形声字，义类法取象。

yuàn　院院　形声/形声 —— 义类/义类　🝱

许慎："🝱，坚也。从阜，完声。臣铉等按：宀部已有，此重出。王眷切。"(《说文》卷十四)《释要》p1323：🝱（秦简）。形声字，义类法取象。

yuē　约约　形声/形声 —— 义类/义类　🝱

许慎："🝱，缠束也。从糸，勺声。于略切。"(《说文》卷十三)《释要》p1199：🝱（秦简）🝱（古四），郭沫若：🝱当是古约字。陈世辉：束是糸的数量单位，约字可以从束作🝱。形声字，义类法取象。

yuè　月月　象形/象形 —— 物形/物形　🝱

许慎："月，阙也。太阴之精。象形。"(《说文》卷七)《释要》p669：🝱（甲骨文）🝱（金文）🝱（古陶文）🝱（秦简）🝱（货币文）。月字在秦简中的字形已经演变到与今天字形相近，古文字的月字乃人类仰观天象所得，取象于阙月之形，物形法取象，象形字。

yuè　越越　形声/形声 —— 义类/义类　[字形]

许慎:"[字], 度也。从走, 戉声。王伐切。"(《说文》卷二)《释要》p157: [字](金文) [字](陶文), 越为形声字, 义类法取象。

yùn　运运　形声/形声 —— 义类/义类　[字形]

许慎:"[字], 迻徙也。从辵, 军声。王问切。"(《说文》卷二)《释要》p190: [字](石刻)。运运均为形声字, 义类法取象。

yī　一一　指事/指事 —— 意形/意形　一

许慎:"一, 惟初太始, 道立于一, 造分天地, 化成万物。"(《说文》卷一)《释要》p1: 一(甲骨文) 一(金文)。于省吾:"以一为首之一二三三积画纪数字……《说文》所释之一字, 具有神秘性, 并非造字本义。六书次序以指事象形为首, 但原始指事字一与二三三积划之出现, 自当先于象形, 以其简便易为也。此类积画字, 本无任何神秘性之可言。《淮南子·本经》:'昔者仓颉作书, 天雨粟, 鬼夜哭。'此乃荒诞之神话, 不值一驳。实则原始人类社会, 由于生产与生活之需要, 由于语言与知识之日渐进展, 因而才创造出一与二三三之积画字。以代结绳而备记忆。虽然几个积画字极其简单, 但又极其重要。因为它是我国文字之创始, 后来才逐渐发达到文字纪事以代表语言。于是既突破空间与时间之限制, 同时亦促进人类文化之发展。"一为指事字, 意形法取象。

Z

zāi　灾灾　会意/会意 —— 并峙/顺递　[字形]

许慎:"[字], 害也。从一雝川。《春秋传》曰:'川雝为泽凶。'祖才切。"(《说文》卷八)《释要》p1054: [字形](甲骨文)。李孝定:契文此字异体颇多, 作[字形]者, 象洪水横流之形。当是初文。继虑其与水无别, 乃作[字]从一雝川为会意。繁体灾从水从火会意, 并峙法取象。简体灾从宀从火, 表示房子里起火了, 会意字, 顺递法取象。

zài　再再　指事/指事 —— 意形/意形　[字形]

许慎:"再, 一举而二也。从一, 冓省。"(《说文》卷四)《释要》p407-408:

⊗（甲骨文）⊕⊖⊘（金文）⊙⊚（秦简），王筠"以冓字折叠观之以会其意"的说法很有新意，然于古文字再、再之形观之，似乎不能成立。高鸿缙：⊗为向上之动象。兹作⊙，动力下有一横画，而其上复有横画，象动力已过一关又遇一关也。故有再二之意。副词。词义较虚，以⊙指事，意形法取象。

zài 在在 形声/形声 —— 义类/义类 𠤎

许慎："𠤎，存也。从土，才声。"（《说文》卷十三）《谱系》p237：𠤎（大盂鼎）𠤎（中山王方壶）左（云梦）。在，甲骨文借才为在。周金文从才，从土，土为追加声符。战国文字土或讹作土形。《说文》小篆据讹变字形而从土，沿用至今。在本从才从土，形声字，义类法取象。《甲典》p297：在通用为茬。

zǎo 早早 形声/形声 —— 义类/义类 𣎴

许慎："𣎴，晨也。从日在甲上。子浩切。"（《说文》卷七）《释要》p649：𣎴（金文）早（秦简）。戴家祥：𣎴，从日枣声，读为早。戴说可从，早为形声字，义类法取象。

zào 造造 形声/形声 —— 义类/义类 𨧀

许慎："𨧀，就也。从辵，告声。谭长说：造，上士也。七到切。𦩍，古文造，从舟。"（《说文》卷二）《释要》p183：𠭃𦩍（金文），高鸿缙：𨧀，制造之本字。亦作艁。从宀，从舟，告声。言屋或舟均人所制造也。后世通以造访之造代之，久而成习，而𨧀与艁均废。高说可从。造为形声字，义类法取象。

zé 则则 会意/会意 —— 顺递/顺递 𠜵

许慎："𠜵，等画物也。从刀，从贝。贝，古之物货也。子德切。𠜻，古文则。𠝣，亦古文则。𠛙，籀文则，从鼎。"（《说文》卷四）《释要》p442：𠜻𠛙（金文）𠜻（陶文）𠜵𠛙（盟书）。林义光：从刀者分之意。古作𠛙，作𠝣，变贝为鼎。犹实或作𠑏。又鼎为分器，亦可等画之物也。李孝定：盖鼎所从烹物，物熟则以刀等画之以分食，故许训等画物，其引申谊也。李说可从，则本从鼎从刀，表示以刀等画分物。用烹物之器和分物之工具代指等画分物，这是借代法取象，会意字，为则字本形的六书和取象。繁简体的则取象于以刀分贝，顺递法取象，会意字。《甲典》p298：则通用为侧、测、铡、恻。

zé 責责 形声/形声 —— 义类/义类

许慎："責，求也。从贝，朿声。侧革切。"（《说文》卷六）《释要》p626：（甲骨文）（金文）（秦简）。刘心源：責即債。加人俗字也。刘说可从，責即債之本字，形声字，义类法取象。《甲典》p299：責通用为磧、債、嘖、积、绩、渍、赜、帻。

zēng 曾曾 象形/假借 —— 物形/借形

许慎："曾，词之舒也。从八，从曰，囱声。昨棱切。"（《说文》卷二）《释要》p102：（甲骨文）（金文）。戴家祥：曾为甑之本字，在六书为象形，表义加旁则写作甑……曾字下文为承水之釜……囱象锅体制有七穿。穿者通也。所以通蒸汽也。其上八象升气之上出，其器犹近代之蒸锅，其语义取诸于蒸，蒸曾古音同部。戴说可从。曾本为甑之初文，物形法取象，象形字。假借为曾经的曾，借形法取象。

zēng 增增 形声/形声 —— 义类/义类

许慎："增，益也。从土，曾声。作滕切。"（《说文》卷十三）《释要》p1252：（甲骨文）（金文）（秦简）。刘心源：小子师之师作……从累自，当是古文增字。增为形声字，义类法取象。

zhǎn 展展 形声/形声 —— 义类/义类

许慎："展，转也。从尸，襄省声。知衍切。"（《说文》卷八）《释要》p813：（玺印）。形声字，义类法取象。

zhàn 戰战 形声兼会意/形声 —— 并峙/义类

许慎："戰，鬪也。从戈，單声。之扇切。"（《说文》卷十二）《释要》p1169：（金文）（秦简）。李孝定：戰字金文从"嘼"，实仍"單"之繁复，單者盾也，戰、𢧔、戎均合戈盾为字，其事类虽近，然已衍为数字矣。此说可从，戩为形声兼会意字，并峙法取象，以戈、單（盾）联合表义。简化字从戈，占声，义类法取象。

zhàn 站站 形声/形声 —— 义类/义类

《说文》无此字。楷书从立，占声。形声字，义类法取象。

zhāng 張张 形声/形声 —— 义类/义类

许慎："䟣，施弓弦也。从弓，長声。陟良切。"（《说文》卷十二）《释要》p1185：䟣（金文）䟣（楚简）張（秦简）。秦简字与《说文》合，形声字，义类法取象。

zhǎng 漲涨 形声/形声 —— 义类/义类

《说文》无此字。涨从水，张声，义类法取象。繁简字同。

zhào 照照 形声/形声 —— 义类/义类

许慎："照，明也。从火，昭声。之少切。"（《说文》卷十）《释要》p951：照（金文）照（玺印）照（汗简）。于豪亮：照字左偏旁象手执火炬之形，右旁召声，当系照之异体字。异体字和本字均从召声，从火或从以手执火为形旁，义类法取象，形声字。

zhě 者者 形声/形声 —— 义类/义类

许慎："者，别事词也。从白，朿声。朿，古文旅字。之也切。"（《说文》卷四）《释要》p367：者（金文）者（陶文）。高田忠周：朿实黍字异文……黍旅音通，故或用黍为旅。许氏未详此理，直以朿为旅字。无论从黍得声，还是从旅得声，者均为形声字，义类法取象。

zhè 這这 形声/不明 —— 义类/不明

《说文》无此字。《谱系》p2665-2666：這（三五六三）"這从辵，言声。《集韵》：這，迎也。"《宋元以来俗字谱》："這，《木莲记》《金瓶梅》作这。"今天"这"为简化字。"這"为形声字，义类法取象。简化字义符仍从辵（走之），六书不明，从文取象不明。

zhēn　眞真　形声/指事 —— 义类/不明

许慎:"眞,仙人变形而登天也。从匕,从目,从乚。音隐。八,所乘载也。侧邻切。𠤢,古文真。"(《说文》卷八)《释要》p786:𠩇(金文)。唐兰:真本从贝,后来讹变为从目。从匕,非变匕之匕,实殄字古文之也。真在真部,殄在谆部,真谆音相近。唐说可从,真为形声字,从贝,匕声,义类法取象。简化字可看作记号类指事字,取象不明。

zhèn　震震　形声/形声 —— 义类/义类 𩇓

许慎:"震,劈歷振物者。从雨,辰声。春秋传曰:震夷伯之庙。臣铉等曰:今俗别作霹雳,非是。章刃切。䨲,籀文震。"(《说文》卷十一)《释要》p1063:震(秦简)。柯昌济:卜辞 𩇓 字,疑震字。文曰不辟者三。从辰声从止,有震动谊。无论卜辞字还是《说文》小篆,震均从辰声,或从雨取意,或从止取意,形声字,义类法取象。

zhēng　爭争　会意/会意 —— 顺递/顺递 𠄙

许慎:"爭,引也。从受厂。臣铉等曰:厂音曳。受,二手也。而曳之,争之道也。侧茎切。"(《说文》卷四)《释要》p415:𠄙 𠄙(甲骨文),争为会意字,取象于两手从相对的两个方向争一个东西。顺递取象法。

zhěng　整整　会意/会意 —— 顺递/顺递 𢾙

许慎:"整,齐也。从攴,从束,从正。正亦声。之郢切。"(《说文》卷三)《释要》p332:𢾙(金文)𢾙(玺印)。戴家祥认为整字从敕从正,会意,理而正之之义。戴说可从,整为会意字,顺递取象法。

zhèng　正正　会意/会意 —— 顺递/顺递 正

许慎:"正,是也。从止。一以止。凡正之属皆从正。徐锴曰:守一以止也。之盛切。𤴓,古文正,从二。二,古上字。𧾱,古文正,从一足。足者亦止也。"(《说文》卷二)《释要》p174:𧾱𧾱(甲骨文)𧾱𧾱(金文),金祥恒:口者即城郭所从之墙围……而 𧾱 正象人足巡行攻城之形……卫为自卫,征为伐人,其意相承,其义则相反。此说可从,正为会意字,顺递法取象,意思为出征,是征的本字。《甲典》p306:正通用为政、征。

zhèng　証证　形声/形声 —— 义类/义类

许慎："証，谏也。从言，正声。之盛切。"（《说文》卷三）《释要》p257：无考释。証、证皆为形声字，义类法取象。

zhèng　政政　形声兼会意/形声兼会意 —— 顺递/顺递

许慎："政，正也。从攴，从正，正亦声。之盛切。"（《说文》卷三）《释要》p332：（甲骨文）政（金文）。高田忠周：马注《论语》曰：政者有所改更匡正，盖政字从攴，与教字从攴同意。从正，形声包会意。故古字正政互通。此说可从，政为形声兼会意字，顺递法取象。

zhī　之之　指事/假借 —— 借代/借形

《说文》："出也。象艸过中，枝茎益大，有所之。一者，地也。凡之之属皆从之。止而切。"《释要》p603：（甲骨文）（金文）。李圃《甲骨文文字学》p232："为人足趾形，是'趾'的初文。一是个字缀，指地面之起讫点，表示人足于地面起讫点有所往义。《尔雅·释诂》：之，往也。当为其初义。殷商甲骨文是已借记代词或名词。"李说可从。之本为止，即脚趾的象形，往的意思，以脚趾代表去往的意思，这是借代法取象。指事字。甲骨文已假借为代词或名词，借形法取象，假借字。《甲典》p307：之通用为芝。

zhī　支支　会意/会意 —— 顺递/顺递

许慎："支，去竹之枝也。从手持半竹。凡支之属皆从支。章移切。支，古文支。"（《说文》卷三）《释要》p316：支（秦简）（玺印）（古四）。商承祚：古文从竹不省，象上下分其支，故手在其中。无论半竹还是一竹，支为会意字，顺递法取象。

zhī　知知　会意/会意 —— 顺递/顺递

许慎："知，词也。从口，从矢。陟离切。"（《说文》卷五）《释要》p533：（金文）知（秦简）。林义光：朱氏骏声曰：识也。了于心，故疾于口。此说可从。知为会意字，因了于心而疾（矢为箭，表疾速）于口。

顺递法取象。

zhí 直直 会意/会意 —— 顺递/顺递

许慎："直，正见也。从乚，从十，从目。徐锴曰：乚，隐也。今十目所见是直也。除力切。�，古文直。"（《说文》卷十二）《释要》p1176：（甲骨文）（金文）（陶文）（秦简）。孙诒让：此从十目而省乚，即"直"字也。孙说可从，直从十目，顺递法取象，会意字。《甲典》p307：直通用为值、植、殖、埴。

zhí 值值 形声/形声 —— 义类/义类

许慎："值，措也。从人，直声。直吏切。"（《说文》卷八）《释要》p783：（古四），值为形声字，义类法取象。

zhí 職职 形声/形声 —— 义类/义类

许慎："職，记微也。从耳，戠声。之弋切。"（《说文》卷十二）《释要》p1100：（金文）（秦简）。马叙伦：记微也当作记也微也。后人并之耳。微又为徽讹。或借为徽。《庄子·天运》：徽之以人。《释文》：徽，本亦作微。记也，乃识字义。徽也乃幟字义。本书无幟。古书借識为幟。若官職字当作幟也。古今皆以職字为之，或以为耳官主听，故職有主义。马说可从，職从耳，义类法取象，形声字。

zhī 只只 指事/指事 —— 物形/物形

许慎："只，语已词也。从口，象气下引之形。凡只之属皆从只。诗氏切。"（《说文》卷三）《谱系》p2023-2026：（郭店），只上从口，会意不明。《释要》p240：（汗简）。陈独秀：只，篆文作只，象豆、丰等一切器及骹之通称，今语犹谓器一个曰一只。器依骹即足而止于地，故只训止，又引申为语已词。八寸曰咫，周尺也，谓器骹之高不及一尺。四肢或作四胑，谓人之肢如器之骹。若从陈说，只取象于器具之骹（qiāo，即胫骨近脚处较细的部分），物形法取象，表示止的意思，指事字，后引申为量词、语气词。

304

zhǐ　指指　形声/形声 —— 义类/义类　[字形]

许慎："[字形]，手指也。从手，旨声。职雉切。"(《说文》卷十二)《释要》p1105：[字形]（秦简）。指为形声字，义类法取象。

zhì　至至　指事/指事 —— 物形/物形　[字形]

许慎："[字形]，鸟飞从高下至地也。从一，一犹地也。象形。不上去而至下来也。凡至之属皆从至。脂利切。[字形]，古文至。"(《说文》卷十二)《释要》p1085：[字形]（甲骨文）[字形]（金文）。萧璋：倒矢插地，为上古普遍之事实。至字之兴，初亦不过为描摹此事实之图画。萧说可从，至取象于倒矢插于地，表示到的意思，为指事字，物形法取象。《甲典》p310：至通用为致、桎，侄、室。

zhì　志志　形声/形声 —— 义类/义类　[字形]

许慎："[字形]，意也。从心，之声。职吏切。"(《说文》卷十)《释要》p977：[字形]（金文）[字形]（陶文）[字形]（秦简）。志为形声字，义类法取象。

zhì　制制　会意/会意 —— 顺递/顺递　[字形]

许慎："[字形]，裁也。从刀，从未。未，物成有滋味，可裁断。一曰止也。征例切。[字形]，古文制如此。"(《说文》卷四)《释要》p447：[字形]（金文），制字从木从刀，取象于以刀裁割木材，会意字，顺递法取象。

zhì　治治　形声/形声 —— 义类义类　[字形]

许慎："[字形]，水。出东莱曲城阳丘山，南入海。从水，台声。直之切。"(《说文》卷十一)《释要》p1011：[字形]（秦简）。治为形声字，义类法取象。

zhì　質质　会意/会意 —— 顺递/顺递　[字形]

许慎："[字形]，以物相赘。从贝，从所。阙。之日切。"(《说文》卷六)《释要》p625：[字形]（盟书）。所从二斤，会两物相当之意。所以质从贝从所，表示以财务相抵。顺递法取象，会意字。简化字省掉一斤，六书和取象不变。

305

zhì 致致 形声/形声 —— 义类/义类

许慎："㲃，送诣也。从夊，从至。陟利切。"(《说文》卷五)《释要》p546：致致（陶文）。陶文字形为形声字，从攴至声，义类法取象。《甲典》p310：至，通用为致、桎、侄、窒。

zhì 置置 形声/形声 —— 义类/义类

许慎："圕，赦也。从网直。徐锴曰：从直，与罢同意。陟吏切。"(《说文》卷七)《新甲》p744：（合19896）（英365）（合27589）。《谱系》p155：（云梦）（秦印）。从甲骨文字形上看，置以止表音，为形声字；从秦印和《说文》小篆看，置以直标音，也是形声字，二者均为义类法取象。

zhōng 中中 指事/指事 —— 物形/物形

许慎："中，内也。从口丨，上下通。𠁩，古文中，𠁧，籀文中。"(《说文》卷一)《释要》p54：中（甲骨文）中（金文）。罗振玉曰："凡中正字皆从囗从㫃，伯仲字皆作 㲋 无旗形。"其说可从。甲金文中 㲋 字为伯仲之仲的初文，如金文中"仲父"一词颇为常见。而 字为中央字。李圃先生曰： 字取象于古代的测天仪，实物当作垂直长杆形，饰以飘带以观风向，架以方框以观日影①。其说可从。中央之中字，乃人类侧观测天仪之状而得，故其飘带随风左展或右展。指事字，物形法取象。《甲典》p313：中通用为忠、盅、衷。

zhōng 終终 形声/形声 —— 义类/义类

许慎："終，絿丝也。从糸，冬声。职戎切。兂，古文终。"(《说文》卷十三)《释要》p1201：（甲骨文）（金文）（陶文）。林义光：古作兂，象两端有结形。終为后起字，加了糸旁，成为形声字，义类法取象。

zhǒng 種种 形声/形声 —— 义类/义类

许慎："種，先种后熟也。从禾，重声。直容切。"(《说文》卷七)《释

---

① 《诂林》第1册第332页。

要》p682：▨（秦简）。繁简体均形声字，义类法取象。

zhòng 眾众 形声兼会意/会意——义类兼顺递/并峙 ▨

许慎："▨，多也。从乑目，眾意。之仲切。"(《说文》卷八)《释要》p791：▨ ▨（甲骨文）▨（金文）。孙诒让：▨亦眾之异文，变目为日。戴家祥：《国语·周语》曰人三为眾，成于三也。是眾之初文止作▨，作眾者，▨之加旁字也。则众本为会意字，以三人表示人多，并峙法取象。后加偏旁目，表示多人而多目，形声兼会意字，义类兼顺递法取象。简化字回归了初文。

zhòng 重重 会意兼形声/会意兼形声——顺递/顺递 ▨

许慎："▨，厚也。从壬，东声。凡重之属皆从重。徐锴曰：壬者，人在土上，故为厚也。柱用切。"(《说文》卷八)《释要》p793：▨（金文）。李孝定：重字古作▨，象人负橐形。東者，橐之象形字也。当解云：从人，从東，東亦声。此说可从，重从负東而取象，顺递法，東亦声，会意兼形声字。《甲典》p313、p29：重通用为種、動、董、腫、慟。

zhōu 洲州 形声/指事——义类/物形 ▨

许慎："▨，水中可居曰州。周绕其旁。从重川。昔尧遭洪水，民居水中高土，故曰九州岛。《诗》曰：'在河之州。'一曰：州，畴也。各畴其土而生之。臣铉等曰：今别作洲。非是。职流切。▨，古文州。"(《说文》卷十一)《释要》p1055：▨（甲骨文）▨（金文）。州字取象于川流中有高地，意思为水中小洲。物形法，指事字。表原意的字加旁而成为洲，形声字，义类法取象。《甲典》p314：州通用为洲、酬。

zhōu 周周 指事/指事——物形/模糊 ▨

许慎："▨，密也。从用口。职留切。▨，古文周字，从古文及。"(《说文》卷二)《释要》p138：▨（甲骨文）▨ ▨（金文）。诸家说法不一。周法高：▨盖即诗经大雅绵"周原膴膴"之本字。因周为农业社会，以后稷为祖，故造字象田中有种植之物以表之。纵横者，阡陌之象也。其两端或伸出作▨，所从非田字也。画字从之，亦取界画之义也。加口者，孳生字也。若从此说，则周取象于田中有种植之物，以表示密意，此为指事字，物形法。楷体字可看作符号化指事字，但取象模糊了。《甲典》p314：周通用为倜、涸、调、惆、绸、雕、稠。

zhǔ 主主 象形/象形 —— 物形/物形

许慎："灯中火主也。从㞢。象形。从丶，丶亦声。"（《说文》卷五）《释要》p509：㞢（陶文）主㞢（秦简）。林义光：㞢象灯形，丶象火形。其说可从，主取象于灯火形，物形法，象形字。《甲典》p318：主通用为示、宝、驻、柱、蛀。

zhù 住住 形声/形声 —— 义类/义类

《说文》无此字。《广韵》："住，止也。"住为形声字，义类法取象。

zhù 助助 形声/形声 —— 义类/义类

许慎："助，左也。从力，且声。床倨切。"（《说文》卷十三）《释要》p1267：助（秦简）。助为形声字，义类法取象。

zhù 注注 形声/形声 —— 义类/义类

许慎："注，灌也。从水，主声。之戍切。"（《说文》卷十一）《新甲》p629：注（合5458）注（合28012）注（28030）。《谱系》p987：注（云梦）。《说文》小篆与云梦古文字同一系列并沿用至今。注，从水主声，为形声字，义类法取象。

zhuān 專专 形声/不明 —— 义类/不明

许慎："專，六寸簿也。从寸，叀声。一曰專，纺專。职缘切。"（《说文》卷三）《释要》p328：專（甲骨文）。李孝定：叀即專之古文象形，契文即象纺锤之形。从又，所以运之。專钧声义并近，其物古已有之，故制字象之也。李说可从。專为形声字，义类法取象，是叀的后起字。简化字六书和取象不明。《甲典》p318：专通用为转、团。

zhuǎn 轉转 形声/形声 —— 义类/义类

许慎："轉，运也。从車，專声。知恋切。"（《说文》卷十四）《释要》p1309：轉（金文）。轉转均为形声字，义类法取象。

zhuāng 裝装 形声/形声 —— 义类/义类 [字形]

许慎:"[字形],裹也。从衣,壮声。侧羊切。"(《说文》卷八)《释要》p806:无考释。裝装均为形声字,义类法取象。

zhǔn 準准 形声/形声 —— 义类/义类 [字形]

许慎:"[字形],平也。从水,隼声。之允切。"(《说文》卷十一)《释要》p1039:[字形](玺印)。準和准均为形声字,义类法取象。

zhuo 著着 形声/形声 —— 义类/不明

《说文》无此字。《康熙字典》①:"著……《博雅》:明也……《晏子谏上篇》:君之德著而彰……直音俗作着。"著从艹者声,形声字,义类法。《康熙字典》中著、着二字为正俗字的关系。着之字形讹变,取象和六书模糊。

zī 資资 形声/形声 —— 义类/义类 [字形]

许慎:"[字形],货也。从贝,次声。即夷切。"(《说文》卷六)《释要》p620:[字形](秦简)。资为形声字,义类法取象。

zi 子子 象形/象形 —— 物形/物形 [字形]

许慎:"子,十一月阳气动,万物滋,人以为称。象形。凡子之属皆从子。李阳冰曰:'子在襁緥中足并也。'即里切。古文子从巛,象发也。籀文子囟有髪,臂胫在几上也。"(《说文》卷十四)《释要》p1353,甲骨文中"子"字之形[字形]与[字形]、[字形]、[字形]、[字形]形并存。金文中"子"字词频极高,其形多为[字形],亦有[字形]、[字形]、[字形]诸形,与甲文一致。从子字不同形体及其基本词义"儿子"能看出,这个字确乎取象于小儿之形。一类为取象小儿大头、有发、眼、鼻、手足并全;有时在此基础上省简形体,最简者只留头部。一类即为李氏、王筠所析之形。王筠所论合乎情理。直至今天,很多北方家庭在养育初生婴儿时,都还沿用古法:将小儿身体束于襁褓中,由胸部下至两只腿脚缚成一体,但留小儿之两只臂膀在外活动。所见小儿之常态

---

① (清)张玉书、陈廷敬《康熙字典》(清康熙五十五年内府刻本影印本),太原:书海出版社,2003年,第1161页。

为：大头出于襁褓，手臂左右伸展，下体合一，颇类金文字形。子为象形字，物形法取象。《甲典》p322：子通用为孜、字。

zì　自自　象形/象形 —— 物形/物形

许慎："自，鼻也。象鼻形。凡自之属皆从自。"（《说文》卷四）《释要》p365：（甲骨文）（金文）。自本为象形字，物形法取象。引申为自己的意思，以及介词。

zǒng　總总　形声/不明 —— 义类/不明

许慎："總，聚束也。从糸，悤声。臣铉等曰：今俗作摠。非是。作孔切。"（《说文》卷十三）《释要》p1199：（秦简）。總为形声字，义类法取象。简化字六书和取象不明。

zǒu　走走　形声/形声 —— 义类/义类

许慎："走，趋也。从夭止。夭止者屈也。"（《说文》卷二）《释要》p155：（金文）（秦简）。姚孝遂：契文 即走之初形。金文走及从走之字作，或亦作，增止或彳，为文字演化中所习见……实则走本象人趋走时手臂摇曳之形，其后为，为。楷书字从金文字形而来，为会意兼形声字，顺递法取象。

zú　足足　象形/象形 —— 物形/物形

许慎："足，人之足也，在下。从止口。"（《说文》卷二）《谱系》p1050：（陶汇）（云梦）。足，疋之分化字。疋，《谱系》p1619：（二五六二三）（善鼎）。战国文字足、疋形体泾渭分明，但偶尔混用。王筠：止即是足，故足字不能象形，仍从止而加胫以象之，胫在足上，故加诸止上，非谓胫在脚指尖也。王筠解足字取象可取。足字的取象，乃利用已有字素止，加表股胫之似口之形会意，可算合体象形字，物形法取象。

zǔ　組组　形声/形声 —— 义类/义类

许慎："組，绶属，其小者以为冕缨。从糸，且声。则古切。"（《说文》卷十三）《释要》p1206：（金文）。吴大澂：组之从又，犹维之从攴也。形声字，义类法取象。

zuì 最最 会意/会意 ——顺递/顺递 [字形]

许慎："最，犯而取也。从冃（mào），从取。"（《说文》卷七）《释要》p739：[字形]（秦简）。段注：按，犯而取犹冢而前。冣之字训积。最之字训犯取。二字义殊而音亦殊。颜氏家训谓冣为古聚字。手部撮字从最为音义。皆可证也。可见，秦简字[字形]亦从冃（帽），从取。可采《玉篇》之说："最者，齐也，聚也。"后引申为最大等义。会意字，顺递法取象。

zuó 昨昨 形声/形声 ——义类/义类 [字形]

许慎："昨，累日也。从日，乍声。在各切。"（《说文》卷七）《释要》p655：无考释。昨为形声字，形旁从日，义类法取象。

zuò 作乍 形声/会意 ——义类/顺递 [字形]

许慎："[字形]，起也。从人，从乍。则洛切。"（《说文》卷八）《释要》p771：[字形]（甲骨文）[字形]（金文）。曾宪通：作为乍之后起字。乍从耒形取象，[字形]为耒，其上之V为翻起的土块。以耒起土是乍的本义，顺递法，会意字，引申为耕作、农作。后加偏旁人成为作。曾说可从，作从乍声，是乍的后起字。形声字，义类法取象。《甲典》p325、p301：卜辞用乍为作。乍通用为诈、炸、昨、咋、怍、胙、怎、柞、迮、苲。

zuò 做做 会意/会意 ——顺递/顺递

《说文》无此字。《正字通》："做，俗作字。"从故从人，表示前人所做。会意字，义类法取象。

参考文献

[1] 白冰. 古文字"家"字形、义及"家"字文化[J]. 五邑大学学报（社会科学版），2003（4）.

[2] 北京语言大学 HSK 动态作文语料库[DB]. http：//hsk.blcu.edu.cn/Login.

[3] 蔡忠霖. 儒林选萃 22：敦煌汉文写卷俗字及其现象[M]. 台北：文津出版社有限公司，2002.

[4] 曹道衡. 萧统的文学观和《文选》[J]. 文学遗产，2004（4）.

[5] 陈洪娟. 汉字演化史论汉字创造对文艺创作心物论的影响[J]. 重庆大学学报（社会科学版），2021（4）.

[6] 陈剑. 释"瓜"[J]. 出土文献与古文字研究，2020（00）.

[7] 陈望道. 修辞学发凡[M]. 上海：上海教育出版社，1997.

[8] 董莲池. 说文部首形义新证[M]. 北京：作家出版社，2007.

[9] 〔清〕段玉裁. 说文解字注[M]. 上海：上海古籍出版社，1981.

[10] 〔汉〕范晔. 后汉书·刘赵淳于江刘周赵列传第二十九[M].〔唐〕李贤，等，注. 北京：中华书局，1965.

[11] 〔唐〕房玄龄，等. 晋书·皇甫谧传[M]. 北京：中华书局，1974.

[12] 傅晏风. 书法审美中应当注意的一个问题——读刘勰《文心雕龙·练

字》偶得[J]. 文史杂志, 1987 (2).

[13] 顾农. 试论《昭明文选》与《文心雕龙》的关系[J]. 南开学报, 1995 (1).

[14] 顾农. 选本的力量——《文选》与《心雕龙》《诗品》之比较[J]. 扬州文化研究论丛, 2010 (1).

[15] 〔清〕桂馥. 说文解字义证[M]. 北京: 中华书局, 1987.

[16] 郭沫若. 甲骨文研究·释宰臣[M] //何九盈, 等. 汉字文化大观. 北京: 北京大学出版社, 1995.

[17] 国家语言资源监测与研究中心. 中国语言生活状况报告: 下编[M]. 北京: 商务印书馆, 2006.

[18] 〔明〕何良俊. 语林[M] //钦定四库全书: 第1041册. 上海: 上海古籍出版社, 1987.

[19] 何越鸿. 《文心雕龙》修辞研究[D]. 武汉: 武汉大学, 2015.

[20] 胡双宝. 异体字规范字应用辨析字典[M]. 北京: 北京大学出版社, 2012.

[21] 胡铉一. 释家[J]. 学术月刊, 1957 (7).

[22] 江学旺. 西周文字字形表[M]. 上海: 上海古籍出版社, 2017.

[23] 吴国升. 春秋文字字形表[M]. 上海: 上海古籍出版社, 2017.

[24] 夏大兆. 商代文字字形表[M]. 上海: 上海古籍出版社, 2017.

[25] 徐在国, 程燕, 张振谦. 战国文字字形表[M]. 上海: 上海古籍出版社, 2017.

[26] 黄德宽. 古文字谱系疏证[M]. 北京: 商务印书馆, 2007.

[27] 黄建跃. 论"公"与"私"的原始意涵[J]. 求索, 2011 (4).

[28] 黄侃. 文心雕龙札记[M]. 北京: 中华书局, 2014.

[29] 黄侃. 文选平点[M]. 上海: 上海古籍出版社, 1985.

[30] 黄伟豪. 以书论为文论——《文心雕龙·练字》"单复"概念与六朝书论及其审美何越鸿《〈文心雕龙〉修辞研究》之关系[J]. 文学遗产, 2020 (2).

[31] 霍松林. 古代文论名篇详注[M]. 上海: 上海古籍出版社, 1986.

[32] 季旭昇. 释金文、《诗·行露》、楚简一种特殊用法的"足"字[J]. 古

文字研究，2018（00）.

[33] 蒋善国. 汉字学[M]. 上海：上海教育出版社，1987.

[34] 现代汉语规范词典编写组. 语言文字规范使用指南[M]. 上海：上海辞书出版社，2001.

[35] 李瑾. 释"公"——兼论人类学对上古汉语文字本义辨识所发挥之宏观效应[J]. 重庆师院学报（哲学社会科学版），1993（2）.

[36] 李平. 略论季刚先生《文心雕龙札记》的学术地位和价值[M]//古代文学理论研究：第三十二辑[M]. 上海：华东师范大学出版社，2011.

[37] 李圃，郑明. 古文字释要[M]. 上海：上海教育出版社，2010.

[38] 李圃. 古文字诂林（全12册）[M]. 上海：上海教育出版社，1999—2004.

[39] 李圃. 甲骨文文字学[M]. 上海：学林出版社，1995.

[40] 李昍飞. 《文心雕龙·练字》浅读[J]. 剑南文学（经典教苑），2013（2）.

[41] 李轶婷. 《文心雕龙·练字》中的书法观念[J]. 书法教育，2019（2）.

[42] 力之. 《文心雕龙》对《文选》不可能产生太大的影响 ——《文选》与《文心雕龙》比较（上）[J]. 广西师范大学学报（哲学社会科学版），2005（4）.

[43] 刘丹青，张伯江. 时势之必需，学术之大业 ——设立语言学一级学科的重要意义和学理基础[J]. 语言科学，2010（1）.

[44] 刘海明. 《文心雕龙·练字》的图像学阐释[J]. 太原师范学院学报（社会科学版），2020（2）.

[45] 刘庆俄. 再释"家"[J]. 汉字文化，2009（4）.

[46] 〔南朝梁〕刘勰. 文心雕龙[M]. 〔清〕黄叔琳，注. 〔清〕纪昀，评. 戚良德，辑校. 李详，补注. 刘咸炘，阐说. 上海：上海古籍出版社，2015.

[47] 刘跃进. 文选旧注辑存：第11册[M]. 南京：凤凰出版社，2017.

[48] 刘云. 说"禾"释"私"[J]. 出土文献与古文字研究，2020（00）.

[49] 刘钊，冯克坚. 甲骨文常用字字典[M]. 北京：中华书局，2019.

[50] 刘钊. 新甲骨文编[M]. 增订本. 福州：海峡出版发行集团，福建人民

出版社，2014.

[51] 刘志基，王平，等. 新汉字读本[M]. 桂林：广西教育出版社，2004.

[52] 陆俭明，沈阳. 关于建立"语言学"一级学科的建议[J]. 语言科学，2010（1）.

[53] 骆鸿凯. 文选学[M]. 北京：中华书局，2015.

[54] 栾维权. "家"字本义补释[J]. 汉字文化，2009（1）.

[55] 罗琨. 释家[M]//古文字研究：第十七辑. 北京：中华书局，1989.

[56] 吕浩. 韩国汉文古文献异形字研究之异形字典[M]. 上海：上海大学出版社，2011.

[57] 马兴国.《世说新语》在日本的流传及影响[J]. 东北师大学报（哲学社会科学版），1989（3）.

[58] 莫砺锋. 从《文心雕龙》与《文选》之比较看萧统的文学思想[M]//中国古代文学理论学会. 古代文学理论研究：第十辑. 上海：华东师范大学出版社，1985.

[59] [日]秦鼎，无疆，校读. 世说笺本[M]. 冈田群玉堂制本. 大阪书林，韩国高丽大学藏书，1831（日本天保己未年）.

[60] [日]秦鼎，校读. 世说笺本[M]. 日本桥路本石町问屋，哈佛大学藏书，1826（日本文政丙戌年，即道光六年）.

[61] [日]清水凯夫. 再论《文选》与《文心雕龙》之关系[M]. 金程宇，张淘，译//南京大学古典文献研究所. 古典文献研究. 南京：凤凰出版社，2011.

[62] 〔清〕阮元. 揅经室三集：卷2 [M]//揅经室集. 北京：中华书局，1993.

[63] 石定果. 说文会意字研究[M]. 北京：北京语言学院出版社，1996.

[64] 世说新语姓汇韵分[M]. 韩国精神文化研究院藏书.

[65] 史月梅. 从《文心雕龙·练字》看刘勰的书法美学观[J]. 兰州教育学院学报，2010（1）.

[66] 苏宝荣. 释"家"[J]. 河北师范大学学报（社会科学版），1992（2）.

[67] 苏影. 邓公盉铭"公"字补释[J]. 现代语文（语言研究版），2013（8）.

[68] 夏渌. 释妇、事、家等古文字[J]. 人文论丛，2003（00）.

[69] 唐闻君. 异质同构：汉字与中国艺术本原[J]. 南京师范大学文学院学

报,2020(4).

[70] 涂光社. 汉字与古代文学的民族特色——《文心雕龙·练字》随想[M]//古代文学理论研究:第十四辑. 上海:华东师范大学出版社,1989.

[71] 王光镐. 甲文"楚"字辨——兼论正、足不同源[J]. 江汉考古,1984(2).

[72] 王光镐. 正足不同源(林正)(林足)不同字补正——兼答段渝、张君二同志[J]. 江汉考古,1985(2).

[73] 王浩. 取熔楚骚 自铸伟辞——论《招隐士》对楚辞的接受[J]. 甘肃理论学刊,2013(1).

[74] 王能宪.《世说新语》在日本的流传与研究[J]. 文学遗产,1992(2).

[75] 〔明〕王世贞,删定.〔南朝宋〕刘义庆,撰.〔南朝梁〕刘孝标,注.〔宋〕刘辰翁,批.〔明〕何良俊,增.〔明〕王世贞,删定.〔明〕王世懋,批释.〔明〕钟惺,批点.〔明〕张文柱,校注. 世说新语补[M]. 韩国精神文化研究院藏书,1586(万历丙戌,据陈文烛序).

[76] 王晓斌.《文心雕龙·练字》对书法"迹象"形态的美学价值——兼论书法形态的"第三性符号"[J]. 艺术教育,2014(6).

[77] 〔清〕王筠. 说文释例[M]. 北京:中华书局,1987.

[78] 王云鹏.《文心雕龙·练字》的修辞学现代意义[J]. 贺州学院学报,2014(2).

[79] 魏伯河.《文心雕龙·练字》篇发微——基于物质文化的视角[J]. 甘肃理论学刊,2018(2).

[80] 文信国. 对古文字"家""室"考释的不同意见[J]. 上海大学学报(社会科学版),1985(3).

[81] 吴林伯.《文心雕龙》义疏[M]. 武汉:武汉大学出版社,2013.

[82] 吴晓峰. 也谈萧统的文学观[J]. 长春师范学院学报,2001(4).

[83] 伍雅清. 汉语热和语言学一级学科的设置问题[J]. 中国外语,2012(2).

[84] 习近平. 决胜全面建成小康社会夺取新时代中国特色社会主义伟大胜利——在中国共产党第十九次全国代表大会上的报告[M]. 北京:人民出版社,2017.

[85] 夏大兆. "公"字补释及安陵地望[J]. 中国文字学报，2014（00）.

[86] 夏军.《说文》会意字研究[M]. 桂林：广西师范大学出版社，2013.

[87] 〔梁〕萧统. 文选[M].〔唐〕李善，注. 北京：中华书局，1977.

[88] 徐超. 古汉字通解500例[M]. 北京：中华书局，2022.

[89]《世说新语补》. 徐乃昌，校勘. 北京图书馆藏书.

[90] 徐山. 释"屯"[J]. 殷都学刊，2014（4）.

[91] 徐山. 释"交"[J]. 长沙大学学报，2005（6）.

[92] 徐中舒. 汉语大字典[M]. 成都：四川辞书出版社，1990.

[93] 许嘉璐. 文选黄氏学训诂探赜[M]//昭明文选研究论文集. 长春：吉林文史出版社，1988.

[94] 许嘉璐. 语言文字学论文集[M]. 北京：商务印书馆，2005.

[95] 〔汉〕许慎. 说文解字[M]. 北京：中华书局，1963.

[96] 延慧. 浅谈"家"的字形释义及其文化阐释[J]. 延安大学学报（社会科学版），2011（4）.

[97] 杨亦鸣，徐杰. 语言学应该调整为一级学科[J]. 语言科学，2010（1）.

[98] 殷光熹. 学古出新 传扬楚骚——《招隐士》解读和审美[J]. 中国楚辞学，2009（1）.

[99] 游汝杰. 语言学的学科地位问题[J]. 语言科学，2010（1）.

[100] 臧克和，郭瑞. 中国异体字大系·隶书编[M]. 上海：上海书画出版社，2010.

[101] 臧克和. 汉魏六朝隋唐五代字形表[M]. 广州：南方日报出版社，2011.

[102] 张利军. 卜辞所见商代外服卫考[J]. 甲骨文与殷商史，2018（00）.

[103] 张施令.《文选》所呈现的文学观与萧统本人的文学观研究[J]. 美与时代（下），2017（7）.

[104] 张玉梅，朴秀智. 异体字取象视角下《世说新语补》的文字学价值[J]. 中国文字研究，2016（2）.

[105] 张玉梅，申雨喆. 字象与诗象的融合[J]. 内蒙古师范大学学报（哲学社会科学版），2017（1）.

[106] 张玉梅，沈涛. 现代汉语高频字取象溯源：形声字主流标音及其复杂性考辨[J]. 南京晓庄学院学报，2017（4）.

[107] 张玉梅,沈涛. 现代汉语高频字取象溯源：指事字取象的稳定性及其应用价值[J]. 世界华文教学，2018（1）.

[108] 张玉梅.《世说笺本》的训诂特点及文献价值[J]. 文献，2016（4）.

[109] 张玉梅.《文心雕龙》视角下的字象与诗象[J]. 内蒙古师范大学学报（哲学社会科学版），2017（5）.

[110] 张玉梅. 高频象形字"取象"溯源及其审美价值[J]. 社会科学家，2020（11）.

[111] 张玉梅. 古典诗词鉴赏与写作十讲[M]. 上海：上海交通大学出版社，2010.

[112] 张玉梅. 黄季刚先生文学创作特色考[J]. 南京晓庄学院学报，2022（1）.

[113] 张玉梅. 论字象与修辞——以《文心雕龙》《文心雕龙札记》为例[J]. 当代修辞学，2020（1）.

[114] 张玉梅. 王筠汉字学思想述论[M]. 上海：上海交通大学出版社，2009.

[115] 张玉梅. 稳健而发展缓慢的训诂学——以上海训诂学三十年发展为视角[J]. 社会科学家，2017（2）.

[116] 张玉梅. 现代汉语高频会意字取象考辨——基于古文字溯源视角[J]. 社会科学家，2019（9）.

[117] 张玉梅. 训诂学视角下《教要序论》的中西方修辞实践考[J]. 当代修辞学，2017（5）.

[118] 张玉梅. 语言学视角下的"中华文化自信"[J]. 社会科学家，2018（4）.

[119] 张玉梅. 字象与诗象融合视角下《招隐士》之骚诗风貌[J]. 内蒙古师范大学学报（哲学社会科学版），2022（1）.

[120] 〔清〕张玉书，陈廷敬. 康熙字典[M]. 清康熙五十五年内府刻本影印本. 太原：书海出版社，2003.

[121] 赵辉. 从文论与书论互动视角看《文心雕龙·练字》篇[J]. 广州大学学报（社会科学版），2015（3）.

[122] 郑慧生. 释"家"[J]. 河南大学学报（哲学社会科学版），1985（4）.

[123] 郑远汉. 我国第一部修辞理论著作——《文心雕龙》[J]. 华中师院学报（哲学社会科学版），1982（4）.

[124] 钟子翱，黄安祯. 刘勰论写作之道[M]. 北京：长征出版社，1984.

[125] 周东浩，周明爱. 营卫字义源流考析[J]. 中华中医药杂志，2013（10）.

[126] 周俊勋. 释"公"[J]. 文史知识，1990（7）.

[127] 周频，吴安萍. 超学科视域下的语言学专业研究生课程体系改革探索[J]. 山东外语教学，2014（1）.

[128] 周有光. 几个文字学问题[J]. 群言，2010（4）.

[129] 周有光. 世界文字发展史[M]. 上海：上海世纪出版集团，上海教育出版社，2003.

[130] 朱凤瀚. 卫簋与伯㺇诸器[J]. 南开学报（哲学社会科学版），2008（6）.

[131] 朱可. 甲骨文"卫"字探讨——兼论卫在商代畿服制中的地位[J]. 殷都学刊，2019（1）.

[132] 〔宋〕朱熹. 楚辞集注[M]. 上海：上海古籍出版社，2015.

[133] 朱英贵. 失之交臂——释"交"[J]. 文史杂志，2019（2）.

后记

本书为"2013 年度上海市教育委员会科研创新项目-重点项目：汉字取象研究"的最终成果，如今的正式出版距当年的立项竟有近十年时间。十年间除了项目本身"汉字取象"这个议题、"汉字取象与古诗文意象"的衍生议题，我的科研方向还有训诂学研究，比如2019年年底立项的教育部项目——近代域外训诂学文献整理与研究（欧洲卷）等。于是在教学、科研、其他杂务之间忙来忙去，这部书稿的后续打磨真可谓时断时续，旷日持久。好在，现在终于杀青付梓了，这份文字学方向的作业，可以告一段落了。细数流光，前后竟有十来年。

人的一生很短暂，能做成的事情极其有限。关于这一点，在我 2015 年承担上海市社科联课题"上海语言学志"（1949—2010）时特别有感触。少数学者，倾尽一生之力，甚至以透支生命为代价，取得骄人的丰硕成果，可是一旦放到半个世纪或者百年学术史中，差不多也就几页纸的版面，而更多学人，可能在学术史中连一句话的位置都没有。如果从这个角度透视，生命的厚度很薄，薄得几乎不值一提。那么，作为芸芸众生的我们，还要不要埋头苦干，板凳十年，再冷十年呢？

这个自问自答，在 2022 年的暑假，我反反复复修改书稿时，一闪而过，

后 记

最终平静清零。清零按键，是华东师大刘志基老师在不经意间，诱发启动的。书稿的关键词是古文字"字象"，刘老师是古文字专家，所以后期修改时，我请刘老师作了审稿专家。于是，微信或 QQ 里反复请教沟通时，一丝不苟的刘老师令我心生感慨。除了秉承自李先生玲璞师的那一份严谨、严格、严肃，亲切和蔼的刘老师总是勾起我心底温暖的回忆，让我回想起当年在华东师大读博的前前后后。

当年第一次探访华东师中北校区，我跑到校门内左边高楼上的文字中心，牵着儿子的小手，仰望着办公室走廊墙上的照片——"中国文字研究与应用中心"的老师们个个意气风发，风华正茂。其中的刘老师圆圆脸，似乎稚气未脱（绝无一丁点冒犯之意）。照片上的人物之一臧克和老师从门里出来，把我引荐给里屋坐着的李玲璞先生。李先生马上起身，东翻西找，试图给面前的不速之客——牵着妈妈手的小朋友，寻找零食或玩具，那一种祖父般的祥和关照……转眼之间，李先生驾鹤西游整整十载，小朋友的妈妈也年过半百。

以玉梅之愚钝，硕士、博士，从学至今，一直蒙先生（硕士导师余家骥先生、博士导师许嘉璐先生）之恩，蒙博士导师组众师（李玲璞、臧克和、刘志基、华学诚）之恩，学习、爬疏在古书典籍之中，甚至到如今，刘老师还帮我看书稿、捉虫子呢。人生漫长亦苦短，外在尺下的长短和厚薄并不重要，最要紧是胸中的沉实、充盈和快乐，以及持久维系的绵延不息的内力。简而言之，个体总是渺小的，群体接力成就生生不息。所以，吾心即是宇宙，窗外阳光正好，小小一本书，尽力做好即好，何劳又何暇念及其余呢。

最后，要道一声衷心感谢：感谢古文字专家、复旦大学出土文献与古文字研究中心主任刘钊教授百忙之中批阅书稿，感谢刘老师对书稿选题价值、撰写思路的鼓励和肯定，感谢刘老师大笔赐序！

另外，本校直研毕业后在无锡就业的曾真同学，百忙中翻出了当年 PRP 项目的书影底本，助力校对"《世说新语补》异体字整理表"部分。这一部分不清晰的截图字，后续是直博生朱津宜查找并重新截图替换的。本书进入出版程序后，博士生田峰校对过一遍书稿。高频字取象部分，硕士生李燕妮反复核对过字形和字数。书稿前几章的古文字图片，博士生王觅查阅、替换了模糊字形。对于小朋友们的友好加盟，在此一并致谢。

张玉梅

于上海闵行寓所

2022 年 11 月 21 日